Hartmut Aufderstraße
Jutta Müller
Thomas Storz

Delfin

Arbeitsbuch

Lehrwerk
für
Deutsch als Fremdsprache

Hueber Verlag

BESTANDTEILE

Lehrbuch einbändige Ausgabe	Lehrbuch, zweibändige Ausgabe	Lehrbuch + Arbeitsbuch dreibändige Ausgabe
inkl. 2 eingelegten CDs mit Sprechübungen 256 Seiten ISBN 978-3-19-001601-3	mit eingelegten CDs **Teil 1,** Lektionen 1–10 ISBN 978-3-19-091601-6 **Teil 2,** Lektionen 11–20 ISBN 978-3-19-101601-2	mit eingelegten CDs und integriertem Arbeitsbuch **Teil 1**, Lektionen 1–7 ISBN 978-3-19-401601-9 **Teil 2**, Lektionen 8–14 ISBN 978-3-19-411601-6 **Teil 3**, Lektionen 15–20 ISBN 978-3-19-421601-3

Alle Ausgaben sind inhaltsgleich und haben die gleiche Seitenzählung.

Hörverstehen Teil 1,
Lektionen 1–10
4 Kassetten
ISBN 978-3-19-031601-4
4 CDs
ISBN 978-3-19-041601-1

Hörverstehen Teil 2,
Lektionen 11–20
4 Kassetten
ISBN 978-3-19-061601-5
4 CDs
ISBN 978-3-19-071601-2

Arbeitsbuch
ISBN 978-3-19-011601-0

Arbeitsbuch, Lösungen
ISBN 978-3-19-191601-5

Arbeitsbuch,
zweibändige Ausgabe
Teil 1, Lektionen 1–10
ISBN 978-3-19-111601-9
Teil 2, Lektionen 11–20
ISBN 978-3-19-121601-6

Lehrerhandbuch
ISBN 978-3-19-021601-7

CD-ROM
ISBN 978-3-19-051601-8

7. 6. 5. | Die letzten Ziffern
2012 11 10 09 08 | bezeichnen Zahl und Jahr des Druckes.
Alle Drucke dieser Auflage können, da unverändert,
nebeneinander benutzt werden.
1. Auflage

Umschlaggestaltung: Peer Koop, Hueber Verlag, Ismaning
Zeichnungen: Frauke Fährmann, Pöcking
Satz: Verlagsservice Dr. Helmut Neuberger & Karl Schaumann GmbH, Heimstetten
Druck und Bindung: Druckerei C.H.Beck, Nördlingen
Printed in Germany
ISBN 978-3-19-011601-0

Vorwort

Liebe Deutschlernerin, lieber Deutschlerner,
was Sie sich im Lehrbuch angeeignet haben, können Sie mithilfe dieses Arbeitsbuches weiterüben und vertiefen. Im Folgenden finden Sie ein paar wichtige Informationen, damit Ihnen die Orientierung leicht fällt und Sie sich schnell in Ihrem Element fühlen:

zu LB Ü ...

bezieht sich auf die Nummer einer Übung im Lehrbuch. Erst nach dieser Lehrbuch-Übung sollten Sie die entsprechende Übung im Arbeitsbuch lösen. Zu einer Lehrbuch-Übung können mehrere Arbeitsbuch-Übungen gehören.

1

ist die Nummer der Arbeitsbuch-Übung.

Lösungsbeispiel

Die Lösungsbeispiele helfen Ihnen, Art und Anforderung einer Aufgabe auf den ersten Blick zu erkennen.

(→ Lehrbuch S. ...)

Hier ist eine Übung genau auf den Inhalt eines Textes in Ihrem Lehrbuch bezogen. Diesen sollten Sie dann unbedingt zu Hilfe nehmen, um die Aufgabe sicher lösen zu können.

Zusätzlicher Wortschatz

Hier wird Ihnen Wortschatz vorgestellt, der im Lehrbuch nicht vorkommt, aber im aktuellen Lernzusammenhang sinnvoll ist.

Hier können Sie Ihr Wörterbuch benutzen, um die Übung nach Ihren persönlichen Lernbedürfnissen zu erweitern.

Wörter im Satz

Am Ende des Übungsteils einer jeden Lektion finden Sie Anregungen für Ihre persönliche Wortschatzarbeit. Die Auswahl wichtiger Wörter können Sie durch Satzbeispiele aus der behandelten Lektion ergänzen und auch durch andere vorgekommene Wörter erweitern.

Grammatik

Dem Übungsteil jeder Lektion folgt eine detaillierte tabellarische Übersicht der neuen Grammatikinhalte. Diese Zusammenstellung können Sie auch benutzen, wenn Sie entsprechende Aufgaben bearbeiten.

verweist auf einen Paragrafen der systematischen Grammatik-Übersicht im Lehrbuch.

Wortschatz

Am Schluss jeder Arbeitsbuch-Lektion sind die neuen Wörter der Lektion aufgelistet. Die wichtigsten Wörter sind **fett** gedruckt. Diese Wörter sollten Sie sich besonders gut einprägen. Zusätzlich lernen Sie hier auch Varianten kennen, die in Österreich oder in der Schweiz benutzt werden.

Arbeitsbuch, Lösungen (Best.-Nr. 191601-6)

Hier finden Sie die Lösungen aller Aufgaben. So können Sie selbstständig Ihre Ergebnisse kontrollieren. Für Ihren Lernerfolg ist es überaus wichtig, zuerst die Aufgabe vollständig zu bearbeiten. Erst danach sollten Sie im Schlüssel nachschauen.

Ein vergnügliches und erfolgreiches Deutschlernen mit diesem Arbeitsbuch wünschen Ihnen
Ihre Autoren und der Hueber-Verlag

Inhalt

Lektion 1

zu LB Ü 1 Was passt?

1

a) ____________ b) ____________ c) ____________ d) ____________ e) ____________

Guten Tag. Tschüs. Auf Wiedersehen. Gute Reise.
Oh, Verzeihung. Danke für die Blumen.

zu LB Ü 1 Ergänzen Sie.

2

				P							
V				O							
E				L							
R				I					M		T
Z				Z					Ä		E
E			R	I				S	D		L
I	S	J	E	S		T		Ä	C	T	E
U	F	N	O	I	L	X	O	G	E	U	O
N	T	G	R	N	U	I	T	E	N	R	N
G		E	T		M		E	R		I	
			E		E		L	I		S	
			R					N		T	

zu LB Ü 1 Ergänzen Sie.

3

a) eins _____ drei vier ______ ______ sieben _____ neun _____

b) eins drei fünf _____ ______

zu LB Ü 2 Ergänzen Sie den Artikel.

4

die Polizistin ___ Blume ___ Telefon ___ Saft ___ Taxi ___ Geldautomat

___ Junge ___ Mädchen ___ Tourist ___ Reporter ___ Hotel ___ Sängerin

___ Baby ___ Verkäuferin

zu LB Ü 3 Ergänzen Sie.

5

zwei ______

______ ______

______ ______

______ ______

______ ______

______ ______

zu LB Ü 3 Ergänzen Sie.

6

fünf – zwei = *drei* zehn – sechs = ______ neun – acht = ______

zehn – drei = ______ eins + acht = ______ zwei + ______ = sieben

______ + sechs = acht vier + sechs = ______ drei + ______ = neun

(fünf minus zwei gleich …; eins plus acht gleich …)

zu LB Ü 4 Ergänzen Sie: Das ist … / Das sind …

7

a) *Das ist eine Frau.*

b) *Das sind Männer.*

c) *Das* ______

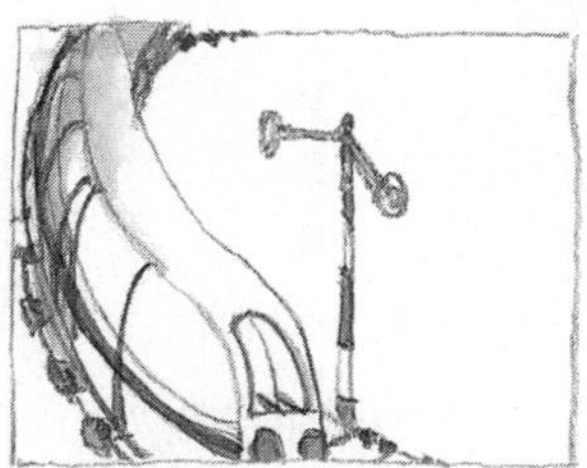

d) ______

e) ______

f) ______

g) ______

h) ______

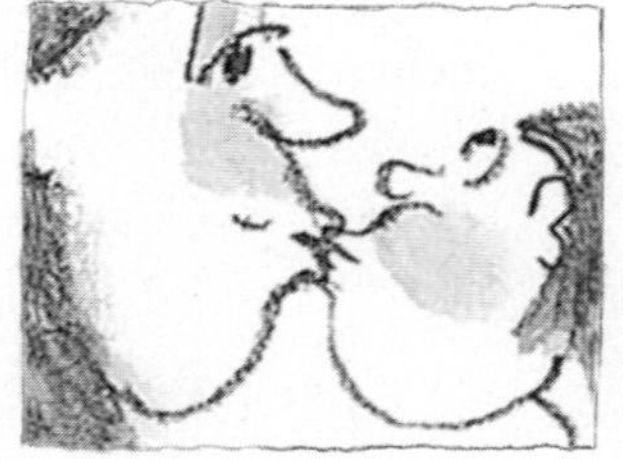

i) ______

j) ______

k) ______

l) ______

zu LB Ü 4 Ergänzen Sie: der, die, das, die / er, sie, es, sie.

8

a) Der Mann lacht. *Er* winkt.

b) ____ Frau weint. ____ ist verliebt.

c) ____ Mädchen kommt. ____ lacht.

d) ____ Touristen winken. ____ lachen.

e) ____ Reporter geht. ____ sagt: „Auf Wiedersehen."

f) ____ Sängerin lacht. ____ ist verliebt.

g) ____ Junge kommt. ____ sagt: „Guten Tag."

zu LB Ü 5 Ergänzen Sie.

9

a) Er *heißt* (heißen) Jan.

b) Sie ist jung und ________ (heißen) Claudia.

c) Ich ________ (wohnen) in Wien.

d) Du ________ (arbeiten) in Frankfurt.

e) Die Touristen ________ (sein) verliebt.

f) Der Junge ________ (sein) glücklich.

g) Das Mädchen ________ (schreiben).

h) Die Touristen ________ (sagen): „Guten Tag."

i) Du ________ (leben) in Wien.

j) Die Touristen ________ (lachen).

k) Du ________ (träumen).

l) Das Baby ________ (sagen): „Mama".

zu LB Ü 5 Ordnen Sie.

10

Beispiel: heißt – er – wie — *Wie heißt er?*

Jan – er – heißt — *Heißt er Jan?*

Jan – er – heißt — *Er heißt Jan.*

a) wie – sie – heißt ________ ________ ________ ?

Sara – sie – heißt ________ ________ ________ ?

Sara - sie – heißt ________ ________ ________ .

b) Jan – was – schickt ________ ________ ________ ?

Jan – Blumen – schickt ________ ________ ________ ?

Jan – Blumen – schickt ________ ________ ________ .

c) was – Jan – spielt ________ ________ ________ ?

Klavier – spielt – Jan ________ ________ ________ ?

Klavier – spielt – Jan ________ ________ ________ .

d) wo – er – lebt ________ ________ ________ ?

er – in Wien – lebt ________ ________ ________ ?

er – in Wien – lebt ________ ________ ________ .

zu LB Ü 5 Was passt zusammen?

11

traurig	*weinen*
glücklich	/
Frau	
Mädchen	
Klavier	
Touristen	
lieben	

Mann, Bahnhof, ~~weinen~~, lachen, Junge, verliebt sein, spielen

zu LB Ü 5 Was passt nicht?

12

a) Vergangenheit – ~~Bahnhof~~ – Zukunft
b) Bahnhof – Klavier – Zug
c) Mann – Frau – Geldautomat
d) Verkäuferin – Mann – Junge
e) gehen – hören – kommen
f) reisen – winken – heißen
g) wohnen – leben – schreiben

zu LB Ü 5 Ordnen Sie. Was passt?

13

lacht, lachen, träumen, träumst, winkst, arbeite, arbeiten, bin, winkt, ist, schreiben, sind, schreibe, winke, lachst, träume, arbeitet, schreibt

ich	*du*	*er/sie/es*	*sie (Plural)*
komme	kommst	kommt	kommen
	arbeitest		
			winken
		träumt	
	schreibst		
lache			
	bist		

zu LB Ü 6 Ergänzen Sie: **ein, eine / kein, keine** oder **–**.

14

■ *Vanessa*, ist das …	▲ Nein, *Uwe*. Das ist …	Das ist …
ein Polizeiauto?	*k* Polizeiauto.	*e* Krankenwagen.
_____ Verkäuferin?	_____ Verkäuferin.	_____ Touristin.
_____ Geldautomat?	_____ Geldautomat.	_____ Fahrkartenautomat.
_____ Junge?	_____ Junge.	_____ Mädchen.
_____ Taxi?	_____ Taxi.	_____ Polizeiauto.

■ *Vanessa*, sind das …	▲ Nein, *Uwe*. Das sind …	Das sind …
_____ Busse?	_____ Busse.	_____ Züge.
_____ Polizisten?	_____ Polizisten.	_____ Reporter.

zu LB Ü 7 Was passt? mein, meine / dein, deine?

15

a) Blume (ich) *meine* Blume
b) Auto (du) *dein* Auto
c) Autos (ich) _______ Autos
d) Söhne (du) _______ Söhne
e) Tochter (ich) _______ Tochter
f) Baby (ich) _______ Baby
g) Sohn (du) _______ Sohn
h) Frau (du) _______ Frau
i) Fahrkarten (ich) _______ Fahrkarten
j) Kind (du) _______ Kind
k) Kinder (ich) _______ Kinder
l) Töchter (du) _______ Töchter

zu LB Ü 8 Ergänzen Sie: sein, seine / ihr, ihre.

16

a) die Koffer von Claudia = *ihre* Koffer
b) die Autos von Vanessa = ______ Autos
c) das Taxi von Uwe = ______ Taxi
d) das Kamel von Ralf = ______ Kamel
e) die Flasche von Claus = ______ Flasche
f) die Taschen von Veronika = ______ Taschen
g) die Kinder von Jörg = ______ Kinder
h) die Fahrkarte von Claudia = ______ Fahrkarte

zu LB Ü 9 Was passt nicht?

17

a) Zug – ~~Klavier~~ – Bus
b) Fahrkartenautomat – Kuss – Geldautomat
c) Kinder – Gepäck – Koffer
d) Polizeiauto – Radio – Krankenwagen
e) Tasche – Nummer – Koffer
f) Sohn – Tochter – Mann

zu LB Ü 9 Ergänzen Sie: Ihr, Ihre / dein, deine.

18

a) Herr Noll, sind das *Ihre* Kinder?
b) Claus, ist das *dein* Sohn?
c) Frau Soprana, ist das _____ Fahrkarte?
d) Herr Noll, ist das _____ Auto?
e) Claudia, sind das _____ Kinder?
f) Sara, ist das ______ Fahrkarte?
g) Frau Noll, ist das _____ Hotel?
h) Herr Noll, ist das _____ Taxi?
i) Claus, ist das _____ Radio?
j) Frau Soprana, ist das _____ Zug?

zu LB Ü 9 Ergänzen Sie: mein, meine / dein, deine / sein, seine / ihr, ihre / Ihr, Ihre.

19

a) ● Ist das *Ihr* Auto, Herr Mohn?
■ Nein, das ist nicht *mein* Auto.
Das ist das Auto von Frau Noll.
● Oh, das ist *ihr* Auto.

b) ● Claus, sind das *deine* Kinder?
■ Nein, das sind nicht ______ Kinder.
Das sind die Kinder von Uwe.
● Oh, das sind ______ Kinder.

c) ● Sind das ______ Koffer, Frau Noll?
■ Nein, das sind nicht ______ Koffer.
Das sind die Koffer von Frau Soprana.
● Oh, das sind ______ Koffer.

d) ● Du, ist das ______ Tasche?
■ Nein, das ist nicht ______ Tasche.
Das ist die Tasche von Claudia.
● Oh, das ist ______ Tasche.

e) ● Du, ist das ______ Ball?
■ Nein, das ist nicht ______ Ball.
Das ist der Ball von Ralf.
● Oh, das ist ______ Ball.

f) ● Ist das ______ Koffer, Herr Noll?
■ Nein, das ist nicht ______ Koffer.
Das ist der Koffer von Veronika.
● Oh, das ist ______ Koffer.

zu LB Ü 11 Wie heißen die Wörter richtig?

20

BESTABUCH	*Buchstabe*	LEFONTE	______
SCHEFLA	______	GELDMATAUTO	______
ZEILIPO	______	GANVERHEITGEN	______
CHENMÄD	______	RINKÄUVERFE	______
RINGESÄN	______	WAKENKRANGEN	______

zu LB Ü 11 Ergänzen Sie: ei oder ie?

21

L___be Sara,
ich bin all___n, ich bin
verl___bt. Ich arb___te,
ich sp___le Klav___r,
ich w___ne, ich schr___be
Br___fe. Verz___hung –
ich l___be Dich!
Auf W___dersehen.
D___n Jan.

______
______
______
______

zu LB Ü 11 Ergänzen Sie: **a** oder **ä**?

22

D___s M___dchen s___gt: „M___m___." Die S___ngerin l___cht.

Der M___nn s___gt: „Das ist Ihr Gep___ck."

zu LB Ü 11 Ergänzen Sie: **u** oder **ü**?

23

F___nf J___ngen wohnen in Frankf___rt. Tsch___s und danke f___r die Bl___men.

D___ bist j___ng ___nd gl___cklich.

zu LB Ü 11 Ergänzen Sie den Plural. – Umlaut oder kein Umlaut?

24

Singular	Plural ohne Umlaut	Plural mit Umlaut
Ball	___	Bälle
Buchstabe	Buchstaben	___
Fahrkarte	___	___
Mann	___	___
Saft	___	___
Satz	___	___
Tasche	___	___
Taxi	___	___
Unfall	___	___
Vater	___	___
Zahl	___	___
Blume	___	___
Junge	___	___
Kuss	___	___
Mutter	___	___
Nummer	___	___
Zug	___	___
Bahnhof	___	___
Gespräch	___	___
Koffer	___	___
Sohn	___	___

zu LB Ü 13 Schreiben Sie die Zahlen.

25

a) siebzehn _____
b) sechsundsiebzig _____
c) dreiunddreißig _____
d) siebenundvierzig _____
e) elf _____
f) neunundneunzig _____
g) einundzwanzig _____
h) siebenundsechzig _____
i) achtundsiebzig _____
j) sechsundfünfzig _____

zu LB Ü 13 Notieren Sie die Telefonnummern

26

● Ist da nicht dreiunddreißig achtzig achtundfünfzig? 33 80 58

■ Nein, hier ist dreiunddreißig achtzehn achtundfünfzig. __________

● Ist da nicht siebzehn siebenundsechzig siebenundsiebzig? __________

■ Nein, hier ist siebzehn siebenundsiebzig siebenundsechzig. __________

● Ist da nicht einundneunzig null zwei zweiundvierzig? __________

■ Nein, hier ist neunundneunzig null zwei dreiundvierzig. __________

● Ist da nicht zwölf sechzehn sechsundzwanzig zweiundsechzig? __________

■ Nein, hier ist zwölf sechzehn zweiundsechzig sechsundzwanzig. __________

● Ist da nicht null eins neunzehn dreiunddreißig dreiundzwanzig zweiunddreißig? __________

■ Nein, hier ist null eins neunzig zweiunddreißig dreiunddreißig dreiundzwanzig. __________

● Ist da nicht sechsundneunzig null zwei zwei fünfunddreißig? __________

■ Nein, hier ist sechsundneunzig null zwei drei dreiundfünfzig. __________

● Ist da nicht achtundsechzig einundvierzig dreiundachtzig null acht? __________

■ Nein, hier ist dreizehn fünfundsiebzig neunundzwanzig siebenundvierzig. __________

zu LB Ü 13 Schreiben Sie die Zahlen.

27

€ 38,– ______________________

€ 66,– ______________________

€ 16,– ______________________

€ 41,– ______________________

€ 73,– ______________________

€ 17,– ______________________

Nur zur Verrechnung
(Bezogenes Kreditinstitut)
Zahlen Sie gegen diesen Scheck
achtunddreißig
Betrag in Buchstaben
noch Betrag in Buchstaben
an
EUR
Betrag
38,–
oder Order
Ausstellungsort
Datum
Untersch
ORDERSCHE

zu LB Ü 15 Ergänzen Sie.

28

machst du	kommen Sie	bist du	heißen Sie
sind Sie	heißt du	machen Sie	kommst du

a) Hallo Claus, wo ______________?

b) Hallo, Frau Soprana, wo ______________?

c) Ich heiße Nolte, und wie ______________?

d) Ich heiße Ralf, und wie ______________?

e) Herr Nolte, wann ______________?

f) Und du Sara, wann ______________?

g) Frau Noll, was ______________?

h) Vanessa, was ______________?

zu LB Ü 15 Ordnen Sie die Telefongespräche.

29

Und wann kommst du?
Ich bin in Hamburg.
Nolte hier. Guten Tag.
Ich komme morgen.
Hallo Claus! Wo bist du denn?
Hallo Jürgen, hier ist Claus.

a) ● *Nolte hier.*
■ *Hallo Jürgen,* ______________
● ______________
■ ______________
● ______________
■ ______________

Ist da nicht 42 83 39?
Meyer. Ich heiße Meyer.
Nein, hier ist 43 82 39.
Wer ist da bitte?
Hallo. Hier Meyer.
Oh, Verzeihung.

b) ● *Hallo.*
■ *Wer* ______________ *?*
● ______________
■ ______________
● ______________
■ ______________

zu LB Ü 16 Ordnen Sie.

30

Samstag	*Montag*
Dienstag	__________
Freitag	__________
Donnerstag	__________
Mittwoch	__________
~~Montag~~	__________
Sonntag	__________

zu LB Ü 16 Wie viele Wörter erkennen Sie?

31

U	V	A	T	E	R	B	A	L	T	W	E	J	U	N	G
X	E	R	K	A	P	U	T	T	A	X	I	U	C	H	E
K	R	A	N	K	E	N	W	A	G	E	N	N	L	E	P
U	Z	O	B	I	T	T	E	S	A	F	T	G	E	R	Ä
N	E	T	T	N	W	I	S	C	H	A	O	E	H	R	C
Z	I	E	L	D	E	S	C	H	Ö	N	L	I	R	L	K
U	H	U	N	D	T	A	T	E	R	A	L	L	E	I	N
G	U	T	P	U	T	E	Y	B	E	L	E	E	R	C	W
G	N	U	M	M	E	R	L	A	N	G	E	N	E	H	M
E	G	R	A	M	R	F	A	L	S	C	H	F	O	T	O
R	E	I	S	E	S	C	H	L	E	C	H	T	N	I	B

zu LB Ü 16 Was passt nicht?

32

Wetter: toll / prima / ~~sympathisch~~ / herrlich
Leute: interessant / sympathisch / nett / kaputt
Klavier: glücklich / schön /scheußlich / alt
Koffer: freundlich / alt / kaputt / groß
Zukunft: gut / fantastisch / alt / wunderbar
Bahnhof: richtig / schön / herrlich / interessant
Kind: allein / jung / glücklich / alt
Kuss: angenehm / toll / falsch / gut
Ball: groß / traurig / gut / schlecht

zu LB Ü 16 Wie schreibt man es richtig? Welche Wörter schreibt man groß?

33

heuteistfreitagundichspieleklavier. *Heute ist Freitag* ____________________

daswetteristnichtsogut. ____________________

woistherrmohn? ____________________

wosindsie,fraunolte? ____________________

wiealtistihrsohn,fraunolte? ____________________

wannkommstdu? ____________________

istdeinetochterglücklich? ____________________

zu LB Ü 16 Schreiben Sie eine Postkarte.

34

~~Deutschlandreise~~ ◆ Montag ◆ Berlin ◆ Stadt ◆ toll ◆ Wetter
schlecht ◆ Leute ◆ nett ◆ morgen ◆ Hamburg

Hallo ...

hier ist ________ *auf Deutschland-*

*reise. Heute ist M*______ ______

und ich ______ ____ __ ______.

*Die S*________ ________ ________.

*Das W*______ __ ______, *aber die*

*L*______ ____ ________.

Morgen ______ ______ ____ ______.

Viele Grüße

____

____

____

____

____

Wörter im Satz

35

	Ihre Muttersprache	Schreiben Sie einen Satz aus Delfin, Lehrbuch.	
____ *Ball*	____________	Der Ball von Uwe ist kaputt.	(S. 13)
____ *Flasche*	____________	____________	(S. 13)
____ *Frau*	____________	____________	(S. 10)
____ *Herr*	____________	____________	(S. 8)
____ *Koffer*	____________	____________	(S. 13)
____ *Leute*	____________	____________	(S. 17)
____ *Mensch*	____________	____________	(S. 10)
____ *Mutter*	____________	____________	(S. 13)
____ *Reise*	____________	____________	(S. 8)
____ *Sohn*	____________	____________	(S. 12)
____ *Tochter*	____________	____________	(S. 12)
____ *Vater*	____________	____________	(S. 15)
____ *Vergangenheit*	____________	____________	(S. 11)
____ *Zug*	____________	____________	(S. 10)
____ *Zukunft*	____________	____________	(S. 11)
arbeiten	____________	____________	(S. 10)
gehen	____________	____________	(S. 10)
heißen	____________	____________	(S. 9)
hören	____________	Hörst du Musik?	(S. 11)
leben	____________	____________	(S. 11)
lieben	____________	____________	(S. 11)
machen	____________	____________	(S. 11)
schicken	____________	____________	(S. 11)
schreiben	____________	____________	(S. 11)
spielen	____________	____________	(S. 11)
wohnen	____________	____________	(S. 11)
allein	____________	____________	(S. 11)

glücklich	________	________	(S. 10)
heute	________	________	(S. 17)
hier	________	________	(S. 12)
morgen	________	________	(S. 17)
wunderbar	________	________	(S. 17)

Grammatik

§ 1, 3 Artikel und Nomen

36

			ich:	*du:*	*er:*	*sie:*	*es:*	*sie:*	*Sie:*	
de**r** Sohn	ein Sohn	kein Sohn	mein	dein	sein	ihr	sein	ihr	Ihr	Sohn
di**e** Tochter	ein**e** Tochter	kein**e** Tochter	mein**e**	dein**e**	sein**e**	ihr**e**	sein**e**	ihr**e**	Ihr**e**	Tochter
da**s** Kind	ein Kind	kein Kind	mein	dein	sein	ihr	sein	ihr	Ihr	Kind
di**e** Kinder	Kinder	kein**e** Kinder	mein**e**	dein**e**	sein**e**	ihr**e**	sein**e**	ihr**e**	Ihr**e**	Kinder

§ 33, 43 Pronomen und Verb

37

		kommen	warten	heißen	sein
	ich	komm**e**	wart**e**	heiß**e**	**bin**
	du	komm**st**	wart**est**	heiß**t**	**bist**
Der Mann:	**er**	komm**t**	wart**et**	heiß**t**	**ist**
Die Frau:	**sie**				
Das Kind:	**es**				
Die Kinder:	**sie**	komm**en**	wart**en**	heiß**en**	**sind**
Frau Noll:	**Sie**				

§ 52 Satz und Frage

38

Das ist ein Koffer.	Ist das	ein Koffer?	Was	ist das?
Das ist Herr Nolte.	Ist das	Herr Nolte?	Wer	ist das?
Er heißt Nolte.	Heißt er	Nolte?	Wie	heißt er?
Er wohnt in Frankfurt.	Wohnt er	in Frankfurt?	Wo	wohnt er?
Er kommt morgen.	Kommt er	morgen?	Wann	kommt er?

Wortschatz

Nomen

das Alphabet, Alphabete
das Auto, Autos
das Baby, Babys
der Bahnhof, Bahnhöfe
der Ball, Bälle
die Betonung, Betonungen
die Blume, Blumen
der Brief, Briefe
der Buchstabe, Buchstaben
der Bus, Busse
der Dienstag, Dienstage
der Donnerstag, Donnerstage
Europa
die Fahrkarte, Fahrkarten
der Fahrkartenautomat, Fahrkartenautomaten
die Flasche, Flaschen
das Foto, Fotos
die Frau, Frauen
der Freitag, Freitage
der Geldautomat, Geldautomaten
das Gepäck
das Gespräch, Gespräche
die Großmutter, Großmütter
der Großvater, Großväter
der Gruß, Grüße
der Herr, Herren
das Hotel, Hotels
der Hund, Hunde
die Information, Informationen
das Jahr, Jahre
der Junge, Jungen
das Kamel, Kamele
das Kind, Kinder
das Klavier, Klaviere
der Koffer, Koffer
der Krankenwagen, Krankenwagen
der Kuss, Küsse
der Lehrer, Lehrer
Leute (pl)
das Mädchen, Mädchen
die Mama, Mamas
der Mann, Männer
der Mensch, Menschen
der Mittwoch
der Montag, Montage
die Musik
die Mutter, Mütter
die Nummer, Nummern
der Ort, Orte
die Person, Personen
der Plural, Plurale
die Polizei
das Polizeiauto, Polizeiautos
die Polizistin, Polizistinnen
die Postkarte, Postkarten
das Radio, Radios
die Reise, Reisen
der Reporter, Reporter
der Saft, Säfte
der Samstag, Samstage
die Sängerin, Sängerinnen
der Satz, Sätze
der Singular, Singulare
der Sohn, Söhne
der Sonntag, Sonntage
die Stadt, Städte
der Tag, Tage
die Tasche, Taschen
das Taxi, Taxis
das Telefon, Telefone
der Text, Texte
Thailand
die Tochter, Töchter
der Tourist, Touristen
die Touristin, Touristinnen
der Unfall, Unfälle
der Vater, Väter
die Vergangenheit
der Verkäufer, Verkäufer
die Verkäuferin, Verkäuferinnen
die Verzeihung
das Wetter
die Zahl, Zahlen
der Zug, Züge
die Zukunft
der Zwilling, Zwillinge

Verben

arbeiten
buchstabieren
ergänzen
gehen
heißen
hören
kommen
können
küssen
lachen
leben
lesen
lieben
machen
markieren
nach·sprechen
notieren
ordnen
passen
reisen
sagen
schicken
schreiben
sein
spielen
träumen
verwenden
warten
weinen
winken
wohnen
zusammen·passen

Adjektive

allein
alt
angenehm
betont
falsch

fantastisch
folgend
freundlich
glücklich
gut
herrlich
herzlich
interessant
jung
kaputt
komplett
nett
prima
richtig
scheußlich
schlecht
schön
sympathisch
toll
traurig
verliebt
viel
willkommen
wunderbar

Adverbien

aber
bitte
da
denn
dort
heute
hier
los
mal
morgen
nicht
oder
so

Funktionswörter

am
an
auf
bis
für
im
in
von
und
der
die
das
ein, eine
kein, keine
mein, meine
dein, deine
sein, seine
ihr, ihre
Ihr, Ihre
ich
du
er
sie
es
Sie
Wann? Wie? Wo? Wer? Was? Welche?
eins zwei drei vier fünf sechs sieben acht neun zehn

Ausdrücke

Guten Tag.
Auf Wiedersehen.
Hallo.
Tschüs.
Wie heißen Sie?
Ich heiße …
Wie geht's?
Verzeihung!
Bitte.
Danke.
Herzlich willkommen!
Gute Reise.
Viele Grüße
Lieber… / Liebe…
Los!
Halt!
Nein.
Ich liebe dich.
Sag mal, …
Was ist das denn?
Wie alt bist du?
Ich bin 24 Jahre alt.
nicht so gut
Aha!
Oh!
Pfui!

Abkürzungen

Nr. = Nummer

Lektion 2

zu LB Ü 2 Ergänzen Sie.

1

a) Ich komme aus München.

Er kommt aus München.

Wir kommen aus München.

b) Ich heiße Schneider.

Er heißt Schneider.

Wir ______

c) Ich spiele Computer.

Er ______

Wir ______

d) Ich telefoniere.

______

______

e) Ich bin Lehrer.

______

______

f) Ich surfe gern.

______

______

g) Ich lebe in Wien.

______

______

h) Ich koche.

______

______

zu LB Ü 2 Formen Sie die Fragen um.

2

Wie heißen *Sie*? — *Wie heißt du?*

Woher kommen *Sie*? — ______ ?

Was sind *Sie* von Beruf? — ______ ?

Was ist *Ihr* Hobby? — ______ ?

Wie alt sind *Ihre* Kinder? — ______ ?

zu LB Ü 3 Ergänzen Sie.

3

a) ● Ich komme aus München. ■ *Wir kommen auch aus München.*

b) ● Ich heiße Schneider. ■ *Wir* ______ *auch Schneider.*

c) ● Ich spiele Tennis. ■ ______ *auch Tennis.*

d) ● Ich telefoniere. ■ ______ *auch.*

e) ● Ich bin Lehrer. ■ ______ *auch* ______ .

f) ● Ich surfe gern. ■ ______ *auch* ______ .

g) ● Ich lebe in Wien. ■ ______ *auch* ______ .

h) ● Ich packe. ■ ______ .

zu LB Ü 4 Ergänzen Sie: mein, meine, unser, unsere, ist, sind.

4

a) Das ist mein Schlafsack. — *Das ist unser Schlafsack.*

b) Das ist meine Luftmatratze. — *Das ist unsere* ________.

c) Das sind meine Kinder. — *Das sind* ________.

d) Das ist mein Zelt. — *Das* ________.

e) Das ______ mein Hund. — ________.

f) Das ______ meine Katze. — ________.

g) Das ______ meine Schlafsäcke. — ________.

h) Das ______ ______ Auto. — ________.

i) Das ______ ______ Tasche. — ________.

j) Das ______ ______ Luftmatratzen. — ________.

k) Das ______ ______ Klavier. — ________.

zu LB Ü 4 Was passt zusammen?

5

a) Ist dein Schlafsack auch nass?	*6*	1.	Sie heißt Sara.
b) Woher kommt ihr?	■	2.	Er heißt Jan.
c) Was sind Sie von Beruf?	■	3.	Nein, aber sie sind nass.
d) Wie heißt Ihr Sohn?	■	4.	Nein, erst drei Tage.
e) Wie heißt Ihre Tochter?	■	5.	Ich komme aus Wien.
f) Bist du schon lange hier?	■	6.	Nein, mein Schlafsack ist trocken.
g) Sind eure Luftmatratzen kaputt?	■	7.	Wir kommen aus München.
h) Woher kommst du?	■	8.	Ich bin Fotograf.

zu LB Ü 4 Ergänzen Sie.

6

a) *Kommst* du aus Kopenhagen? (kommen)

b) ________ ihr Kinder? (haben)

c) Wie ________ ihr? (heißen)

d) ________ du Mathematiklehrerin? (sein)

e) Warum ________ ihr denn? (packen)

f) Du ________ sehr gut Klavier. (spielen)

g) *Kommt* ihr aus Wien? (kommen)

h) ________ du Probleme? (haben)

i) ________ du Sara? (heißen)

j) ________ ihr Zwillinge? (sein)

k) ________ du? (packen)

l) ________ ihr gern Computer? (spielen)

zu LB Ü 4 Ergänzen Sie.

7

a) Ist das *euer* Zelt? — *Ja, das ist unser Zelt.*

b) Sind das *eure* Kinder? — *Ja, das sind* ________.

c) Ist ______ ______ Luftmatratze? — *Ja,* ________.

d) ______ ______ ______ Schlafsäcke? — *Ja,* ________.

e) ______ ______ ______ Katze? — *Ja,* ____________________.

f) ______ ______ ______ Sohn? — *Ja,* ____________________.

g) ______ ______ ______ Tochter? — *Ja,* ____________________.

h) ______ ______ ______ Computer? — *Ja,* ____________________.

zu LB Ü 4 Wie heißen die Wörter?

8

a) der TERPUCOM — *der Computer*

b) die ZEKAT — ____________________

c) die TRATZEMALUFT — ____________________

d) das BYHOB — ____________________

e) der SACKSCHLAF — ____________________

f) die RINLEHRESPORT — ____________________

g) die MIFALIE — ____________________

h) die TINÄRZ — ____________________

i) der TOGRAFFO — ____________________

zu LB Ü 4 Was passt wo?

9

~~Hotel~~ ~~Vater~~ ~~Lehrer~~ Gepäck Bahnhof Großmutter Fotograf Tochter Reporter Großvater Polizist Zelt Baby Koffer Fahrkarte Verkäufer Zug Schlafsack Auto Ärztin Mutter Tourist Kind Sohn Luftmatratze

Reise: *Hotel*, ______, ______, ______, ______, ______, ______, ______, ______, ______, ______

Familie: *Vater*, ______, ______, ______, ______, ______, ______, ______

Beruf: *Lehrer*, ______, ______, ______, ______, ______, ______

zu LB Ü 4 Ergänzen Sie: wie, was, woher.

10

a) *Wie* alt ist Ihr Sohn?

b) ______ ist dein Hobby?

c) ______ lange seid ihr schon hier?

d) ______ kommen Sie?

e) ______ sind Sie von Beruf?

f) ______ kommt ihr?

g) ______ alt bist du?

h) ______ macht ihr hier?

zu LB Ü 4 Schreiben Sie.

11

a) du / Lehrer / bist / ? — *Bist du Lehrer?*

b) Zelt / ist / sein / kaputt / . — *Sein Zelt ist kaputt.*

c) eure / nass / sind / Luftmatratzen / ? — *Sind* ______________________

d) Schlafsack / mein / kaputt / ist / . ______________________

e) alt / Kinder / wie / deine / sind / ? ______________________

f) Hund / heißt / dein / wie / ? ______________________

g) Kinder / gern / surfen / unsere / . ______________________

h) Beruf / was / von / bist / du / ? ______________________

i) lange / hier / Sie / schon / sind / ? ______________________

j) ist / meine / Fotografin / Frau / . ______________________

k) vier / Tochter / ist / unsere / . ______________________

l) trocken / Schlafsack / dein / ist / ? ______________________

zu LB Ü 6 Richtig *r* oder falsch *f*? (→ Lehrbuch S. 20)

12

a) **Werner Sundermann ...**
- ■ 1. kommt aus Radebeul bei Dresden.
- ■ 2. hat zwei Kinder.
- ■ 3. ist Möbeltischler.
- ■ 4. trinkt gern Bier.
- ■ 5. kann blind 18 Sorten Mineralwasser erkennen.
- ■ 6. trainiert fleißig.
- ■ 7. kann in drei Minuten 30 Autos zeichnen.

b) **Nguyen Tien-Huu ...**
- ■ 1. wohnt in Berlin.
- ■ 2. ist ledig.
- ■ 3. ist Sänger.
- ■ 4. studiert Kunst in Berlin.
- ■ 5. zeichnet Autos.
- ■ 6. kann blind 18 Sorten Luftballons erkennen.
- ■ 7. kann in zwei Minuten sechs Gesichter zeichnen.

c) **Natascha Schmitt ...**
- ■ 1. lebt in Hamburg.
- ■ 2. ist verheiratet.
- ■ 3. ist Krankenschwester in Berlin.
- ■ 4. arbeitet in Hamburg.
- ■ 5. liebt Autos.
- ■ 6. kann in 27 Sekunden ein Rad wechseln.
- ■ 7. kann in 27 Sekunden zwei Reifenpannen erkennen.

d) **Max Claus ...**
- ■ 1. wohnt in Wuppertal.
- ■ 2. ist geschieden.
- ■ 3. ist Friseur von Beruf.
- ■ 4. liebt Mineralwasser.
- ■ 5. schneidet Haare.
- ■ 6. kann 18 Touristen in drei Minuten rasieren.
- ■ 7. kann sehr schnell Luftballons rasieren.

zu LB Ü 6 Ergänzen Sie.

13

a)	● Woher *kommst* du?	c)	● Woher ________ er?
	■ Ich ________ aus Hamburg.		■ Er ________ aus Dresden.
	● Wie ________ dein Name?		● ________ er Sport?
	■ Ich heiße Volker.		■ Nein, Mathematik.
	● ________ du Mathematik?		● Wie alt ________ er?
	■ Nein, ich ________ Kunst.		■ Er ________ 22.
b)	● Woher ________ Sie?	d)	● Woher ________ ihr?
	■ Wir ________ aus München.		■ Wir ________ aus Berlin.
	● ________ Sie Kinder?		● ________ ihr Tennis?
	■ Ja, wir ________ zwei.		■ Ja, natürlich.
	● Wie alt ________ sie?		● Wie alt ________ ihr?
	■ Neun und elf.		■ Wir ________ 20.

~~kommen~~
studieren
haben
sein
spielen

zu LB Ü 6 Ergänzen Sie.

14

a)	Werner Sundermann	erkennt	18 Sorten Mineralwasser.
	Werner Sundermann	*kann*	18 Sorten Mineralwasser *erkennen*.
b)	Nguyen Tien-Huu	zeichnet	Touristen.
	Nguyen Tien-Huu	*kann*	Touristen ________.
c)	Natascha Schmitt	wechselt	ein Rad.
	Natascha Schmitt	________	ein Rad ________.
d)	Natascha Schmitt	wechselt	in 27 Sekunden ein Rad.
	Natascha Schmitt	________	in 27 Sekunden ein Rad ________.
e)	Max Claus	rasiert	in drei Minuten 30 Luftballons.
	Max Claus	________	in drei Minuten 30 Luftballons ________.

zu LB Ü 6 Ergänzen Sie.

15

a) Nguyen Tien-Huu kann in zwei Minuten sechs Gesichter zeichnen.
Die Zeichnungen sind trotzdem gut.

Trotzdem sind ________________________________.

b) Die Studentin kann in vierzig Sekunden zwei Polizisten zeichnen.

In vierzig Sekunden ________________________________.

c) Natascha Schmitt kann in siebenundzwanzig Sekunden ein Rad wechseln.
Eine Reifenpanne ist natürlich kein Problem.

Natürlich ______________________________.

d) Herr Jensen kann in fünfundfünfzig Minuten ein Rad wechseln.

In fünfundfünfzig Minuten ____________________.

e) Max Claus kann sehr gut Luftballons rasieren.
Er rasiert normalerweise Bärte.

Normalerweise ____________________________.

f) Frau Claus kann fünf Bärte in zehn Minuten rasieren.

In zehn Minuten ___________________________.

g) Werner Sundermann kann blind achtzehn Sorten Mineralwasser erkennen.
Er schafft vielleicht bald 25 Sorten.

Vielleicht ________ *bald* ______________________.

h) Frau Sundermann kann blind fünfzehn Sorten Cola erkennen.

Blind ____________________________________.

i) Die Sportreporterin kann natürlich gut fotografieren.

Natürlich ______________________________.

zu LB Ü 6 Was passt?

16

a) Lehrerin, Lehrer, Verkäufer, Verkäuferin *sein*
b) Mathematik, Sport, Kunst ________
c) Mineralwasser, Saft, Wein, Bier ________
d) Bärte, Touristen, Luftballons ________
e) Kinder, Touristen, Gesichter ________
f) Computer, Tennis, Ball, Klavier ________
g) in Hamburg, in Salzburg, in Österreich ________

~~sein~~
studieren
zeichnen
trinken
wohnen
rasieren
spielen

zu LB Ü 7 Was passt nicht?

17

a) **tauchen:** tief – lange – ~~freundlich~~
b) **reiten:** schnell – gut – tief
c) **schwimmen:** gern – hoch – schnell
d) **rechnen:** fleißig – falsch – sympathisch
e) **springen:** schnell – hoch – alt
f) **warten:** lange – allein – schnell
g) **küssen:** verliebt – allein – lange
h) **schreiben:** gut – wunderbar – kaputt
i) **arbeiten:** gut – gern – ledig

zu LB Ü 7 Ergänzen Sie: können.

18

a) ● Kannst du gut tauchen?

■ Ja, aber ich ________ nicht so gut schwimmen.

b) ● ________ ihr gut schwimmen?

■ Nein, aber wir ________ lange tauchen.

c) ● Unser Hund ________ gut schwimmen.

■ Und unsere Hunde ________ auch prima schwimmen.

zu LB Ü 7 Ergänzen Sie.

19

	leben	*lieben*	*studieren*	*telefonieren*	*reisen*	*heißen*	*platzen*
ich							
du			studierst			heißt	platzt
er/sie/es		liebt			reist		
wir	leben						
ihr		liebt		telefoniert			
sie / Sie	leben						

	arbeiten	*warten*	*schneiden*	*zeichnen*	*wechseln*	*können*	*sein*
ich		warte			wechsle		
du	arbeitest			zeichnest			
er/sie/es	arbeitet		schneidet			kann	
wir							sind
ihr		wartet			wechselt		
sie / Sie							

zu LB Ü 9 Schreiben Sie die Zahlen.

20

a) dreihunderteinundzwanzig ________

b) hundertsiebenundsiebzig ________

c) siebenhundertsiebzehn ________

d) hundertelf ________

e) neunhundertachtundsechzig ________

f) sechshundertneunundachtzig ________

g) fünfhundertsechsundneunzig ________

h) vierhunderteinundsiebzig ________

i) zweihundertzweiundfünfzig ________

j) achthundertfünfundzwanzig ________

zu LB Ü 10 Wie viel wiegt das?

21

a) tausendzweihundertfünfundzwanzig Gramm = *1225* Gramm

b) viertausendsechshundertachtundsiebzig Gramm = ________ Gramm

c) zweitausendfünfhundertvier Gramm = ________ Gramm

d) achthundertachtundachtzig Gramm = ________ Gramm

e) dreitausenddreihundertdreizehn Gramm = _______ Gramm

f) fünftausendvierundzwanzig Gramm = _______ Gramm

g) fünfhundertfünfundfünfzig Gramm = _______ Gramm

h) achttausendachthundertachtzehn Gramm = _______ Gramm

zu LB Ü 10 Schreiben Sie die Zahlen

22

Nur zur Verrechnung

(Bezogenes Kreditinstitut)

Zahlen Sie gegen diesen Scheck

dreihundertacht-

Betrag in Buchstaben

undfünfzig

noch Betrag in Buchstaben

EUR Betrag *358,–*

an

oder Order

Ausstellungsort

Datum

€ 583,– ______________________________

€ 725,– ______________________________

€ 815,– ______________________________

€ 275,– ______________________________

€ 696,– ______________________________

€ 969,– ______________________________

€ 1.532,– ______________________________

€ 3.125,– ______________________________

zu LB Ü 10 Was passt wo?

23

Pfund / Kilo	Flasche
Tomate	________
________	________
________	________
________	________
________	
________	

Karotte
Kartoffel
Saft
~~Tomate~~
Pilz
Bier
Zwiebel
Wasser
Apfel
Wein

zu LB Ü 12 Ergänzen Sie: **haben oder sein.**

24

a) Ich *habe*___ heute Geburtstag.

b) Ich _______ Krankenschwester von Beruf.

c) _______ du verheiratet?

d) _______ du Geld?

e) Familie Schneider _______ zwei Kinder.

f) Werner _______ 37 Jahre alt.

g) Wir *sind*___ aus Hamburg.

h) Wir _______ Zwillinge.

i) _______ ihr schon lange hier?

j) _______ ihr eine Reifenpanne?

k) _______ Sie auch aus Hamburg?

l) _______ Sie Probleme?

zu LB Ü 12 Ergänzen Sie.

25

a) *Jan-Peter* hat Geburtstag.	*Wer*___ hat Geburtstag?
b) Er ist *fünf Jahre* alt.	*Wie*___ alt ist er?
c) Herr Geißler wohnt *in Oldenburg*.	_______ wohnt Herr Geißler?
d) Frau Beier kommt *aus Bremen*.	_______ kommt Frau Beier?
e) Der Komponist heißt *Schubert*.	_______ heißt der Komponist?
f) *Herr Beckmann* studiert in Wilhelmshaven.	_______ studiert in Wilhelmshaven?
g) Die Tomaten wiegen *zwei Kilo*.	_______ _______ wiegen die Tomaten?
h) *Morgen* kommt Jochen.	_______ kommt Jochen?
i) Normalerweise schneidet *Max* Haare.	_______ schneidet normalerweise Haare?

zu LB Ü 13 Ergänzen Sie.

26

a) Die Eltern *von*___ Lisa sind nicht da.	(aus – bei – ~~von~~)
b) Lisa bestellt eine Pizza ______ Bello.	(in – für – aus)
c) Familie Jensen kommt ______ Kopenhagen.	(aus – mit – in)
d) Familie Schneider ist ______ München.	(mit – aus – für)
e) Volker studiert ______ Berlin.	(in – aus – von)
f) Er zeichnet sechs Gesichter ______ zwei Minuten.	(von – in – mit)
g) Natascha Schmitt ist Krankenschwester ______ Beruf.	(bei – aus – von)
h) Sie arbeitet ______ Hamburg.	(in – aus – für)
i) Werner Sundermann kommt aus Radebeul ______ Dresden.	(mit – von – bei)
j) Er trinkt gern Mineralwasser ______ Kohlensäure.	(in – mit – für)

zu LB Ü 14 Ergänzen Sie die Verben.

27

verdienst	schneide
springt	trinken
zeichnet	können
wiegt	wechselt
bestellt	heißt
erkenne	

a) Er _______ sechs Gesichter in zwei Minuten.

b) Die Katze _______ sehr hoch.

c) Wir _______ nicht gut singen.

d) Sie _______ ein Rad in 27 Sekunden.

e) _______ Sie gern Saft?

f) Ich _______ blind sechzehn Sorten Mineralwasser.

g) Ich _______ gern Haare und Bärte.

h) Der Apfel _______ 180 Gramm.

i) _______ du viel Geld?

j) Sie _______ drei Cola und zwei Mineralwasser.

k) Meine Frau _______ Lisa.

zu LB Ü 15 Schreiben Sie die Sätze anders.

28

a) Er möchte dort eine Reportage machen.

Dort möchte er eine Reportage machen.

b) Sie trinkt normalerweise nur Wasser.

Normalerweise _______________________.

c) Die Schlafsäcke sind bald trocken.

Bald _______________________.

d) Sein Sohn spielt immer Computer.

Immer _______________________.

e) Sie sind vierzehn Tage hier.

Vierzehn Tage _______________________.

f) Sie kommt vielleicht aus Italien.

Vielleicht _______________________.

g) Das Zelt ist natürlich sauber.

Natürlich _______________________.

h) Er zeichnet Touristen in Berlin.

In Berlin _______________________.

i) Pro Zeichnung braucht er etwa 30 Sekunden.

Etwa 30 Sekunden _______________________.

zu LB Ü 17 Markieren Sie.

29

a) Was kann man essen?

- ▪ Geld
- ☒ Apfel
- ▪ Kartoffel
- ▪ Karotte
- ▪ Bart
- ▪ Land
- ▪ Pilz
- ▪ Zelt
- ▪ Tomate
- ▪ Pizza

b) Was kann man trinken?

- ▪ Zwiebel
- ▪ Saft
- ▪ Japan
- ▪ Urlaub
- ▪ Wein
- ▪ Zeichnung
- ▪ Bier
- ▪ Gesicht
- ▪ Wasser
- ▪ Sprache

c) Was sind Personen?

- ▪ Friseur
- ▪ Kranken-schwester
- ▪ Rad
- ▪ Luftballon
- ▪ Österreicher
- ▪ Freundin
- ▪ Sekunde
- ▪ Eltern

zu LB Ü 17 Was passt zusammen?

30

a) Wie geht's?	▪	1. Nein, er ist Reporter
b) Guten Abend, Volker!	▪	2. Nein, ich studiere hier.
c) Guten Morgen, Herr Winter!	▪	3. Nein, ich komme aus Spanien.
d) Das ist Herr Bloch.	▪	4. Danke gut.
e) Arbeiten Sie hier?	▪	5. Guten Morgen, Frau Humbold.
f) Kommen Sie aus Italien?	▪	6. Ja, ich studiere Sport.
g) Ist Herr Bloch Fotograf?	▪	7. Freut mich, Herr Bloch.
h) Studierst du Sport?	▪	8. Guten Abend, Heike!

zu LB Ü 17 Ergänzen Sie **möchten**.

31

a) Ich /studieren: *Ich möchte studieren.*

b) Er / arbeiten: *Er* ______________________.

c) Wir/ packen: ______________________.

d) Er / Ball spielen: ______________________.

e) Ich / Bärte rasieren: ______________________.

f) Wir / Wasser trinken: ______________________.

g) Ich / Touristen zeichnen: ______________________.

h) Er / ein Rad wechseln: ______________________.

zu LB Ü 17 Formen Sie die Sätze um.

32

a) Ich studiere in Deutschland.
b) Du spielst Klavier.
c) Er zeichnet in sechs Minuten zwei Gesichter
d) Wir sind heute glücklich.
e) Ihr springt hoch.
f) Sie verdienen Geld.

möchten	können
a) *Ich möchte in Deutschland studieren.*	*Ich kann in Deutschland studieren.*
b) *Du* ______.	*Du* ______.
c) ______.	______.
d) ______.	______.
e) ______.	______.
f) ______.	______.

zu LB Ü 17 Wie heißen die Länder? Ergänzen Sie.

33

di ◆ ta ◆ eu ◆ ri ◆ ei ◆ na ◆ ha ◆ en ◆ li ◆ ~~ss~~ ◆ pa

Ru*ss*land
Südaf___ka
Ja___n
Austra___en
In___en
D___tschland
Frankr___ch
Großbri___nnien
Spani___
Ka___da
G___na

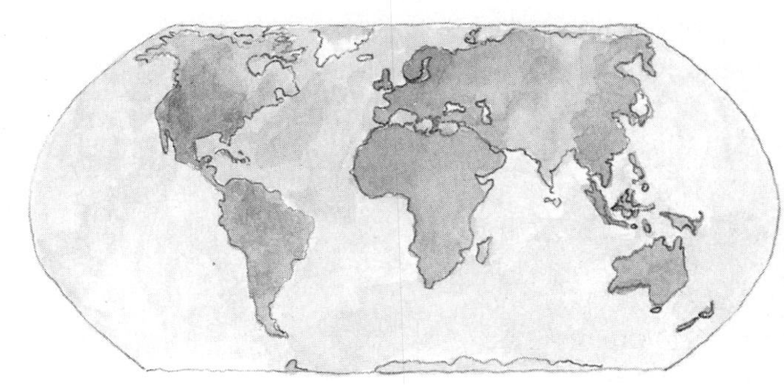

zu LB Ü 18 Ergänzen Sie.

34

Land	*Mann*	*Frau*	*kommen aus*	*Staatsangehörigkeit*
Japan	Japaner	Japanerin	Japan	japanisch
Italien		Italienerin		
Spanien	Spanier			
Argentinien		Argentinierin		
Griechenland	Grieche	Griechin	Griechenland	griechisch
Polen	Pole		Polen	
Frankreich	Franzose	Französin		französisch
China	Chinese			
Sudan	Sudanese		dem Sudan	
Iran		Iranerin	dem	iranisch
Schweiz	Schweizer		der	
Türkei	Türke		der	türkisch
Niederlande		Niederländerin	den Niederlanden	niederländisch
USA	Amerikaner		den	

zu LB Ü 18 Ergänzen Sie die Tabelle.

35

Sein Name ist Jensen. Sören ist sein Vorname. Er kommt aus Dänemark. In Kopenhagen ist er geboren, aber er wohnt und arbeitet in Flensburg. Er ist 25 Jahre alt und Informatiker von Beruf. Herr Jensen ist ledig. Seine Hobbys sind Surfen und Segeln.

Martina Oehri kommt aus der Schweiz. Sie ist in Luzern geboren und lebt in Zürich. Sie ist verheiratet und hat ein Kind. Frau Oehri ist 30 Jahre alt und von Beruf ist sie Sportlehrerin. Sie schwimmt und sie taucht gern.

	Herr Jensen	*Frau Oehri*
Vorname		
Beruf		
Staatsangehörigkeit	dänisch	schweizerisch
Wohnort		
Geburtsort		
Alter		
Familienstand		
Kinder		
Hobbys		

zu LB Ü 19 Ergänzen Sie die Texte.

36

	Frau Bloch	*Herr Smetana*
Vorname	Salima	Jaroslav
Beruf	Studentin	Arzt
Staatsangehörigkeit	deutsch	tschechisch
Wohnort	München	Prag
Geburtsort	Tunis	Pilsen
Alter	22	45
Familienstand	verheiratet	geschieden
Kinder	–	2
Hobbys	Segeln, Reiten	Reisen, Fotografieren

Salima Bloch ist in *Tunis* ______ geboren, aber sie __________ in München. Sie ist __________, ihr Mann ist Deutscher und ihre Staatsangehörigkeit __________ __________. Sie haben keine __________. Salima ist __________ Jahre __________, und sie __________ und __________ gern. Sie __________ Kunst in München.

Herr Smetana ist *Arzt* ______ von __________. Er ist in __________ __________, __________ Jahre __________, und er __________ in Prag. Er hat __________ __________, aber er __________ __________. Seine Hobbys __________ __________ __________ __________.

zu LB Ü19 Und Sie? Ergänzen Sie die Tabelle und den Text.

37

Vorname	
Name	
Alter	
Geburtsort	
Staatsangehörigkeit	
Wohnort	
Familienstand	
Kinder	
Beruf	
Hobbys	

Ich heiße __________ __________ und __________ __________ Jahre alt. Ich bin in __________ geboren und meine Staatsangehörigkeit ist __________. Ich wohne in __________. Ich bin __________ und habe __________ Kinder. Ich bin __________ von Beruf und meine Hobbys sind __________ und __________.

Wörter im Satz

38

	Ihre Muttersprache	**Schreiben Sie einen Satz aus Delfin, Lehrbuch**
____ *Adresse*		
____ *Beruf*		
____ *Eltern*		
____ *Freund*		
____ *Geld*		
____ *Gesicht*		
____ *Krankenschwester*		
____ *Mann*		
____ *Mineralwasser*		
____ *Problem*		
____ *Rad*		
____ *Staatsangehörigkeit*		
____ *Zeichnung*		
bestellen		
brauchen		
erkennen		
rechnen		
schneiden		
springen		
studieren		
trinken		
verstehen		
wiegen		
zeichnen		
bequem		
erst		
euer		

gern ________________ ____

ja ________________ ____

normalerweise ________________ ____

unser ________________ ____

zufrieden ________________ ____

Grammatik

§ 33 Verben

39

	kommen	***arbeiten***	***schneiden***	***zeichnen***	***wechseln***	***heißen***	***platzen***
ich	komm**e**	arbeit**e**	schneid**e**	zeich**ne**	wechs**le**	heiß**e**	platz**e**
du	komm**st**	arbeit**est**	schneid**est**	zeich**nes**t	wechsel**st**	hei**ßt**	plat**zt**
er/sie/es	komm**t**	arbeit**et**	schneid**et**	zeich**net**	wechsel**t**	heiß**t**	platz**t**
wir	komm**en**	arbeit**en**	schneid**en**	zeich**nen**	wechsel**n**	heiß**en**	platz**en**
ihr	komm**t**	arbeit**et**	schneid**et**	zeich**net**	wechsel**t**	heiß**t**	platz**t**
sie / Sie	komm**en**	arbeit**en**	schneid**en**	zeich**nen**	wechsel**n**	heiß**en**	platz**en**
ebenso:	hören kochen lachen packen spielen ...	warten reiten antworten		rechnen	segeln		

§ 43, 46

40

	haben	***sein***	***können***	***möchten***
ich	hab**e**	**bin**	**kann**	möcht**e**
du	has**t**	**bist**	**kannst**	möcht**est**
er/sie/es	ha**t**	**ist**	**kann**	möcht**e**
wir	hab**en**	**sind**	könn**en**	möcht**en**
ihr	hab**t**	**seid**	könn**t**	möcht**et**
sie / Sie	hab**en**	**sind**	könn**en**	möcht**en**

§ 52, 53 Wortstellung

41

Vorfeld	***Verb$_{(1)}$***	***Mittelfeld***		***Verb$_{(2)}$***
Er	**kann**			**zeichnen.**
Er	**kann**		sechs Gesichter	**zeichnen.**
Er	**kann**	in zwei Minuten	sechs Gesichter	**zeichnen.**
Die Zeichnungen	**sind**	natürlich	gut.	
Natürlich	**sind**	die Zeichnungen	gut.	

§ 3 Possessivartikel

42

	wir:	*ihr:*
der Sohn	unser Sohn	euer Sohn
die Tochter	unsere Tochter	eure Tochter
das Hobby	unser Hobby	euer Hobby
die Kinder	unsere Kinder	eure Kinder

§ 13, 14 Ländernamen, Einwohner, Staatsangehörigkeit

43

Land	*Einwohner*	*Einwohnerin*	*Staatsangehörigkeit*
Österreich	Österreicher	Österreicherin	österreichisch
Polen	Pole	Polin	polnisch
Portugal	Portugiese	Portugiesin	portugiesisch
Tschechien	Tscheche	Tschechin	tschechisch
Tunesien	Tunesier	Tunesierin	tunesisch
Deutschland	Deutscher	Deutsche	deutsch

Wortschatz

Nomen

die Adresse, Adressen
der Alkohol
das Alter
die Angabe, Angaben
der Animateur, Animateure
die Animateurin, Animateurinnen
der Apfel, Äpfel
die Ärztin, Ärztinnen
der Ballon, Ballons
der Bart, Bärte
der Beruf, Berufe
die Bewerbung, Bewerbungen
das Bier, Biere
der Computer, Computer
der Delfin, Delfine
der Deutsche, Deutschen
die E-Mail, E-Mails
der Einwohner, Einwohner
die Einwohnerin, Einwohnerinnen
die Eltern (pl)
die Familie, Familien
der Familienname, Familiennamen
der Familienstand
das Fax, Faxe
die Faxnummer, Faxnummern
das Formular, Formulare
der Fotograf, Fotografen
der Freund, Freunde
die Freundin, Freundinnen
der Friseur, Friseure
der Geburtsort, Geburtsorte
der Geburtstag, Geburtstage
das Geld
das Geschlecht, Geschlechter
das Gesicht, Gesichter
das Gewicht, Gewichte
das Gramm
die Größe, Größen
die Großeltern (pl)
das Haar, Haare
das Hobby, Hobbys
die Informatikerin, Informatikerinnen
der Installateur, Installateure
die Karotte, Karotten
die Kartoffel, Kartoffeln
die Katze, Katzen
das Kaufhaus, Kaufhäuser
das Kilo
das Kilogramm
die Kohlensäure
der Komponist, Komponisten
die Krankenschwester, Krankenschwestern
der Kunststudent, Kunststudenten
das Land, Länder
die Lösung, Lösungen
der Luftballon, Luftballons
die Luftmatratze, Luftmatratzen
der Mathematiklehrer, Mathematiklehrer
die Matratze, Matratzen
die Medizin
der Meter, Meter
das Mineralwasser, Mineralwasser
die Minute, Minuten
der Möbeltischler, Möbeltischler
der Nachname, Nachnamen
der Name, Namen
der Österreicher, Österreicher
die Österreicherin, Österreicherinnen
das Pfund, Pfunde
der Pilz, Pilze
die Pizza, Pizzen (Pizzas)
der Pizza-Express
das Problem, Probleme
das Quiz
das Rad, Räder
die Reifenpanne, Reifenpannen
die Reihenfolge, Reihenfolgen
der Rekord, Rekorde
die Reportage, Reportagen
der Schlafsack, Schlafsäcke
die Schwester, Schwestern
die Sekretärin, Sekretärinnen
die Sekunde, Sekunden
die Sorte, Sorten
der Sport
die Sportlehrerin, Sportlehrerinnen
die Sprache, Sprachen
die Staatsangehörigkeit, Staatsangehörigkeiten
die Straße, Straßen
das Telefongespräch, Telefongespräche
die Telefonnummer, Telefonnummern
(das) Tennis
der Tischler, Tischler
die Tomate, Tomaten
der Tscheche, Tschechen
die Tschechin, Tschechinnen
der Tunesier, Tunesier
die Tunesierin, Tunesierinnen
der Vorname, Vornamen
das Wasser
der Wein, Weine
der Weltrekord, Weltrekorde
der Winter, Winter
der Wohnort, Wohnorte

das Wort, Wörter
die Zeichnung, Zeichnungen
das Zelt, Zelte
der Zischlaut, Zischlaute
die Zwiebel, Zwiebeln

Verben

antworten
ausfüllen
bestellen
brauchen
denken
erkennen
fragen
freuen
haben
kochen
können
korrigieren
meinen
möchten
packen
platzen
rasieren
rechnen
reiten
schaffen
schneiden
schwimmen
segeln
singen
spinnen
springen
studieren
suchen
surfen
tauchen
telefonieren
trainieren
trinken
variieren
verdienen
verstehen
wechseln
wiegen
zeichnen

Adjektive

bequem
blind
deutsch
englisch
fleißig
französisch
geboren
genau
geschieden
groß
hoch
ledig
männlich
nass
natürlich
österreichisch
sauber
schnell
spanisch
tief
trocken
tschechisch
tunesisch
verheiratet
weiblich
zufrieden

Adverbien

auch
bald
dann
erst
etwa
gern
immer
lange
leider
links
noch nicht
normalerweise
rechts
schon
sehr
trotzdem
übrigens
vielleicht
weg
wohl

Funktionswörter

als
aus
bei
mit
ohne
pro
zur
wir
ihr
unser
euer
mich
Warum?
Woher?
Wie viel?

Ausdrücke

Guten Morgen.
Guten Tag.
Tag!
Guten Abend.
Wie geht's?
Danke, gut.
Übrigens, das ist Herr...
Freut mich.
Wie bitte?
Warum denn?
Ja.
Ja, natürlich.
Nein.
Ach, ...
Ach so
Na ja.
Kein Problem!
Na dann...
Prost!
Sehr geehrte Frau ...
Sehr geehrter Herr...
Mit freundlichen Grüßen
... Jahre alt sein
... von Beruf sein

Abkürzungen

kg = Kilogramm
Tel. = Telefon
GmbH = Gesellschaft mit beschränkter Haftung

In Deutschland sagt man:	In Österreich sagt man auch:	In der Schweiz sagt man auch:
die Kartoffel, Kartoffeln	der Erdapfel, Erdäpfel	
die Tomate, Tomaten	der Paradeiser, Paradeiser	
der Pilz, Pilze	das Schwammerl, Schwammerln	
die E-Mail, E-Mails		das E-Mail, E-Mails
Prost!		Gesundheit!

Lektion 3

zu LB Ü 1 Was passt?

1

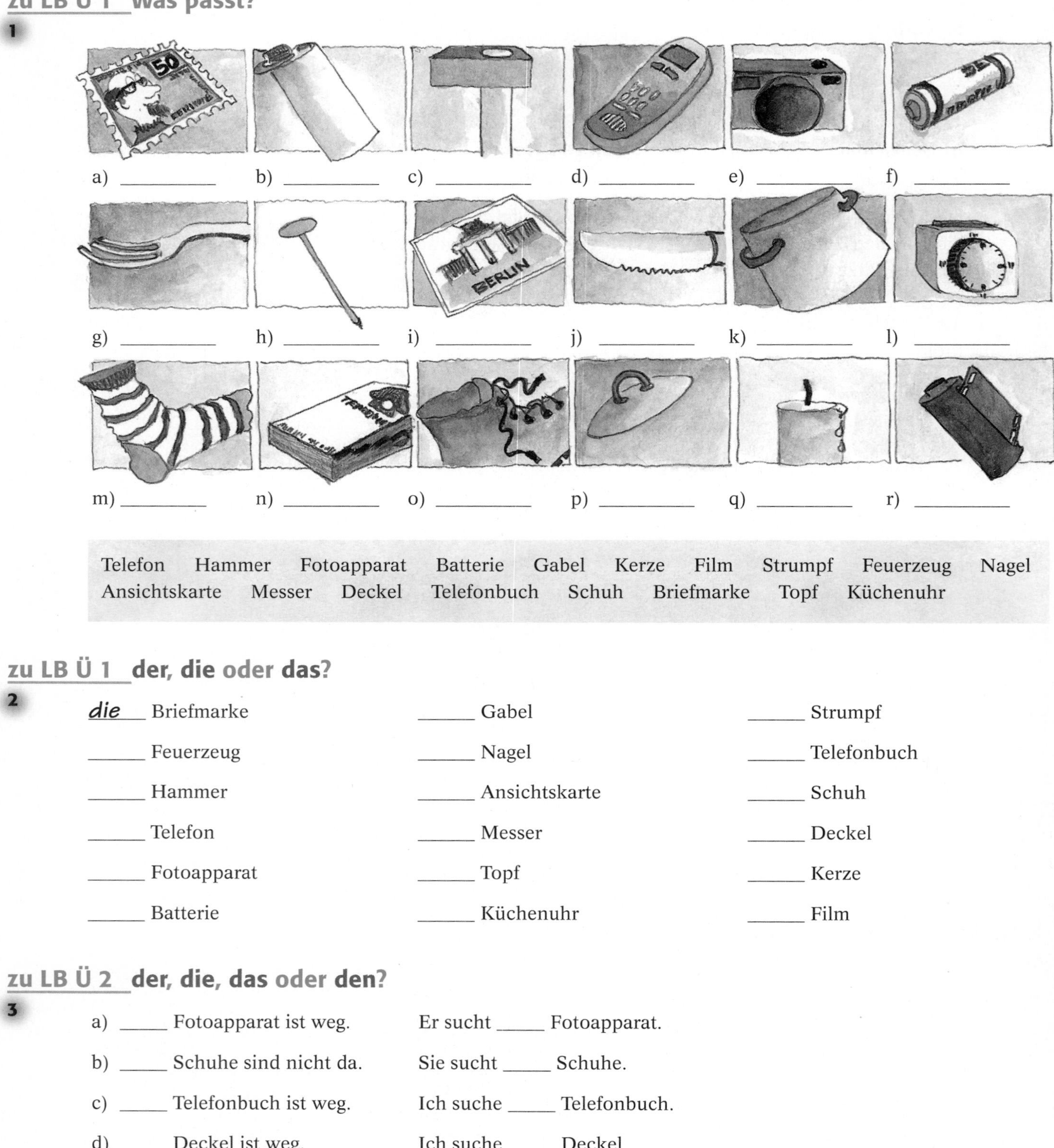

a) ________ b) ________ c) ________ d) ________ e) ________ f) ________

g) ________ h) ________ i) ________ j) ________ k) ________ l) ________

m) ________ n) ________ o) ________ p) ________ q) ________ r) ________

Telefon Hammer Fotoapparat Batterie Gabel Kerze Film Strumpf Feuerzeug Nagel Ansichtskarte Messer Deckel Telefonbuch Schuh Briefmarke Topf Küchenuhr

zu LB Ü 1 der, die oder das?

2

die Briefmarke	_____ Gabel	_____ Strumpf
_____ Feuerzeug	_____ Nagel	_____ Telefonbuch
_____ Hammer	_____ Ansichtskarte	_____ Schuh
_____ Telefon	_____ Messer	_____ Deckel
_____ Fotoapparat	_____ Topf	_____ Kerze
_____ Batterie	_____ Küchenuhr	_____ Film

zu LB Ü 2 der, die, das oder den?

3

a) _____ Fotoapparat ist weg.	Er sucht _____ Fotoapparat.
b) _____ Schuhe sind nicht da.	Sie sucht _____ Schuhe.
c) _____ Telefonbuch ist weg.	Ich suche _____ Telefonbuch.
d) _____ Deckel ist weg.	Ich suche _____ Deckel.
e) Sind _____ Strümpfe nicht da?	Ich suche _____ Strümpfe.

f) Ist _____ Film nicht da? Suchst du _____ Film?

g) _____ Feuerzeug ist nicht da. Suchst du _____ Feuerzeug?

h) _____ Hammer ist weg. Sie sucht _____ Hammer.

i) Ist _____ Messer nicht da? Wir suchen _____ Messer.

j) _____ Gabel ist nicht da. Er sucht _____ Gabel.

k) _____ Topf ist weg. Sucht er _____ Topf?

l) _____ Briefmarke ist nicht da. Suchst du _____ Briefmarke?

m) Ist _____ Nagel nicht da? Wir suchen _____ Nagel.

zu LB Ü 3 Ergänzen Sie: ein, eine, einen, kein, keine, keinen.

4

a) Brauchst du *ein* Pflaster? – Nein danke, ich brauche *kein* Pflaster.

b) Brauchst du ______ Regenschirm? – Nein danke, ich brauche ______ Regenschirm.

c) Brauchen Sie ______ Briefmarke? – Nein danke, ich brauche ______ Briefmarke.

d) Brauchst du ______ Telefonbuch? – Nein danke, ich brauche ______ Telefonbuch.

e) Brauchen Sie ______ Hammer? – Nein danke, ich brauche ______ Hammer.

f) Brauchst du ______ Sonnenbrille? – Nein danke, ich brauche ______ Sonnenbrille.

g) Brauchst du ______ Mantel? – Nein danke, ich brauche ______ Mantel.

zu LB Ü 3 Nominativ oder Akkusativ?

5

	Nominativ	Akkusativ
a) Der Hammer ist nicht da.	☒	☐
b) Er sucht den Hammer.	☐	☒
c) Er hat kein Taschentuch.	☐	☐
d) Wir brauchen keinen Regenschirm.	☐	☐
e) Mein Mantel ist weg.	☐	☐
f) Sind die Gummistiefel nicht da?	☐	☐
g) Ich suche die Telefonkarte.	☐	☐
h) Wir brauchen keine Münzen.	☐	☐

zu LB Ü 3 Verben mit Akkusativ. Was passt nicht?

6

a) **bestellen:** eine Pizza – ein Mineralwasser – ~~einen Moment~~ – Blumen
b) **hören:** einen Zug – ein Gespräch – ein Polizeiauto – eine Briefmarke
c) **lesen:** einen Nagel – einen Satz – eine Ansichtskarte – eine Information
d) **schicken:** eine E-Mail – einen Brief – einen Geburtstag – eine Bewerbung
e) **schneiden:** einen Apfel – Haare – eine Tomate – einen Topf
f) **schreiben:** einen Hammer – einen Brief – eine Ansichtskarte – einen Text
g) **trinken:** ein Bier – einen Saft – eine Gabel – Wasser
h) **verstehen:** einen Deckel – eine Sprache – ein Formular – ein Gespräch

zu LB Ü 4 Wie heißen die Wörter?

7

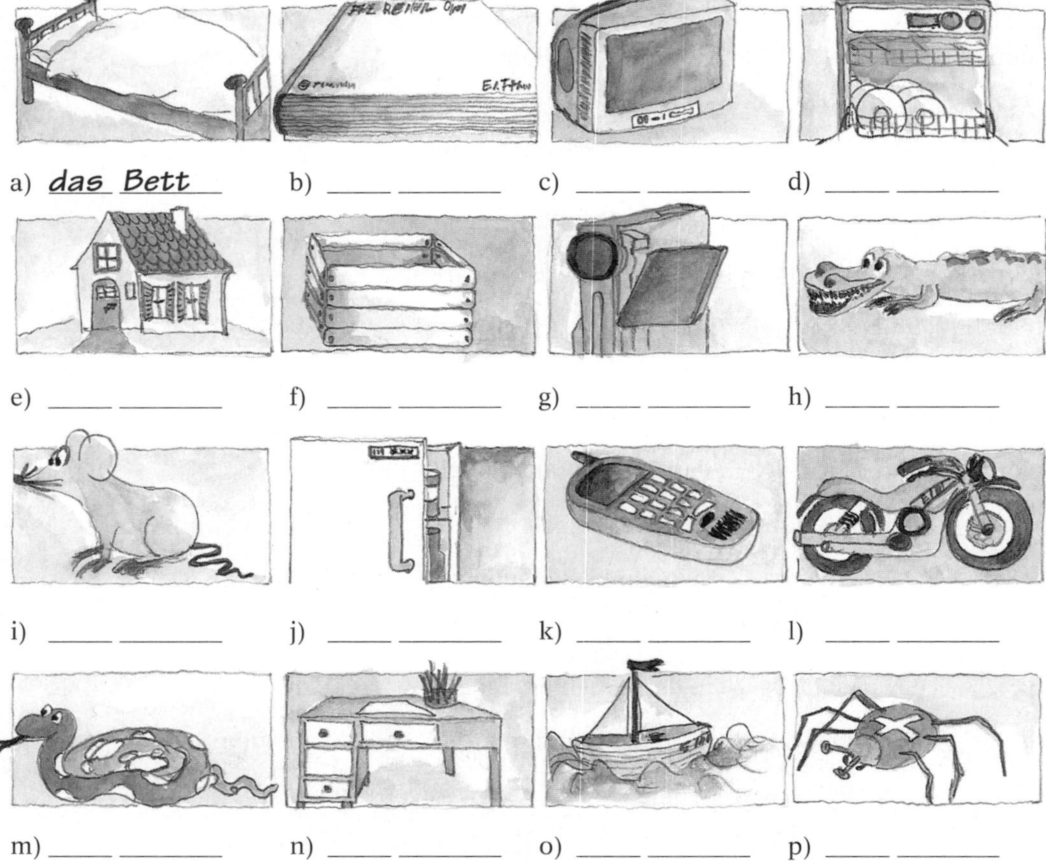

a) *das Bett* b) ___ _____ c) ___ _____ d) ___ _____

e) ___ _____ f) ___ _____ g) ___ _____ h) ___ _____

i) ___ _____ j) ___ _____ k) ___ _____ l) ___ _____

m) ___ _____ n) ___ _____ o) ___ _____ p) ___ _____

zu LB Ü 4 Richtig r oder falsch f? (→ Lehrbuch S. 30)

8

a) □ Jochen Pensler studiert Sport.
b) □ Er hat kein Telefon und kein Radio.
c) □ Er braucht nur seine Bücher und seine Tiere.
d) □ Sein Hobby kostet aber nicht viel Zeit.
e) □ Bernd Klose ist Reporter von Beruf.
f) □ Deshalb arbeitet er oft zu Hause.
g) □ Seine Wohnung hat vier Zimmer.
h) □ Er findet Möbel nicht wichtig.
i) □ Karin Stern ist von Beruf Fotografin.
j) □ Sie ist 33 und wohnt in Frankfurt.
k) □ Einen Computer braucht sie nicht.
l) □ Aber sie hat einen Geschirrspüler.
m) □ Linda Damke hat ein Segelboot.
n) □ Eine Wohnung und ein Auto hat sie nicht.
o) □ Im Sommer ist sie immer in Griechenland.
p) □ Ihre Kajüte ist groß und hat viel Platz.

zu LB Ü 6 Ergänzen Sie.

9

a) Jochen Pensler hat 6 Schlangen und 14 _________.

b) Er braucht Bücher, aber er hört keine _________.

c) Bernd Klose findet _________ nicht wichtig.

d) Von Beruf ist er _________.

e) Karin Stern hat im _________ ein Fotolabor.

Platz
Mäuse
Möbel
Wohnung
Bad
Musik
Reporter
Geld

f) Nur für ihre Kameras braucht sie ________.

g) Linda Damke braucht nicht viel ________.

h) Deshalb hat sie kein Haus und auch keine ________.

zu LB Ü 6 Zwei Wörter passen zusammen. Markieren Sie.

10

a) Bett – Maus – Tisch
b) Schreibtisch – Schlange – Krokodil
c) Radio – Fernseher – Regenschirm
d) Möbel – Motorrad – Wagen
e) Luxus – Bett – Matratze
f) Wohnung – Briefmarke – Haus
g) Reporter – Musiker – Spinne
h) Sommer – Winter – Kiste
i) Mensch – Geld – Münzen
j) Tiere – Zoo – Segelboot

zu LB Ü 6 Gibt es hier einen Fernseher? Schreiben Sie.

11

a) (Fernseher) *Gibt es einen ________?* – *Ja, es gibt einen Fernseher.*

b) (Krokodile) *Gibt es Krokodile?* – *Nein, es gibt keine ________.*

c) (Telefon) *Gibt es ein Telefon?* – ________.

d) (Spinne) ________? – ________.

e) (Kiste) ________? – ________.

f) (Bett) ________? – ________.

g) (Fotoapparat) ________? – ________.

h) (Schlangen) ________? – ________.

i) (Kühlschrank) ________? – ________.

j) (Topf) ________? – ________.

k) (Tisch) ________? – ________.

l) (Geschirrspüler) ________? – ________.

zu LB Ü 6 Ordnen Sie die Wörter.

12

a) Er ist Reporter. (er – selten – zu Hause – ist)

Deshalb ist er selten zu Hause.

b) Sie liebt die Freiheit. (sie – ein Segelboot – hat)

Deshalb ______________________

c) Tiere sind sein Hobby. (ein Zoo – sein Zimmer – ist)

Deshalb ______________________

d) Er ist selten zu Hause. (Möbel – findet – nicht – wichtig – er)

Deshalb ______________________

e) Sie braucht keinen Luxus. (sie – keinen Computer – hat)

Deshalb ______________________

f) Das Segelboot hat wenig Platz. (nicht – bequem – ist – es – sehr)

Deshalb ______________________

g) Er hört keine Musik. (hat – kein Radio – er)

Deshalb ______________________

zu LB Ü 6 Schreiben Sie die Sätze anders.

13

a) Ich trinke keinen Alkohol.	*Alkohol trinke ich nicht.*
b) Ich brauche keinen Computer.	*Einen Computer* ______
c) Ich habe keine Tiere.	*Tiere* ______
d) Ich brauche keine Unterhaltung.	*Unterhaltung* ______
e) Ich habe kein Krokodil.	*Ein* ______
f) Ich lese keine Bücher.	______
g) Ich habe kein Motorrad.	______
h) Ich bin kein Student.	______
i) Ich habe keine Probleme.	______

zu LB Ü 6 Ergänzen Sie: ein, eine, einen oder –.

14

a) Jochen Pensler studiert ______ Biologie. Sein Zimmer ist ______ Zoo. Er hat ______ Schlangen, ______ Spinnen, ______ Mäuse und ______ Krokodil. ______ Tiere sind sein Hobby, aber sie kosten ______ Zeit.

b) Karin Stern ist _______ Sozialarbeiterin von Beruf. Ihr Bad ist eigentlich _______ Fotolabor. Sie braucht _______ Geld für ihre Kameras.

c) Bernd Klose ist _______ Reporter. Er findet _______ Möbel nicht wichtig. _______ Bett hat er nicht, aber er braucht unbedingt _______ Schreibtisch.

d) Linda Damke hat _______ Segelboot. _______ Haus braucht sie nicht. Ihr Segelboot bedeutet _______ Freiheit.

zu LB Ü 7 Was passt zusammen?

15

a) Sag mal, wie heißt du denn? ■
b) Bist du Student? ■
c) Wo wohnst du denn jetzt? ■
d) Sind deine Eltern nett? ■
e) Das Zimmer kostet 130 Euro. Möchtest du es? ■
f) Wann kannst du kommen? ■

1. Ja, aber ich möchte mehr Freiheit.
2. Morgen habe ich Zeit.
3. Natürlich möchte ich es haben.
4. Noch zu Hause bei meinen Eltern.
5. Ja, ich studiere Biologie.
6. Peter heiße ich. Und du?

zu LB Ü 8 Was passt nicht?

16

a) Computer – Fernseher – Geschirrspüler – ~~Topf~~
b) Schreibtisch – Segelboot – Stuhl – Schreibmaschine
c) Herd – Film – Geschirrspüler – Kühlschrank
d) Minute – Gaskocher – Uhr – Sekunde
e) Radio – Telefonbuch – Fernseher – Unterhaltung
f) Wohnung – Zimmer – Wagen – Haus
g) Löffel – Gabel – Nagel – Messer
h) Bett – Koffer – Tisch – Schrank

zu LB Ü 8 Ergänzen Sie: er, sie, es, ihn.

17

a) Der Stuhl ist sehr bequem, aber er kostet 200 Euro. Vielleicht kaufe ich ihn.

b) Der Topf ist neu, aber ____ hat keinen Deckel. Kaufst du ____?

c) Die Uhr kostet nur 5 Euro und ____ ist fast neu. Kaufen Sie ____!

d) Der Kühlschrank ist schön, aber ____ funktioniert nicht. Frau Fischer kauft ____ nicht.

e) Das Telefon hat keine Batterie und ____ ist nicht schön. Wir kaufen ____ nicht.

f) Der Fernseher ist alt, aber ____ funktioniert gut. Kauft ihr ____?

g) Die Betten sind bequem und ____ kosten zusammen nur 150 Euro. Möchten Sie ____ kaufen?

h) Das Radio ist schön, aber ____ kostet 100 Euro. Herr und Frau Fischer möchten ____ kaufen.

zu LB Ü 8 Ergänzen Sie die Pronomen.

18

a) Der Reporter sucht den Tennisspieler. Er sucht ihn.

b) Der Tennisspieler sucht den Reporter. Er sucht ____.

c) Die Frau sucht den Nagel. ____ sucht ____.

d) Die Krankenschwester sucht das Besteck. ____ sucht ____.

e) Die Studentin kauft die Bücher. ____ kauft ____ .

f) Das Kind braucht das Messer. ____ braucht ____.

g) Der Tischler braucht den Hammer. ____ braucht ____.

h) Die Touristen fragen die Taxifahrer. ____ fragen ____.

i) Die Musikerin findet Freiheit wichtig. ____ findet ____ wichtig.

j) Die Reporterinnen finden die Filme gut. ____ finden ____ gut.

k) Der Student möchte das Zimmer haben. ____ möchte ____ haben.

l) Frau Fischer will die Schreibmaschine nicht kaufen. ____ will ____ nicht kaufen.

m) Die Friseurin kann den Mann schnell rasieren. ____ kann ____ schnell rasieren.

zu LB Ü 8 Ergänzen Sie.

19

a) In zwanzig Sekunden will Herr Noll zwanzig Kartoffeln essen.
Aber kann er sie in zehn Sekunden essen?

b) In zwei Sekunden will Frau Nolte die Flasche Mineralwasser trinken.
Aber kann ______ ______ in ______ ___________ ___________?

c) In drei Sekunden will Frau Stern den Film wechseln.
Aber ______ ______ ___________ in ______ _________ _________?

d) In vierzehn Sekunden will Frau Schneider vierzig Zwiebeln schneiden.
Aber ______ ______ ______ in ______ __________ _________ ?

e) In dreißig Sekunden will die Lehrerin ihre zwanzig Schüler blind erkennen.
Aber kann ______ ______ in ________ __________ ________ ________?

f) In vierzig Sekunden wollen die Sekretärinnen vierzehn Briefe schreiben.
Aber _________ ______ ______ in ______ _______ ____________?

g) In zwei Minuten will Herr Tien-Huu zwölf Touristinnen zeichnen.
Aber kann ______ _______ in _____ ___________ __________?

zu LB Ü 8 Ergänzen Sie: einen, eine, ein oder –.

20

a) Sie findet *einen* Fernseher, ______ Computer und ______ Mobiltelefon wichtig.

b) Der Mann hört ______ Katze und ______ Papagei.

c) Der Tourist fotografiert ______ Schlange und ______ Verkäuferin.

d) Die Fotografin wechselt ______ Film und ______ Batterie.

e) Wir suchen ______ Tisch, ______ Bett und ______ Schrank.

f) Sie schreiben ______ Brief, ______ Ansichtskarten und ______ Postkarte.

g) Der Friseur schneidet ______ Haare und ______ Bärte.

h) Seine Frau schneidet ______ Zwiebeln, ______ Tomate und ______ Karotte.

i) Der Reporter findet ______ Sängerin und ______ Fotografin interessant.

zu LB Ü 8 Wie finden die Leute ...? Ergänzen Sie.

21

Eva Humbold	Werner Bergman	Und Sie?	
Reporter – interessant	Polizistinnen – nett	Friseure / Studenten / Großväter ...	interessant / nicht so interessant / nett / freundlich / sympathisch ...
Katzen – schön	seinen Hund – prima	Katzen / Hunde / einen Papagei ...	schön / prima ...
Luftballons – toll	Ansichtskarten – interessant	Filme / Bücher / Briefmarken ...	toll / interessant / ...
Reisen – herrlich	Segeln – wunderbar	Reisen / Telefonieren/ Tennis ...	herrlich / wunderbar / spannend ...
Freiheit – wichtig	Geld – nicht so wichtig	Musik / Unterhaltung / Luxus ...	wichtig / nicht so wichtig ...
ein Mobiltelefon – nicht so wichtig	aber Kreditkarten – herrlich	ein Mobiltelefon / einen Fernseher / ein Radio ...	wichtig / nicht so wichtig ...

a) Eva Humbold *findet* Reporter ________. ________ findet sie ________ und Luftballons ________ ________ toll. ________ findet sie ________ und ________ ________ ________ ________. ________ ________ ________ ________ nicht so wichtig.

b) Werner Bergman ________ Polizistinnen ________. ________ ________ ________ er ________ und ________ ________ ________ interessant. ________ ________ er ________. ________ findet er ________ ________ ________, aber ________ ________ ________ ________.

c) Ich finde (Friseure) ________ sympathisch. (Hunde) ________ finde ich ________ und (Filme) ________ finde ich ________. (Telefonieren) ________ finde ich nicht so wichtig, aber (einen Fernseher) ________ finde ich wichtig.

zu LB Ü 8 Ergänzen Sie.

22

a) Das ist Vanessa. Das ist *ihr* Regenschirm. *Er* ist neu. *Sie* zeichnet *ihn*.

b) Das ist Eva. Das ist _____ Apfel. _____ wiegt zweihundert Gramm. _____ fotografiert _____.

c) Das ist Uwe. Das ist _____ Wagen. _____ ist kaputt. _____ möchte _____ verkaufen.

d) Das sind Benno und Veronika. Das ist _____ Koffer. _____ ist neu. _____ möchten _____ packen.

e) Das ist Jörg. Das sind _____ Gummistiefel. _____ sind sehr bequem. _____ braucht _____ heute.

f) Das ist Peter. Das ist _____ Freundin. _____ ist sehr schön. Peter liebt _____.

g) Das ist Frau Fischer. _____ Geschirrspüler funktioniert nicht. _____ ist sehr alt. _____ sucht _____ Mann.

h) Das sind Herr und Frau Nolte. _____ Hund ist weg. _____ ist erst 1 Jahr alt. _____ suchen _____.

zu LB Ü 12 Wie heißen die Wörter richtig?

23

a) die KEMARBRIEF *die Briefmarke*

b) die BRILSONNENLE ____________________

c) das GALRE ____________________

d) der MERHAM ____________________

e) der SCHRANKKÜHL ____________________

f) der TELMAN ____________________

g) der SCHIRMGENRE ____________________

h) der PICHTEP ____________________

i) die SEVA ____________________

j) der GELSPIE ____________________

k) der FELSTIEMIGUM ____________________

zu LB Ü 12 Ergänzen Sie: sch – st – sp.

24

a) Ti*sch*

b) *St*adt

c) Kühl____rank

d) ____ortlehrer

e) ____rumpf

f) Gummi____iefel

g) Regen____irm

h) ____uhl

i) Pfla____er

j) Ta____entuch

k) ____inne

l) Geschirr____üler

m) ____lafzimmer

n) ____reibma____ine

zu LB Ü 17 Ergänzen Sie den Plural.

25

a) der Schuh — *die Schuhe*
der Beruf — ___
der Brief — ___
der Film — ___
das Haar — ___
der Hund — ___
das Jahr — ___
der Pilz — ___
das Problem — ___
der Tag — ___
das Tier — ___

b) der Topf — *die Töpfe*
der Gruß — ___
der Kuss — ___
der Stuhl — ___
der Strumpf — ___
der Bart — ___
der Sohn — ___
der Saft — ___

c) die Vase — *die Vasen*
die Blume — ___
die Lampe — ___
der Junge — ___
die Briefmarke — ___
die Brille — ___
die Karotte — ___
die Kiste — ___
die Tasche — ___
die Tomate — ___
die Münze — ___

d) der Stiefel — *die Stiefel*
der Spiegel — ___
der Wagen — ___
der Löffel — ___
das Messer — ___
der Lehrer — ___
der Deckel — ___
der Fernseher — ___
der Geschirrspüler — ___

zu LB Ü 17 Ordnen Sie die Gespräche.

26

a) Meinst du das da?
Kaufen wir es?
Das ist nicht schlecht.
Ja, das kaufen wir.
Wie findest du das Regal?
Ja.

● *Wie* ___
■ ___
● ___
■ ___
● ___
■ ___

b) Hast du keinen Teppich?
Schau mal, da ist ein Teppich.
Hier sind noch welche.
Aber den finde ich nicht schön.
Nein, ich habe keinen.
Ich suche einen.

● *Schau* ___
___
■ ___
● ___
■ ___
● ___

zu LB Ü 17 Was passt? (Jeweils 2 Antworten passen).

27

a) Suchst du eine Sonnenbrille?
- Nein, ich brauche keine.
- Ja, ich suche einen.
- Ja, ich brauche eine.

b) Wie findest du den Stuhl?
- Die sind schön.
- Den finde ich schön.
- Der ist schön.

c) Ich suche eine Vase.
- Hast du keine?
- Brauchst du eine?
- Meinst du den?

d) Kaufen wir die Lampe?
- Nein, wir brauchen keine.
- Ja, die kaufen wir.
- Nein, wir haben keine.

e) Schau mal, die Uhr ist schön.
- Meinst du die da?
- Welche Uhr meinst du?
- Sind da welche?

f) Hast du keine Gummistiefel?
- Nein, aber ich brauche welche.
- Nein, die sind nicht schön.
- Nein, aber ich kaufe welche.

zu LB Ü 17 Schreiben Sie Fragen und Antworten.

28

a) (Koffer) *Wie findest du den Koffer?* (schön) *Den finde ich schön.*
b) (Bild) ______? (wunderbar) ______.
c) (Teppich) ______? (scheußlich) ______.
d) (Tisch) ______? (toll) ______.
e) (Lampen) ______? (schön) ______.
f) (Töpfe) ______? (teuer) ______.
g) (Stuhl) ______? (bequem) ______.
h) (Regal) ______? (gut) ______.
i) (Buch) ______? (interessant) ______.
j) (Sonnenbrille) ______? (schön) ______.
k) (Schlangen) ______? (scheußlich) ______.

zu LB Ü 17 Ergänzen Sie.

29

	Nominativ
Da ist	ein Teppich.
Da ist	eine Vase.
Da ist	ein Radio.
Da sind	Töpfe.

	Akkusativ
Ich brauche	einen Teppich.
Ich brauche	eine Vase.
Ich brauche	ein Radio.
Ich brauche	Töpfe.

	Akkusativ
Ich brauche	einen.
Ich brauche	eine.
Ich brauche	eins.
Ich brauche	welche.

(Bild)	*Da ist ein Bild.*	*Ich brauche* ______	*Ich brauche* ______
(Spiegel)	______	______	______
(Tisch)	______	______	______
(Vasen)	______	______	______
(Regal)	______	______	______

(Uhr) ______________ ______________________ __________________________

(Tasche) ______________ ______________________ __________________________

(Lampen)______________ ______________________ __________________________

zu LB Ü 17 Ergänzen Sie.

30

ein eine einer eins einen

a) Schau mal, da ist ______ Regal. Ich brauche ______.

b) Hier ist ______ Vase. Ich brauche ______.

c) Ich brauche ______ Teppich und ______ Tisch.

d) Haben Sie ______ Topf? Ich brauche ______.

e) Du suchst doch ______ Regenschirm. Hier ist ______.

f) Ist das ______ Vase? Ich suche ______.

g) Ich brauche ______ Feuerzeug. Haben Sie ______?

h) Hier gibt es ______ Radio. Wir brauchen ______.

i) Brauchst du ______ Teppich? Hier ist ______.

j) Ich brauche ______ Stuhl. Da ist ______.

zu LB Ü 17 Ergänzen Sie.

31

keiner keinen keine keins

a) Haben Sie einen Spiegel? – Nein, ich habe ________.

b) Kaufst du eine Lampe? – Nein, ich brauche ______.

c) Hast du ein Regal? – Nein, ich habe ______.

d) Gibt es hier Stühle? – Nein, hier gibt es ______.

e) Suchst du einen Regenschirm? – Ja, aber hier ist ______.

f) Ist hier ein Bild? – Nein, hier ist ______.

g) Brauchst du einen Topf? – Ja, aber hier ist ______.

h) Die Löffel sind schön. – Ja, aber ich brauche ______.

i) Brauchen Sie einen Koffer? – Nein, ich brauche ______.

j) Hast du ein Feuerzeug? – Nein, ich habe ______.

zu LB Ü 18 Wie schreibt man es richtig? Welche Wörter schreibt man groß?

32

a) suchstdudiespinne	*Suchst du die Spinne?*
b) findestdutennisspannend?	___
c) kostetderstuhlnureineneuro?	___
d) dasstimmt.	___
e) kaufstdudiesportschuhe?	___
f) brauchstdudiestrümpfe?	___
g) spielstduklavier?	___
h) bistdustudentin?	___
i) studierstdusport?	___
j) springstduodernicht?	___

zu LB Ü 18 St, st, Sp, sp. Ergänzen Sie.

33

a) Such*st* du die ___inne?

b) Finde___ du Tennis ___annend?

c) Ko___et der ___uhl nur einen Euro?

d) Ja, das ___immt.

e) Kauf___ du ihn?

f) Brauch___ du die ___rümpfe?

g) ___iel___ du Klavier?

h) Bi___ du ___udent?

i) ___udier___ du ___ort?

j) ___ring___ du oder nicht?

zu LB Ü 18 Ergänzen Sie den Singular oder den Plural.

34

Stuhl	*Stühle*	Topf	___
___	Schränke	___	Häuser
___	Uhren	___	Blumen
Schlafsack	___	___	Hämmer
___	Mäuse	Sprache	___
Schuh	___		

zu LB Ü 18 Ergänzen Sie den Plural.

35

Brille	*Brillen*	Zimmer	___
Schlange	___	Pflaster	___
Kiste	___	Geschirrspüler	___
Matratze	___	Fernseher	___
Briefmarke	___	Koffer	___

Münze	__________	Spanier	__________
Junge	__________	Tochter	__________
Chinese	__________	Reporter	__________

zu LB Ü 18 Ergänzen Sie.

36

~~bin~~ sind gibt finde suche kannst Probleme Problem
meine mein sie ihn es eins einer welche eine weg

a)

Liebe Inge,

ich bin in Paris. Paris ist wunderbar. Aber es ________ ein ________. ________ Rasierapparat ist weg. Zu Hause ist noch ________. Kannst Du ________ bitte schicken?

Viele Grüße

Jens

b)

Lieber Udo,

ich bin in Athen. Die Stadt ist sehr schön, aber ich habe ________. ________ Brille ist weg. Zu Hause ist noch ________. Kannst Du ________ bitte schicken?

Danke schön und herzliche Grüße

Karin

c)

Liebe Sara,

Rom ________ ich wirklich schön. Die Stadt ist interessant, die Leute ______ wunderbar, aber ich habe ein Problem. Mein Abendkleid ist kaputt. Zu Hause ist noch ________. Schickst Du _______ bitte?

Danke und liebe Grüße

Hannelore

d)

Lieber Peter,

Madrid ist herrlich! Die Restaurants sind sehr gut. Aber ich habe ein Problem: Ich ________ meine Schecks. Sie sind ________. Zu Hause habe ich noch ________. _______ Du sie schicken?

Viele Grüße

Bernd

Wörter im Satz

37

	Ihre Muttersprache	**Schreiben Sie einen Satz aus Delfin, Lehrbuch**
____ *Ding*	____________	______________________________
____ *Freiheit*	____________	______________________________
____ *Haus*	____________	______________________________
____ *Leben*	____________	______________________________
____ *Moment*	____________	______________________________
____ *Platz*	____________	______________________________
____ *Schreibtisch*	____________	______________________________
____ *Tier*	____________	______________________________
____ *Unterhaltung*	____________	______________________________
____ *Wohnung*	____________	______________________________
____ *Zeit*	____________	______________________________
____ *Zimmer*	____________	______________________________
bedeuten	____________	______________________________
es gibt	____________	______________________________
finden	____________	______________________________
funktionieren	____________	______________________________
kaufen	____________	______________________________
kosten	____________	______________________________
stimmen	____________	______________________________
deshalb	____________	______________________________
eigentlich	____________	______________________________
mehr	____________	______________________________
neu	____________	______________________________
selten	____________	______________________________
spannend	____________	______________________________
teuer	____________	______________________________
unbedingt	____________	______________________________

viel ______________ ______________________________

wenig ______________ ______________________________

wichtig ______________ ______________________________

zusammen ______________ ______________________________

Grammatik

§ 1, 3 Artikel: Nominativ und Akkusativ

38

	Nominativ	*Akkusativ*
Maskulinum	**der** Löffel	**den** Löffel
Femininum	**die** Gabel	
Neutrum	**das** Messer	
Plural	**die** Töpfe	

Der Löffel ist weg.	Ich suche **den** Löffel.
Die Gabel ist weg.	Ich suche **die** Gabel.
Das Messer ist weg.	Ich suche **das** Messer.
Die Töpfe sind weg.	Ich suche **die** Töpfe.

	Nominativ	*Akkusativ*
Maskulinum	**ein** Löffel	**einen** Löffel
Femininum	**eine** Gabel	
Neutrum	**ein** Messer	
Plural	Töpfe	

Da ist **ein** Löffel.	Ich brauche **einen** Löffel.
Da ist **eine** Gabel.	Ich brauche **eine** Gabel.
Da ist **ein** Messer.	Ich brauche **ein** Messer.
Da sind Töpfe.	Ich brauche Töpfe.

	Nominativ	*Akkusativ*
Maskulinum	**kein** Löffel	**keinen** Löffel
Femininum	**keine** Gabel	
Neutrum	**kein** Messer	
Plural	**keine** Töpfe	

Da ist **kein** Löffel.	Ich brauche **keinen** Löffel.
Da ist **keine** Gabel.	Ich brauche **keine** Gabel.
Da ist **kein** Messer.	Ich brauche **kein** Messer.
Da sind **keine** Töpfe.	Ich brauche **keine** Töpfe.

§ 25 Pronomen: Nominativ und Akkusativ

39

	Nominativ	*Akkusativ*
Maskulinum	**der**	**den**
	er	**ihn**
	einer	**einen**
	keiner	**keinen**

Der Stuhl ist schön.	Ich kaufe **den Stuhl**.
Der ist schön.	**Den** kaufe ich.
Er ist neu.	Ich kaufe **ihn**.
Hier ist **einer**.	Ich brauche **einen**.
Da ist **keiner**.	Ich brauche **keinen**.

	Nominativ	*Akkusativ*
Femininum	**die**	
	sie	
	eine	
	keine	

Die Uhr ist schön.	Ich kaufe **die Uhr**.
Die ist schön.	**Die** kaufe ich.
Sie ist neu.	Ich kaufe **sie**.
Hier ist **eine**.	Ich brauche **eine**.
Da ist **keine**.	Ich brauche **keine**.

	Nominativ	Akkusativ		
Neutrum	das		**Das Telefon** ist schön.	Ich kaufe **das Telefon**.
			Das ist schön.	**Das** kaufe ich.
	es		**Es** ist neu.	Ich kaufe **es**.
	eins		Hier ist **eins**.	Ich brauche **eins**.
	keins		Da ist **keins**.	Ich brauche **keins**.

	Nominativ	Akkusativ		
Plural	die		**Die Schuhe** sind schön.	Ich kaufe **die Schuhe**.
			Die sind schön.	**Die** kaufe ich.
	sie		**Sie** sind neu.	Ich kaufe **sie**.
	welche		Hier sind **welche**.	Ich brauche **welche**.
	keine		Da sind **keine**.	Ich brauche **keine**.

§ 4 Nomen mit und ohne Artikel

40

ohne Artikel	*mit Artikel*
Bernd ist **Reporter** von Beruf.	**Ein Reporter** braucht ein Mobiltelefon.
Karin braucht **Geld**.	**Das Geld** ist weg.
Linda braucht **Freiheit**.	**Die Freiheit** ist wichtig.
Jochen liebt **Tiere**.	**Seine Tiere** sind sein Hobby.

§ 5 Nomen: Singular und Plural

41

Singular	*Symbol für Plural*	*Plural*	*So steht es in der Wortliste*
der Spiegel	–	die Spiegel	r Spiegel, –
die Tochter	¨	die T**ö**chter	e Tochter, ¨
der Brief	**–e**	die Brief**e**	r Brief, –e
der Stuhl	**¨e**	die St**ü**hl**e**	r Stuhl, ¨e
das Kind	**–er**	die Kind**er**	s Kind, –er
der Mann	**¨er**	die M**ä**nn**er**	r Mann, ¨er
der Junge	**–n**	die Junge**n**	r Junge, –n
die Frau	**–en**	die Frau**en**	e Frau, –en
das Auto	**–s**	die Auto**s**	s Auto, –s

Besondere Formen: das Muse**um**, die Muse**en**
die Fotografin, die Fotografin**nen**

§ 51b Subjekt, Verb und Akkusativ-Ergänzung

42

Der Topf ist weg.	(**Topf** = *Subjekt)*
Ich suche **den Topf**.	(**Topf** = *Akkusativ-Ergänzung)*
Ein Telefon ist wichtig.	(**Telefon** = *Subjekt)*
Bernd Klose braucht **ein Telefon**.	(**Telefon** = *Akkusativ-Ergänzung)*

! „es gibt" + *Akkusativ-Ergänzung:* Es gibt eine Matratze und einen Schreibtisch.

§ 53 Wortstellung: Subjekt und Akkusativ-Ergänzung

43

a) Subjekt im Vorfeld

Vorfeld	*Verb*	*Akkusativ-Ergänzung*
Bernd	braucht	**drei Dinge**.
Ich	suche	**eine Uhr**.
Wir	kaufen	**den Stuhl**.

Vorfeld	*Verb*	*Akkusativ-Ergänzung mit Negation*
Bernd	hat	**kein Auto**.
Ich	suche	**keine Lampe**.
Wir	kaufen	**keine Schuhe**.

b) Akkusativergänzung im Vorfeld

Vorfeld	*Verb*	*Subjekt*
Drei Dinge	braucht	Bernd.
Eine Uhr	suche	ich.
Den Stuhl	kaufen	wir.

Vorfeld	*Verb*	*Subjekt*	*Angabe (Negation)*
Ein Auto	hat	Bernd	**nicht**.
Eine Lampe	suche	ich	**nicht**.
Schuhe	kaufen	wir	**nicht**.

Wortschatz

Nomen

s Abendkleid, –er
r Akkusativ, –e
e Ansichtskarte, –n
r Atlantik
r Ausdruck, ¨e
r Autoschlüssel, –
s Bad, ¨er
e Batterie, –n
s Beispiel, –e
s Besteck, –e
s Bett, –en
s Bild, –er
e Biologie
e Briefmarke, –n
e Brille, –n
s Buch, ¨er
r Dank
r Deckel, –
s Ding, –e
r Euro
r Fernseher, –
s Feuerzeug, –e
r Film, –e
r Fotoapparat, –e
s Fotoarchiv, –e
e Fotografin, –nen
s Fotolabor, –s
e Freiheit, –en
e Gabel, –n
r Gaskocher, –
s Geschäft, –e
r Geschirrspüler, –
r Gummistiefel, –
r Hammer, ¨
s Haus, ¨er
r Herd, –e
e Kajüte, –n
e Kamera, –s
e Kerze, –n
e Kiste, –n
e Kontaktlinse, –n
e Kreditkarte, –n
s Krokodil, –e
e Küchenuhr, –en
r Kühlschrank, ¨e
e Lampe, –n
s Leben
r Lebensstil, –e
r Löffel, –
r Luxus
r Mantel, ¨
e Mathematik
e Maus, ¨e
s Messer, –
r Mini–Kühlschrank, ¨e
s Mittelmeer
s Möbel, –
s Mobiltelefon, –e
r Moment, –e
s Motorrad, ¨er
e Münze, –n
s Museum, Museen
e Musikerin, –nen
r Nagel, ¨
r Nominativ, –e
e Nordsee
e Ostsee
s Pflaster, –
e Physik
s Physikbuch, ¨er
r Platz, ¨e
e Post
r Rasierapparat, –e
s Regal, –e
r Regenschirm, –e
r Rest, –e
s Restaurant, –s
r Scheck, –s
s Schlafzimmer, –
e Schlange, –n
e Schreibmaschine, –n
r Schreibtisch, –e
r Schuh, –e
s Segelboot, –e
e Situation, –en
r Sommer, –
e Sonnenbrille, –n
e Sozialarbeiterin, –nen

r Spiegel, –
e Spinne, –n
r Stiefel, –
r Strumpf, ⸚e
s Studium, Studien
r Stuhl, ⸚e
s Taschentuch, ⸚er
s Telefonbuch, ⸚er
e Telefonkarte, –n
r Teppich, –e
s Tier, –e
r Tisch, –e
r Topf, ⸚e
e Uhr, –en
e Unterhaltung, –en
e Vase, –n
r Wagen, –
e Wohnung, –en
e Wohnungsaufgabe
s Wörterbuch, ⸚er
e Zeit, –en
s Zimmer, –
r Zoo, –s
s Zuhause

Verben

bedeuten
benutzen
finden
formulieren
fotografieren
funktionieren
geben
kaufen
kosten
rauchen
schauen
stimmen
verkaufen
üben
weiterüben

Adjektive

andere
frei
neu
selten
spannend
teuer
weitere
wichtig

Adverbien

anders
auch nicht
deshalb
eigentlich
fast
gerne
jetzt
mehr
nicht mehr
nur
selbst
selten
unbedingt
viel
wenig
zurzeit
zusammen

Funktionswörter

ab
zu
zum

deshalb
einer
ihn (Akk)
sie (Akk)
es (Akk)
jeder
keiner
manche
ein paar
welche

Ausdrücke

es gibt
ein paar...
noch einer / noch welche

etwas wichtig / nicht wichtig finden
Wie findest du...?
zum Beispiel
zu Hause

Moment ...
Schau mal
Bitte?
Es geht nicht.
(Das) stimmt nicht
(Das) stimmt

Herzliche Grüße
Vielen Dank

Abkürzungen

P. S. = Post Scriptum

In Deutschland sagt man:	In Österreich sagt man:	In der Schweiz sagt man:
r Junge, –n	r Bub, –n	
r Schreibtisch, –e		s Pult, –e
r Stuhl, ⸚e	r Sessel, –	
e Telefonkarte, –n	e Telefonwertkarte, –n	e Taxcard

Lektion 4

zu LB Ü 2 Was passt? (X)

a) ▪ Er kann gut springen.
▪ Er kann nicht springen.

b) ▪ Sie darf nicht springen.
▪ Sie muss springen.

c) ▪ Er will springen.
▪ Er kann nicht springen.

d) ▪ Sie darf nicht springen.
▪ Sie muss springen.

e) ▪ Er soll springen.
▪ Er soll nicht springen.

f) ▪ Sie kann jetzt nicht springen.
▪ Sie will jetzt nicht springen.

zu LB Ü 2 Bilden Sie Sätze.

2

a) Das Mädchen: hoch springen können

Das Mädchen kann hoch springen.

b) Der Junge: tief tauchen können

Der Junge kann ____________________

c) Die Sportlehrerin: schnell schwimmen können

Die Sportlehrerin ____________________

d) Der Installateur: schnell arbeiten müssen

____

e) Der Mann und die Frau: sehr gut tanzen können

____

f) Die Reporter: den Tennisspieler fotografieren müssen

____

g) Die Sekretärin: den Brief korrigieren müssen

____

h) Die Studentin: auch Chinesisch lernen wollen

____

i) Werner Sundermann: bald 25 Sorten Mineralwasser erkennen wollen

____

zu LB Ü 2 Ergänzen Sie.

3

	können	*wollen*	*dürfen*	*müssen*	*sollen*	*möchten*
ich	kann		darf		soll	
du		willst		musst		möchtest
er/sie/es/man			darf			
wir		wollen				
ihr	könnt		dürft		sollt	möchtet
sie				müssen		

zu LB Ü 4 Was passt nicht?

4

a) Man kann eine Ansichtskarte, ~~eine Kreditkarte~~, eine E-Mail, einen Brief **schreiben**.
b) Man kann einen Fernseher, eine Pizza, eine Lampe, einen Stern **bestellen**.
c) Man kann ein Mobiltelefon, einen Spiegel, einen Zug, ein Telefon **hören**.
d) Man kann Wasser, eine Zwiebel, eine Tomate, einen Topf **kochen**.
e) Man kann eine Blume, ein Feuerzeug, Gummistiefel, Französisch **suchen**.

zu LB Ü 4 Bilden Sie Sätze.

5

a) die Frau – gut – schwimmen können – aber – nicht so gut – tauchen können

Die Frau kann gut schwimmen, aber sie kann nicht so gut tauchen.

b) das Kind – gut – tauchen – können – aber – nicht – schwimmen – können

Das Kind kann ______________________________

c) die Studentin – schnell – zeichnen – müssen – aber – nicht – schnell – zeichnen – können

____

d) der Reporter – wunderbar – surfen – können – aber – nicht – segeln – können

____

e) ihr – laut – singen – können – aber – auch – richtig – singen – müssen

____

f) der Papagei – gut – nachsprechen – können – aber – die Wörter – nicht – verstehen – können

____

g) die Kinder – gern – schwimmen – möchten – aber – keine Bademütze – tragen – wollen

____

h) das Mädchen – gern – singen – möchten – aber – man – hier – nicht – laut – sein – dürfen

____

zu LB Ü 4 Bilden Sie Sätze mit **wollen, können, müssen.**

6

a) Student: Pause machen / lernen

Der Student will Pause machen. Aber er kann keine Pause machen. Er muss lernen.

b) Junge: telefonieren / erst eine Telefonkarte kaufen

Der Junge will ________ *. Aber er kann nicht* ________ .

Er muss ________ .

c) Fotografin: fotografieren / erst den Film wechseln.

________ *. Aber* ________ .

Sie ________ .

d) Tischler: Tee trinken / arbeiten

________ *. Aber* ________ .

Er ________ .

e) Sängerin: singen / erst Tee trinken

________ *. Aber* ________ .

Sie ________ .

zu LB Ü 4 Bilden Sie Sätze mit **sollen, können, müssen.**

7

a) Junge: schnell schwimmen / noch trainieren

Der Junge soll schnell schwimmen. Aber er kann noch nicht schnell schwimmen.

Er muss noch trainieren.

b) Studentin: tief tauchen / es noch üben

Die Studentin soll ________ *. Aber sie kann noch nicht* ________ .

Sie muss ________ .

c) Kind: richtig rechnen / es erst lernen

________ *. Aber* ________ .

Es ________ .

d) Mann: schnell reiten / es noch lernen

________ *. Aber* ________ .

Er ________ .

e) Studenten: genau zeichnen / es noch üben

________ *. Aber* ________ .

Sie ________ .

zu LB Ü 4 Bilden Sie Sätze mit **wollen** und **nicht dürfen**.

8

a) er: fotografieren

Er will hier fotografieren. Aber man darf hier nicht fotografieren.

b) sie: Eis essen

Sie will hier __________ *. Aber hier darf* __________ *kein Eis* __________ .

c) die Kinder: Ball spielen.

Sie __________ *. Aber man* __________ .

d) er: telefonieren

Er __________ *. Aber hier* __________ .

e) sie: Musik hören

Sie __________ *. Aber man* __________ .

zu LB Ü 5 Ergänzen Sie. (→ Lehrbuch S. 40)

9

Du sollst den __________ nicht betreten
und am Abend sollst du __________.
Vitamine sollst du __________
und __________ nicht vergessen.
__________ sollen nicht beim Spiel betrügen
und wir sollen auch nie __________.
Wir sollen täglich __________ putzen
und die Kleidung nicht __________.
Kinder sollen leise __________,
__________ darf man nicht zerbrechen.
Sonntags trägt man einen __________,
__________ sind nicht gut.

Ich __________ alle Sterne kennen,
meinen Hund mal __________ nennen.
Nie mehr will ich Strümpfe __________,
tausend Bonbons will __________ naschen.
Ich will keine Steuern __________,
alle __________ bunt bemalen.
Ohne __________ will ich gehen,
ich will nie mehr Tränen __________.
Ich __________ nichts mehr sollen müssen,
ich möchte einen Tiger __________.
__________ möchte alles dürfen wollen,
alles können – nichts mehr __________.

zu LB Ü 6 Was passt nicht?

10

a) einen Rasen, ein Haus, ein Restaurant, ~~den Abend~~, ein Museum **betreten**
b) eine Pizza, Kartoffeln, einen Hamburger, einen Spiegel, einen Apfel **essen**
c) einen Hut, Schuhe, eine Pause, eine Brille, ein Kleid, eine Krawatte **tragen**
d) ein Kleid, die Zukunft, einen Mantel, einen Spiegel, einen Teppich **beschmutzen**
e) die Zähne, die Wohnung, den Herd, das Motorrad, die Stiefel, den Urlaub **putzen**
f) die Haare, die Strümpfe, einen Rasen, die Kartoffeln, das Gesicht **waschen**
g) einen Spiegel, eine Brille, eine Flasche, einen Stuhl, eine Vase, einen Geburtstag **zerbrechen**
h) Mineralwasser, Saft, Tee, Bonbons, Alkohol **trinken**
i) eine Wand, ein Haus, einen Luftballon, Vitamine, eine Postkarte, eine Vase **bemalen**

zu LB Ü 6 Ergänzen Sie.

11

a) Ich vergesse alle Geburtstage.	*Vergisst du auch alle Geburtstage?*
b) Ich trage gern Hüte.	______ du auch gern Hüte?
c) Ich esse nie Kartoffeln.	______ ______ ______ nie Kartoffeln?
d) Ich zerbreche dauernd meine Brille.	______ ______ ______ dauernd deine Brille?
e) Ich sehe gern Filme.	______ ______ ______ gern Filme?
f) Ich betrete nie den Rasen.	______ ______ ______ nie den Rasen?
g) Ich spreche Deutsch.	______ ______ ______ Deutsch?
h) Ich wasche nicht gern.	______ ______ ______ nicht gern?

zu LB Ü 6 Ergänzen Sie.

12

a) (essen/Apfel)	*Jochen isst einen Apfel.*
b) (zerbrechen/Flasche)	*Eva* ______________________.
c) (waschen/Apfel)	*Jochen* ______________________.
d) (sprechen/Englisch)	*Jochen* ______________________.
e) (betreten/Museum)	*Eva* ______________________.
f) (tragen/Hut)	*Jochen* ______________________.
g) (sehen/Maus)	*Eva* ______________________.
h) (vergessen/Termin)	*Eva* ______________________.

zu LB Ü 6 Wie heißen die Wörter?

13

a) *die* P*a*use	i) ____ Ter__in
b) ____ R__he	j) ____ Kleid___ng
c) ____ Kr__watte	k) ____ S___ern
d) ____ Mobilt__lefon	l) ____ K___tze
e) ____ B__demütze	m) ____ T___äne
f) ____ Kred__tkarte	n) ____ G___burtstag
g) ____ Ras__n	o) ____ Git___rre
h) ____ A__end	p) ____ T___ger

zu LB Ü 6 Ergänzen Sie.

14

a) Er (wollen) *will* keine Vitamine essen.

b) Er (müssen) _______ seine Schuhe putzen.

c) (Möchten) _______ du einen Tiger küssen?

d) Das Kind (dürfen) _______ den Rasen betreten.

e) (Dürfen) _______ du ein Bonbon naschen?

f) Das Mädchen (sollen) _______ seine Zähne putzen.

g) Ich (können) _______ nicht alle Sterne kennen.

h) Der Junge (möchten) _______ laut sprechen.

i) (können) _______ du Gitarre spielen?

j) (wollen) _______ du die Wand bunt bemalen?

k) Ich (müssen) _______ leider Steuern zahlen.

l) Ich (sollen) _______ sonntags immer einen Hut tragen.

m) (müssen) _______ du eine Krawatte tragen?

zu LB Ü 6 Kontaktanzeige (→ Lehrbuch S. 41). Was schreibt der Mann? (r / f)

15

a) Er putzt nie seine Zähne. ▢
b) Sein Auto wäscht er nie. ▢
c) Er raucht und trinkt viel. ▢
d) Er spielt Gitarre. ▢
e) Horrorfilme sieht er gern. ▢
f) Sonntags trägt er eine Krawatte. ▢
g) Museen liebt er sehr. ▢
h) Er isst immer Pizza und Hamburger. ▢
i) Geburtstage vergisst er nie. ▢
j) Er spricht sehr laut. ▢
k) Er zerbricht dauernd seine Spiegel. ▢
l) Seine Schuhe putzt er nie. ▢
m) Er bemalt gern Toilettenwände. ▢

zu LB Ü 6 Ergänzen Sie.

16

	essen	vergessen	betreten	sprechen	zerbrechen	sehen	tragen	waschen
ich	esse							
du				sprichst			trägst	
er/sie/es/man		vergisst						wäscht
wir						sehen		
ihr					zerbrecht			
sie/Sie			betreten					

zu LB Ü 7 Ergänzen Sie.

17

a) Peter möchte einen Film sehen. Er schaltet den Fernseher ________.

b) Susanne möchte schlafen. Sie macht das Licht ________.

c) Eric muss den Akkusativ üben. Er macht sein Deutsch-Buch ________.

d) Jochen möchte Kartoffeln kochen. Er macht den Herd ________.

e) Werner möchte Mineralwasser trinken. Er macht den Kühlschrank ________.

f) Frau M. möchte in Ruhe ein Buch lesen. Sie schaltet das Radio ________.

g) Gerda muss einen Brief schreiben. Sie schaltet den Computer ________.

h) Lisa liest, aber sie soll jetzt schlafen. Deshalb macht sie ihr Buch ________.

an	ein
zu	aus
ein	auf
auf	aus

zu LB Ü 7 Ergänzen Sie.

18

a) Der Computer ist noch an.	*Schaltest du ihn bitte aus?*
b) Das Zelt ist noch auf.	*Kannst du es bitte zumachen?*
c) Der Geschirrspüler ist noch an.	*Schaltest* ______ *?*
d) Der Geschirrspüler ist noch auf.	*Kannst* ______ *?*
e) Das Mobiltelefon ist aus.	*Kannst* ______ *?*
f) Das Fenster ist noch auf.	*Du musst* ______ *.*
g) Das Radio ist noch an.	*Schaltest* ______ *?*
h) Der Kühlschrank ist noch auf.	*Machst* ______ *?*
i) Der Brief ist noch zu.	*Du darfst* ______ *.*
j) Die Waschmaschine ist noch auf.	*Machst* ______ *?*
k) Die Waschmaschine ist noch an.	*Kannst* ______ *?*
l) Das Klavier ist noch auf.	*Machst* ______ *?*
m) Der Herd ist noch an.	*Du musst* ______ *.*
n) Das Telefonbuch ist noch auf.	*Kannst* ______ *?*

zu LB Ü 8 Ergänzen Sie.

19

a) aufwachen:	ich *wache auf*	er *wacht auf*
b) ausmachen:	ich ______	er ______
c) ausschalten:	ich ______	er ______
d) bemalen:	ich ______	er ______
e) bezahlen:	ich ______	er ______
f) einschalten:	ich ______	er ______
g) fahren:	ich ______	er ______
h) fragen:	ich ______	er ______
i) haben:	ich ______	er ______
j) lachen:	ich ______	er ______
k) machen:	ich ______	er ______
l) naschen:	ich ______	er ______
m) packen:	ich ______	er ______
n) passen:	ich ______	er ______
o) sagen:	ich ______	er ______
p) schaffen:	ich ______	er ______
q) schlafen:	ich ______	er ______
r) tanzen:	ich ______	er ______
s) tragen:	ich ______	er ______
t) warten:	ich ______	er ______
u) waschen:	ich ______	er ______
v) zumachen:	ich ______	er ______

zu LB Ü 8 Ergänzen Sie.

20

a) aufstehen: ich ________ er ________

b) bestellen: ich ________ er ________

c) beten: ich ________ er ________

d) betreten: ich ________ er ________

e) denken: ich ________ er ________

f) erkennen: ich ________ er ________

g) essen: ich ________ er ________

h) geben: ich ________ er ________

i) gehen: ich ________ er ________

j) kennen: ich ________ er ________

k) leben: ich ________ er ________

l) lesen: ich ________ er ________

m) nennen : ich ________ er ________

n) rechnen: ich ________ er ________

o) schlafen: ich ________ er ________

p) sehen: ich ________ er ________

q) vergessen: ich ________ er ________

r) verstehen: ich ________ er ________

s) wechseln: ich ________ er ________

t) zerbrechen: ich ________ er ________

zu LB Ü 9 Wie ist die Reihenfolge?

21

a) nicht – kann – Gerda – schlafen

Gerda ________ ________ ________

b) das – Peter – ausmachen – soll – Licht

Peter ________ ________ ________ ________

c) wieder – Herr M. – den – schaltet – Fernseher – aus

Herr M. ________ ________ ________ ________ ________

d) aufmachen – Eric – Fenster – soll – das

Eric ________ ________ ________ ________

e) ganz – möchte – Susanne – fahren – schnell

Susanne ________ ________ ________ ________

f) nicht – muss – Emil – arbeiten – heute

Emil ________ ________ ________ ________

zu LB Ü 11 Ergänzen Sie.

22

geht fährt will hat spricht schläft fahren will kann wacht geht
muss hat kommt weiß kann darf muss weiterschlafen ist

a) Das Kind möchte ganz schnell ________. Aber das ________ nicht. Die Mutter ________ nur 80 fahren. Deshalb ________ das Kind traurig. Da ________ die Mutter 130. Aber dann ________ ein Polizeiauto.

b) Werner ________ auf. Seine Frau ________ noch. Er möchte auch ________, aber das ________ nicht. Er ________ jetzt aufstehen.

c) Lisa ________ heute nicht kommen. Sie ________ keine Zeit. Sie ________ Klavier üben. Bernd ________ auch nicht kommen. Er ________ keine Lust.

d) Warum ________ Florian nicht? Seine Mutter ________ es nicht. Florian ________ sprechen. Aber er ________ heute nicht sprechen.

zu LB Ü 11 kennen, können oder wissen? Ergänzen Sie die richtige Form.

23

a) Eva ist unsere Freundin. Wir ________ sie schon lange. Sie ________ sehr gut schwimmen.

b) Max ________ eine Krankenschwester. Die ________ in 27 Sekunden ein Rad wechseln.

c) Ich ________ den Mann nicht. ________ du ihn vielleicht?

d) Hier darf man nicht rauchen. ________ du das nicht?

e) Einen Tiger ________ man nicht küssen. ________ ihr das nicht?

f) ● Wann ________ ihr kommen?

■ Wir ________ es noch nicht.

g) ● Ich ________ nicht schlafen.

■ Warum ________ du nicht schlafen?

● Ich ________ es nicht.

zu LB Ü 11 Ergänzen Sie.

24

	schlafen	*fahren*	*lesen*	*wissen*
ich		fahre		
du				
er/sie/es/man				
wir			lesen	
ihr				wisst
sie/Sie	schlafen			

zu LB Ü 13 sch oder ch? Ergänzen Sie.

25

a) Er wa*ch*_t auf.

b) Er wä____t a____t Autos.

c) Er ist glückli____.

d) Sie trägt a____tzehn Ta____en.

e) Sie ist ____ön und la____t.

f) Die Mäd____en brau____en Li____t.

g) Sie su____en die ____lange.

h) Er mö____te Bü____er ____reiben und ohne ____uhe gehen.

i) Er hat keinen Regen____irm und auch kein Ta____entu____.

j) Sie findet einen Kühl____rank und einen Ge____irrspüler ni____t wi____tig.

zu LB Ü 14 Ordnen Sie. /Ergänzen Sie.

26

a) du *wäschst*	ihr *wascht*
b) du ______________	ihr tragt
c) du schläfst	ihr ______________
d) du liest	ihr ______________
e) du ______________	ihr seht
f) du ______________	ihr sprecht
g) du zerbrichst	ihr ______________
h) du ______________	ihr esst
i) du vergisst	ihr ______________
j) du ______________	ihr betretet
k) du weißt	ihr ______________

zu LB Ü 16 Ordnen Sie die Gespräche.

27

a) Prima, dann lernen wir am Donnerstag.
Können wir mal wieder zusammen lernen?
Könnt ihr denn Mittwoch?
Ja, Donnerstag können wir gut.
Und Donnerstag, geht das?
Ja, gute Idee.
Mittwoch kann ich gut, aber Karin kann da nicht.

● *Können wir mal wieder ...* ______________

■ ______________________________

● ____

■ ____

● ____

■ ____

● ____

b) Übermorgen können wir gut.
Und übermorgen?
Ja, gern. Wann können Sie denn?
Morgen. Geht das?
Tut mir leid. Morgen kann ich nicht, und meine Frau kann auch nicht.
Können wir mal wieder zusammen surfen?

● ____

■ ____

● ____

■ ____

● ____

■ ____

zu LB Ü 19 Ergänzen Sie.

28

a) Kannst du bitte die _________ ausschalten?

b) Wollen wir morgen zusammen _________ fahren?

c) Können wir morgen mal wieder _________ spielen?

d) Kannst du bitte meinen _________ anrufen?

e) Notieren Sie bitte die _________?

f) Könnt ihr bitte alle _________ zumachen?

g) Hast du am _________ Zeit?

h) Möchtest du um 20 Uhr den _________ sehen?

Fenster
Tischtennis
Bruder
Fernsehfilm
Telefonnummer
Waschmaschine
Fahrrad
Wochenende

zu LB Ü 19 Was passt nicht?

29

a) eine Sprache, ein Spiel, ~~ein Büro~~, Mathematik **lernen**
b) einen Freund, einen Schlüssel, die Chefin, einen Mitarbeiter **anrufen**
c) einen Zettel, eine Nachricht, einen Brief, eine Pizza **schreiben**
d) einen Strumpf, die Waschmaschine, den Fernseher, das Radio **anmachen**
e) das Telefon, den Computer, den Fernsehfilm, das Fahrrad **benutzen**
f) die Steuern, das Wetter, 20 Euro, viel Geld **bezahlen**
g) ein Buch, eine Anzeige, eine E-Mail, einen Papagei **lesen**
h) Kartoffeln, Tee, Wasser, Licht **kochen**

zu LB Ü 19 Was passt zusammen?

30

a) Wann kommt Peter nach Hause?	■	1.	Tut mir leid; ich weiß die Nummer nicht.
b) Fahren Sie morgen nach Hamburg?	■	2.	Nein, da muss sie arbeiten.
c) Ist der Fernseher kaputt?	■	3.	Sie ist am Montag wieder da.
d) Soll ich das Büro abschließen?	■	4.	Ja bitte, und machen Sie auch die Fenster zu.
e) Hast du den Schlüssel?	■	5.	Normalerweise kommt er um 8 Uhr.
f) Kannst du bitte den Arzt anrufen?	■	6.	Ja, wir müssen den Kundendienst anrufen.
g) Hat Vera am Samstag Zeit?	■	7.	Nein, ich kann erst übermorgen fahren.
h) Wann ist Frau Meyer zurück?	■	8.	Nein, aber vielleicht hat Eva ihn.

zu LB Ü 19 Schreiben Sie.

31

a) PETERKANNSEINENSCHLÜSSELNICHTFINDEN

Peter kann seinen Schlüssel nicht finden.

b) ICHMUSSMORGENNACHLONDONFLIEGEN

____

c) VERAMÖCHTEAMWOCHENENDESURFEN

____

d) WIRSINDAMMITTWOCHNICHTZUHAUSE

____

e) PETERSOLLSEINETERMINENICHTVERGESSEN

____

f) ICHMÖCHTEMALWIEDERTISCHTENNISSPIELEN

____

g) AMSONNTAGKÖNNENWIRZUSAMMENSCHWIMMENGEHEN

____

zu LB Ü 19 Notieren Sie die Telefonnummern.

32

a) achtunddreißig siebzehn fünfundvierzig *38 17 45*

b) siebenundneunzig achtundsechzig elf ________

c) fünfundfünfzig dreiundsiebzig zweiundsechzig ________

d) einundzwanzig vierundvierzig neunzig ________

e) neunundsechzig achtundachtzig dreiundsiebzig ________

f) dreizehn achtundvierzig zwölf ________

g) einundneunzig vierundneunzig achtundsiebzig ________

zu LB Ü 19 Ergänzen Sie.

33

a) Morgen habe ich keine Zeit. Ich muss den Termin _________.

b) Ich gehe heute Abend Tennis spielen. Möchtest du _________.

c) Telefonnummern vergesse ich immer. Deshalb muss ich sie _________.

d) Die Fenster sind offen; kannst du sie bitte _________?

e) Der Fernseher ist kaputt; wir müssen den Kundendienst _________.

f) Der Papagei ist sehr schön, aber leider kann er nicht _________.

anrufen
notieren
zumachen
absagen
sprechen
mitkommen

zu LB Ü 19 Bilden Sie Sätze.

34

a) Gehst du morgen schwimmen? / Ja. morgen – ich – schwimmen gehen wollen

Ja. Morgen will ich schwimmen gehen.

b) Gehst du Sonntag essen? / dann – wir – zusammen – essen gehen können

____.

c) Er geht Montag tanzen. / Montag – seine Frau – nicht – tanzen gehen wollen

____.

d) Wir gehen Dienstag Tennis spielen. / Dienstag – ihr – bestimmt – auch – Tennis spielen gehen dürfen

____.

e) Geht ihr Mittwoch surfen? / Ja. da – wir – surfen gehen wollen

____.

f) Sie gehen Donnerstag essen. / wir – Freitag – essen gehen wollen

____.

g) Sie geht Samstag arbeiten. / da – er – nicht – arbeiten gehen müssen

____.

zu LB Ü 19 Schreiben Sie eine Notiz.

35

Schreiben Sie eine Notiz für einen Freund oder für eine Freundin. Sie möchten mal wieder zusammen essen gehen. Am Freitag geht es nicht, aber am Samstag haben Sie Zeit. Sie wissen auch schon ein Restaurant. Ihr Freund / Ihre Freundin soll anrufen.

Liebe ... / lieber ... ____________________,

____

____

____

____

Bis dann ____________________________________

Wörter im Satz

36

	Ihre Muttersprache	Schreiben Sie einen Satz aus Delfin, Lehrbuch.
____ *Abend*	____	____
____ *Angst*	____	____
____ *Anruf*	____	____
____ *Büro*	____	____
____ *Licht*	____	____
____ *Ruhe*	____	____
____ *Schlüssel*	____	____
____ *Tee*	____	____
____ *Zahn*	____	____
abschließen	____	____
anrufen	____	____
aufmachen	____	____
aufstehen	____	____
ausmachen	____	____
betrügen	____	____
bezahlen	____	____
dürfen	____	____
fahren	____	____
lügen	____	____
müssen	____	____
sehen	____	____
sprechen	____	____
tanzen	____	____
tragen	____	____
waschen	____	____
wollen	____	____
zumachen	____	____

draußen ______________ ______________________________

dringend ______________ ______________________________

laut ______________ ______________________________

müde ______________ ______________________________

übermorgen ______________ ______________________________

Grammatik

§ 46 Modalverben

37

	können	*müssen*	*dürfen*	*wollen*	*sollen*	*möchten*
ich	**kann**	**muss**	**darf**	**will**	**soll**	möcht**e**
du	**kannst**	**musst**	**darfst**	**willst**	sollst	möcht**est**
er/sie/es/man	**kann**	**muss**	**darf**	**will**	**soll**	möcht**e**
wir	können	müssen	dürfen	wollen	sollen	möchten
ihr	könnt	müsst	dürft	wollt	sollt	möchtet
sie	können	müssen	dürfen	wollen	sollen	möchten

§ 46 Unregelmäßiges Verb: wissen

38

	wissen
ich	**weiß**
du	**weißt**
er/sie/es/man	**weiß**
wir	wissen
ihr	wisst
sie	wissen

§ 33, 44 Verben mit Vokalwechsel

39

	sprechen		*fahren*	
	e →	*i*	*a* →	*ä*
ich	spreche		fahre	
du		spr**i**chst		f**ä**hrst
er/sie/es/man		spr**i**cht		f**ä**hrt
wir	sprechen		fahren	
ihr	sprecht		fahrt	
sie/Sie	sprechen		fahren	

	zerbrechen	*geben*	*sehen*	*lesen*	*essen*	*vergessen*	*betreten*
ich	zerbreche	gebe	sehe	lese	esse	vergesse	betrete
du	zerbr**i**chst	g**i**bst	s**ie**hst	l**ie**st	**i**sst	verg**i**sst	betr**itt**st
er/sie/es/man	zerbr**i**cht	g**i**bt	s**ie**ht	l**ie**st	**i**sst	verg**i**sst	betr**itt**
wir	zerbrechen	geben	sehen	lesen	essen	vergessen	betreten
ihr	zerbrecht	gebt	seht	lest	esst	vergesst	betretet
sie/Sie	zerbrechen	geben	sehen	lesen	essen	vergessen	betreten

	schlafen	*tragen*	*waschen*
ich	schlafe	trage	wasche
du	schl**ä**fst	tr**ä**gst	w**ä**schst
er/sie/es/man	schl**ä**ft	tr**ä**gt	w**ä**scht
wir	schlafen	tragen	waschen
ihr	schlaft	tragt	wascht
sie/Sie	schlafen	tragen	waschen

§ 47 Verben mit trennbarem Verbzusatz

40

	aufstehen	*mitkommen*
ich	stehe **auf**	komme **mit**
du	stehst **auf**	kommst **mit**
er/sie/es/man	steht **auf**	kommt **mit**
wir	stehen **auf**	kommen **mit**
ihr	steht **auf**	kommt **mit**
sie/Sie	stehen **auf**	kommen **mit**

Ebenso (so steht es in der Wortliste):

ab·sagen
ab·schließen
an·machen
an·rufen
auf·machen
auf·tauchen
auf·wachen
aus·füllen
aus·machen
aus·schalten
ein·schalten
ein·tauchen
nach·sprechen
weiter·schlafen
weiter·sprechen
weiter·tauchen
weiter·üben
zu·hören
zu·machen
zusammen·passen

§ 51 Verben mit Verbativergänzung

41

	essen gehen
ich	gehe **essen**
du	gehst **essen**
er/sie/es/man	geht **essen**
wir	gehen **essen**
ihr	geht **essen**
sie/Sie	gehen **essen**

Ebenso:

schwimmen gehen
surfen gehen
rechnen lernen
…

§ 52 Wortstellung: Die Verbklammer

42

Vorfeld	Verb$_{(1)}$	Mittelfeld	Verb$_{(2)}$
Emil	muss	jetzt	auf·stehen.
Emil	steht	jetzt	auf.
Jetzt	steht	Emil	auf.
Wir	gehen	heute	essen.
Heute	gehen	wir	essen.
Man	darf		spielen.
Man	darf	Wasserball	spielen.
Man	darf	nicht Wasserball	spielen.
Man	darf	hier nicht Wasserball	spielen.
Hier	darf	man nicht Wasserball	spielen.

Wortschatz

Nomen

r Abend, –e
e Angst, –̈e
r Anruf, –e
e Anzeige, –n
r Babysitter, –
e Bademütze, –n
r Besuch, –e
s Bonbon, –s
r Bruder, –̈
s Büro, –s
e Chefin, –nen
e Chiffre, –n
s Fahrrad, –̈er
r Federball, –̈e
s Fenster, –
r Fernsehfilm, –e
e Gitarre, –n
r Hamburger, –
r Horrorfilm, –e
r Hut, –̈e
e Idee, –n
e Kleidung, –en
e Kontaktanzeige, –n
e Krawatte, –n
r Kundendienst
s Licht, –er
e Lust
r Mitarbeiter, –
e Nachricht, –en
e Notiz, –en
r Notizzettel, –
r Papagei, –en
e Pause, –n
r Rasen
e Ruhe
s Schach
r Schlüssel, –
r Ski, –er
s Spiel, –e
r Stern, –e
e Steuer, –n
r Tee, –s
r Termin, –e
r Tiger, –
s Tischtennis
e Toilettenwand, –̈e
e Träne, –n
s Vitamin, –e
e Wand, –̈e
e Waschmaschine, –n
r Wasserball, –̈e
s Wochenende, –n
r Zahn, –̈e
r Zettel, –
e Zigarette, –n

Verben

ab·sagen
ab·schließen
achten
an·machen
an·rufen
auf·machen
auf·stehen
auf·tauchen
auf·wachen
aus·machen
aus·schalten
bemalen
beschmutzen
beten
betreten
betrügen
bezahlen
bleiben
dürfen
ein·schalten
ein·tauchen
ertrinken
essen
essen gehen
fahren
fliegen
kennen
leid·tun
lernen

lügen
mit·kommen
möchten
müssen
naschen
nennen
passen
putzen
schießen
schlafen
schwimmen gehen
sehen
sollen
sprechen
surfen gehen
tanzen
tragen
tun
vergessen
waschen
weiter·schlafen
weiter·sprechen
weiter·tauchen
wissen
wollen
zahlen
zerbrechen
zu·hören
zu·machen

Adjektive

bunt
gerade
italienisch
langsam
laut
leise
lieb
müde

Adverbien

also
dauernd
draußen
dringend
einverstanden
ganz
gerade
heute Abend
langsam
laut
leise
nichts mehr
nie
nie mehr
schade
sonntags
täglich
übermorgen
wieder
zurück

Funktionswörter

beim
nach
um

alle
alles
Ihnen
man
mir

Ausdrücke

seine Ruhe haben wollen
(keine) Lust haben
(keine) Zeit haben
leise sprechen
laut sein
Pause machen
mit Kreditkarte bezahlen
eine Krawatte tragen
Zähne putzen
essen gehen
schwimmen gehen
nach Hause gehen
um wie viel Uhr?
um acht Uhr
heute Abend
am Abend
Bis dann!
Tut mir leid.
Okay!
Schade!

In Deutschland sagt man:	**In Österreich sagt man auch:**	**In der Schweiz sagt man auch:**
ausmachen	abdrehen	
abschließen	absperren	
zumachen	zusperren	
e Anzeige, –n		e Annonce, –n
e Kleidung (sg.)		e Kleider (pl.)
s Fahrrad, ¨–er		s Velo, –s
bunt		farbig
prima	super	

Lektion 5

zu LB Ü 2 Ergänzen Sie die Nomen und Artikel.

1

1. *der* *Baum* ____________
2. _____ ____________
3. _____ ____________
4. _____ ____________
5. _____ ____________
6. _____ ____________
7. _____ ____________
8. _____ ____________
9. _____ ____________
10. _____ ____________
11. _____ ____________
12. _____ ____________
13. _____ ____________
14. _____ ____________
15. _____ ____________
16. _____ ____________
17. _____ ____________
18. _____ ____________
19. _____ ____________
20. _____ ____________

~~Baum~~ Brücke Deckel Fenster Flasche Hund Koffer Maus Mofa Mücke Pfütze Polizist Rad Schuh Sofa Tasche Taube Topf Turm Wurm

zu LB Ü 2 Ergänzen Sie.

2

a) *Der* Topf liegt *auf* *dem* Deckel.
b) _____ Deckel liegt _____ _____ Topf.
c) _____ Flasche liegt _____ _____ Tasche.
d) _____ Tasche steht _____ _____ Flasche.
e) _____ Mofa liegt _____ _____ Sofa.
f) _____ Polizist steht _____ _____ Baum.
g) _____ Baum steht _____ _____ Polizist.
h) _____ Koffer stehen _____ _____ Frau.
i) _____ Frau steht _____ _____ Koffern.
j) _____ Turm steht _____ _____ Brücke.
k) _____ Wurm sitzt _____ _____ Turm.
l) _____ Maus sitzt _____ _____ Haus.
m) _____ Hund steht _____ _____ Koffern.
n) _____ Tauben sitzen _____ _____ Häusern.
o) _____ Mücke sitzt _____ _____ Brücke.
p) _____ Brücke steht _____ _____ Bäumen.
q) _____ Frau steht _____ _____ Turm.

der die das dem den
auf unter vor hinter
neben zwischen

zu LB Ü 2 Ergänzen Sie: der, die, das, dem oder den.

3

a) Auf *dem* Kamel sitzt *der* Hund.

b) Auf _____ Hund sitzt _____ Katze.

c) Auf _____ Katze sitzt _____ Maus.

d) Auf _____ Maus sitzt _____ Taube.

e) Auf _____ Taube sitzt _____ Mücke.

f) Auf _____ Tisch steht _____ Tasche.

g) Auf _____ Tasche liegt _____ Kamera.

h) Auf _____ Kamera liegt _____ Wörterbuch.

i) Auf _____ Wörterbuch liegt _____ Mobiltelefon.

j) Auf _____ Mobiltelefon liegt _____ Spiegel.

k) Auf _____ Spiegel liegt _____ Uhr.

l) Auf _____ Uhr liegen _____ Briefe.

m) Auf _____ Briefen liegt _____ Ansichtskarte.

zu LB Ü 2 Ergänzen Sie.

4

a) Drei Touristen sitzen auf zwei *Stühlen.* (Stuhl)

b) Vier Mädchen sitzen auf drei _________. (Sofa)

c) Fünf Jungen liegen auf vier _________. (Bett)

d) Sechs Teller stehen auf fünf ___________. (Tisch)

e) Sieben Löffel liegen neben sechs __________. (Teller)

f) Acht Gabeln liegen neben sieben ___________. (Messer)

g) Neun Töpfe stehen auf acht _________. (Herd)

h) Zehn Deckel liegen auf neun ___________. (Schrank)

i) Elf Fotografen stehen auf zehn ____________. (Teppich)

j) Zwölf Frauen stehen vor elf ____________. (Spiegel)

k) Dreizehn Mücken sitzen auf zwölf ___________. (Regal)

l) Vierzehn Rasierapparate liegen neben dreizehn ________________. (Fotoapparat)

m) Fünfzehn Computer stehen neben vierzehn ________________. (Fernseher)

n) Sechzehn Mobiltelefone liegen neben fünfzehn _____________. (Radio)

o) Siebzehn Wörterbücher stehen neben sechzehn ________________. (Telefonbuch)

p) Achtzehn Briefmarken liegen neben siebzehn __________. (Brief)

q) Neunzehn Hüte liegen neben achtzehn ___________. (Mantel)

r) Zwanzig Schuhe liegen zwischen neunzehn ___________. (Abendkleid)

s) Einundzwanzig Fahrräder stehen neben zwanzig _________________. (Motorrad)

t) Tausend Notizen stehen auf neunhundertneunundneunzig __________________. (Notizzettel)

zu LB Ü 2 Ergänzen Sie die Artikel.

5

a) Frau Stern steht vor *dem* Herd. Sie will *den* Herd putzen. *Der* Herd ist nicht sauber.

b) Herr Noll will _____ Buch lesen. _____ Buch ist spannend. Die Katze sitzt auf _____ Buch.

c) Frau Nolte steht vor _____ Tür. _____ Tür ist zu. Sie will _____ Tür aufmachen.

d) Die Lehrerin sitzt auf _____ Tisch. Der Junge zeichnet die Lehrerin und _____ Tisch. _____ Tisch ist neu.

e) Frau Schmitt sucht _____ Fahrkarte. _____ Fahrkarte ist weg. Die Krawatte liegt auf _____ Fahrkarte.

f) Die Kinder stehen neben _____ Hund. Sie möchten _____ Hund waschen. _____ Hund ist noch jung.

g) Die Touristen stehen hinter _____ Turm. Sie wollen _____ Turm fotografieren. _____ Turm ist hoch.

h) Linda ist auf _____ Segelboot. Sie will _____ Boot putzen. _____ Boot ist klein.

zu LB Ü 4 Ergänzen Sie: wer, wen, was, wohin.

6

a) *Die Mutter* setzt den Sohn auf den Stuhl. — *Wer* setzt den Sohn auf den Stuhl?
Die Mutter setzt *den Sohn* auf den Stuhl. — *Wen* setzt die Mutter auf den Stuhl?
Die Mutter setzt den Sohn *auf den Stuhl.* — *Wohin* setzt die Mutter den Sohn?

b) *Der Kellner* legt den Löffel neben den Teller. — _______ legt den Löffel neben den Teller?
Der Kellner legt *den Löffel* neben den Teller. — _______ legt der Kellner neben den Teller?
Der Kellner legt den Löffel *neben den Teller.* — _______ legt der Kellner den Löffel?

c) Der Vater setzt *den Sohn* auf den Tisch. — _______ setzt der Vater auf den Tisch?
Der Vater setzt den Sohn auf den Tisch. — _______ setzt den Sohn auf den Tisch?
Der Vater setzt den Sohn *auf den Tisch.* — _______ setzt der Vater den Sohn?

d) Der Tischler legt den Nagel *neben den Hammer.* — _______ legt der Tischler den Nagel?
Der Tischler legt *den Nagel* neben den Hammer. — _______ legt der Tischler neben den Hammer?
Der Tischler legt den Nagel neben den Hammer. — _______ legt den Nagel neben den Hammer?

e) Die Sekretärin stellt *die Blumen* neben den Computer. — _______ stellt die Sekretärin neben den Computer?
Die Sekretärin stellt die Blumen neben den Computer. — _______ stellt die Blumen neben den Computer?
Die Sekretärin stellt die Blumen *neben den Computer.* — _______ stellt die Sekretärin die Blumen?

zu LB Ü 4 Ergänzen Sie

7

~~stellt~~ steht stellt liegen stellt stehen legt steht setzt sitzt liegen

a) Frau Wagner *stellt* ____ die Flaschen auf den Balkon.

b) Auf dem Balkon *st* ______ der Saft.

c) Sie *st* ______ Saft auf den Tisch.

d) Auf dem Geschirrspüler *st* ______ der Topf.

e) Sie *st* ______ den Topf auf den Herd.

f) Die Teller *st* ______ schon auf dem Tisch.

g) Neben den Tellern *l* ______ schon zwei Messer und zwei Gabeln.

h) Sie *l* ______ die Löffel neben die Messer. Dann schneidet sie Tomaten.

i) Neben den Tomaten *l* ______ Kartoffeln.

j) Die Tochter *s* ______ auf dem Teppich und *s* ______ den Hut auf den Kopf.

zu LB Ü 4 Ergänzen Sie

8

a) ● Die Regenschirme stehen nicht neben den Gummistiefeln.

■ Aber *die stelle ich doch immer neben die Gummistiefel.*

b) ● Der Hut liegt nicht auf dem Schrank.

■ Aber den lege ich doch immer ______________________________.

c) ● Die Schuhe stehen nicht neben dem Sofa.

■ Aber die stelle ich doch immer ______________________________.

d) ● Die Strümpfe liegen nicht neben den Hausschuhen.

■ Aber die ______________________________.

e) ● Das Telefonbuch liegt nicht neben dem Telefon.

■ Aber das ______________________________.

f) ● Meine Brille liegt nicht neben dem Fernseher.

■ Aber die ______________________________.

g) ● Meine Gitarre steht nicht unter dem Regal.

■ Aber die ______________________________.

h) ● Mein Geld liegt nicht unter der Matratze.

■ Aber das legst du doch immer ______________________________.

zu LB Ü 5 Ordnen Sie die Sätze. (→ Lehrbuch S. 50)

9

Mit Tempo 100 fährt das Rettungsteam zum Krankenhaus zurück.
Dort liegt ein Personenwagen unter einem Container.
Die Sanitäter heben den Mann aus dem Rettungswagen und bringen ihn in die Notaufnahme.
Dann untersucht die Ärztin das Unfallopfer.
Zwei Feuerwehrmänner brechen die Tür auf.
Sie fahren zum Hamburger Hafen.
In der Notaufnahme klingelt das Telefon.
Die Sanitäter heben den Mann auf eine Trage und schieben sie in den Notarztwagen.
Die Notärztin und die Sanitäter rennen zum Notarztwagen.

a) *In der Notaufnahme ...* ________________.
b) ________________.
c) ________________.
d) ________________.
e) ________________.
f) ________________.
g) ________________.
h) ________________.
i) ________________.

zu LB Ü 5 Wie viele Wörter erkennen Sie?

10

D A T I V U L O L L B A B A B
Z G Ü N X Q P Z T O R P E R E
M B R Ü C K E O L A U N R Q M
A W I M K E R R Ü H S E I T E
H U N V O R S I C H T S C Z S
A Z P I V R O S N A M Z H E N
K R A N K E N H A U S R T O D
E G U R B Ä E K O S Z Y N P I
N O T A U F N A H M E N I F B
D A O N Ö L W S A Q I R U E Ü
J O B E B R A G F A H R E R R
A B A C A N G H E N U N T E O
W E H M U G E I N G A N G U F
H A N D M I N Z E T R A U L U
U L D E N E M S C H M E R Z C

zu LB Ü 5 Was passt wo?

11

laufen setzen sagen heben ~~stellen~~ springen schimpfen tanzen sprechen fragen schieben rennen

legen	gehen	rufen
stellen	______	______
______	______	______
______	______	______
______	______	______

zu LB Ü 5 Was passt wo?

12

der Verkehr die Hand das Krankenhaus die Brust der Krankenpfleger der Kopf die Haut die Brücke die Ärztin die Straße die Krankenschwester das Gesicht

die Autobahn	der Arm	die Notaufnahme
______	______	______
______	______	______
______	______	______
	______	______
	______	

zu LB Ü 7 Ergänzen Sie.

13

Wo? Wohin? Woher?

die – der – den – das – dem

a) ______ steht der Notarztwagen? Vor ______ Eingang.

b) ______ sitzt der Krankenpfleger? Neben ______ Ärztin.

c) ______ kommt die Ärztin? Aus ______ Notaufnahme.

d) ______ fährt der Rettungswagen? In ______ Hafen.

e) ______ ist der Unfall? Bei ______ Kran.

f) ______ liegt der Personenwagen? Unter ______ Container.

g) ______ kommen die Sanitäter? Aus ______ Rettungswagen.

h) ______ liegt der Mann? Auf ______ Trage.

i) ______ bringen die Sanitäter das Opfer? In ______ Krankenhaus.

j) ______ blutet der Mann? An ______ Händen.

k) ______ geht die Ärztin? In ______ Notaufnahme.

zu LB Ü 7 Schreiben Sie die Buchstaben in die Zeichnung.

14

a) Das Flugzeug fliegt über die Bäume.
b) Peter liegt unter dem Baum.
c) Peter steht neben dem Baum.
d) Peter sitzt im Baum.
e) Peter steht vor dem Baum.
f) Peter sitzt auf dem Baum.
g) Peter steht am Baum.
h) Peter steht zwischen den Bäumen.
i) Peter steht hinter dem Baum.

zu LB Ü 7 Bewegung (B) oder Ruhe (R)?

15

a) Er geht nach Hause. B
b) Sie steht vor dem Spiegel. R
c) Er liegt auf dem Sofa. ■
d) Sie sitzt auf dem Stuhl. ■
e) Er läuft zum Wagen. ■
f) Sie stellt die Blumen auf den Tisch. ■
g) Er kommt aus der Küche. ■
h) Die Uhr hängt über der Tür. ■
i) Sie rennen zum Notarztwagen. ■
j) Der Wagen hält vor dem Tor. ■
k) Er bleibt im Bett. ■
l) Sie reist nach Italien. ■
m) Er setzt den Hut auf den Kopf. ■
n) Sie wirft den Ball ins Wasser. ■
o) Er ist auf dem Balkon. ■
p) Sie heben den Mann auf die Trage. ■
q) Sie schiebt die Leute zur Seite. ■

zu LB Ü 7 Ergänzen Sie.

16

	halten	*laufen*
ich		
du	hältst	
er/sie/es/man		läuft
wir		
ihr		
sie/Sie		

zu LB Ü 9 Was passt zusammen?

17

a) Sie bekommt eine Kreditkarte ■
b) Er bringt den Papagei ■
c) Der Stuhl steht ■
d) Sie hängt das Bild ■
e) Wir stellen die Blume ■
f) Der Papagei sitzt ■
g) Montags fährt er immer ■
h) Er nimmt das Bild ■
i) Sie steigt ganz nass ■
j) Er hängt den Mantel ■

1. von der Wand.
2. aus der Badewanne.
3. im Käfig.
4. in die Vase.
5. von der Bank.
6. zur Bank.
7. an die Wand.
8. in den Schrank.
9. neben dem Tisch.
10. in den Käfig.

zu LB Ü 9 Ergänzen Sie die Formen von nehmen.

18

a) Fahren wir mit dem Bus oder __________ wir ein Taxi?

b) Herbert __________ die Kreditkarte aus der Handtasche.

c) Der Fahrkartenautomat __________ keine Münzen.

d) Wir müssen ein paar Dinge in den Keller bringen; ich __________ die Leiter und du __________ den Stuhl.

e) Darf ich den Papagei aus dem Käfig __________?

f) __________ Sie einen Kaffee oder Tee, Frau Schmidt?

g) Es sind etwa sechs Kilometer bis zum Zoo. Warum __________ ihr nicht den Bus?

h) Im Urlaub habe ich keine Probleme mit meinem Hund. Meine Mutter __________ ihn immer.

i) Ich __________ morgens immer Vitamine.

zu LB Ü 10 Ergänzen Sie.

19

a) im – ins – in der – in die – in den

Die Frau steigt ________ Taxi.

Sie sitzt ________Taxi.

Der Fahrer soll ________ Luisenstraße fahren.

Sie sucht das Geld ________ Handtasche.

Sie kann nicht ________ Blumenladen gehen.

b) an den – am – an der – ans – an die

Der Taxifahrer soll ________Blumenladen halten.

Er soll auch ________ Bank halten.

Werner soll das Bild ________ Wand hängen.

Die Gitarre stellt er ________Sofa.

Er hängt seinen Mantel ________ Haken.

c) zum – zu den – zur

Der Fahrer fährt ________Bank.

Dann soll er ________Flughafen fahren.

Dann fährt er ________ Taxis am Bahnhof zurück.

d) beim – bei den – bei der

Die Ärztin steht ________Unfallopfer.

Die Leute stehen ________ Ärztin.

Die Sanitäter stehen ________ Feuerwehrmännern.

e) von den – von der – vom

Der Notarztwagen fährt ________ Notaufnahme zum Unfallort.

Der Notarztwagen fährt ________Unfallort zum Krankenhaus.

Die Notarztwagen fahren immer ________ Unfallorten zu den Krankenhäusern.

zu LB Ü 11 Bilden Sie Sätze mit **durch**.

20

a) Mann/gehen/Eingang

Der Mann geht durch den Eingang.

b) Hund/rennen/Pfütze

____

c) Krankenwagen/fahren/Tor

____

d) Kinder/ laufen/Wald

____

e) Einbrecher/kommen/Keller

____

f) Lehrerin/schauen/Brille

____

g) Katze/springen/Fenster

____

zu LB Ü 11 Ergänzen Sie **für, gegen** oder **ohne**.

21

a) Er fährt mit Tempo 30 _______ einen Baum.

b) Sie hat kein Geld _______ den Taxifahrer.

c) Er hat keine Zeit _______ ein Gespräch.

d) Er geht nie _______ seinen Hund in den Wald.

e) Er wirft den Ball _______ die Wand.

f) Sie geht nie _______ ein Buch ins Bett.

g) Die Ärztin kann _______ ihren Beruf nicht leben.

h) Sie sieht schlecht und läuft deshalb manchmal _______ eine Laterne.

i) Im Keller ist kein Platz _______ den Tisch.

j) Sie kauft Blumen _______ ihre Mutter.

k) Der Maler stellt die Leiter _______ den Balkon.

l) Man sieht ihn nie _______ seine Gitarre.

zu LB Ü 12 Schreiben Sie die Sätze unter die Bilder.

22

a) ______________ b) ______________ c) ______________ d) ______________

e) ______________ f) ______________ g) ______________ h) ______________

Die Puppe sitzt. Die Puppe liegt. Der Hund sitzt. Der Hund liegt. Die Puppe hängt. Die Puppe steht. Der Hund hängt. Der Hund steht.

zu LB Ü 12 Ergänzen Sie.

23

	setzen	*sitzen*	*stellen*	*stehen*	*legen*	*liegen*
ich	setze					
du		sitzt				
er/sie/es/man			stellt			
wir				stehen		
ihr					legt	
sie/Sie						liegen

zu LB Ü 13 Ergänzen Sie m, n oder r.

24

a) Vor eine__ Telefonzelle steht eine Touristin.

b) Links hat sie eine__ Koffer und eine__ Hut in der Hand.

c) Rechts trägt sie ihre__ Mantel und ihre___ Hund auf de__ Arm.

d) Sie stellt erst ihre__ Koffer neben die Telefonzelle.

e) Dann stellt sie ihre__ Hund auf ihre__ Koffer und setzt ihre__ Hut auf ihre__ Kopf.

f) Dann legt sie ihre__ Mantel auf de__ Koffer.

g) In ihre__ Mantel findet sie ihre Telefonkarte.

h) Sie geht mit ihre__ Telefonkarte in die Telefonzelle.

i) Leider funktioniert das Telefon nicht, aber jetzt sieht sie vor eine__ Bäckerei ein Mädchen mit eine__ Mobiltelefon.

j) Sie geht zu de__ Mädchen und fragt: „Darf ich vielleicht mit Ihre__ Mobiltelefon telefonieren?"

zu LB Ü 15 Wie heißen die Nomen?

25

a) die Telefon__________
b) der Bahn__________
c) das Rat__________
d) die Arzt__________
e) das Schwimm__________
f) die Bade__________
g) der Brief__________
h) das Kinder__________
i) der Tennis__________
j) der Taxi__________

praxis	stand
bad	platz
haus	zelle
träger	hof
wanne	zimmer

zu LB Ü 15 Schreiben Sie.

26

a) 1. Straße ⇒ *Die erste Straße rechts.*
b) 3. Haus ⇐ *Das dritte ______ links.*
c) 2. Weg ⇒ ____________________.
d) 1. Haus ⇒ ____________________.
e) 4. Straße ⇐ ____________________.
f) 6. Weg ⇒ ____________________.
g) 3. Straße ⇒ ____________________.
h) 7. Haus ⇐ ____________________.

zu LB Ü 15 Schreiben Sie.

27

geradeaus	links	die zweite Straße	bis zur Bushaltestelle
geradeaus	links	die zweite Straße	nach der Bushaltestelle
rechts	links	die dritte Straße	nach der Kirche
rechts	links	die Blumenstraße	
rechts	die erste Straße	die zweite Straße	
rechts	die erste Straße		

a) ● Wie komme ich zur Post?
■ Gehen Sie hier ______________ und dann ______________. Nehmen Sie dann ______________ ______________. Noch ein Stück ______________.
Dann sehen Sie ______________ die Post.

b) ● Verzeihung, wie komme ich zur Blumenstraße?
■ Das ist einfach. Gehen Sie ______________.
______________ nehmen Sie ______________ ______________.
Und dann ______________ ______________.
Das ist ______________.

c) ● Guten Tag. Gibt es hier eine Apotheke?
■ Kein Problem. Da gehen Sie hier ______________ ______________. ______________ nehmen Sie ______________ ______________.
Da sehen Sie ______________ eine Apotheke.

zu LB Ü 18 Ergänzen Sie die Formen der Verben.

28

~~fahren~~ nehmen aussteigen sein umsteigen brauchen

a) Am Montag um acht Uhr *fährt* Herr Wagner zur Arbeit.

b) Zuerst _______ er die Straßenbahn bis zur Haltestelle Marktplatz.

c) Von da _______ er etwa zehn Minuten bis zum Goetheplatz.

d) Dort muss er von der Straßenbahn in die U-Bahn _______.

e) An der Haltestelle Blumenweg _______ er _______.

f) Und dann _______ er schon da.

~~haben~~ fahren sein abbiegen aussteigen ankommen gehen

g) Frau Wagner *hat* einen Termin beim Arzt.

h) Sie _______ mit dem Zug.

i) Um 9 Uhr _______ sie am Hauptbahnhof _______.

j) Dort _______ sie _______.

k) Sie _______ zu Fuß.

l) Nach dem Bahnhofsplatz _______ sie nach links in die Königsstraße _______.

m) Bis zur Arztpraxis _______ es dann nur noch ein paar Minuten.

~~fahren~~ steigen halten aussteigen vorbeigehen ankommen

n) Die Kinder *fahren* am Mittwoch mit dem Bus zum Schwimmbad.

o) Um 3 Uhr _______ sie in den Bus.

p) An der Haltestelle Delfinstraße müssen sie _______.

q) Der Bus _______ hundert Meter nach der Brücke.

r) Sie _______ am Tennisplatz _______.

s) Nach fünf Minuten _______ sie am Schwimmbad _______.

zu LB Ü 18 Ergänzen Sie.

29

a) Herr Fischer geht von _____ Haltestelle nach Hause.

b) Erst geht er an _____ Post vorbei.

c) Dann biegt er nach _____ Brücke links ab.

d) Jetzt ist er in _____ Kantstraße.

e) Da ist sein Haus. Seine Wohnung ist neben _____ Apotheke.

f) Frau Maier geht aus _____ Haus. Sie will zur Haltestelle.

den
dem
die
der
den

g) Erst geht sie geradeaus bis zu _____ Tennisplätzen.

h) An _____ Kreuzung geht sie über _____ Straße.

i) Dann nimmt sie _____ erste Straße links.

j) Da ist die Haltestelle, direkt vor _____ Blumengeschäft.

zu LB Ü 18 Ergänzen Sie.

30

Brille → Haare → Arm → Hand → Flasche → Regenschirm → Klavier → Jacke → Mantel
Handtasche → Kiste → Koffer → Lampe → Fenster → Flughafen.

Eine Mücke sitzt auf einer Brille.

a) Die Mücke fliegt *von der Brille* auf *die Haare.*

b) Dann fliegt sie *von den Haaren* auf ____ __________.

c) Dann fliegt sie vo__ *Arm* auf ____ __________.

d) Dann fliegt sie von ____ __________ auf ____ __________.

e) Dann fliegt sie von ____ __________ auf ____ __________.

f) Dann fliegt sie vo__ __________ auf ____ __________.

g) Dann fliegt sie vo__ __________ auf ____ __________.

h) Dann fliegt sie vo__ __________ auf ____ __________.

i) Dann fliegt sie vo__ __________ auf ____ __________.

j) Dann fliegt sie von ____ __________ auf ____ __________.

k) Dann fliegt sie von ____ __________ auf ____ __________.

l) Dann fliegt sie vo__ __________ auf ____ __________.

m) Dann fliegt sie von ____ __________ auf ____ __________.

n) Dann fliegt sie vo__ __________ zu__ Flughafen.

Wörter im Satz

31

	Ihre Muttersprache	**Schreiben Sie einen Satz aus Delfin, Lehrbuch.**
____ *Ampel*	________________	____
____ *Badewanne*	________________	____
____ *Brücke*	________________	____
____ *Brust*	________________	____
____ *Fahrer*	________________	____
____ *Flughafen*	________________	____
____ *Kopf*	________________	____
____ *Krankenhaus*	________________	____
____ *Notaufnahme*	________________	____
____ *Parkplatz*	________________	____
____ *Reaktion*	________________	____
____ *Tür*	________________	____
____ *Wald*	________________	____
abbiegen	________________	____
atmen	________________	____
bekommen	________________	____
feiern	________________	____
halten	________________	____
hängen	________________	____
nehmen	________________	____
schieben	________________	____
setzen	________________	____
sitzen	________________	____
stellen	________________	____
umsteigen	________________	____
untersuchen	________________	____
einige	________________	____

geradeaus	______________	______________________________
hoffentlich	______________	______________________________
manchmal	______________	______________________________
niemand	______________	______________________________
vorbei	______________	______________________________

Grammatik

§ 1, 3 Artikel und Nomen: Nominativ, Akkusativ, Dativ

32

	Nominativ	*Akkusativ*	*Dativ*
Maskulinum	**der** Turm	**den** Turm	**dem** Turm
Femininum	**die** Brücke		**der** Brücke
Neutrum	**das** Haus		**dem** Haus
Plural	**die** Häuser		**den** Häuser**n**
	die Autos		**den** Auto**s**

	Nominativ	*Akkusativ*	*Dativ*
Maskulinum	**ein** Turm	**einen** Turm	**einem** Turm
Femininum	**eine** Brücke		**einer** Brücke
Neutrum	**ein** Haus		**einem** Haus
Plural	Häuser		Häuser**n**
	Autos		Auto**s**

Ebenso:

keinem Turm	**meinem** Turm
keiner Brücke	**meiner** Brücke
keinem Haus	**meinem** Haus
keinen Häusern	**meinen** Häusern
keinen Autos	**meinen** Autos

§ 29 Präpositionen mit lokaler Bedeutung

33

§ 29, 30 Präpositionen mit Dativ

34

aus	Sie kommt **aus dem** Haus.
bei	Der Unfall ist **bei dem** Kran.
beim = bei dem	Der Briefträger steht **beim** Buchhändler.
mit	Sie fährt **mit dem** Auto.
nach	**Nach dem** Anruf geht sie aus dem Haus.
von	Der Anruf kommt **von der** Zentrale.
vom = von dem	Er holt die Stühle **vom** Balkon.
zu	Die Ärztin geht **zu dem** Unfallopfer.
zum = zu dem	Sie fährt **zum** Krankenhaus.
zur = zu der	Herbert fährt **zur** Bank.
bis zu	Gehen Sie geradeaus **bis zum** Bahnhof

§ 29, 30 Präpositionen mit Akkusativ

35

durch	Er geht **durch den** Wald.
für	Die Wurst ist **für den** Hund
gegen	Er fährt **gegen den** Baum.
ohne	Er schläft **ohne den** Teddy.
um	Sie gehen **um das** Haus.

§ 29,30,31 Präpositionen mit Akkusativ oder Dativ

36

	Akkusativ *Richtung* *Bewegung* *Wohin?* ⇨⇨◎	***Dativ*** *Position* *Ruhe* *Wo?* ◎
in	Sie setzt das Kind **in die** Badewanne.	Das Kind sitzt **in der** Badewanne.
ins = in das im = in dem	Sie legt das Kind **ins** Bett.	Das Kind liegt **im** Bett.
an	Er hängt das Bild **an die** Wand.	Das Bild hängt **an der** Wand.
ans = an das am = an dem	Er stellt die Leiter **ans** Regal.	Die Leiter steht **am** Regal.
auf	Sie stellt die Blumen **auf den** Tisch.	Die Blumen stehen **auf dem** Tisch.
über	Er hängt die Lampe **über den** Tisch.	Die Lampe hängt **über dem** Tisch.
unter	Sie legt die Gitarre **unter das** Regal.	Die Gitarre liegt **unter dem** Regal.
vor	Er stellt den Wagen **vor das** Haus.	Der Wagen steht **vor dem** Haus.
hinter	Er stellt das Fahrrad **hinter das** Haus.	Das Fahrrad steht **hinter dem** Haus.
neben	Sie legt die Jacke **neben den** Mantel.	Die Jacke liegt **neben dem** Mantel.
zwischen	Er hängt die Uhr **zwischen die** Bilder.	Die Uhr hängt **zwischen den** Bildern.

§ 33, 44 Verben mit Vokalwechsel

37

	e → i *werfen*	*nehmen*	*a → ä* *halten*	*au → äu* *laufen*
ich	werfe	nehme	halte	laufe
du	w**i**rfst	n**imm**st	h**ä**ltst	l**äu**fst
er/sie/es/man	w**i**rft	n**imm**t	h**ä**lt	l**äu**ft
wir	werfen	nehmen	halten	laufen
ihr	werft	nehmt	haltet	lauft
sie/Sie	werfen	nehmen	halten	laufen

§ 47 Verben mit trennbarem Verbzusatz

38

	abbiegen
ich	biege **ab**
du	biegst **ab**
er/sie/es/man	biegt **ab**
wir	biegen **ab**
ihr	biegt **ab**
sie/Sie	biegen **ab**

Ebenso:

ab·stellen	**um**·steigen
an·kommen	**weg**·rennen
auf·brechen	**weiter**·fahren
aus·steigen	**weiter**·gehen
frei·machen	**zurück**·fahren

§ 51 e Verben mit Situativergänzung

39

		Position/Ruhe ***Wo?*** ◎
bleiben	Emil bleibt heute	**im Bett.**
halten	Der Wagen hält	**am Tor.**
hängen	Das Bild hängt	**an der Wand.**
liegen	Das Buch liegt	**auf dem Tisch.**
sitzen	Susanne sitzt	**auf dem Stuhl.**
stehen	Der Wagen steht	**vor dem Haus.**

§ 51 f Verben mit Direktivergänzung

40

		Richtung/Bewegung ***Wohin?*** ⇨⇨ ◎
fahren	Peter fährt	**nach Berlin.**
gehen	Werner geht	**zur Bank.**
kommen	Helga kommt	**nach Hause.**
laufen	Die Sanitäter laufen	**zum Wagen.**
reisen	Herr M. reist	**nach Spanien.**
rennen	Die Ärztin rennt	**ins Krankenhaus.**
springen	Lisa springt	**ins Wasser.**
steigen	Die Frau steigt	**in ein Taxi.**

§ 51 g Verben mit Herkunftsergänzung

41

		Richtung/Bewegung ◎ ⇨⇨ ***Woher?***
kommen	Er kommt	**aus Österreich.**
	Der Anruf kommt	**von der Zentrale.**
sein	Sie ist	**aus München.**
springen	Sie springt	**aus dem Wagen.**
steigen	Sie steigt	**aus dem Taxi.**

§ 51 h Verben mit Akkusativergänzung und Direktivergänzung

42

		Akkusativergänzung Was?	***Direktivergänzung Wohin?*** ⇨⇨ ◎
bringen	Sie bringt	**das Kind**	**ins Bett.**
hängen	Er hängt	**das Bild**	**an die Wand.**
heben	Sie heben	**den Mann**	**auf die Trage.**
legen	Sie legt	**den Löffel**	**auf den Tisch.**
schieben	Sie schiebt	**die Leute**	**zur Seite.**
setzen	Er setzt	**den Hut**	**auf den Kopf.**
stellen	Er stellt	**die Blumen**	**in die Vase.**
werfen	Sie wirft	**den Ball**	**auf den Balkon.**

§ 51 i Verben mit Akkusativergänzung und Herkunftsergänzung

43

		Akkusativergänzung Was?	***Provenienzergänzung*** ◎ ⇨⇨ ***Woher?***
heben	Sie heben	**das Unfallopfer**	**aus dem Wagen.**
holen	Er holt	**den Wein**	**aus dem Keller.**
nehmen	Sie nimmt	**die Flasche**	**aus dem Kühlschrank.**
reißen	Sie reißen	**ihre Jacken**	**vom Haken.**

§ 22 Ordinalzahlen

44

eins:	der **erste** Weg
zwei:	die zwei**te** Straße
drei:	das **dritte** Haus
vier:	die vier**te** Kreuzung
fünf:	die fünf**te** Ampel
sechs:	der sechs**te** Weg
sieben:	das **siebte** Schild
acht:	das ach**te** Haus
…	…

zwanzig:	der zwanzig**ste** Brief
dreißig:	die dreißig**ste** Flasche
hundert:	das hundert**ste** Auto
tausend:	der tausend**ste** Stuhl
…	…

Wortschatz

Nomen

e Abfahrt, –en
e Ampel, –n
e Antwort, –en
e Apotheke, –n
r Arm, –e
r Artikel, –
e Arztpraxis, Arztpraxen
e Atemmaske, –n
r August
e Autobahn, –en
r Autofahrer, –
e Autonummer, –n
e Bäckerei, –en
e Badewanne, –n
s Bahnhofscafé, –s
r Balkon, –s
e Bank, ¨–e
e Bank, –en
r Bauernhof, ¨–e
r Baum, ¨–e
r Bericht, –e
s Blaulicht, –er
r Blumenladen, ¨–
r Briefträger, –
e Brücke, –n
e Brust, ¨–e
r Buchhändler, –
e Bundesstraße, –n
e Bushaltestelle, –n
r Camper, –
s Clubhaus, ¨–er
s Computergeschäft, –e
r Container, –
r Dativ, –e
r Dienst, –e
e Dusche, –n
r Einbrecher, –
r Eingang, ¨–e
e Einladung, –en
r Einsatz, ¨–e
e Elbe
r Fahrer, –
e Fahrt, –en
r Feuerwehrmann, ¨–er
r Fisch, –e
r Flughafen, ¨–
r Fuß, ¨–e
r Gast, ¨–e
e Geburtstagsfeier, –n
r Goetheplatz, ¨–e → Platz
r Golf
r Golffahrer, –
r Hafen, ¨–
s Hafenkrankenhaus, ¨–er
r Haken, –
e Haltestelle, –n
e Hand, ¨–e
e Handtasche, –n
r Hauptbahnhof, ¨–e
e Haut
r Igel, –
e Jacke, –n
r Job, –s
r Kaffee
r Käfig, –e
e Karte, –n
r Käse
r Keller, –
r Kellner, –
r Kilometer, –
s Kinderzimmer, –
e Kirche, –n
r Kopf, ¨–e
r Kran, ¨–e
s Krankenhaus, ¨–er
r Krankenpfleger, –
e Kreuzung, –en
r Küchentisch, –e
e Kurve, –n
e Laterne, –n
r Lebensretter, –
r Leiter, –
e Leiter, –n
e Linie, –n
r Maler, –
s Mofa, –s
e Mücke, –n
r Museumsplatz, ¨–e
e Mütze, –n
e Notärztin, –nen
r Notarztwagen, –
e Notaufnahme, –n
s Opfer, –
r Parkplatz, ¨–e
r Personenwagen, –
r Pfarrer, –
s Pferd, –e
r Pfleger, –
e Pfütze, –n
r Platz, ¨–e
r Polizist, –en
e Präposition, –en
e Puppe, –n
s Rathaus, ¨–er
e Reaktion, –en
r Regen
r Rettungsdienst, –e
s Rettungsteam, –s
r Rettungswagen, –
e Richtung, –en
r Rippenbruch, ¨–e
r Sanitäter, –
r Sauerstoff
s Schild, –er
r Schmerz, –en
r Schock, –s
r Schrank, ¨–e
s Schwimmbad, ¨–er
e Seite, –n
e Sirene, –n
s Sofa, –s
e Stadtbahn, –en
r Stall, ¨–e
e Station, –en
s Stück, –e
e Tankstelle, –n
e Taube, –n
r Taxifahrer, –
r Taxistand, ¨–e
r Teddy, –s
r Telefonanruf, –e
e Telefonzelle, –n
r Teller, –
s Tempo
r Tennisplatz, ¨–e
r Tod, –e
e Toilette, –n
s Tor, –e
e Trage, –n

e Tür, –en
r Turm, ¨–e
s Unfallopfer, –
r Unfallort, –e
e Uniform, –en
e Ursache, –n
s Verb, –en
r Verkehr
e Vorsicht
r Wald, ¨–er
r Wanderweg, –e
r Weg, –e
e Wegbeschreibung, –en
r Wurm, ¨–er
e Wurst, ¨–e
e Zentrale, –n
s Zentrum, Zentren

Verben

ab·biegen
ab·stellen
an sein
an·kommen
atmen
auf sein
auf·brechen
aus·steigen
bekommen
beschreiben
bluten
bringen
drücken
entscheiden
feiern
frei·machen
geben
halten
hängen (+ Situativerg.)
hängen (+ Akk.-Erg. + Direktiverg.)
heben
holen
klingeln
kontrollieren
laufen
legen
liegen
nehmen
passieren
reißen
rennen
rufen
schieben
schimpfen
setzen
sitzen
stehen
steigen
stellen
stöhnen
um·steigen
untersuchen
weg·rennen
weiter·fahren
weiter·gehen
werfen
zeigen
zurück·fahren

Adjektive

einfach
hart
konzentriert
kurz
schwach

Adverbien

bereits
diesmal
echt
geradeaus
hinten
hoffentlich
manchmal
nicht immer
noch einmal
noch nichts
nur noch
später
ungefähr
vorbei
vorne

Funktionswörter

ans
bis zu
durch
gegen
hinter
ins
neben
über
unter
vom
vor
zwischen

beide
denn
einige
meiner
nächste
niemand
Wo?
Wohin?
Woher?

der erste
der zweite
der dritte
der vierte
der fünfte …
der nächste

Ausdrücke

Und los!
Tür zu!
Geschafft!
Vorsicht!
Keine Ursache!

Wie komme ich zu …?
die Straße geradeaus gehen
die erste Straße rechts nehmen
an … vorbei gehen
Aus welcher Richtung …?
da hinten

keine Reaktion zeigen
die Tür ist auf
zur Seite schieben
unter die Haut gehen
zu spät kommen
zu wenig

zu Fuß
zu Ende
um 8.59 Uhr = um acht Uhr neunundfünfzig
um 20.59 Uhr = um zwanzig Uhr neunundfünfzig

Abkürzungen

Dr. = Doktor

In Deutschland sagt man:	**In Österreich sagt man auch:**	**In der Schweiz sagt man auch:**
e Arztpraxis, Arztpraxen	e Ordination, –en	
r Briefträger, –		r Pöstler, –
r Fahrer, –		r Chauffeur, –e
e Haltestelle, –n	e Station, –en	e Station, –en
s Krankenhaus, ¨–er	s Spital, ¨–er	s Spital, ¨–er
e Telefonzelle, –n		e Telefonkabine, –en
klingeln	läuten	läuten
laufen	rennen	

Lektion 6

zu LB Ü 1 Ergänzen Sie.

1

Infinitiv	Präsens	Perfekt
duschen	er duscht	er hat geduscht
______	er wirft	er hat geworfen
______	______	er hat getrunken
______	er schießt	______
______	er weint	______
______	______	er hat aufgeräumt
lesen	______	______
______	er wäscht	______
anstreichen	______	______

zu LB Ü 1 Ergänzen Sie das Perfekt.

2

hat gewaschen	hat gelacht	hat geputzt	hat aufgeräumt
hat eingeschaltet	~~hat gelesen~~	hat gegessen	~~hat gekocht~~
hat angerufen	hat gepackt	hat gehört	hat geschrieben
hat getrunken	hat geweint	hat geworfen	hat angestrichen
hat ausgemacht	hat gezeichnet		

a) Sie kocht eine Suppe. *Sie hat eine Suppe gekocht.*

Er lacht. ______

Sie weint. ______

Sie hört Musik. ______

Er packt den Koffer. ______

Sie putzt die Schuhe. ______

Er zeichnet ein Gesicht. ______

Sie macht das Licht aus. ______

Er räumt das Zimmer auf. ______

Sie schaltet den Fernseher ein. ______

b) Sie liest ein Buch. *Sie hat ein Buch gelesen.*

Er isst eine Pizza. ______

Er ruft an. ______

Sie schreibt einen Brief. ____________________

Er trinkt Wasser. ____________________

Sie wirft den Ball. ____________________

Er wäscht das Kind. ____________________

Sie streicht die Wand an. ____________________

zu LB Ü 1 Schreiben Sie die Sätze.

3

abgesagt abgeschlossen ~~angestrichen~~ aufgemacht aufgebrochen aufgeräumt
abgestellt angerufen ausgemacht angemacht

a) (anstreichen/die Wand)

Er streicht die Wand an.

Er soll die Wand anstreichen.

Er hat die Wand angestrichen.

b) (ausmachen/den Fernseher)

Er macht ____________________

Er soll ____________________

Er hat ____________________

c) (aufräumen/das Zimmer)

Sie räumt ____________________

Sie soll ____________________

Sie hat ____________________

d) (abschließen/ die Tür)

Sie schließt ____________________

Sie soll ____________________

Sie hat ____________________

e) (aufmachen/das Fenster)

Er macht ____________________

Er ____________________

Er ____________________

f) (anmachen/das Radio)

Sie macht ____________________

Sie ____________________

Sie ____________________

g) (absagen/den Termin)

Sie sagt ____________________

Sie ____________________

Sie ____________________

h) (anrufen/den Chef)

Er ruft ____________________

Er ____________________

Er ____________________

i) (aufbrechen/die Tür)

Er bricht ____________________

Er ____________________

Er ____________________

j) (abstellen/das Auto)

Sie stellt ____________________

Sie ____________________

Sie ____________________

zu LB Ü 1 Schreiben Sie die Antworten.

4

a) Weint er? – *Nein, aber er hat geweint.*

b) Lacht sie? – *Nein, aber sie hat* ________.

c) Duscht er? – ________

d) Spielt sie? – ________

e) Lernt sie? – ________

f) Arbeitet er? – ________

g) Putzt sie? – ________

h) Tanzt er? – ________

i) Rechnet sie? – ________

j) Packt er? – ________

zu LB Ü 1 Ergänzen Sie.

5

wäscht gelegen schneidet sitzt geschlafen gewaschen geschrieben trinkt ~~gelesen~~ geschnitten ~~liest~~ gegessen schläft getrunken isst schreibt gesessen liegt

a) (*lesen*) Er hat eine Zeitschrift *gelesen*. Jetzt *liest* er ein Buch.

b) (*essen*) Sie hat eine Pizza ________. Jetzt ________ sie einen Apfel.

c) (*schreiben*) Er hat eine Karte ________. Jetzt ________ er einen Brief.

d) (*trinken*) Er hat Bier ________. Jetzt ________ er Wasser.

e) (*waschen*) Sie hat ihr Gesicht ________. Jetzt ________ sie ihre Haare.

f) (*liegen*) Sie hat im Bett ________. Jetzt ________ sie auf dem Sofa.

g) (*schneiden*) Er hat Kartoffeln ________. Jetzt ________ er Zwiebeln.

h) (*schlafen*) Er hat acht Stunden ________. Jetzt ________ er schon wieder.

i) (*sitzen*) Sie hat auf dem Balkon ________. Jetzt ________ sie am Schreibtisch.

zu LB Ü 2 Ergänzen Sie: **ist** oder **hat**.

6

a) Er _____ nach Berlin gefahren.

b) Sie _______ ins Wasser gesprungen.

c) Er _______ eine Blume gemalt.

d) Er _______ zwei Stunden gewandert.

e) Sie _______ das Besteck gespült.

f) _______ sie schon nach Hause gekommen?

g) Der Zug _______ um sieben Uhr abgefahren.

h) Meine Mutter _______ nach London geflogen.

i) Er _______ das Auto nicht abgeschlossen.

j) Das Kind _______ um neun Uhr aufgewacht.

k) Er _______ seinen Vater zum Bahnhof gebracht.

zu LB Ü 2 Ergänzen Sie.

7

weinen	*er/sie weint*	*er/sie hat geweint*
lachen		
arbeiten		
aufräumen		

lesen ______ ______
werfen ______ ______
schreiben ______ ______
abschließen ______ ______
fliegen ______ ______
wandern ______ ______

zu LB Ü 2 Ergänzen Sie.

8

ich	*habe*	*geduscht*	ich	*bin*	*gelaufen*
du	*hast*	*geduscht*	du	*bist*	*gelaufen*
er/sie/es	*hat*	______	er/sie/es	______	______
wir	______	______	wir	______	______
ihr	______	______	ihr	______	______
sie/Sie	______	______	sie/Sie	______	______

zu LB Ü 3 Ordnen Sie die Sätze. (→ Lehrbuch S. 60)

9

- ■ a) Um sieben Uhr frühstückt Familie Renken zusammen.
- *1* b) Frühmorgens melken Herr und Frau Renken die Kühe.
- ■ c) Abends schläft Herr Renken fast immer vor dem Fernseher ein.
- ■ d) Um zwei Uhr sind die Töchter aus der Schule zurück.
- ■ e) Nach dem Frühstück macht Herr Renken den Stall sauber.
- ■ f) Abends melken Herr und Frau Renken meist bis sieben.
- ■ g) Um zwei Uhr essen die Renkens mit ihren Töchtern zu Mittag.
- ■ h) Nach der Stallarbeit repariert Herr Renken die Maschinen.
- ■ i) Nach dem Abendbrot macht Herr Renken oft noch Büroarbeit.
- ■ j) Nach dem Mittagessen schläft Herr Renken normalerweise eine Stunde.

zu LB Ü 3 Was passt nicht?

10

a) den Hund – das Kind – ~~die Puppe~~ – die Zwillinge **wecken**
b) den Kaffee – den Saft – die Tomaten – das Mineralwasser **trinken**
c) das Baby – das Klavier – die Katze – den Fisch **füttern**
d) den Teller – die Tasse – den Topf – den Deckel **füllen**
e) das Schlafzimmer – das Kinderzimmer – den Schreibtisch – den Alltag **aufräumen**
f) die Wand – das Wasser – die Tür – das Haus **anstreichen**
g) das Buch – die Zeitung – den Brief – das Telefon **lesen**
h) den Brief – den Freund – das Buch – die Notiz **schreiben**
i) die Kinder – das Licht – das Radio – den Computer **ausmachen**
j) die Wohnung – das Haus – die Tür – den Schuh **abschließen**

zu LB Ü 3 Finden Sie die Wörter.

11

~~BAUER~~JINXFRÜHSTÜCKMSTRUGARTENISMASCHINETRDLMPSCHULEQZAUNDOKUHLRBIENDE
JDSESSELAYCMTASSEKHUHNMVFRPSWÄSCHEAXÜBVCORDNUNGÄLHFTSCHALTERQZMVMITTAG
ESSENZTFLALLTAGÜOZNACHMITTAGVDREVORMITTAGDOUPÄMBVXGLÜCKÖÄARBEIT

1. *Bauer*	8. ______	15. ______
2. ______	9. ______	16. ______
3. ______	10. ______	17. ______
4. ______	11. ______	18. ______
5. ______	12. ______	19. ______
6. ______	13. ______	
7. ______	14. ______	

zu LB Ü 3 Ordnen Sie und ergänzen Sie.

12

~~Balkon~~ ~~Apfel~~ ~~Deckel~~ Bad Topf Karotte Haare Wohnung Tasse Haus Gesicht Hände Teller Büro Arme Wäsche Geschirr Geschäft Küche Abendkleid Herd Jacke Messer Schuhe Gabeln Löffel Zähne Besteck Strümpfe

putzen		waschen		spülen	
den	*Balkon*	*den*	*Apfel*	*den/die*	*Deckel*
______	______	______	______	______	______
______	______	______	______	______	______
______	______	______	______	______	______
______	______	______	______	______	______
______	______	______	______	______	______
______	______	______	______	______	______
______	______	______	______	______	______
______	______	______	______	______	______
______	______	______	______	______	______

zu LB Ü 3 Ergänzen Sie.

13

um acht: aufstehen
bis halb neun: duschen
dann: die Katze füttern
danach eine halbe Stunde: frühstücken
nach dem Frühstück: die Zähne putzen
das Geschirr spülen
die Wäsche waschen
um zwölf: das Mittagessen kochen
um halb eins: zu Mittag essen
um eins: ins Büro fahren
von zwei bis sechs: am Computer arbeiten
um sechs: nach Hause fahren
zuerst: das Abendbrot machen
dann: die Wohnung aufräumen
später: bügeln, tanzen und Musik hören
gegen elf: zu Bett gehen

a) Herr Maus *ist um acht aufgestanden.*

b) Bis halb neun ____ er _________.

c) Dann ______ ______ die Katze _____________.

d) Danach _____ er eine halbe Stunde _____________.

e) Nach dem Frühstück ______ er ______ ___________ _____________, _____ __________________ _________

und ____ ___________ _______________ .

f) Um zwölf ____ ______ das Mittagessen _________.

g) Um halb eins _____ er ____ __________ ___________ .

h) Um eins _____ _____ _____ _____ ________ __________.

i) Von zwei bis sechs _____ er _____ _____________ _______________.

j) Um sechs _____ er ____ _____________ _____________.

k) Zuerst _____ er _______ ____________ _____________.

l) Dann _____ er _____ _____________ ____________________.

m) Später _____ er _________ , _________ und Musik ___________.

n) Gegen elf ____ er ____ _________ ______________.

zu LB Ü 3 Ergänzen Sie.

14

a) Gestern *hatte* ich viel Arbeit und wenig Zeit. Heute *habe* ich wenig Arbeit und viel Zeit.

b) Gestern *war* er noch ledig. Jetzt *ist* er verheiratet.

c) Früher _______ die Familie nur eine 3-Zimmer-Wohnung. Jetzt _______ sie viel Platz in ihrem Haus.

d) Gestern _______ die Autoschlüssel weg. Heute _______ die Motorradschlüssel nicht da.

e) Gestern _______ ihr nur eine halbe Stunde Pause. Deshalb _______ ihr heute schon um drei Feierabend.

f) 10 Jahre _______ ihr keine Kinder. Und jetzt _______ ihr Zwillinge!

g) Gestern _______ ich in Salzburg. Heute _______ ich in München.

h) Am Anfang _______ die Studenten keine Freunde. Jetzt _______ sie viele Freunde.

i) _______ ihr gestern in den USA? _______ ihr morgen auf den Bahamas?

j) Heute Morgen um acht _______ ihr müde. Jetzt ist es Mitternacht und ihr _______ noch wach.

k) Gestern _______ du deine Kamera, aber leider keinen Film. Heute _______ du viele Filme, aber deine Kamera funktioniert nicht.

zu LB Ü 4 **Bilden Sie Sätze.**

15

a) die Mutter: geputzt haben — *Sie hat geputzt.*
am Vormittag — *Sie hat am Vormittag geputzt.*
die Wohnung — *Sie hat am Vormittag die Wohnung geputzt.*
zwei Stunden — *Sie hat am Vormittag zwei Stunden die Wohnung geputzt.*

b) der Vater: gekocht haben — *Er* ______
am Sonntag — *Er* ______
Suppe — *Er* ______
zwei Stunden — *Er* ______

c) die Mutter: aufgeräumt haben ______
nach dem Mittagessen ______
die Küche ______
eine Stunde ______

d) der Vater: gespült haben ______
nach dem Mittagessen ______
die Töpfe ______
eine Stunde ______

e) die Großmutter: gebügelt haben ______
nach dem Kaffee ______
ihr Abendkleid ______
eine halbe Stunde ______

f) der Großvater: gelesen haben ______
am Sonntagnachmittag ______
die Zeitung ______
zwei Stunden ______

g) der Sohn: geschrieben haben ______
Sonntagabend ______
Briefe ______
zwei Stunden ______

h) die Tochter: telefoniert haben ______

Sonntagabend ______

mit ihrer Freundin ______

drei Stunden ______

zu LB Ü 4 Bilden Sie Fragen.

16

a) Ich habe einen Monat Deutsch gelernt. *Wie lange hast du Deutsch gelernt*?

b) Ich habe vor einem Monat Deutsch gelernt. *Wann hast du Deutsch gelernt*?

c) Ich war eine Woche in Berlin. ______ ______ ______ du ______ ______?

d) Ich war vor einer Woche in Berlin. ______ ______ du ______ ______?

e) Wir sind am Nachmittag spazieren gegangen. ______ ______ ihr ______ ______?

f) Wir sind einen Nachmittag spazieren gegangen. ______ ______ ______ ihr ______ ______ ?

g) Sie sind um sieben Uhr tanzen gegangen. ______ ______ sie ______ ______?

h) Sie haben sieben Stunden getanzt. ______ ______ ______ sie ______ ?

i) Am Montag haben sie geschlafen. ______ ______ sie ______?

j) Sie haben einen Tag geschlafen. ______ ______ ______ sie ______?

k) Er hat in der Nacht am Computer gearbeitet. ______ ______ er ______ ______ ______?

l) Er hat eine Nacht am Computer gearbeitet. ______ ______ ______ er ______ ______ ______?

m) Sie haben vor einem Monat die Wand angestrichen. ______ ______ sie ______ ______ ______?

n) Sie haben einen Monat die Wand angestrichen. ______ ______ ______ sie ______ ______ ______?

o) Sie haben vor zwei Jahren Urlaub gemacht. ______ ______ sie ______ ______?

p) Sie haben zwei Jahre Urlaub gemacht. ______ ______ ______ sie Urlaub ______?

zu LB Ü 4 Welcher Text passt? (x) (→ Lehrbuch S. 60)

17

■ a) Die Renkens leben auf dem Bauernhof. Heute ist ihre Arbeit nicht mehr so anstrengend, denn sie haben eine Melkmaschine. Aber ihr Arbeitstag beginnt immer noch früh am Morgen. Der Sohn ist Student in Münster. Die Töchter gehen noch zur Schule. Also machen die Eltern die Arbeit alleine. Vormittags räumt Frau Renken die Wohnung auf, macht sauber und wäscht. Herr Renken geht vormittags in den Stall. Dann bringt er Maschinen in Ordnung und macht Feldarbeit. Abends sieht Herr Renken manchmal mit seiner Frau Fußball im Fernsehen. Danach arbeitet er oft noch am Computer. Dabei schläft er fast immer ein.

■ b) Die Renkens leben auf dem Bauernhof. Früher war ihr Alltag sehr anstrengend. Heute hilft die Melkmaschine. Aber sie müssen morgens immer noch früh aufstehen. Sie machen die Arbeit alleine, denn die Töchter gehen noch zur Schule und der Sohn studiert. Nach dem Frühstück füttert Frau Renken die Tiere. Am Vormittag putzt Frau Renken, räumt auf und wäscht, Herr Renken macht den Stall sauber. Dann repariert er Maschinen und arbeitet auf dem Feld. Am Abend bügelt Frau Renken oder näht. Ihr Mann macht oft noch Büroarbeit am Computer. Später sehen sie zusammen fern, aber dabei schläft Herr Renken fast immer ein.

■ c) Die Renkens leben auf dem Bauernhof. Heute müssen sie nicht mehr so schwer arbeiten, aber sie können morgens nie lange schlafen. Ihre Töchter gehen noch zur Schule, der Sohn studiert Jura in Münster. Die Eltern müssen die Arbeit alleine machen. Nach dem Frühstück macht Frau Renken Hausarbeit und wäscht. Herr Renken arbeitet am Vormittag im Stall, später auf dem Feld. Er repariert auch die Maschinen. Am Abend bügelt Frau Renken und macht oft noch Büroarbeit. Dann sitzen die Renkens vor dem Fernseher. Dabei schläft ihr Mann fast immer ein.

zu LB Ü 4 Ordnen Sie.

18

nie selten oft ~~immer~~ manchmal

immer ______ ______ ______ ______

zu LB Ü 4 Was passt zum Text? (→ Lehrbuch S. 60)

19

Morgens um Viertel nach vier	ist	Herr und Frau Renken	die Mädchen	aufgestanden.
Nach einer Tasse Kaffee	sind	Frau Renken	in den Stall	gegangen.
Um Viertel vor sieben	hat	Familie Renken	zusammen	eingeschlafen.
Um sieben Uhr morgens	haben	die Mädchen	den Bus	geweckt.
Um halb acht		die Renkens	die Wohnung	gefrühstückt.
Am Vormittag		Herr Renken und die Mädchen	Tee	genommen.
Am Nachmittag			im Garten	gearbeitet.
Um vier Uhr		Herr Renken	die Hühner	getrunken.
Nach dem Tee			schon oft vor dem Fernseher	aufgeräumt.
Um halb sechs				geholt.
Am Abend			die Kühe von der Weide	gesucht.

a) *Morgens um Viertel nach vier sind Herr und Frau Renken aufgestanden.*

b) *Nach einer Tasse Kaffee* ______________________

c) ______________________

d) ______________________

e) ______________________

f) ______________________

g) ______________________

h) ______________________

i) ______________________

j) ______________________

k) ______________________

zu LB Ü 4 Ergänzen Sie.

20

	haben	*sein*
ich	hatte	war
du		
er/sie/es/man	hatte	
wir		
ihr		
sie/Sie		

zu LB Ü 4 Wie viel Uhr ist es? Ergänzen Sie.

21

a) **13:00** Es ist *dreizehn* ______ Uhr. Es ist *ein* ___ Uhr. Es ist *eins* __.

b) **15:00** Es ist ____________ Uhr. Es ist _____ Uhr. Es ist _____.

c) **17:00** Es ist ____________ Uhr. ____________. ____________.

d) **19:00** Es ist ____________ Uhr. ____________. ____________.

e) **21:00** Es ist ____________ Uhr. ____________. ____________.

f) **23:00** Es ist ____________ Uhr. ____________. ____________.

zu LB Ü 4 Wie spät ist es? Ergänzen Sie.

22

a) **6:15** sechs Uhr *fünfzehn* ______ / *Viertel nach* ___ sechs.

b) **6:30** sechs Uhr ____________ / *halb sieben.* ___

c) **6:45** sechs Uhr ____________ / *Viertel vor sieben.* __

d) **7:15** sieben Uhr ____________ / ______ _____ sieben.

e) **7:30** sieben Uhr ____________ / _____ ________.

f) **7:45** sieben Uhr ____________ / ______ _____ ________.

g) **8:30** acht Uhr ____________ / ____ ________.

zu LB Ü 5 Uhrzeiten. Was passt zusammen?

23

a) Wann kommt Hans nach Hause? → *(8.45 Uhr)* ■ 1. Es ist halb neun.

b) Wie spät ist es? → *(15.20 Uhr)* ■ 2. Es ist zwanzig nach drei.

c) Um wie viel Uhr fängt der Film an? → *(20.30 Uhr)* ■ 3. Um Viertel vor zwölf.

d) Wie lange arbeitest du heute? → *(20.30 Uhr)* ■ 4. Um Viertel vor neun.

e) Wann hast du gefrühstückt? → *(8.20 Uhr)* ■ 5. Bis halb neun.

f) Wie lange hast du heute Morgen geschlafen? → *(6.45 Uhr)* ■ 6. Bis Viertel vor sieben.

g) Wie viel Uhr ist es? → *(8.30 Uhr)* ■ 7. Um halb neun.

h) Wann soll ich die Kinder wecken? → *(6.40 Uhr)* ■ 8. Um zwanzig nach acht.

i) Um wie viel Uhr bist du ins Bett gegangen? → *(23.45 Uhr)* ■ 9. Um zwanzig vor sieben.

zu LB Ü 5 Wie spät ist es? Ergänzen Sie.

24

a)	6:16	*sechs Uhr sechzehn*	*sechzehn Minuten nach sechs*
b)	7:17	*sieben Uhr* ________	________ *nach* ________
c)	8:21	*acht Uhr* ________	________ *nach* ________
d)	10:05	*zehn Uhr* ________	________ *nach* ________
e)	11:14	*elf Uhr* ________	________ *nach* ________
f)	15:08	*fünfzehn Uhr* ________	________ *nach drei*
g)	17:24	*siebzehn Uhr* ________	________ *nach* ________
h)	21:18	*einundzwanzig Uhr* ________	________ *nach* ________
i)	11:50	*elf Uhr* ________	*zehn Minuten vor zwölf*
j)	6:55	*sechs Uhr* ________	________ *vor* ________
k)	9:48	*neun Uhr* ________	________ *vor* ________
l)	17:51	*siebzehn Uhr* ________	________ *vor* ________
m)	22:58	*zweiundzwanzig Uhr* ________	________ *vor* ________

zu LB Ü 6 Was passt zusammen?

25

a) Möchtest du weiterschlafen? ■
b) Wann hat der Wecker geklingelt? ■
c) Willst du frühstücken? ■
d) Wo ist denn der Hund? ■
e) Soll ich zum Bäcker gehen? ■
f) Was gibt es zum Frühstück? ■
g) Warum haben wir keine Brötchen? ■

1. Nein, ich habe keinen Hunger.
2. Kaffee, Wurst und Brötchen.
3. Ja, ich möchte noch im Bett bleiben.
4. Der Hund hat sie gefressen.
5. Nein, wir haben noch Brötchen.
6. Um sieben Uhr.
7. Er ist in der Küche.

zu LB Ü 6 Ergänzen Sie.

26

Stunde
Stunden
Uhr
Uhren

a) Wie viel ________ ist es?

b) Meine ________ ist leider kaputt.

c) In seinem Wohnzimmer hängen drei ________ .

d) Meine Tochter kommt in zwei ________ nach Hause.

e) Der Zug fährt um 18 ________; wir haben noch eine ______ Zeit.

f) Sie arbeitet täglich fünf ________ im Büro.

g) Meine _______ ist weg; hast du sie gesehen?

h) Ich war gestern zwei _______ im Schwimmbad.

i) Kannst du mit deiner _______ ins Wasser gehen?

j) Der Film dauert drei ________ .

k) Ich warte schon seit einer ________ !

zu LB Ü 7 Ergänzen Sie. (→ Lehrbuch S. 63, Nr. 7)

27

ist … geflogen hat … gesagt haben geschlafen ist … aufgestanden ist gekommen
hat … geträumt war hat … getrunken hat … aufgemacht ist ausgestiegen

a) Der Mann ____ von einem Flugzeug ___________.

b) Alle Passagiere ____ _____________. Nur er ____ wach.

c) Eine Stewardess ____ ______________, aber sie ____ nichts _____________.

d) Der Mann ____ ein Glas Wasser _______.

e) Danach ____ er ______________ und ____ die Tür _______________.

f) Er ____ _____________. Dann ____ er wie ein Vogel neben dem Flugzeug ______________.

zu LB Ü 8 Schreiben Sie.

28

a) Er telefoniert im Büro. *Er hat im Büro telefoniert.*

b) Er repariert den Fernseher. ______hat__________________

c) Er rasiert drei Luftballons. _____hat___________________

d) Sie buchstabiert den Nachnamen. _____hat________________

e) Sie notiert die Telefonnummer. ______hat________________

f) Er studiert in Berlin. ______hat______________

g) Was passiert hier? ______ist__________________

h) Der Fernseher funktioniert nicht. __________ hat ________________

i) Er trainiert immer morgens. ______ hat _______________

zu LB Ü 8 Was ist richtig? ✗ (→ Lehrbuch S. 63, Nr. 8)

29

■ a) Britta und ihre Eltern frühstücken. Es gibt Eier, aber das Salz steht nicht auf dem Tisch. Dann kommt Markus. Er war gestern im Kino und hatte danach einen Unfall mit dem Auto. Deshalb hat er eine Wunde am Auge. Seine Freundin Corinna ist auch verletzt.

■ b) Markus hat das Frühstück gemacht und isst ein Ei. Er war gestern in der Disco, aber er ist früh nach Hause gekommen. Der Abend war langweilig, denn er hat seine Freundin Corinna nicht getroffen. Deshalb hat er auch nicht getanzt. Seine Mutter findet das traurig.

■ c) Markus kommt zu spät zum Frühstück. Er hat eine Wunde am Auge. Das ist gestern Abend in der Disco passiert. Ein Typ hat mit seiner Freundin getanzt und sie geküsst. Markus war natürlich nicht einverstanden. Deshalb hat er „den Tarzan gespielt". Und er hat gewonnen.

zu LB Ü 8 Was passt zusammen?

30

a) Willst du noch eine Tasse Tee? ■
b) Kann ich ein Ei haben? ■
c) Ist Markus zu Hause? ■
d) Hat Markus gefrühstückt? ■
e) Möchtest du ein Ei? ■
f) Wie geht es Corinna? ■

1. Tut mir leid, aber wir haben keins mehr.
2. Ja, ich hatte noch keins.
3. Nein, er hat noch nichts gegessen.
4. Nein danke, ich möchte nichts mehr trinken.
5. Ich habe sie seit Tagen nicht mehr gesehen.
6. Ich habe ihn noch nicht gesehen.

zu LB Ü 9 Ordnen Sie.

31

klingeln wandern wecken benutzen aufwachen frühstücken lächeln lachen feiern beschmutzen putzen bügeln machen füttern schicken platzen brauchen einpacken dauern segeln

*kling**eln***	*gekling**elt***	*wand**ern***	*gewand**ert***		
________	________	________	________		
________	________	________	________		
________	________	________	________		
*we**ck**en*	*gew**eckt***	*benu**tzen***	*benu**tzt***	*aufwa**chen***	*aufgewa**cht***
________	________	________	________	________	________
________	________	________	________	________	________
________	________	________	________	________	________

zu LB Ü 9 Ergänzen Sie.

32

hängen	*hängt*	*gehangen*	hängen	______	*gehängt*
stehen	______	________	stellen	______	________
liegen	______	________	legen	______	________
sitzen	______	________	setzen	______	________

zu LB Ü 9 Ergänzen Sie.

33

a) ● Wo *hängt* denn das Bild? Hat es nicht immer über dem Sessel *gehangen*?

■ Doch, aber gestern habe ich es über das Sofa *gehängt*.

b) ● Wo *steht* denn das Fahrrad? Hat es nicht immer an der Tür *gestanden*?

■ Stimmt, aber ich habe es gestern an die Wand *gestellt*.

c) ● Wo *liegt* denn der Teppich? Hat er nicht immer vor dem Schreibtisch *gelegen*?

■ Richtig, aber ich habe ihn vor den Schrank *gelegt*.

d) ● Wo *sitzt* denn dein Papagei? Hat er nicht immer vor dem Fenster *gesessen*?

■ Doch, aber heute Morgen habe ich ihn in den Käfig *gesetzt*.

e) ● Wo steht denn das Sofa? Hat es nicht immer im Wohnzimmer __________?

■ Stimmt, aber gestern habe ich es ins Kinderzimmer __________.

f) ● Wo steht denn der Herd? Hat er nicht immer in der Küche __________?

■ Doch, aber ich habe ihn in den Keller __________.

g) ● Wo hängen denn die Töpfe ? Haben sie nicht immer über dem Regal __________?

■ Richtig, aber ich habe sie über den Herd __________.

h) ● Wo liegt denn das Besteck? Hat es nicht immer im Küchenschrank ________?

■ Stimmt, aber ich habe es ins Regal __________.

i) ● Wo ist denn der Schreibtisch? Hat er nicht immer vor dem Fenster __________?

■ Richtig, aber ich habe ihn gestern an die Wand __________.

j) ● Wo hängen denn die Fotos? Haben sie nicht immer über dem Schreibtisch __________?

■ Du hast recht, aber ich habe sie gestern ins Schlafzimmer ________.

k) ● Wo steht denn der Mini–Fernseher? Hat er nicht immer im Schlafzimmer __________?

■ Richtig, aber gestern habe ich ihn in die Küche __________.

l) ● Wo stehen denn die Blumen? Haben sie nicht immer am Fenster ________?

■ Doch, aber ich habe sie auf den Balkon __________.

m) ● Wo sitzt denn deine Puppe? Hat sie nicht immer auf dem Sofa __________?

■ Stimmt, aber ich habe sie gerade auf die Bank __________.

zu LB Ü 12 Ordnen Sie das Gespräch.

34

- ▢ a) ● Gut, dann können wir jetzt abfahren.
- ▢ b) ■ Schön, dann können wir ja jetzt wirklich abfahren.
- *1* c) ● Hast du die Taschen schon ins Auto gestellt?
- ▢ d) ■ Nein, noch nicht. Ich muss noch die Garage abschließen.
- ▢ e) ■ Ja, die stehen schon zwei Stunden im Auto.
- ▢ f) ● Das brauchst du nicht. Die habe ich schon abgeschlossen.

zu LB Ü 12 Ordnen Sie das Gespräch.

35

- ▪ a) ■ Nein, das braucht ihr nicht. Wir können ja später helfen.
- *1* b) ● Könnt ihr bitte mal in der Küche helfen?
- ▪ c) ■ Und nach dem Film stellen wir es in den Schrank.
- ▪ d) ■ Das geht gerade nicht so gut, denn wir sehen fern.
- ▪ e) ● Gut, also spülen wir jetzt das Geschirr.
- ▪ f) ● Ihr seht fern, aber wir sollen alleine spülen!

zu LB Ü 12 Ergänzen Sie.

36

a) Hast du den Flughafen angerufen? – Ja, den habe ich vorhin *angerufen.*

b) Hast du schon das Taxi bestellt? – Nein, das will ich gleich *bestellen.*

c) Soll ich das Licht im Schlafzimmer ausmachen? – Das brauchst du nicht; das habe ich schon ___________.

d) Schaltest du den Fernseher aus oder soll ich den ___________?

e) Hast du den Kühlschrank abgestellt? – Ja, den habe ich gerade ___________.

f) Hast du auch die Kühlschranktür aufgemacht? – Nein, die muss ich noch ___________.

g) Hast du die Fahrräder in den Keller gebracht? – Nein, die will ich später in den Keller ___________.

h) Hast du schon die Kellerfenster zugemacht? – Nein, die muss ich noch ___________.

i) Muss ich den Hund noch zu deiner Mutter bringen oder hast du ihn schon zu ihr ___________?

j) Hast du die Balkontür schon abgeschlossen oder soll ich die ___________?

k) Hast du die Kellertür abgeschlossen? – Natürlich habe ich die schon ___________.

l) Hast du den Kellerschlüssel unter die Matratze gelegt? – Ja, den habe ich natürlich unter die Matratze ___________.

m) Hast du den Rasierapparat in den Koffer getan oder muss ich den noch in den Koffer ___________?

n) Packst du die Fahrkarten ein oder soll ich die ___________?

zu LB Ü 12 Ergänzen Sie.

37

a) ● Gehst du bitte heute Nachmittag auf die Bank ?
■ Kannst du nicht *gehen*? Ich bin schon heute Vormittag auf die Bank *gegangen.*

b) ● Schneidest du bitte die Kartoffeln?
■ Kannst du sie nicht _________? Ich habe schon die Karotten und die Wurst _________.

c) ● Schließt du bitte die Kellertür ab?
■ Kannst du sie nicht _____? Ich habe schon die Haustür ________.

d) ● Schreibst du bitte die Ansichtskarte?
■ Kannst du sie nicht _________? Ich habe schon sechs Ansichtskarten ________.

e) ● Liest du bitte den Brief?
■ Kannst du ihn nicht ________? Ich habe schon sieben Briefe _________.

f) ● Das Baby weint. Stehst du bitte auf?

■ Kannst du nicht ________? Ich bin schon so oft ____________.

g) ● Bringst du bitte unseren Sohn ins Bett?

■ Kannst du ihn nicht ins Bett ________? Ich habe schon unsere Tochter ins Bett __________.

zu LB Ü 12 Bilden Sie Sätze.

38

a) Familie Schneider – im – samstags – feiern – Garten

Familie Schneider feiert samstags im Garten.

b) die Bauern – jeden – auf die – Tag – Felder – gehen

Die Bauern gehen jeden Tag ____________________.

c) die Eltern – oft – frühstücken – auf dem Balkon

Die Eltern ____________ *oft* ____________________.

d) ein – Vogel – fliegt – ein Fenster – gegen – manchmal

Ein Vogel ____________ *manchmal* ____________________.

e) er – oft – Küche – der – in – bügelt

Er ____________ *oft* ____________________.

f) eine – er – Stunde – liest – dem – Balkon – auf

Er ____________ *eine Stunde* ____________________.

g) die – schläft – immer – Katze – dem – vor – Fernseher

Die Katze ____________________ *vor dem Fernseher.*

h) die – Kinder – Wohnzimmer – spielen – wollen – jetzt – im

Die Kinder ____________ *jetzt* ____________________.

i) die – Kinder – heute – auf – spielen – nicht – der – Nachmittag – Straße – sollen

Die Kinder ____________________ *auf der Straße* ________.

j) sie – will – unter – immer – Sternen – den – schlafen

Sie will ________________________________.

k) tanzt – im – heute – Regen – sie

Sie ________________________________.

l) sie – später – Segelboot – will – auf – einem – wohnen

Sie will ________________________________ *wohnen.*

m) unter – oft – er – der – singt – Dusche

Er ________________________________.

n) er – abends – Stadt – fährt – in – die

Er ________________________________.

zu LB Ü 16 Ergänzen Sie: ge oder –.

39

Er / sie hat …
Er / sie ist …

ab*ge*stellt	zu___hört	weg___fahren	be___malt	weiter___sprochen
be*–*stellt	an___fangen	ein___schlafen	an___strichen	weg___laufen
auf___standen	be___gonnen	weiter___fahren	ver___kauft	weg___rannt
ver___standen	an___macht	auf___wacht	ver___dient	weiter___laufen
an___kommen	aus___macht	auf___macht	ver___gessen	ab___bogen
be___kommen	ein___packt	zu___macht	auf___räumt	weg___flogen
auf___brochen	ent___schieden	ab___schlossen	fern___sehen	
zer___brochen	ein___stiegen	aus___stiegen	er___zählt	
auf___hört	ab___fahren	um___stiegen	nach___sprochen	

zu LB Ü 16 Ein Traum. Schreiben Sie die Sätze im Perfekt.

40

a) Sie wacht auf. *Sie ist aufgewacht.*
b) Aber sie bleibt noch ein bisschen im Bett. *Aber* ___
c) Dann steht sie auf. ___
d) Ihr Taxi kommt. ___
e) Sie steigt ins Taxi. ___
f) Das Taxi fährt ab. ___
g) Das Taxi biegt an der Ampel ab. ___
h) Sie kommt am Bahnhof an. ___
i) Sie steigt in den Zug. ___
j) Er fährt nicht ab. ___
k) Lange passiert nichts. ___
l) Sie schläft ein. ___
m) Der Zug fährt ab. ___
n) Sie wacht auf. ___
o) Sie steigt aus. ___
p) Sie geht durch eine Stadt. ___
q) Sie läuft zu einem Schwimmbad. ___
r) Da schwimmt sie. ___
s) Dann springt sie über einen Zaun. ___
t) Danach rennt sie durch einen Wald. ___
u) Später reitet sie zu einem Fluss. ___

v) Dann segelt sie in einem Boot. ______

w) Zum Schluss kommt sie zu einem Flughafen. ______

x) Da steigt sie in ein Flugzeug. ______

y) Das Flugzeug fliegt weg. ______

z) Sie schläft ein. ______

zu LB Ü 16 Bilden Sie Sätze im Perfekt.

41

a) Schau mal. Jetzt ist es sieben und Herr Fritsch geht aus dem Haus.
(am Montag – er – um acht – aus dem Haus gehen)

Am Montag ist er um acht aus dem Haus gegangen.

b) Schau mal. Jetzt ist es halb acht und Herr Hackl steht auf.
(am Samstag – er – um Viertel nach acht – aufstehen)

Am ______

c) Schau mal. Jetzt ist es acht und Herr Becker bringt die Kinder zur Schule.
(am Donnerstag – seine Frau – die Kinder – um Viertel vor acht – zur Schule bringen).

Am ______

d) Schau mal. Jetzt ist es halb eins. Gerade stehen Herr Schmidt und Herr Pensler auf.
(am Freitag – sie – erst um halb zwei – aufstehen)

______

e) Schau mal. Jetzt ist es eins und Frau Meyer schreibt auf der Schreibmaschine.
(am Dienstag – sie – um sieben Uhr abends – auf der Schreibmaschine schreiben)

______

f) Schau mal. Jetzt ist es zwei und Frau Beckmann streicht eine Wand in der Küche an.
(am Mittwoch – ihr Mann – um zwei – eine Wand im Wohnzimmer – anstreichen)

______

g) Schau mal, jetzt ist es halb fünf und Frau Sundermann macht die Fenster im Schlafzimmer zu.
(am Samstag — ihr Mann – sie – um halb fünf – zumachen)

______

h) Schau mal. Jetzt ist es fünf und Herr Hansen bügelt gerade.
(gestern – seine Frau – um fünf – bügeln)

______

i) Schau mal. Jetzt ist es halb sechs und Herr Humbold putzt seine Fenster.
(am Montag – seine Freundin – um halb sechs – seine Fenster putzen)

______

j) Schau mal. Jetzt ist es sechs und Frau Rheinländer räumt die Garage auf.
(am Donnerstag – ihr Mann – sie – um neun – aufräumen)

______

zu LB Ü 16 Ein Traum. Schreiben Sie den Text im Präsens.

42

Ich bin in ein Restaurant gegangen und habe einen Fisch bestellt. Aber der Kellner hat es falsch verstanden. Deshalb habe ich Würste und Kartoffeln bekommen. Ich habe zwei Würste gegessen. Dann habe ich keinen Hunger mehr gehabt. Eine Wurst ist auf dem Teller geblieben. Ich habe mein Geld in der Handtasche gesucht, aber ich habe es nicht gefunden. Da bin ich nach Hause gefahren und habe Geld geholt. Der Hund ist im Restaurant geblieben. Ich bin zurückgekommen und habe den Kellner gesucht. Aber der ist nicht mehr da gewesen. Mein Hund hat auf dem Stuhl vor dem Teller gesessen. Die Wurst war weg.

Ich gehe in ein Restaurant und bestelle einen Fisch. Aber ______

______

______

______

______

______

______

______

______

______

______

zu LB Ü 16 Schreiben Sie einen Traum-Text.

43

Ich	bin	mit einem Motorrad	durch einen Wald	gefahren.
	habe	mit einem Segelboot	durch eine Wüste	geflogen.
		mit einem Flugzeug	über eine Wiese	gesegelt.
		…	über ein Feld	…
			auf einem Fluss	
			…	
Auf einmal	ist	ein Tiger	aus dem Wald	gekommen.
Plötzlich	sind	eine Schlange	aus dem Fluss	gesprungen.
		eine Polizistin	von einem Baum	…
		Krokodile	von einer Brücke	
		Vögel	…	
		…		
Aber	er	war	ganz freundlich.	
Doch	sie	waren	ganz lieb.	
	es		sehr nett.	
	sie		…	
Denn	er	hatte	keinen Hunger.	
	sie	hatten	keine Zähne.	
	es		keine Brille.	
	sie		kein Messer.	
			…	

Dann	haben	wir	zu einem Schwimmbad	gegangen.
	sind		zu einem Kaufhaus	gelaufen.
			in einen Garten	gefahren.
			…	…
Dort	haben	wir	zusammen	gesprochen.
Da				gespielt.
				gesungen.
				getanzt
				…
Plötzlich	war	das Schwimmbad	ein Bahnhof.	
Auf einmal		das Kaufhaus	ein Hafen.	
		der Garten	ein Flughafen.	
		…	…	
Und	der Tiger	ist	mit meinem Flugzeug	abgefahren.
	die Schlange	sind	mit meinem Segelboot	weggeflogen.
	die Polizistin		mit einem Zug	…
	die Krokodile		…	
	die Vögel			
	…			
Dann	habe	ich	Musik	gehört.
Dabei			eine Gitarre	
			ein Klavier	
			eine Sängerin	
			…	
Da	bin	ich	aufgewacht.	
In meinem Zimmer	war	der Fernseher	an.	
Neben meinem Bett		das Radio		
…		der Radio-Wecker		
		…		

Wörter im Satz

44

	Ihre Muttersprache	Schreiben Sie einen Satz aus Delfin, Lehrbuch.
____ *Auge*	________________	____
____ *Bauer*	________________	____
____ *Ei*	________________	____
____ *Feld*	________________	____
____ *Flugzeug*	________________	____
____ *Fluss*	________________	____
____ *Fußball*	________________	____
____ *Geschirr*	________________	____
____ *Hunger*	________________	____
____ *Loch*	________________	____
____ *Salz*	________________	____
____ *Supermarkt*	________________	____
____ *Theater*	________________	____
____ *Urlaub*	________________	____
____ *Wecker*	________________	____
abfahren	________________	____
anfangen	________________	____
aufräumen	________________	____
beginnen	________________	____
dauern	________________	____
einschlafen	________________	____
einsteigen	________________	____
fressen	________________	____
frühstücken	________________	____
malen	________________	____
nähen	________________	____
sterben	________________	____

bestimmt	______________	__________________________________
gerade	______________	__________________________________
nichts	______________	__________________________________
spät	______________	__________________________________
vorhin	______________	__________________________________

Grammatik

§ 35 Perfekt

45

a) Formenbildung

Infinitiv		***haben/sein***		***Partizip II***
spielen	Er	**hat**	Fußball	**gespielt.**
kommen	Er	**ist**	zu spät	**gekommen.**

b) Konjugation

	spielen	***kommen***	***haben***	***sein***
ich	habe gespielt	bin gekommen	habe gehabt	bin gewesen
du	hast gespielt	bist gekommen	hast gehabt	bist gewesen
er/sie/es/man	hat gespielt	ist gekommen	hat gehabt	ist gewesen
wir	haben gespielt	sind gekommen	haben gehabt	sind gewesen
ihr	habt gespielt	seid gekommen	habt gehabt	seid gewesen
sie/Sie	haben gespielt	sind gekommen	haben gehabt	sind gewesen

c) Partizip-II-Formen

„schwache" Verben					
***Perfekt mit* haben**				…	**t**
			ge	…	**t**
			ge	…	**t**
verwenden	Er hat			verwend	**et**[1]
besuchen	Er hat			besuch	**t**[2]
reparieren	Er hat			reparier	**t**[3]
spielen	Er hat		**ge**	spiel	**t**[4]
arbeiten	Er hat		**ge**	arbeit	**et**[5]
kennen	Er hat		**ge**	kann	**t**
denken	Er hat		**ge**	**dach**	**t**
aufhören	Er hat	auf	**ge**	hör	**t**
einschalten	Er hat	ein	**ge**	schalt	**et**
***Perfekt mit* sein**					
wandern	Er ist		**ge**	wander	**t**
aufwachen	Er ist	auf	**ge**	wach	**t**

„starke" Verben					
***Perfekt mit* haben**				…	**en**
			ge	…	**en**
			ge	…	**en**
bekommen	Er hat			bekomm	**en**[6]
vergessen	Er hat			vergess	**en**[7]
zerbrechen	Er hat			zerbr**o**ch	**en**
schlafen	Er hat		**ge**	schlaf	**en**
sehen	Er hat		**ge**	seh	**en**
essen	Er hat		**ge**	gess	**en**[8]
stehen	Er hat		**ge**	stand	**en**
anfangen	Er hat	an	**ge**	fang	**en**[9]
aufbrechen	Er hat	auf	**ge**	broch	**en**
***Perfekt mit* sein**					
kommen	Er ist		**ge**	komm	**en**[10]
einsteigen	Er ist	ein	**ge**	stieg	**en**[11]

ebenso:

1) bedeutet

2) benutzt, bestellt, bezahlt, ergänzt, erzählt, erkannt, gehört, untersucht, verdient, verkauft

3) buchstabiert, fotografiert, funktioniert, korrigiert, markiert, notiert, passiert, rasiert, repariert, studiert, telefoniert, trainiert

4) *(die meisten Verben)*

5) geantwortet, geatmet

ebenso:

6) begonnen, beschrieben, betreten, betrogen, entschieden, verst**an**den

7) gefunden, gefressen, gegeben, gehalten, gehangen, gehoben, geheißen, geholfen, gelesen, gelegen, gelogen, geno**mm**en, gerufen, geschoben, geschni**tt**en, geschrieben, geschwommen, gesungen, gesprochen, gesprungen, getragen, getrunken, gewaschen, geworfen, gewogen

8) gesessen

9) abgeschlossen, angerufen

10) geblieben, gefahren, geflogen, geg**an**gen, gelaufen, gesprungen, gestiegen, gestorben,

11) abgebogen, abgefahren, angekommen, aufgestanden, ausgestiegen, eingeschlafen, eingestiegen, mitgekommen, umgestiegen, weggelaufen, weitergefahren

§ 44, 45 d) Partizipformen nach Gruppen: starke und gemischte Verben

46

anfangen	fängt an	hat angefangen
fahren	fährt	ist gefahren
abfahren	fährt ab	ist abgefahren
halten	hält	hat gehalten
hängen	hängt	hat gehangen*
schlafen	schläft	hat geschlafen
einschlafen	schläft ein	ist eingeschlafen
tragen	trägt	hat getragen
waschen	wäscht	hat gewaschen

laufen	läuft	ist gelaufen

geben	gibt	hat gegeben
liegen	liegt	hat gelegen
lesen	liest	hat gelesen
sehen	sieht	hat gesehen
fernsehen	sieht fern	hat ferngesehen
essen	isst	hat gegessen
fressen	frisst	hat gefressen
vergessen	vergisst	hat vergessen
sitzen	sitzt	hat gesessen

bleiben	bleibt	ist geblieben
entscheiden	entscheidet	hat entschieden
schreiben	schreibt	hat geschrieben
beschreiben	beschreibt	hat beschrieben
steigen	steigt	ist gestiegen
aussteigen	steigt aus	ist ausgestiegen
einsteigen	steigt ein	ist eingestiegen
umsteigen	steigt um	ist umgestiegen

abbiegen	biegt ab	ist abgebogen
fliegen	fliegt	ist geflogen
schieben	schiebt	hat geschoben
wiegen	wiegt	hat gewogen
schießen	schießt	hat geschossen
schließen	schließt	hat geschlossen
abschließen	schließt ab	hat abgeschlossen
kommen	kommt	ist gekommen
ankommen	kommt an	ist angekommen
bekommen	bekommt	hat bekommen
mitkommen	kommt mit	ist mitgekommen
beginnen	beginnt	hat begonnen
schwimmen	schwimmt	ist geschwommen
heben	hebt	hat gehoben
lügen	lügt	hat gelogen
betrügen	betrügt	hat betrogen

brechen	bricht	hat gebrochen
aufbrechen	bricht auf	hat aufgebrochen
zerbrechen	zerbricht	hat zerbrochen
helfen	hilft	hat geholfen
nehmen	nimmt	hat genommen
sprechen	spricht	hat gesprochen
sterben	stirbt	ist gestorben
werfen	wirft	hat geworfen

rufen	ruft	hat gerufen
anrufen	ruft an	hat angerufen
finden	findet	hat gefunden
singen	singt	hat gesungen

reißen	reißt	hat gerissen
schneiden	schneidet	hat geschnitten

gehen	geht	ist gegangen
stehen	steht	hat gestanden
aufstehen	steht auf	ist aufgestanden
verstehen	versteht	hat verstanden

tun	tut	hat getan

springen	springt	ist gesprungen
trinken	trinkt	hat getrunken

bringen	bringt	hat gebracht
denken	denkt	hat gedacht
kennen	kennt	hat gekannt
erkennen	erkennt	hat erkannt
nennen	nennt	hat genannt
rennen	rennt	ist gerannt
wissen	weiß	hat gewusst

* hängen, hängt, hat gehangen: Das Bild hat an der Wand gehangen.
hängen, hängt, hat gehängt: Er hat das Bild an die Wand gehängt.

§ 52, 55 Präsens und Perfekt im Satz

47

Vorfeld	*Verb(1)*	*Subjekt*	*Zeitangabe*	*Mittelfeld* *Ortsangabe*	*Ergänzung*	*Verb(2)*
Sie	schläft		bis 7 Uhr.			
Sie	steht		um 7 Uhr			auf.
Sie	wäscht		um 8 Uhr		die Wäsche.	
Sie	macht		um 9 Uhr	in der Küche	das Frühstück.	
Um 10 Uhr	fährt	sie				ab.
Sie	hat		bis 7 Uhr			geschlafen.
Sie	ist		um 7 Uhr			aufgestanden.
Sie	hat		um 8 Uhr		die Wäsche	gewaschen.
Sie	hat		um 9 Uhr	in der Küche	das Frühstück	gemacht.
Um 10 Uhr	ist	sie				abgefahren.

§ 43 Präteritum von sein und haben

48

	sein	*haben*
ich	war	hatte
du	warst	hattest
er/sie/es/man	war	hatte
wir	waren	hatten
ihr	wart	hattet
sie/Sie	waren	hatten

§ 43 Konjugation tun

	tun
ich	tue
du	tust
er/sie/es/man	tut
wir	tu**n**
ihr	tut
sie/Sie	tu**n**
er/sie/es/man	hat get**an**

Uhrzeit

49

Wie spät ist es?
– Es ist Viertel nach acht.

Wann steht er auf?
Um wie viel Uhr steht er auf?
– **Um** Viertel nach acht.

Wortschatz

Nomen

s Abendbrot
r Alltag
e Arbeit, –en
r Arbeitstag, –e
s Auge, –n
r Bäcker, –
r Bauer, –n
s Brötchen, –
e Büroarbeit, –en
e Disco, –s
s Ei, –er
s Ende, –n
r Feierabend, –e
s Feld, –er
s Flugzeug, –e
r Fluss, ¨–e
s Frühstück, –e
r Fuchs, ¨–e
r Fußball, ¨–e
e Garage, –n
r Garten, ¨–
s Gas, –e
s Geschirr
s Glas, ¨–er
s Glück
r Gorilla, –s
e Hausarbeit, –en
e Haustür, –en
s Huhn, ¨–er
r Hühnerstall, ¨–e
r Hunger
s Interview, –s
e Journalistin, –nen
Jura
r Kakao
e Küche, –n
e Kuh, ¨–e
r Kuhstall, ¨–e
r Landwirt, –e
r Liebling, –e
s Loch, ¨–er
e Maschine, –n
e Melkmaschine, –n
r Mittag
s Mittagessen, –
r Mittagsschlaf
r Morgen
r Nachmittag, –e
e Nähe
e Ordnung, –en
r Passagier, –e
s Perfekt
s Präsens
s Präteritum
r Reifen, –
s Salz
r Schalter, –
r Schluss, ¨–e
e Schule, –n
s Schwein, –e
e Serie, –n
r Sessel, –
e Stallarbeit, –en
e Stewardess, –en
r Strom
e Stunde, –n
r Supermarkt, ¨–e
e Tasse, –n
s Theater, –
r Traum, ¨–e
r Typ, –en
e Uhrzeit, –en
r Urlaub, –e
s Viertel,–
r Vogel, ¨–
r Vokal, –e
r Vormittag, –e
e Wäsche
r Wecker, –
e Weide, –n
e Wiese, –n
s Wohnzimmer, –
e Wunde, –n
e Wüste, –n
r Zaun, ¨–e

Verben

ab·fahren
an·fangen
an·streichen
auf·hören
auf·räumen
beginnen
besuchen
bügeln
da sein
dauern
duschen
ein·packen
ein·schlafen
ein·steigen
erzählen
fern·sehen
fressen
frühstücken
füllen
füttern
gehören
graben
helfen
lächeln
malen
melken
mit·arbeiten
nähen
provozieren
reparieren
sauber machen
spülen
sterben
wandern
wecken
weg sein
weg·fliegen
weg·laufen

Adjektive

anstrengend
fertig
früh
halb
lang
langweilig
spät
unheimlich
verletzt
wach
wirklich

Adverbien

abends
alleine
anstrengend
auf einmal
bestimmt
bestimmt nicht
dabei
danach
extra
früher
frühmorgens
gar nicht
gestern
halb
immer noch
meistens
morgens
noch nicht
oft
samstags
sofort
sonst
vorher
vorhin
wenigstens
wirklich

Funktionswörter

dir
doch
etwas
ihm
noch ein
wie lange?
wie spät?
wie viele?

Ausdrücke

Um wie viel Uhr?
Wie spät ist es?
halb acht
Viertel nach vier
heute Morgen
heute Nachmittag
heute Vormittag
zum Schluss
zum Glück
wie gewöhnlich
in der Nähe von

etwas in Ordnung bringen
Mittagsschlaf halten
zu Mittag essen
auf „Aus" stehen

gerade etwas machen
gerade etwas gemacht haben

Das können wir ja auch morgen machen
Wer soll denn die Kühe melken?
Was soll das heißen?
Mal sehen
Schön!
Schau mal!

Miau!
Oh Gott!

In Deutschland sagt man:	**In Österreich sagt man auch:**	**In der Schweiz sagt man auch:**
das Brötchen	die Semmel	
das Frühstück		das Morgenessen
der Reifen		der Pneu
Ich habe gerade die Betten gemacht.	Ich habe eben die Betten gemacht.	

Lektion 7

zu LB Ü 1 Ergänzen Sie.

1

a) Wem gratuliert der Chef?

(die Sekretärin) *Er gratuliert der Sekretärin.*

(der Briefträger) *Er gratuliert dem Briefträger.*

(das Kind) *Er gratuliert dem Kind.*

(die Eltern) *Er gratuliert den Eltern.*

b) Wem hilft das Kind?

(der Vater) *Es hilft* ____________

(die Mutter) ____________

(das Baby) ____________

(die Mädchen) ____________

c) Wem folgt der Hund?

(die Katzen) *Er folgt* ____________

(das Auto) ____________

(die Großmutter) ____________

(der Vogel) ____________

d) Wem winkt der Tourist?

(das Brautpaar) *Er winkt* ____________

(die Sängerin) ____________

(der Verkäufer) ____________

(die Polizisten) ____________

zu LB Ü 1 Welches Wort passt? Ergänzen Sie.

2

a) Lisa bestellt *ihrer* Puppe eine Pizza. (~~ihrer~~ / ihrem / ihre)

b) Der Vater erzählt ________ Tochter einen Traum. (sein / seinem / seiner)

c) Die Mutter gibt ________ Kind die Puppe. (das / dem / den)

d) Sie schreibt ________ Freundin einen Brief. (ihrem / ihr / ihrer)

e) Er schenkt ________ Tochter ein Auto. (seiner / sein / seinem)

f) Sie kocht ________ Mann eine Suppe. (ihr / ihre / ihrem)

g) Ich spiele ________ Tochter ein Lied vor. (meinem / meine / meiner)

h) Bringst du ________ Eltern ein Geschenk mit? (deinen / deine / deinem)

i) Der Junge kauft ________ Hund eine Wurst. (seiner / seinem / seine)

j) Die Eltern zeigen ________ Kindern den Zoo. (ihrem /ihren /ihre)

zu LB Ü 1 Schreiben Sie.

3

a) einen Brief – seinem Freund – schickt – das Kind

Das Kind schickt seinem Freund einen Brief.

b) schenkt – der Mann – einen Blumenstrauß – seiner Frau

Der Mann ____________

c) seiner Sekretärin – der Chef – einen Computer – kauft

Der Chef ____________

d) gibt – ein Bonbon – ihrem Kind – die Mutter

Die Mutter ______________________________

e) meinem Bruder – ein Telegramm – schicke – ich

Ich ______________________________

f) eine Tasse Tee – bringt – seinem Vater – der Sohn

Der Sohn ______________________________

g) gratulieren – zur Hochzeit – dem Brautpaar – die Gäste

Die Gäste ______________________________

zu LB Ü 1 Was passt zusammen?

4

a)	Man kann seinen Führerschein erst mit 18	■	1. schmücken
b)	Unsere Tochter hat gerade ihr Examen	■	2. vorspielen
c)	Die Kinder sollen den Großeltern ein Lied	■	3. mitgebracht
d)	Der Student will seinen Eltern ein Telegramm	■	4. machen
e)	Sie hat ihrem Freund zum Geburtstag	■	5. gefeiert
f)	Das Kind darf mit dem Vater den Weihnachtsbaum	■	6. bestanden
g)	Sie hat 30 Jahre in der Firma	■	7. besuchen
h)	Er möchte mit seiner Freundin ein Volksfest	■	8. schicken
i)	Meine Eltern haben am Sonntag Silberhochzeit	■	9. gearbeitet
j)	Er hat seiner Mutter einen Blumenstrauß	■	10. gratuliert

zu LB Ü 2 Ergänzen Sie.

5

a) Die Lehrerin schenkt dem Pfarrer den Hut.

Sie schenkt *ihm* den Hut.

b) Der Pfarrer gibt dem Kind den Apfel.

_____ gibt _____ den Apfel.

c) Das Mädchen bringt der Lehrerin einen Handschuh.

_____ bringt _____ einen Handschuh.

d) Die Clowns schenken der Polizistin eine Bluse.

_____ schenken _____ eine Bluse.

e) Der Feuerwehrmann bringt den Sängern eine Tafel Schokolade.

_____ bringt _____ eine Tafel Schokolade.

f) Das Kind gibt dem Hund ein Eis.

_____ gibt _____ ein Eis.

zu LB Ü 2 Was passt zusammen?

6

a)	Das Schwein bekommt ein Eis.	■	1. Sie gefallen ihr nicht.
b)	Die Krawatte gefällt dem Bürgermeister nicht.	■	2. Sie gefallen ihnen nicht.
c)	Die Clowns haben ein Bild gewonnen.	■	3. Es schenkt sie dem Briefträger.
d)	Die Lehrerin hat Handschuhe bekommen.	■	4. Es schmeckt ihm.
e)	Der Hut gefällt dem Pfarrer nicht.	■	5. Er passt ihr leider nicht.
f)	Das Kind isst keine Schokolade.	■	6. Es gefällt ihnen nicht.
g)	Die Bäuerin hat einen Bikini bekommen.	■	7. Er gibt ihn dem Bürgermeister.
h)	Die Sänger haben Krawatten gewonnen.	■	8. Er schenkt sie dem Pfarrer.

zu LB Ü 2 Wie heißen die Wörter?

7

a) LADE – KO – SCHO die ____________________

b) TRÄ – BRIEF – GER der ____________________

c) TÄR – SE – KRE – IN die ____________________

d) GER – BÜR – TER – MEIS der ____________________

e) WAT – TE – KRA die ____________________

f) SEL – SCHLÜS – TO – AU der ____________________

g) SCHEIN – RER – FÜH der ____________________

h) SE – HER – FERN der ____________________

i) SE – BLU die ____________________

j) KI – BI – NI der ____________________

zu LB Ü 3 Was steht im Text? (→ Lehrbuch S. 70/71) Richtig oder falsch? (r/f)

8

a) ■ Carola liebt das Weihnachtsfest.
b) ■ Als Kind hatte sie keine Angst vor dem Nikolaus.
c) ■ Carola und ihr Bruder sind immer ganz brav gewesen.
d) ■ Der Nikolaus hat den Kindern Spielsachen und Süßigkeiten geschenkt.
e) ■ Bei Carola hat der Adventskranz früher immer im Kinderzimmer gestanden.
f) ■ Der Vater hat abends die Kerzen am Adventskranz angemacht.
g) ■ Am Heiligabend ist die Familie immer zu den Großeltern gefahren.
h) ■ Sie haben Weihnachten mit etwa zehn Personen gefeiert.
i) ■ Die Großmutter hat immer den Weihnachtsbaum geschmückt.
j) ■ Die Kinder haben am Weihnachtsbaum ein Gedicht aufgesagt.
k) ■ In der Nacht haben alle Gans mit Klößen und Rotkohl gegessen.
l) ■ Carola hat für ihre Kinder schon die Weihnachtsgeschenke gekauft und gut versteckt.
m) ■ Gerade backt sie Plätzchen.
n) ■ Carola hat an Weihnachten gerne Gäste.

zu LB Ü 3 Ergänzen Sie.

9

mich dich uns euch mir dir uns euch

a) Ich möchte *dir* ein Weihnachtsgeschenk machen. (*du*)

b) Schickst du ______ zu Weihnachten eine Karte? (*ich*)

c) Schenkst du ______ etwas zu Weihnachten? (*wir*)

d) Der Nikolaus hat ______ immer sehr streng angeschaut. (*ich*)

e) Was hat ______ der Nikolaus gefragt? (*du*)

f) Die Großeltern haben _____ ein Spiel geschenkt. (*wir*)

g) Wir möchten ______ nach Weihnachten besuchen. (*ihr*)

h) Was hat _______ der Großvater vorgelesen? (*ihr*)

i) Meine Großmutter hat _______ oft Nüsse geschenkt. (*ich*)

j) An Weihnachten haben _______ meine Eltern immer früh geweckt. (*ich*)

k) Meine Eltern haben _______ vor dem Weihnachtsbaum fotografiert. (*wir*)

l) Ich möchte _______ von Weihnachten erzählen. (*sie [pl.]*)

zu LB Ü 3 Ergänzen Sie.

10

a) Wir schicken euch einen Brief. Schickt *ihr* *uns* auch einen Brief?

b) Ich schicke dir ein Päckchen. Schickst _____ _____ auch _____ _____ ?

c) Ich liebe dich. Liebst _____ _____ auch?

d) Wir sehen euch. Seht _____ _____ auch?

e) Ich verzeihe dir. Verzeihst _____ _____ auch?

f) Das Essen schmeckt mir gut. Schmeckt _____ _____ _____ auch _____?

g) Wir helfen euch. Helft _____ _____ auch?

h) Die Bluse passt mir. Passt _____ _____ _____ auch?

i) Ich spiele dir ein Lied vor. Spielst _____ _____ auch _____ _____ _____ ?

j) Ich möchte dich fotografieren. Möchtest _____ _____ auch _____ ?

zu LB Ü 3 Was passt zusammen?

11

a) Hast du einen Brief von Farida bekommen? ■
b) Ist der Brief gestern gekommen? ■
c) Besuchst du mich vor Weihnachten? ■
d) Backst du schon im Oktober Weihnachtsplätzchen? ■
e) Wann hast du die Weihnachtsgeschenke gekauft? ■
f) Wie lange ist deine Schwester schon bei euch? ■
g) Bist du an Weihnachten bei deinen Eltern? ■

1. Die habe ich schon vor vier Wochen ausgesucht.
2. Sie ist seit drei Tagen bei uns.
3. Nein, die besuche ich erst nach Weihnachten.
4. Nein, ich warte schon seit drei Wochen.
5. Nein, ich habe erst nach Weihnachten Zeit
6. Nein, den habe ich schon vor zwei Wochen bekommen.
7. Nein, immer erst ab November.

zu LB Ü 3 Ergänzen Sie: bei oder zu.

12

a) Wir sind an Weihnachten _______ den Großeltern gefahren.

b) Der Nikolaus ist _______ uns gekommen.

c) Wir haben _______ den Großeltern gefeiert.

d) Ich bin an Weihnachten _______ meinen Eltern gewesen.

e) Der Adventskranz hat _______ uns immer auf dem Küchentisch gestanden.

f) An Weihnachten kommt meine Schwester _______ uns.

g) Wir gehen morgen _______ meiner Schwester.

h) Mein Bruder wohnt bis Silvester _______ mir.

i) Ich fahre an Weihnachten immer _______ meinen Eltern.

zu LB Ü 3 Ergänzen Sie.

13

alle	allen	jeder	jede
jedes	jedem	jeden	

a) *Jedes* Kind hat Spielsachen bekommen.

b) *Alle* Kinder haben Spielsachen bekommen.

c) Der Nikolaus hat _______ Kind Spielsachen geschenkt.

d) Der Nikolaus hat _______ Kindern Spielsachen geschenkt.

e) _______ Kerze hat gebrannt.

f) _______ Kerzen haben gebrannt.

g) Der Großvater hat _______ Kind gerufen.

h) Der Großvater hat _______ Kinder gerufen.

i) _______ Gast hat ein Geschenk bekommen.

j) ______ Gäste haben ein Geschenk bekommen.

k) Farida liest _______ Brief von Carola.

l) Farida liest _______ Briefe von Carola.

m) _______ Plätzchen hat gut geschmeckt.

n) _______ Plätzchen haben gut geschmeckt.

o) Wir haben _______ Gast ein Päckchen geschenkt.

p) Wir haben _______ Gästen ein Päckchen geschenkt.

zu LB Ü 3 Was passt? Ergänzen Sie.

14

singen ~~anzünden~~ füllen hängen warten aufmachen schieben vorlesen feiern beginnen gratulieren verstecken schreiben

a) die Kerzen am Baum *anzünden*

b) die Plätzchen in den Backofen ______________

c) die Geschenke im Schrank ______________

d) den Mantel in den Schrank ______________

e) der Freundin einen Brief ______________

f) auf eine Antwort ______________

g) mit den Vorbereitungen ______________

h) Weihnachtslieder ______________

i) eine Geschichte ______________

j) Päckchen ______________

k) die Gans mit Äpfeln ______________

l) dem Vater zum Geburtstag ______________

m) mit der Familie Weihnachten ______________

zu LB Ü 4 Ergänzen Sie.

15

der 1.1.	am 1.1.	vom 1.1. bis zum 2.1.
der erste Januar	*am ersten Januar*	*vom ersten bis zum zweiten Januar*
der 2.2.	am 2.2.	vom 2.2. bis zum 3.2.
der 3.3.	am 3.3.	vom 3.3. bis zum 4.3.
der 4.4.	am 4.4.	vom 4.4. bis zum 5.4.
der 5.5.	am 5.5.	vom 5.5. bis zum 6.5.
der 6.6.	am 6.6.	vom 6.6. bis zum 7.6.
der 7.7.	am 7.7.	vom 7.7. bis zum 8.7.

zu LB Ü 4 Ergänzen Sie.

16

a) ● Jochen Pensler möchte uns am (28.2.) *achtundzwanzigsten Februar* besuchen. Geht das?

b) ■ Oh! Also der (28.) ________ ist nicht so gut, denn da kommt Karin.

c) Am (1.3.) ________ ________ sind die Nolls bei uns.

d) Vom (2.) ________ bis zum (12. 3.) ________ ________ besucht uns Klaus.

e) Am (13.3.) ________ ________ bekommen wir auch Besuch. Deine Schwestern bleiben bis zum (30.) ________ .

f) ● Also kann Jochen erst am (1.4.) ________ ________ kommen.

g) ■ Nein, das geht auch nicht. Da kommen meine Eltern und bleiben bis zum (21.) ________ .

h) Also geht es vor dem (21.) ________ gar nicht, erst wieder aber ab dem (22.4.) ________ ________.

zu LB Ü 4 Ergänzen Sie.

17

a) ● Ich möchte gern mal wieder mit dir essen gehen. Kannst du am (23.) *dreiundzwanzigsten* Februar?

b) ■ Also, der (23.) ________ ist nicht so gut. Da kann ich nicht.

c) Am (24.) ________ habe ich einen Termin beim Friseur.

d) Der (25.) ________ passt mir auch nicht so gut, denn da muss ich meinen Hund zum Friseur bringen.

e) Und am (26.) __________________ ist eine Freundin bei mir.

f) Vom (27.) __________________ bis zum (28.) __________________ bin ich in Paris.

g) Aber am (29.) __________________ kann ich bestimmt.

h) ● Aber gibt es denn dieses Jahr eigentlich den (29.) __________________ Februar?

zu LB Ü 5 Ordnen Sie das Gespräch.

18

☐ ● Und dann wollen Sie dort feiern?
☐ ● Meine erste Frage: Gefällt Ihnen der Weihnachtsmarkt?
1 ● Guten Tag. Wir machen Interviews zu Weihnachten. Darf ich Sie etwas fragen?
☐ ● Dann wünsche ich Ihnen eine gute Reise.
☐ ● Wo sind Sie denn an Weihnachten? Darf ich das fragen?
☐ ● Haben Sie etwas gekauft?
☐ ● Ach so. Dann haben Sie bestimmt auch keinen Weihnachtsbaum?
☐ ■ Ja, er gefällt mir gut. Es ist mir ein bisschen zu voll hier, aber es ist schön.
☐ ■ Nein, eigentlich nicht. Wissen Sie, wir haben keine Kinder; deshalb feiern wir Weihnachten gar nicht.
☐ ■ Vielen Dank!
☐ ■ Ja, bitte, gern.
☐ ■ Wir fliegen am 20. Dezember nach Australien.
☐ ■ Nein, wir haben nichts gekauft. Mein Mann und ich, wir sind an Weihnachten gar nicht zu Hause. Wir haben nur einen Glühwein getrunken und eine Bratwurst gegessen. Das machen wir immer.
☐ ■ Ein Weihnachtsbaum? Nein, der fehlt mir nicht. Und das ist mir auch zu viel Arbeit. Wir machen ganz einfach Urlaub.

zu LB Ü 5 Ergänzen Sie.

19

trotzdem	Atmosphäre	gekauft	Platz	wichtig	Freundin
nett	Spaß	Uhr	Weihnachten	klein	Kerzen

Er meint, der Weihnachtsmarkt ist ganz __________ und die __________ findet er schön. Er ist mit seiner __________ da. Die kauft gerade __________. Für einen Weihnachtsbaum haben sie keinen __________, denn ihre Wohnung ist sehr __________.

Ihm ist Weihnachten nicht so __________, aber es gibt __________ Geschenke: Er hat eine __________ für seine Freundin __________. An __________ kochen sie zusammen. Kochen macht ihnen __________.

zu LB Ü 5 Ergänzen Sie.

20

a) Trinkt ihr den Kaffee nicht? Nein, *der* ist *uns* zu schwach.

b) Schmeckt Ihnen der Apfel nicht? Nein, *den* finde ich ein bisschen zu alt.

c) Isst du die Pizza nicht? Nein, ______ ist _______ zu groß.

d) Möchten Sie den Wagen kaufen, Herr Fischer ? Nein, _____ finde ich zu langsam.

e) Gefällt den Leuten Ihr Buch? Nein, ______ ist _______ zu kompliziert.

f) Gefallen deinem Sohn die Computerspiele? Nein, _____ findet er zu langweilig.

g) Geht deine Schwester nicht ins Wasser? Nein, ______ ist _____ wohl zu nass.

h) Geht ihr auch heute Nacht im Fluss schwimmen? Nein, ______ ist _____ in der Nacht zu unheimlich.

i) Kaufen Jochen und Karin die Wohnung? Nein, _____ finden sie zu teuer.

j) Passt dir die Jacke nicht? Doch, aber ______ ist mir zu bunt.

zu LB Ü 5 Ordnen Sie.

21

a) Sie findet ihn *furchtbar* aufgeregt.

b) Sie findet ihn __________ aufgeregt.

c) Sie findet ihn __________ aufgeregt.

d) Sie findet ihn __________ aufgeregt.

e) Sie findet ihn __________ aufgeregt.

f) Sie findet ihn __________ aufgeregt.

g) Sie findet ihn __________ aufgeregt.

h) Sie findet ihn *gar nicht* aufgeregt.

~~furchtbar~~ nicht ziemlich viel zu
ein bisschen sehr ~~gar nicht~~ nicht so

zu LB Ü 5 Was passt nicht?

22

a) dem Kind ein Eis, der Fotografin eine Kamera, dem Feuerwehrmann ein Feuerzeug, ~~der Polizistin Platz~~ **schenken**

b) dem Freund ein Telegramm, der Freundin einen Brief, dem Briefträger die Freiheit, dem Pfarrer ein Päckchen **schicken**

c) der Frau einen Blumenstrauß, den Kindern Schokolade, dem Hund eine Wurst, dem Mann viel Glück **mitbringen**

d) dem Onkel eine Geschichte, dem Vater einen Brief, der Großmutter Luxus, den Kindern ein Buch **vorlesen**

e) der Familie ein Lied, der Frau eine Kassette, den Kindern Musik, der Katze eine Maus **vorspielen**

f) dem Großvater das Haus, den Kindern das Radio, der Mutter die Garage, den Gästen die Tür **aufschließen**

g) der Sekretärin den Koffer, dem Vater den Mantel, der Mutter die Jacke, der Schwester den Hut **aufhängen**

h) der Großmutter das Licht, dem Großvater den Fernseher, dem Bruder ein Foto, dem Onkel den Computer **anmachen**

i) dem Gast die Zigarette, den Kindern die Kerzen, der Touristin das Fest, dem Kind den Adventskranz **anzünden**

j) den Kindern das Kinderzimmer, der Mutter die Küche, dem Weihnachtsmann den Bart, dem Chef den Schreibtisch **aufräumen**

k) dem Hund eine Brille, den Eltern ein Geschenk, dem Vater eine Krawatte, der Freundin eine Halskette **aussuchen**

zu LB Ü 7 Ergänzen Sie.

23

Im Januar und F__________ ,
da fährt Maria nach Dakar.
Im März, ________ und ______
besucht sie gerne Kai.

Im Juni, ______ und _________
hat sie zu Reisen keine Lust.
Im September und __________
fährt sie immer zu Frau Ober.

Im __________
bleibt sie zu Haus
Im __________
ist sie bei Klaus.

zu LB Ü 8 Was passt? (X) Jeweils 2 Lösungen sind richtig.

24

a) Welcher Tag ist heute?
- Der erste April.
- Den ersten April.
- Mein Geburtstag.

b) Welches Datum haben wir heute?
- Der erste April.
- Den ersten April.
- Den ersten.

c) Wie spät ist es?
- Drei Stunden.
- Fünfzehn Uhr.
- Drei Uhr.

d) Wann musst du wieder arbeiten?
- schon am ersten April
- noch der erste April
- erst am ersten April

e) Wann besucht uns Carola?
- Morgen Nachmittag.
- Morgen Vormittag.
- Zwei Monate.

f) Wie lange waren deine Eltern bei uns?
- Von Samstagvormittag bis Sonntagabend.
- Von Samstagvormittag bis morgen.
- Vom Samstag bis zum Sonntag.

g) Wann warst du in Paris?
- Am Wochenende.
- Gestern.
- Einen Monat.

h) Wie lange bist du in Paris geblieben?
- Von morgen früh bis Montag.
- Einen Abend.
- Zwei Wochen.

i) Wann gehst du schlafen?
- Abends um 10 Uhr.
- Nachts um 1 Uhr.
- Letzte Woche um 4 Uhr.

j) Wie lange bleibst du?
- Bis morgen.
- Über Weihnachten.
- Täglich.

zu LB Ü 10 Was passt nicht?

25

a) Der Film ist ihm … zu langweilig, zu unheimlich, zu kompliziert, zu alt, ~~zu groß~~
b) Die Frau ist ihm … zu groß, zu laut, zu brav, zu spät, zu aufgeregt
c) Der Mann ist ihr … zu jung, zu traurig, zu kurz, zu ruhig, zu fleißig
d) Das Café ist uns … zu leer, zu voll, zu laut, zu groß, zu richtig
e) Das Mobiltelefon ist ihnen … zu groß, zu fleißig, zu teuer, zu kompliziert, zu alt
f) Der Wagen fährt ihm … zu schnell, zu langsam, zu zufrieden, zu leise
g) Der Tischler arbeitet ihr … zu langsam, zu genau, zu alt, zu ruhig, zu bequem
h) Die Polizistin spricht ihm … zu schnell, zu langsam, zu leise, zu streng, zu voll
i) Weihnachten ist ihm … zu kommerziell, zu lang, zu teuer, zu richtig, zu schön
j) Möbel sind ihnen … nicht wichtig, sehr wichtig, ganz falsch, ziemlich egal, gar nicht wichtig

zu LB Ü 10 Ergänzen Sie

26

schon erst noch nicht nicht mehr

a) Unser Sohn ist gestern sechzehn geworden und fährt *schon* ______ Mofa.

b) Sein Fahrrad findet er jetzt ganz langweilig; er will ______________ Fahrrad fahren.

c) Unsere Tochter ist fünf und kommt ______________ nächstes Jahr in die Schule, aber sie kann ______________ gut schreiben.

d) Sie findet Fahrräder jetzt auch langweilig und möchte auch ______________ Mofa fahren.

e) Aber das darf sie natürlich ______________.

f) Das kann sie ______________ mit sechzehn.

g) Unsere Zwillinge sind erst dreizehn Monate alt: Max lernt schnell und kann ______________ alleine essen.

h) Klaus ist ein bisschen langsam und kann das leider ______________ allein.

i) Früher ist er dauernd in der Nacht aufgewacht, doch jetzt schläft er abends ruhig ein und wacht auch ______________ in der Nacht auf.

j) Mein Mann und ich stehen meistens ______________ um sechs Uhr morgens auf.

k) Da schlafen die Kinder noch; so früh sind sie ______________ wach.

zu LB Ü 11 Ergänzen Sie: nur oder erst.

27

a) Herbert spielt Tennis. Gestern war er müde und hat vor einem Spiel *erst* zwanzig Minuten Pause gemacht. Heute hat er Glück: Er muss ______ zwei Stunden spielen.

b) Oft schläft Helga sonntags sehr lange und steht ________ um zwei Uhr nachmittags auf. ______ manchmal steht sie sonntags schon um elf oder zwölf auf.

c) Fahrkarten können Sie _____ an den Fahrkartenautomaten bekommen. Aber die sind leider kaputt und wir müssen sie ______ reparieren.

d) Das Geschäft macht ______ um 10 Uhr vormittags auf, aber es macht ______ eine halbe Stunde Pause am Mittag.

e) Der Brief ist gleich fertig. Es dauert ____ noch einen Moment.

f) Er fotografiert keine Männer und keine Kinder, ______ Frauen.

g) Das Theater ist fast voll, es gibt _____ noch drei Plätze.

h) Wann ist heute Feierabend? Das weiß _____ der Chef.

i) Die Sekretärin kann noch nicht Feierabend machen. Sie muss ________ die Briefe zu Ende schreiben.

zu LB Ü 11 Was passt zusammen?

28

a) Er hat sein Examen nicht geschafft.
b) In meiner Suppe ist eine Mücke.
c) Wir sind Donnerstag zu einer Hochzeit eingeladen.
d) Samstag und Sonntag gehen wir wandern.
e) Im Juni haben die Kinder Ferien. Dann fliegen wir nach Mallorca.
f) Morgen hat er sein Examen.
g) Morgen hat meine Freundin Geburtstag.
h) Mittwochnachmittag habe ich frei.
i) Wir gehen jetzt schlafen.
j) Wann kommt mein Taxi denn?
k) Heute Abend gehen wir tanzen.

■ 1. Oh, Verzeihung! Entschuldigen Sie bitte.
■ 2. Ich weiß. Ich habe ihm schon viel Glück und viel Erfolg gewünscht.
■ 3. Ich wünsche Ihnen ein schönes Wochenende.
■ 4. Wir wünschen euch und den Kindern einen schönen Urlaub.
■ 5. Das tut mir leid für ihn.
■ 6. Dann wünsche ich euch viel Spaß auf dem Fest.
■ 7. Dann wünsche ich dir einen schönen Mittwochnachmittag.
■ 8. Viele Grüße von uns. Wir wünschen ihr alles Gute.
■ 9. Wir wünschen euch einen schönen Abend in der Disco.
■ 10. Ich wünsche euch eine gute Nacht.
■ 11. Es ist schon da. Wir wünschen Ihnen eine gute Fahrt.

zu LB Ü 11 Ordnen und ergänzen Sie.

29

| heute Nachmittag | gestern Nachmittag | morgen Abend | heute Abend | ~~gestern Morgen~~ | heute Vormittag | morgen früh | ~~nächste Woche Montag~~ | übermorgen | am Wochenende | gestern Abend |

Gestern Morgen bin ich einkaufen gegangen.
__________ bin ich schwimmen gegangen.
__________ bin ich mit Karin essen gegangen.
__________ bin ich Tennis spielen gegangen.
__________ gehe ich segeln.
__________ gehe ich tanzen.
__________ gehe ich wieder einkaufen.
__________ gehe ich wieder tanzen.
__________ gehe ich wieder Tennis spielen.
__________ gehe ich wandern.
Nächste Woche Montag muss ich wieder arbeiten.

zu LB Ü 11 Ordnen Sie das Gespräch.

30

■ a) ■ So um fünf.
■ b) ● Schade, aber vielleicht darf ich Sie nach dem Spiel einladen?
1 c) ● Möchten Sie gern ein Eis? Ich lade Sie ein.
■ d) ■ Danke schön.
■ e) ● Natürlich. So viel Zeit habe ich. Wann sind Sie denn fertig?
■ f) ■ Die Einladung ist sehr nett von Ihnen, aber mein Spiel beginnt gleich.
■ g) ● Gut, also bis fünf. Ich wünsche Ihnen viel Spaß beim Spiel.
■ h) ■ Ja, danach gern. Können Sie so lange warten?

zu LB Ü 11 Ordnen Sie das Gespräch.

31

- ☐ a) ● Dann bis morgen. Und viel Spaß beim Spiel!
- ☐ b) ■ Bestimmt. Um drei sind wir meistens hier.
- ☐ c) ● Dann geht es heute Nachmittag leider nicht mehr. Um fünf haben wir unsere Führerscheinprüfung. Sehen wir euch morgen?
- ☐ d) ■ Vielen Dank für die Einladung, aber unser Spiel fängt gleich an.
- ☐ e) ■ Ja, nach dem Spiel passt es gut. Aber meistens dauern unsere Spiele ziemlich lange.
- 1 f) ● Dürfen wir euch zu einem Eis einladen?
- ☐ g) ■ So um fünf vielleicht.
- ☐ h) ● Dann vielleicht nach dem Spiel ?
- ☐ i) ■ Danke. Und euch viel Glück bei der Führerscheinprüfung!
- ☐ j) ● Wann seid ihr denn wohl fertig?

zu LB Ü 14 Schreiben Sie.

32

a) wirwünscheneuchfröhlicheostern

Wir wünschen euch fröhliche Ostern.

b) herzlichenglückwunschzudeinemexamen

____

c) diebestenwünschezueurerhochzeit

____

d) wirwünscheneucheinschönesweihnachtsfest

____

e) herzlichenglückwunschzuihremgeburtstag

____

zu LB Ü 14 Was passt zusammen?

33

a) Herzliche Glückwünsche zur Hochzeit	☐	1. und immer gute Fahrt.
b) Alles Gute zum Geburtstag	☐	2. und eine gute Reise.
c) Fröhliche Weihnachten	☐	3. und viel Glück im neuen Lebensjahr.
d) Wir danken dir herzlich	☐	4. und ein glückliches neues Jahr.
e) Herzlichen Glückwunsch zum Führerschein	☐	5. wünschen wir dir viel Glück.
f) Ich wünsche Ihnen nachträglich alles Gute	☐	6. und alles Gute für das Leben zu zweit.
g) Wir wünschen Euch viel Spaß im Urlaub	☐	7. für deine Einladung.
h) Zu deinem achtzehnten Geburtstag	☐	8. zu Ihrem fünfzigsten Geburtstag.

zu LB Ü 14 Schreiben Sie drei Grußkarten.

34

meine herzlichen Glückwünsche zu Ihrem Geburtstag.
ich wünsche Euch ein schönes Weihnachtsfest mit Eurer Familie.
herzlichen Glückwunsch zu Eurer Hochzeit.
Bleiben Sie immer so fröhlich und zufrieden.
Gibt es bei Euch wieder Gans mit Klößen und Rotkohl?
Wir wünschen Euch alles Gute für das Leben zu zweit.
Mit allen guten Wünschen für Euch beide
Fröhliche Feiertage und ein glückliches neues Jahr.
Ich wünsche Ihnen alles Gute für das neue Lebensjahr.

Liebes Brautpaar,

herzlichen ______________________

____

____

____

____

Eure Sabine und Euer Hans

Lieber Herr Becker,

meine ______________________

____

____

____

____

Ihre Monika Schneider

Liebe Inge, lieber Georg,

____

____

____

____

Eure Ursula

zu LB Ü 14 Ergänzen Sie.

35

a) Ich wünsche *dir* ___ alles Gute zum Geburtstag.

Ich wünsche *euch* ___ alles Gute zum Geburtstag.

Ich wünsche *Ihnen* ___ alles Gute zum Geburtstag.

b) Herzlichen Glückwunsch zu deinem Geburtstag.

Herzlichen Glückwunsch zu *eurem* __________.

Herzlichen ____________________.

c) Vielen Dank für ____________________.

Vielen Dank für eure Einladung.

Vielen ____________________.

d) Leider ____________________.

Leider ____________________.

Leider kann ich nicht zu Ihrer Feier kommen.

e) Ich komme gerne zu deinem Fest.

Ich ____________________.

Ich ____________________.

f) Ich ____________________.

Ich möchte euch herzlich zu meinem Geburtstag einladen.

Ich ____________________.

zu LB Ü 14 Schreiben Sie.

36

a) Wir fahren nach Spanien und bleiben drei Wochen dort.

Wir fahren für drei Wochen nach Spanien.

b) Es dauert noch drei Wochen, dann fahren wir nach Spanien.

Wir fahren in drei Wochen nach Spanien.

c) Wir sind vor drei Wochen in Spanien angekommen und immer noch da.

Wir sind seit drei Wochen in Spanien.

d) Wir fliegen nach Kanada und bleiben einen Monat dort.

____

e) Es dauert noch vierzehn Tage, dann fliegen wir nach London.

____

f) Wir sind vor fünf Tagen in Berlin angekommen und immer noch da.

____

g) Es dauert noch dreißig Minuten, dann gehen wir nach Hause.

____

h) Wir besuchen unsere Freunde und bleiben eine Woche bei ihnen.

____

zu LB Ü 14 Schreiben Sie die Sätze im Perfekt.

37

a) Die Gäste folgen dem Brautpaar.

Die Gäste sind dem Brautpaar gefolgt.

b) Er erledigt die Einkäufe für Weihnachten.

Er hat ______________________________

c) Meine Mutter backt einen Kuchen.

____

d) Mein Mann versteckt die Geschenke für die Kinder.

____

e) Der Nikolaus gibt den Kindern Spielsachen.

____

f) Die Familie schaut den Weihnachtsbaum an.

____

g) Ich schenke ihnen zur Hochzeit ein Radio.

____

h) Das Festessen schmeckt sehr gut.

____

i) Mein Bruder besorgt den Wein für Silvester.

____

j) Ich wünsche dem Brautpaar viel Glück.

____

Wörter im Satz

38

	Ihre Muttersprache	Schreiben Sie einen Satz aus Delfin, Lehrbuch.
____ *Atmosphäre*	____________	______________________________
____ *Bluse*	____________	______________________________
____ *Eile*	____________	______________________________
____ *Erfolg*	____________	______________________________
____ *Firma*	____________	______________________________
____ *Geschenk*	____________	______________________________
____ *Lied*	____________	______________________________
____ *Onkel*	____________	______________________________
____ *Päckchen*	____________	______________________________
____ *Rücken*	____________	______________________________
anschauen	____________	______________________________
anzünden	____________	______________________________
backen	____________	______________________________
bestehen	____________	______________________________
einladen	____________	______________________________
erledigen	____________	______________________________
fehlen	____________	______________________________
folgen	____________	______________________________
gratulieren	____________	______________________________
heiraten	____________	______________________________
schenken	____________	______________________________
schmecken	____________	______________________________
verzeihen	____________	______________________________
wünschen	____________	______________________________
außerdem	____________	______________________________
egal	____________	______________________________
einmal	____________	______________________________

gemütlich ____________ ______________________________

kaum ____________ ______________________________

ruhig ____________ ______________________________

seit ____________ ______________________________

voll ____________ ______________________________

Grammatik

§ 1, 2, 3, 5 Nomen im Dativ

39

	Nominativ	*Dativ*	
Maskulinum	**der** Vater	**dem** Vater	**Der** Sohn hilft **dem** Vater.
Femininum	**die** Sekretärin	**der** Sekretärin	**Die** Ärztin hilft **der** Sekretärin.
Neutrum	**das** Brautpaar	**dem** Brautpaar	**Das** Mädchen gratuliert **dem** Brautpaar.
Plural	**die** Kinder	**den** Kinder**n**	**Die** Eltern folgen **den** Kinder**n**.

§ 23 Personalpronomen im Akkusativ und Dativ

40

Nominativ	*Akkusativ*	*Dativ*		
ich	**mich**	**mir**	Er sieht **mich**.	Er hilft **mir**.
du	**dich**	**dir**	Sie kennt **dich**.	Sie folgt **dir**.
er	**ihn**	**ihm**	Wir sehen **ihn**.	Wir helfen **ihm**.
sie	sie	**ihr**	Wir sehen **sie**.	Wir helfen **ihr**.
es	es	**ihm**	Wir sehen **es**.	Wir helfen **ihm**.
wir	**uns**	**uns**	Ihr kennt **uns**.	Ihr folgt **uns**.
ihr	**euch**	**euch**	Wir kennen **euch**.	Wir folgen **euch**.
sie	sie	**ihnen**	Wir kennen **sie**.	Wir helfen **ihnen**.
Sie	Sie	**Ihnen**	Ich kenne **Sie**.	Ich helfe **Ihnen**.

§ 51 c) Verben mit Dativergänzung

41

helfen	Der Sohn hilft **dem** Vater.	Er hilft **ihm**.
folgen	Das Kind folgt **der** Mutter.	Es folgt **ihr**.
gefallen	Das Geschenk gefällt **dem** Kind.	Es gefällt **ihm**.
gratulieren	Der Chef gratuliert **der** Sekretärin.	Er gratuliert **ihr**.
passen	Die Handschuhe passen **dem** Chef.	Sie passen **ihm**.
schmecken	Die Schokolade schmeckt **dem** Kind.	Sie schmeckt **ihm**.
…		

§ 51d), 55c) Verben mit Dativ- und Akkusativergänzung

42

geben	Der Vater gibt **dem** Sohn **den** Schlüssel.	Er gibt **ihm den** Schlüssel. Er gibt **ihn dem** Sohn.
schenken	Die Mutter schenkt **der** Tochter **die** Bluse.	Sie schenkt **ihr die** Bluse. Sie schenkt **sie der** Tochter.
schicken	Das Mädchen schickt **dem** Brautpaar **das** Telegramm.	Es schickt **ihm das** Telegramm. Es schickt **es dem** Brautpaar.
mitbringen	Die Kinder bringen **den** Eltern **die** Blumen mit.	Sie bringen **ihnen die** Blumen mit. Sie bringen **sie den** Eltern mit.
...		

§ 22 Das Datum

43

Heute ist **der erste** Januar. Morgen ist **der einundzwanzigste** August.	Er kommt **am ersten** Januar. Er kommt **am einundzwanzigsten** August.

Adjektiv mit Dativ und zu

44

Die Frau findet den Weihnachtsmarkt zu voll.	Der Weihnachtsmarkt **ist der Frau zu voll.** Der Weihnachtsmarkt **ist ihr zu voll.**
Der Mann findet die Krippe zu teuer.	Die Krippen **sind dem Mann zu teuer**. Die Krippen **sind ihm zu teuer**.

§ 44, 45 Starke und gemischte Verben

45

Infinitiv	***3. P. Sg. Präsens***	***Perfekt***
aufhalten	hält auf	hat aufgehalten
backen	bäckt	hat gebacken
bestehen	besteht	hat bestanden
einladen	lädt ein	hat eingeladen
erfahren	erfährt	hat erfahren
gefallen	gefällt	hat gefallen
gewinnen	gewinnt	hat gewonnen
unterstreichen	unterstreicht	hat unterstrichen
verzeihen	verzeiht	hat verziehen
vorlesen	liest vor	hat vorgelesen
brennen	brennt	hat gebrannt

Wortschatz

Nomen

r Advent
r Adventskranz, ¨–e
r Anlass, –Anlässe
r April
e Atmosphäre, –n
e Aufregung, –en
r Backofen, ¨–
e Bäuerin, –nen
r Bikini, –s
r Blumenstrauß, ¨–e
e Bluse, –n
e Bratwurst, ¨–e
s Brautpaar, –e
s Bücherregal, –e
r Bürgermeister, –
e CD-ROM, –s
r Chef, –s
e Christbaumkugel, –n
r Clown, –s
s Computerspiel, –e
s Datum, Daten
e Datumsangabe, –n
r Dezember
e Eile
s Eis
r Erfolg, –e
e Erinnerung, –en
s Essen, –
s Examen, –
e Farbe, –n
r Februar
Ferien (pl)
s Fest, –e
s Festessen
e Firma, Firmen
r Flug, ¨–e
r Führerschein, –e
e Führerscheinprüfung, –en
e Gans, ¨–e
s Gedicht, –e
s Geschenk, –e
r Glückwunsch, ¨–e
r Glühwein, –e
e Grußkarte, –n
e Halskette, –n
r Handschuh, –e
s Herz, –en
e Hochzeit, –en
e Hochzeitsfeier, –n
r Januar
r Japaner, –
e Japanerin, –nen
s Jubiläum, Jubiläen
r Juli
r Juni
e Kindheit
r Kitsch
e Klausur, –en
r Kloß, ¨–e
e Krippe, –n
s Lebensjahr, –e
e Lehrerin, –nen
s Lied, –er
r Mai
r März
e Mitternacht
e Mitternachtsmesse, –n
r Monatsname, –n
e Nacht, ¨–e
r Nikolaustag, –e
r November
e Nuss, ¨–e
r Oktober
e Oma, –s
r Onkel, –
r Opa, –s
s Paar, –e
s Päckchen, –
e Party, –s
s Plätzchen, –
s Pronomen, –
e Rakete, –n
e Rente, –n
e Rose, –n
r Rotkohl
r Rücken
e Rute, –n
r Sack, ¨–e
r Sänger, –
r Schatz, ¨–e
e Schokolade, –n
r Sekt
r September
e Silberhochzeit, –en
r Spaß, ¨–e
e Spielsache, –n
e Süßigkeit, –en
e Tafel, –n
s Telegramm, –e
e Torte, –n
r Urlaubstag, –e
r Valentinstag, –e
s Volksfest, –e
e Vorbereitung, –en
e Watte
r Weihnachtsbaum, ¨–e
s Weihnachtsfest, –e
e Weihnachtsgans, ¨–e
e Weihnachtsgeschichte
s Weihnachtslied, –er
r Weihnachtsmann, ¨–er
r Weihnachtsmarkt, ¨–e
r Weihnachtsschmuck
e Woche, –n
r Wunsch, ¨–e
r Wunschzettel, –
e Zahnarztpraxis,
Zahnarztpraxen

Verben

an·haben
an·schauen
an·zünden
auf·halten
auf·sagen
aus·suchen
backen
basteln
besorgen
bestehen
brennen
ein·laden
erfahren
erledigen
fehlen
folgen
funkeln
gefallen

gewinnen
gratulieren
grüßen
heiraten
mit·bringen
schenken
schmecken
schmücken
stören
unterstreichen
verreisen
verstecken
verzeihen
vor·lesen
vor·spielen
wünschen

Adjektive

aufgeregt
beste
böse
brav
egal
eilig
eingeladen
fröhlich
furchtbar
gemütlich
geschlossen
kommerziell
kompliziert
ruhig
streng
voll
wunderschön
wundervoll

Adverbien

außerdem
ein bisschen
deutlich
einmal
endlich
kaum
mindestens
nachträglich
weiter
ziemlich

Funktionswörter

damit
davon
seit

seit wann?
was für ein?

ihnen
Ihnen

mich
dich
mir
dir
ihm
ihr
uns
euch
ihnen
Ihnen

Ausdrücke

Grüß' dich.
Herzlichen Glückwunsch!
Fröhliche Weihnachten!
Prost Neujahr!
Ein glückliches neues Jahr!
Viel Glück!
Alles Gute!
Viel Erfolg!
Gute Fahrt!
morgen früh
morgen Nachmittag
so um vier
schon lange
wieder mal
mal wieder
und so weiter
zu zweit
so weit sein
in Eile sein
es (sehr) eilig haben
Das ist mir egal.

In Deutschland und Österreich sagt man:
r Bürgermeister, –
r Führerschein,–e
r Glückwunsch, ¨–e

In der Schweiz sagt man auch:
r Stadtpräsident, –en / r Amman, ¨–er
r Führerausweis, –e
e Gratulation, –en

Lektion 8

zu LB Ü 1 Wie heißen die Wörter?

1

a) *Löf fel* ___ ___ ___ ___

Sah ne ___ ___ ___ ___

___ ___ ___ ___ ___ ___

___ ___ ___ ___ ___ ___

~~löf~~	~~sah~~	tü	gur	tel	ap	ga
bröt	zwie	was	würst	mes		
~~ne~~	te	~~fel~~	ser	ke	ser	
chen	ler	fel	bel	bel	chen	

b) *Ba na ne* ___ ___ ___ ___ ___ ___

Pra ___ ___ ___ ___ ___ ___ ___ ___

~~ba~~	~~pra~~	kar	ka	to	su
li	tof	~~na~~	ma	per	rot
te	ne	te	~~ne~~	fel	markt

c) *Scho ko la de* ___ ___ ___ ___

Mar ___ ___ ___ ___ ___ ___ ___

___ ___ ___ ___ ___ ___ ___ ___

~~scho~~	~~mar~~	li	ap	mar	mit
me	~~ko~~	ga	mo	tag	fel
na	~~la~~	la	es	ri	ku
~~de~~	chen	de	de	sen	ne

zu LB Ü 1 Was passt nicht?

2

a) **ein Becher** … Eis – Jogurt – ~~Wurst~~
b) **ein Kopf** … Rotkohl – Käse – Salat
c) **ein Liter** … Milch – Gurken – Kaffee
d) **ein Sack** … Kartoffeln – Saft – Zwiebeln
e) **ein Löffel** … Marmelade – Milch – Äpfel
f) **ein Teller** … Nudeln – Rotkohl – Bier
g) **eine Dose** … Cola – Hamburger – Würstchen
h) **eine Tüte** … Nudeln – Cola – Plätzchen
i) **ein Stück** … Butter – Kaffee – Wurst
j) **ein Glas** … Gurken – Senf – Huhn

zu LB Ü 1 Was passt nicht?

3

a) **Schokolade**: ~~eine Tube~~ – eine Tafel – 100 Gramm
b) **Wurst**: eine Schachtel – ein Stück –250 Gramm
c) **Milch**: eine Tasse – ein Liter – ein Kilogramm
d) **Kartoffeln**: ein Sack – ein Teller – ein Kopf
e) **Kaffee**: ein Päckchen – ein Pfund – eine Tube
f) **Butter**: 250 Gramm – ein Glas – ein Päckchen
g) **Kakao**: ein Päckchen – eine Flasche – ein Stück
h) **Wasser**: ein Pfund – eine Kiste – eine Flasche
i) **Nudeln**: ein Teller – eine Tüte – ein Glas
j) **Salat**: eine Kiste – ein Becher – ein Kopf
k) **Pralinen**: eine Schachtel – eine Tafel – 100 Gramm

zu LB Ü 2 Formen Sie die Sätze um.

4

a) Herr Wagner kauft Mehl. Er will einen Kuchen backen.

Herr Wagner kauft Mehl, *weil er einen Kuchen backen will.*

b) Frau Hagen kauft Nudeln. Sie will Spaghetti kochen.

Frau Hagen kauft Nudeln, weil sie Spaghetti ______________________.

c) Herr Loos kauft Getränke. Er will eine Party geben.

Herr Loos kauft Getränke, weil er eine Party ______________________.

d) Frau Hagen kauft Bonbons. Ihre Kinder essen gern Süßigkeiten.

Frau Hagen kauft Bonbons, weil ______________________________.

e) Herr Wagner kauft ein Huhn. Er mag Geflügel.

Herr Wagner kauft ein Huhn, weil ____________________________.

f) Herr Loos kauft Hundekuchen. Bello mag das gern.

Herr Loos kauft Hundekuchen, weil __________________________.

g) Herr Wagner kauft Fischstäbchen. Seine Kinder mögen gern Fisch.

Herr Wagner kauft Fischstäbchen, weil ________________________.

h) Frau Hagen kauft Birnen. Obst ist gesund.

Frau Hagen kauft Birnen, weil _______________________________.

i) Herr Loos kauft Holzkohle. Er will grillen.

Herr Loos kauft Holzkohle, weil _____________________________.

zu LB Ü 2 Ergänzen Sie die Formen von **mögen**.

5

a) Ich __________ keine Bananen.

b) __________ du Gurken?

c) Herr Loos __________ Nudeln gern.

d) Frau Hagen __________ keine Schokolade.

e) Das Mädchen __________ kein Geflügel.

f) Wir __________ Käse.

g) __________ ihr Fisch?

h) Die Kinder __________ keinen Senf.

i) Und Sie, Frau Wagner, __________ Sie Milch?

zu LB Ü 3 Was passt wo? Ordnen Sie und ergänzen Sie dann den Artikel.

6

~~Banane~~ ~~Birne~~ Bratwurst Gurke Kakao Karotte Käse Pfeffer Plätzchen Pralinen Mineralwasser Sahne Schokolade Sekt Senf Tee Torte Wein Würstchen Cola

der Apfel	die Tomate	der Jogurt	das Salz	die Wurst
d___ Banane	___ ______	___ ______	___ ______	___ ______
d___ Birne	___ ______	___ ______	___ ______	___ ______
der Saft	**der Kaffee**	**das Bier**	**der Kuchen**	**die Bonbons**
___ ______	___ ______	___ ______	___ ______	___ ______
___ ______	___ ______	___ ______	___ ______	___ ______

zu LB Ü 3 Was passt zusammen?

7

Er bestellt …

a) Würstchen	*3*	1. mit Milch und Zucker
b) Fisch	■	2. mit Butter und Marmelade
c) Kaffee	■	~~3. mit Senf~~
d) Pizza	■	4. mit Zitrone
e) Apfelsaft	■	5. mit Obst und Sahne.
f) Brötchen	■	6. mit Mineralwasser
g) Eis	■	7. mit Pilzen, Tomaten und Käse

zu LB Ü 3 Bilden Sie Sätze.

8

a) Warum essen Sie keinen Hamburger mehr? (*ich – keinen Hunger mehr haben*)

Weil ich keinen Hunger mehr habe.

b) Warum trinken Sie keine Cola? (*ich – abnehmen wollen*)

Weil ______________________________

c) Warum sind Sie so glücklich? (*ich – verliebt sein*)

Weil ______________________________

d) Warum geben Sie morgen die Party? (*ich – morgen – dreißig Jahre alt werden*)

Weil ______________________________

e) Warum mögen Sie keine Fischstäbchen? (*ich – keinen Fisch mögen*)

Weil ______________________________

f) Warum probieren Sie den Schweinebraten nicht? (*der – mir – zu fett sein*)

Weil ______________________________

g) Warum nehmen Sie nicht von der Wurst? (*die – mir – zu scharf sein*)

Weil ______________________________

h) Warum lieben Sie Sportwagen? (*ich – sie schön – finden*)

Weil ______________________________

i) Warum mögen Sie kein Bier? (*ich – es – zu bitter finden*)

Weil ______________________________

j) Warum verstehen Sie mich nicht? (*Sie – so leise sprechen*)

Weil ______________________________

zu LB Ü 3 Ergänzen Sie.

9

a) Sie ***nimmt ab***, weil ihre Freundin auch ***abnimmt.***

b) Sie macht den Fernseher an, weil er den Computer ________.

c) Sie räumt meistens auf, weil er selten ___________.

d) Das Baby weint und sie steht auf, weil er nicht ___________.

e) Sie ________ ________, weil das Auto vor ihr endlich auch weiterfährt.

f) Sie steigt aus, weil ihre Freundinnen auch ______________.

g) Er hat eine Krawatte an, weil sein Chef auch eine Krawatte _________.

h) Er _______ ________, weil der Wagen vor ihm auch abbiegt.

i) Er streicht die Stühle an, weil sie den Tisch ______________.

j) Er zündet eine Kerze an, weil sie auch eine ____________.

k) Er _______ _________, weil sie auch weiterschläft.

l) Er und sie _____ vielleicht so gut _________, weil ihre Hobbys gut zusammenpassen.

zu LB Ü 3 Bilden Sie Sätze.

10

a) Sie probiert den Käse nicht, denn er ist ihr zu fett.

Sie probiert den Käse nicht, ***weil er ihr zu fett ist.***

b) Sie isst die Schokolade nicht, weil sie ihr zu süß ist.

Sie isst die Schokolade nicht, ***denn sie ist ihr zu süß.***

c) Sie isst den Salat nicht, weil er ihr zu scharf ist.

Sie isst den Salat nicht, denn ______________________________.

d) Sie nimmt keine Zitrone zum Tee, denn er ist ihr dann zu sauer.

Sie nimmt keine Zitrone zum Tee, weil ______________________________.

e) Sie isst keine Schokolade, weil sie abnehmen will.

Sie isst keine Schokolade, denn ______________________________.

f) Sie trinkt keinen Saft, denn sie hat keinen Durst.

Sie trinkt keinen Saft, weil ______________________________.

g) Sie isst drei Äpfel, weil sie viel Obst essen soll.

Sie isst drei Äpfel, denn ______________________________.

zu LB Ü 3 **Ergänzen Sie.**

11

a) Er geht nicht ans Telefon. — Er liest.

Er geht nicht ans Telefon, *weil er liest.* ____________________

Er liest ein Buch.

, *weil* ____________________

Er liest auf dem Balkon ein Buch.

, *weil* ____________________

Er will auf dem Balkon ein Buch lesen.

, *weil* ____________________

Er ist nicht ans Telefon gegangen. — Er hat auf dem Balkon ein Buch gelesen.

Er ist nicht ans Telefon gegangen, *weil* ____________________

b) Er hat keine Zeit. — Er räumt auf.

Er hat keine Zeit, *weil* ____________________

Er räumt die Wohnung auf.

, *weil* ____________________

Er räumt die Wohnung und den Keller auf.

, *weil* ____________________

Er will die Wohnung und den Keller aufräumen.

, *weil* ____________________

Er hatte keine Zeit. — Er hat die Wohnung und den Keller aufgeräumt.

Er hatte keine Zeit, *weil* ____________________

c) Jochen ist in der Küche. — Er kocht.

, *weil* ____________________

Jochen ist in der Küche. — Er kocht Kartoffeln.

, *weil* ____________________

Jochen ist in der Küche. — Er kocht einen Topf Kartoffeln.

, *weil* ____________________

Jochen will in die Küche gehen. — Er will einen Topf Kartoffeln kochen.

, *weil* ____________________

Jochen ist in die Küche gegangen. — Er hat einen Topf Kartoffeln gekocht.

, *weil* ____________________

d) Peter ist im Bad. Er wäscht.

, *weil* ______________________________

Peter ist im Bad. Er wäscht die Wäsche.

, *weil* ______________________________

Peter ist im Bad. Er wäscht die Wäsche in der Waschmaschine.

, *weil* ______________________________

Peter will ins Bad gehen. Er will die Wäsche in der Waschmaschine waschen.

, *weil* ______________________________

Peter ist ins Bad gegangen. Er hat die Wäsche in der Waschmaschine gewaschen.

, *weil* ______________________________

zu LB Ü 3 Was passt? (✗)

12

a) Sie mag das Bild mit den Äpfeln.
- ■ Das Bild gefällt ihr.
- ■ Das Bild schmeckt ihr.
- ■ Sie findet nur die Äpfel auf dem Bild schön.

b) Er mag Karotten in der Suppe.
- ■ Die Suppe gefällt ihm.
- ■ Die Karotten sind ihm zu süß.
- ■ Karotten in der Suppe schmecken ihm.

c) Sie mag den Reporter gar nicht.
- ■ Sie kann ihn verstehen.
- ■ Sie gefällt ihm nicht.
- ■ Sie findet ihn nicht sympathisch.

d) Er mag die Verkäuferin.
- ■ Er findet sie sympathisch.
- ■ Er gefällt ihr.
- ■ Er findet sie nicht freundlich.

e) Sie mögen Tiere sehr.
- ■ Sie essen sehr gern Tiere.
- ■ Sie lieben Tiere.
- ■ Sie finden Tiere nicht wichtig.

f) Er mag Museen.
- ■ Er geht nicht gern in Museen.
- ■ Er ist gern in Museen.
- ■ Er isst gern in Museen.

zu LB Ü 4 Ordnen Sie. (→ Lehrbuch S. 80)

13

- ■ a) Danach bestellt Curt noch ein Stück Schwarzwälder Kirschtorte, weil er die besonders gut findet.
- ■ b) Die Kellnerin bringt ihm ein Stück Schwarzwälder Kirschtorte und ein Kännchen Kaffee.
- *1* c) Nachmittags um vier geht Curt ins Café und wartet auf Maria.
- ■ d) Zuerst nimmt er an einem Tisch Platz und liest die Speisekarte.
- ■ e) Er trinkt ihn vorsichtig, weil er heiß ist.
- ■ f) Um halb fünf bezahlt das Mädchen vom Tisch am Fenster und geht.
- ■ g) Maria küsst Curt auf die Wange und nimmt am Tisch Platz.
- ■ h) Curt hat Maria nicht gesehen, weil er für einen Augenblick die Tür nicht beobachtet hat.
- ■ i) Erst um Viertel vor fünf betritt Maria das Café, weil die Probe so lange gedauert hat.
- ■ j) Dann bestellt er, weil die Kellnerin schon neben ihm steht.
- ■ k) Dann funkeln ihre Augen, weil sie aufgeregt ist.
- ■ l) Schließlich erzählt sie ihm die Nachricht.
- ■ m) Danach bestellt sie ein Eis, aber sie sagt zuerst nichts.

zu LB Ü 4 Welche Sätze passen zum Text? (✗) (→ Lehrbuch S. 80)

14

- ▪ a) Curt sieht die Bedienung am liebsten, wenn sie mit einer Torte dicht neben ihm steht.
- ▪ b) Wenn Curt wenig Zeit hat, bestellt er am liebsten Kirschtorten.
- ▪ c) Curt bestellt Schwarzwälder Kirschtorte, weil er die am liebsten mag.
- ▪ d) Curt trinkt nur einen Schluck Kaffee, denn er ist zu heiß.
- ▪ e) Weil der Kaffee sehr heiß ist, trinkt Curt ihn vorsichtig.
- ▪ f) Curt trinkt vor dem Kaffee einen Eistee, denn er hat Durst.
- ▪ g) Eine Mutter redet ohne Pause mit einer Freundin und das Kind bemalt die Tischdecke.
- ▪ h) Das Kind malt Striche auf die Tischdecke, weil die Bedienung nicht kommt.
- ▪ i) Die Bedienung soll die Striche sehen. Deshalb malt das Kind weiter.
- ▪ j) Die Frau am Tisch vor dem Fenster ist bestimmt sehr traurig. Trotzdem weint sie nicht.
- ▪ k) Sie weint, doch Curt sieht ihre Tränen nicht.
- ▪ l) Sie hat vielleicht geweint, aber Curt ist nicht sicher, weil er ihr Gesicht nur halb sehen kann.
- ▪ m) Weil Maria zu spät zur Probe gekommen ist, hat die Probe so lange gedauert.
- ▪ n) Die Probe hat lange gedauert, deshalb kommt Maria zu spät.
- ▪ o) Maria küsst Curt lange auf die Wange, denn sie kommt zu spät.
- ▪ p) Curt schaut Maria in die Augen. Sie soll erst mal Platz nehmen.
- ▪ q) Curt hat eine Frage, weil er das Stück noch nicht kennt.
- ▪ r) Weil Curt zuerst Platz nimmt, schaut er Maria in die Augen.
- ▪ s) Wenn Curt aufgeregt ist, werden die Augen von Maria immer sehr schön.
- ▪ t) Curt findet Maria am schönsten, wenn sie aufgeregt ist.
- ▪ u) Die Augen von Maria funkeln am schönsten, wenn sie eine Rolle bekommt.

Die Nachricht ist:

- ▪ v) Maria bekommt eine Rolle in einem Theaterstück.
- ▪ w) Curt bekommt keine Rolle in einem Theaterstück.
- ▪ x) Curt bekommt eine Rolle in einem Theaterstück.

zu LB Ü 4 Ergänzen Sie.

15

a) Er kommt, wenn er Zeit hat.

Wenn er Zeit hat, *kommt er.*

b) Er kommt erst am Freitag, weil er am Donnerstag keine Zeit hat.

Weil er am Donnerstag keine Zeit hat, ______________________

c) Er ruft an, wenn er eine Nachricht hat.

Wenn er eine Nachricht hat, ______________________

d) Er hat nicht angerufen, weil er keine Nachricht hatte.

Weil er keine Nachricht hatte, ______________________

e) Sie möchte nur mit ihm tanzen, weil er am besten tanzen kann.

Weil er am besten tanzen kann, ______________________

f) Ihre Augen funkeln, wenn sie aufgeregt ist.

Wenn sie aufgeregt ist, ______________________

g) Man darf beim Frühstück nur leise mit ihr sprechen, wenn sie nicht so gut geschlafen hat.

Wenn sie nicht so gut geschlafen hat, ______________________________

h) Sie frühstückt lange, wenn sie Zeit hat.

Wenn sie Zeit hat, ______________________________

i) Sie beobachtet gern die Leute auf der Straße, wenn sie im Café am Fenster sitzt.

Wenn sie im Café am Fenster sitzt, ______________________________

zu LB Ü 4 Ergänzen Sie das Gegenteil.

16

~~schlecht~~ jung klein kurz langsam langweilig leer müde nervös neu richtig sauer spät tief traurig trocken verheiratet

gut	– *schlecht*	schnell	– ______	fröhlich	– ______
falsch	– ______	früh	– ______	spannend	– ______
voll	– ______	alt	– ______	ledig	– ______
groß	– ______	alt	– ______	süß	– ______
hoch	– ______	wach	– ______	nass	– ______
lang	– ______	ruhig	– ______		

zu LB Ü 4 Was passt nicht?

17

a) **das Café**: interessant – voll – leer – ~~früh~~
b) **der Kaffee**: schwach – heiß – bitter – scharf
c) **die Bedienung**: frei – schnell – kurz– klein
d) **der Nachbartisch**: lang – kurz – nervös – frei
e) **der Tischnachbar**: tief – müde – fröhlich – groß
f) **das Kind**: brav – hoch – freundlich – nett
g) **die Tischdecke**: bunt – rot – blau – sauer
h) **das Eis**: heiß – weiß – groß – süß
i) **der Traum**: lang – kurz – schön – fleißig
j) **die Nachricht**: wunderbar – herrlich – gemütlich

zu LB Ü 5 Ordnen Sie die Wörter und ergänzen Sie.

18

a) Er mag Musik. *(sie – leise – wenn – ist)*

Er mag Musik, *wenn sie leise ist.*

b) Er mag das Lied. *(weil – ist – es – leise)*

Er mag das Lied, ______________________________.

c) Er trinkt abends immer Kaffee. *(kann – weil – er – sowieso schlecht – schlafen)*

Er trinkt abends immer Kaffee, ______________________________.

d) Er trinkt abends nur Kaffee. *(nachts – lange — er — muss – arbeiten – wenn)*

Er trinkt abends nur Kaffee, ______________________________.

e) Der Gast wird nervös. *(muss – wenn – er – warten – lange)*

Der Gast wird nervös, ______________________________.

f) Der Gast ist nervös geworden. *(weil – hat – lange – er – gewartet)*

Der Gast ist nervös geworden, ______________________________.

g) Ich komme zu spät. *(der Bus – ist – zu spät – gekommen– weil)*

Ich komme zu spät, ______________________________.

h) Ich nehme ein Taxi. *(wieder zu spät – wenn – der Bus – heute – kommt)*

Ich nehme ein Taxi, ______________________________.

i) Er liest meistens abends im Bett. *(er – danach – weil – gut – einschlafen – kann)*

Er liest meistens abends im Bett, ______________________________.

j) Er liest manchmal abends im Bett. *(kann – er – nicht – einschlafen – wenn)*

Er liest manchmal abends im Bett, ______________________________.

k) Ihre Augen sind immer sehr schön. *(ist – sie – wenn – aufgeregt)*

Ihre Augen sind immer sehr schön, ______________________________.

l) Er schaut ihr so tief in die Augen, *(weil – sind – ihre Augen – so schön)*

Er schaut ihr so tief in die Augen, ______________________________.

zu LB Ü 5 Ergänzen Sie:

19

a) Die Tische hier im Café sind klein, aber der hier ist *am* *kleinsten*.

b) Viele Frauen sind schön, aber Maria ist _______ _______________.

c) Alle Torten schmecken ihm gut, aber Kirschtorte schmeckt ihm _______ _______________.

d) Alle Motorräder fahren schnell, aber das hier fährt _______ _______________.

e) Viele Verkäufer sind langsam, aber der ist _______ _______________.

f) Viele Männer sind langweilig, aber der ist _______ _______________.

g) Er liest viele Bücher gern, aber das liest er _______ _______________.

h) Viele Äpfel sind sauer, aber der ist _______ _______________.

i) Viele Häuser sind teuer, aber das ist _______ _______________.

j) Claudias Freunde trinken viel Kaffee, aber sie trinkt _______ _______________.

zu LB Ü 5 Ergänzen Sie: kein–, welch–.

20

a) Ist noch Käse da? – Ja, es ist noch welch*er* da.
b) Ist noch Obst da? – Nein, es ist kein*s* mehr da.
c) Ist noch Saft da? – Nein, es ist kein___ mehr da.
d) Ist noch Gemüse da? – Ja, es ist noch welch___ da.
e) Ist noch Kaffee da? – Nein, hier ist kein___ mehr.
f) Sind noch Getränke da? – Ja, hier stehen noch welch___.
g) Sind noch Spaghetti im Topf? – Nein, da sind kein___ mehr.
h) Sind noch Würstchen da? – Ja, es sind noch welch___ da.
i) Ist noch ein Würstchen da? – Nein, jetzt ist kein___ mehr da.
j) Ist noch Senf da? – Ja, es ist noch welch___ da.

zu LB Ü 5 Ergänzen Sie: kein–, welch–.

21

a) Ich hatte leider *keine* Sahne mehr, aber sie hatte zum Glück *welche.*
b) Sie hatte leider ________ Kuchen mehr, aber wir hatten zum Glück noch _________.
c) Du hattest leider ________ Wasser mehr, aber er hatte zum Glück noch _________.
d) Ihr hattet leider ________ Gläser mehr, aber wir hatten zum Glück noch _________.
e) Wir hatten leider ________ Schokolade mehr, aber ihr hattet zum Glück noch ________.
f) Sie hatten leider ________ Eier mehr, aber ich hatte zum Glück noch ________.
g) Er hatte _______ Salz mehr, aber du hattest zum Glück noch _________.
h) Ihr hattet ________ Pfeffer mehr, aber wir hatten zum Glück noch _________.
i) Sie hatte leider _______ Geld mehr, aber er hatte noch _________.

zu LB Ü 6 Schreiben Sie die Sätze richtig.

22

a) ICHTRINKEMORGENSIMMEREINGLASORANGENSAFT
Ich trinke morgens immer ein Glas Orangensaft.

b) ICHESSEEINBRÖTCHENMITWURSTODERKÄSE
____

c) MANCHMALESSEICHEINEIZUMFRÜHSTÜCK
____

d) KAFFEETRINKEICHLIEBERALSTEE
____

e) NORMALERWEISEESSEICHNUREINENBECHERJOGURT
____

f) HONIGSCHMECKTMIRBESSERALSMARMELADE
____

g) AMLIEBSTENESSEICHSCHWARZBROTMITSCHINKEN
____

zu LB Ü 6 Welche Antwort passt nicht? (✗)

23

a) Trinken Sie gern Tee?
- ■ Ja, aber Kaffee trinke ich lieber.
- ■ Ja, aber ich mag auch gern Kaffee.
- ■ Nein, am liebsten Jogurt.

b) Trinken Sie morgens Kaffee?
- ■ Nein, ich habe morgens keinen Hunger.
- ■ Nein, ich vertrage keinen Kaffee.
- ■ Ja, ich trinke immer Kaffee zum Frühstück.

c) Was essen Sie zum Frühstück?
- ■ Meistens ein Brötchen mit Marmelade.
- ■ Nichts; ich trinke nur eine Tasse Tee.
- ■ Nein, ich mag keine Eier.

d) Frühstücken Sie mit Ihrer Familie?
- ■ Ich esse gerne Schwarzbrot mit Schinken.
- ■ Wir frühstücken nur am Wochenende zusammen.
- ■ Nein, weil ich immer früher aufstehe.

e) Frühstücken Sie gesund?
- ■ Ja, ich esse morgens oft Obst oder Jogurt.
- ■ Nein, das ist mir egal.
- ■ Ich frühstücke immer um sieben Uhr.

zu LB Ü 7 Schreiben Sie.

24

a) Möchten Sie ein Brot mit Käse?

(Wurst) *Ich hätte lieber ein Brot mit Wurst*.

b) Möchten Sie ein Brötchen mit Marmelade?

(Honig) ______________________________

c) Möchten Sie ein Schwarzbrot mit Schinken?

(Wurst) ______________________________

d) Möchten Sie einen Jogurt mit Kirschen?

(Erdbeeren) ______________________________

e) Möchten Sie ein Kotelett mit Kartoffelsalat?

(Nudeln) ______________________________

f) Möchten Sie einen Kaffee mit Sahne?

(Milch) ______________________________

g) Möchten Sie einen Salat mit Ei?

(Schinken) ______________________________

zu LB Ü 7 Was passt zusammen?

25

a) Hat es Ihnen geschmeckt?	*1*	1. Danke, es war alles ausgezeichnet.
b) Möchten Sie noch etwas Suppe?	■	2. Danke gleichfalls.
c) Wie finden Sie den Wein?	■	3. Zum Essen am liebsten Wein.
d) Trinken Sie lieber Wein oder Bier?	■	4. Vielen Dank, aber ich bin wirklich satt.
e) Nehmen Sie doch noch ein Stück Fleisch.	■	5. Nein danke, aber sie hat fantastisch geschmeckt.
f) Ich wünsche Ihnen guten Appetit.	■	6. Er ist ausgezeichnet; schön trocken aber nicht sauer.
g) Mögen Sie noch einen Knödel?	■	7. Ja gern, die schmecken wirklich wunderbar.

zu LB Ü 8 Ergänzen Sie.

26

nehmen probier geh bestellen hol essen trinken holen probieren trink bestell nimm iss gehen

a) Ich nehme das Omelett. *Nimm doch auch das Omelett!* *Nehmen wir das Omelett!*

b) Ich bestelle eine Suppe. ______ *doch auch eine Suppe!* ______!

c) Ich esse ein Eis. ______! ______!

d) Ich gehe nach Hause. ______! ______!

e) Ich hole Geld. ______! ______!

f) Ich probiere das Fleisch. ______! ______!

g) Ich trinke einen Rotwein. ______! ______!

zu LB Ü 8 Welche Sätze sind freundlich? Welche Sätze sind unfreundlich? (✗)

27

	freundlich	unfreundlich
a) Geben Sie mir ein Stück Fleisch!	■	✗
b) Darf ich bitte noch ein Stück Kuchen haben?	■	■
c) Nehmen Sie doch bitte Platz!	■	■
d) Essen Sie die Suppe!	■	■
e) Bringen Sie mir sofort ein Kotelett!	■	■
f) Bitte nehmen Sie doch noch ein bisschen Suppe.	■	■
g) Trink endlich deinen Saft!	■	■
h) Kann ich bitte ein Brötchen haben?	■	■
i) Gib mir den Honig!	■	■
j) Hol mir ein Mineralwasser, aber schnell!	■	■
k) Kann ich noch ein Glas Wein haben, bitte?	■	■

zu LB Ü 9 Ergänzen Sie –ig, –ich und –isch.

28

a) Alle sind glückl____, weil das Wetter herrl______ ist.

b) Manchmal ist man nicht so fleiß_____, wenn der Lehrer langweil____ ist.

c) Die Suppe schmeckt scheußl_____ , weil sie zu salz_____ ist.

d) Er ist immer sehr ruh_____ , wenn er traur_____ ist.

e) Sie grüßt mich immer freundl____ , auch wenn sie es eil____ hat.

f) Man muss tägl____ üben, wenn man wirkl ____ etwas lernen will.

g) Das Haus ist unheiml_____ , weil es zieml_____ alt und kaputt ist.

h) Ich finde meine Nachbarin sympath_____ , weil sie immer fröhl_____ ist.

i) Ich kann in zwei Stunden fert_____ sein, wenn die Arbeit wicht_____ ist.

j) Wir haben uns herzl_____ bedankt, weil das Essen fantast_____ war.

zu LB Ü 10 Wie heißen die Wörter?

29

~~ba~~ ~~kar~~ ~~mi~~ ~~nuss~~ tof ~~na~~ scho ne ral fel ~~nen~~ ko was la sa ~~ku~~ lat ser ~~chen~~ de

Ba _ *na* _ *nen* _ *ku* _ *chen*　　　*Mi* ____ ____ ____ ____

Kar ____ ____ ____ ____　　　*Nuss* ____ ____ ____ ____

zu LB Ü 10 Schreiben Sie.

30

a) Möchten Sie ein Käsebrötchen? *(Wurst)* *Nein, ich möchte lieber ein Wurstbrötchen*.

b) Möchten Sie einen Tomatensalat? *(Karotten)* ____________________.

c) Möchten Sie einen Orangensaft? *(Apfel)* ____________________.

d) Möchten Sie eine Kartoffelsuppe? *(Tomaten)* ____________________.

e) Möchten Sie eine Sahnetorte? *(Obst)* ____________________.

f) Möchten Sie ein Schinkenbrot? *(Käse)* ____________________.

g) Möchten Sie einen Apfelkuchen? *(Birnen)* ____________________.

h) Möchten Sie ein Zitroneneis? *(Bananen)* ____________________.

i) Möchten Sie einen Rinderbraten? *(Gänse)* ____________________.

zu LB Ü 10 Ergänzen Sie den Artikel.

31

a) der Abend – das Brot → ____ Abendbrot

b) der Computer – das Geschäft → ____ Computergeschäft

c) ____ Fahrkarte – der Automat → ____ Fahrkartenautomat

d) die Familie – ____ Name → ____ Familienname

e) der Führerschein – ____ Prüfung → ____ Führerscheinprüfung

f) ____ Hand – ____ Tasche → ____ Handtasche

g) ____ Kartoffel – ____ Salat → ____ Kartoffelsalat

h) ____ Kirsche – ____ Torte → ____ Kirschtorte

i) ____ Schwein – ____ Braten → ____ Schweinebraten

j) ____ Person – ____ Wagen → ____ Personenwagen

k) ____ Sonne – ____ Brille → ____ Sonnenbrille

l) ____ Telefon – ____ Buch → ____ Telefonbuch

m) ____ Telefon – ____ Nummer → ____ Telefonnummer

n) ____ Banane – ____ Eis → ____ Bananeneis

o) ____ Woche – ____ Ende → ____ Wochenende

zu LB Ü 11 Ergänzen Sie **weil** oder **wenn**.

32

a) Grüß bitte deinen Bruder von mir, _______ du ihn siehst.

b) Ich habe das Auto gewaschen, _______ es ganz schmutzig war.

c) Die Renkens können keinen Urlaub machen, _______ sie jeden Tag die Kühe melken müssen.

d) _______ ich nach Hause komme, gehe ich sofort ins Bett, _______ ich so müde bin.

e) Ich liebe das Weihnachtsfest, _______ dann immer die ganze Familie da ist.

f) Linda Damke lebt auf einem Segelboot, _______ sie die Freiheit liebt.

g) Er besucht seine Großmutter nur, _______ sie Geburtstag hat.

h) Peter nimmt immer ein Buch mit, _______ er ins Bett geht.

i) Lisa spricht sehr gut Spanisch, _______ ihr Mann aus Madrid kommt.

j) Wir können heute leider nicht fernsehen, _______ der Apparat nicht funktioniert.

k) Herr Meyer ruft morgen an, _______ er aus London zurück ist.

l) _______ in der Notaufnahme das Telefon klingelt, muss alles ganz schnell gehen.

m) Sie finden den Bahnhof ganz einfach, _______ Sie hier geradeaus gehen.

n) Das Kind hat geweint, _______ sein Spielzeug kaputt ist.

o) Es gibt heute keine Brötchen zum Frühstück, _______ Hasso sie gefressen hat.

zu LB Ü 14 Wie heißen die Nomen richtig? Ergänzen Sie auch den Artikel.

33

a) saft – fel – ap ____ *Apfelsaft*

b) toffel – kar – lat – sa ____ ________________

c) ga – rine – mar ____ ________________

d) de – na – li – mo ____ ________________

e) mar – la – me – de ____ ________________

f) ku – chen – de – hun ____ ________________

g) bee – re – erd ____ ________________

h) soße – ne – sahn ____ ________________

i) ler – tel – lat – sa ____ ________________

j) ser – was – ral – ne – mi ____ ________________

k) chen – würst ____ ________________

zu LB Ü 14 Was passt zusammen?

34

a) Möchtest du einen Saft trinken? ■
b) Was darf ich Ihnen bringen? ■
c) Nimmst du den Schweinebraten? ■
d) Soll ich eine Flasche Wasser bestellen? ■
e) Ich trinke ein Wasser. Und du? ■
f) Möchten Sie eine Nachspeise? ■
g) Nimmst du keine Suppe? ■
h) Hätten Sie den Kuchen gern mit Sahne? ■

1. Nein, ich esse heute keine Vorspeise.
2. Ich auch.
3. Wir hätten gern ein Malzbier und ein Mineralwasser.
4. Ja, ich nehme einen Apfelsaft.
5. Nein, lieber ohne.
6. Nein, ich esse lieber Rinderbraten.
7. Ja, ich hätte gern ein Eis mit Sahne.
8. Nein, lieber nur ein Glas.

zu LB Ü 14 Ordnen Sie die Gespräche.

35

Gespräch 1:

■ a) ● Mit Pommes frites?
■ b) ■ Ich weiß noch nicht. Nimmst du eine Vorspeise?
■ c) ■ Nein, lieber eine Hühnersuppe. Und dann nehme ich ein Schnitzel.
1 d) ● Was möchtest du essen?
■ e) ■ Nein, lieber mit Reis.
■ f) ● Ja, ich esse eine Gemüsesuppe. Möchtest du auch eine?

Gespräch 2:

■ a) ■ Möchtest du lieber Rotwein oder Weißwein?
1 b) ● Ich möchte gern einen Wein trinken.
■ c) ● Das ist vielleicht zu viel. Ich trinke nur ein Glas.
■ d) ● Lieber Weißwein. Das passt besser zu Fisch.
■ e) ■ Gut, dann bestelle ich einen halben Liter Weißwein und zwei Gläser.
■ f) ■ Dann nehme ich auch Weißwein. Soll ich eine Flasche bestellen?

Gespräch 3:

■ a) ■ Sei vorsichtig; sie ist sehr heiß. Und … schmeckt sie dir?
■ b) ■ Nicht schlecht. Möchtest du probieren?
■ c) ● Ja, sehr gut. Meine Fischsuppe ist aber auch gut. Probier mal.
1 d) ● Wie schmeckt deine Hühnersuppe?
■ e) ■ Lieber nicht. Ich mag nicht gerne Fisch.
■ f) ● Ja gern. Aber nur ein bisschen.

zu LB Ü 17 Schreiben Sie die Sätze richtig.

36

a) SCHNEIDENSIEDIEZWIEBLNINWÜRFEL
Schneiden Sie die Zwiebeln in Würfel.

b) BRATENSIEDIEZWIEBELNKURZINDERPFANNE
____

c) GEBENSIEDIEBUTTERINDIEPFANNE
____

d) LEGENSIEDENSCHINKENAUFDIEKARTOFFELN
____

e) GIESSENSIEDIESAHNEINDIESOSSE
____

f) WÜRZENSIEDIEEIERMITSALZUNDPFEFFER

____

g) STREUENSIEDIEPETERSILIEAUFDIEZWIEBELN

____

h) KOCHENSIEDIENUDELNINSALZWASSER

____

zu LB Ü 17 Was passt nicht?

37

a) Suppe, ~~Kuchen~~, Gemüse **kochen**
b) Kuchen, Torte, Salat **backen**
c) Sahne, Eier, Tomaten **schlagen**
d) Soße, Zwiebeln, Petersilie **hacken**
e) Kartoffeln, Salz, Zwiebeln **schälen**
f) Soße, Zwiebeln, Sahne **gießen**
g) Kartoffeln, Fisch, Eis **braten**
h) Butter, Salz, Pfeffer, **streuen**
i) Brot, Schinken, Sahne **schneiden**

zu LB Ü 17 Was passt zusammen?

38

a) Würzen Sie den Braten	■	1. über die Kartoffeln.
b) Danach schälen Sie	■	2. als Vorspeise.
c) Braten Sie die Kartoffeln	■	3. kurz in Zitronensaft.
d) Gießen Sie die Sahne	■	4. mit Butter in der Pfanne.
e) Schneiden Sie das Brot	■	5. mit Salz und Pfeffer.
f) Stellen Sie die Pfanne	■	6. auf dem Salat.
g) Servieren Sie die Suppe	■	7. die Kartoffeln.
h) Schieben Sie den Braten	■	8. in Scheiben.
i) Verteilen Sie die Schinkenwürfel	■	9. auf den Herd.
j) Legen Sie die Pilze	■	10. in den Backofen.

zu LB Ü 17 Schreiben Sie.

39

	Sie müssen …
a) Streuen Sie die Petersilie in die Suppe.	*- die Petersilie in die Suppe streuen.*
b) Schieben Sie das Huhn in den Ofen.	______________
c) Legen Sie den Schinken auf die Brotscheibe.	______________
d) Gießen Sie die Soße über die Nudeln.	______________
e) Holen Sie das Eis aus dem Kühlschrank.	______________
f) Stellen Sie den Salat auf den Tisch.	______________
g) Gießen Sie die Sahne über das Obst.	______________
h) Streuen Sie das Salz über die Tomaten.	______________
i) Legen Sie die Würstchen in die Pfanne.	______________
j) Geben Sie den Käse zu den Zwiebeln.	______________
k) Stellen Sie den Topf auf den Ofen.	______________

zu LB Ü 17 Schreiben Sie.

40

a) 1. Schneiden Sie zuerst die Zwiebeln.

2. *Zuerst schneidet man die Zwiebeln.*

3. *Zuerst muss man die Zwiebeln schneiden.*

b) 1. Kochen Sie dann die Kartoffeln.

2. *Dann kocht man* ______

3. *Dann muss man* ______

c) 1. Streuen Sie danach die Petersilie auf die Eier.

2. *Danach* ______

3. *Danach muss* ______

d) 1. ______

2. Dann brät man die Würstchen in der Pfanne.

3. ______

e) 1. ______

2. ______

3. Jetzt muss man die Sahne in die Suppe gießen.

f) 1. Würzen Sie vorher den Braten.

2. ______

3. ______

g) 1. ______

2. Zum Schluss schlägt man die Sahne.

3. ______

zu LB Ü 17 Schreiben Sie die Antworten im Perfekt.

41

a) Soll ich die Kartoffeln kochen? *Nein danke, ich habe sie schon gekocht.*

b) Soll ich den Salat würzen? *Nein danke,* ______

c) Soll ich die Soße machen? ______

d) Soll ich die Sahne schlagen? ______

e) Soll ich die Würstchen braten? ______

f) Soll ich die Tomaten schneiden? ______

g) Soll ich den Kuchen backen? ______

h) Soll ich die Petersilie hacken? ______

Wörter im Satz

42

	Ihre Muttersprache	**Schreiben Sie einen Satz aus Delfin, Lehrbuch.**
____ *Bedienung*	____________	______________________________
____ *Blick*	____________	______________________________
____ *Decke*	____________	______________________________
____ *Fleisch*	____________	______________________________
____ *Gemüse*	____________	______________________________
____ *Honig*	____________	______________________________
____ *Mehl*	____________	______________________________
____ *Mund*	____________	______________________________
____ *Pfanne*	____________	______________________________
____ *Rechnung*	____________	______________________________
____ *Rolle*	____________	______________________________
____ *Sonne*	____________	______________________________
____ *Stimme*	____________	______________________________
____ *Zeitung*	____________	______________________________
anbieten	____________	______________________________
beobachten	____________	______________________________
klappen	____________	______________________________
mögen	____________	______________________________
probieren	____________	______________________________
reden	____________	______________________________
schlagen	____________	______________________________
versprechen	____________	______________________________
wählen	____________	______________________________
am liebsten	____________	______________________________
ausgezeichnet	____________	______________________________
besonders	____________	______________________________
leer	____________	______________________________

nervös	______	______
sicher	______	______
weil	______	______
wenn	______	______
zuerst	______	______

Grammatik

§ 12 Mengenangaben

43

	unbestimmte Menge: Nomen ohne Artikel
Herr Loos kauft	Saft.
Er trinkt	Kaffee.
Er isst	Kartoffeln.
Er kocht	Nudeln.

	bestimmte Menge: Menge + Nomen ohne Artikel	
Herr Loos kauft	eine Flasche	Saft.
Er trinkt	eine Tasse	Kaffee.
Er isst	200 Gramm	Kartoffeln.
Er kocht	1 kg	Nudeln.

§ 25 Pronomen bei Mengenangaben

44

bestimmte Menge	***unbestimmte Menge***	
Ist da noch **eine Flasche** Saft? Ist da noch **eine**?	Ist da noch **Saft**? Ist da noch **welcher**?	**Saft** = *unbestimmte Menge im Singular*
Er kauft **eine Flasche** Saft. Er kauft **eine**.	Er kauft **Saft**. Er kauft **welchen**.	
Ist da noch **eine Tüte** Nudeln? Ist da noch **eine**?	Sind da noch **Nudeln**? Sind da noch **welche**?	**Nudeln** = *unbestimmte Menge im Plural*
Er kauft **eine Tüte** Nudeln. Er kauft **eine**.	Er kauft **Nudeln**. Er kauft **welche**.	

§ 11 Zusammengesetzte Nomen

45

1. Teil	***2. Teil***	***zusammengesetztes Nomen***
das Schwein	**der** Braten:	**der** Schweinebraten
das Huhn	**die** Suppe:	**die** Hühnersuppe
die Zitrone	**das** Eis:	**das** Zitroneneis

Artikel = Artikel des 2. Teils

§ 19 Steigerung und Vergleich

46

Positiv	*Komparativ*	*Superlativ*
klein	klein**er**	**am** klein**sten**
schön	schön**er**	**am** schön**sten**
süß	süß**er**	**am** süß**esten**
…	…	…
gern	lieb**er**	**am** lieb**sten**
gut	**besser**	**am besten**
viel	**mehr**	**am meisten**

Peter ist **klein**.	Jan ist **kleiner als** Peter.	Rolf ist **am kleinsten**.
Marmelade ist **süß**.	Schokolade ist **süßer als** Marmelade.	Zucker ist **am süßesten**.
Bananen esse ich **gern**.	Äpfel esse ich **lieber als** Bananen.	Birnen esse ich **am liebsten**.
Bananen schmecken mir **gut**.	Äpfel schmecken mir **besser als** Bananen.	Birnen schmecken mir **am besten**.
Ich esse **viel** Fleisch.	Ich esse **mehr** Fisch **als** Fleisch.	**Am meisten** esse ich Obst und Gemüse.

§ 46 Konjugation mögen

47

	mögen
ich	**mag**
du	**magst**
er/sie/es/man	**mag**
wir	mögen
ihr	mögt
sie/Sie	mögen
er/sie/es/man	hat **gemocht**

als Vollverb:

Sie **mag** keinen Kaffee.

als Modalverb:

Sie **mag** heute keinen Kaffee **trinken**.
Wie alt **mag** sie **sein**?

§ 44 Starke Verben

48

Infinitiv	3. P. Sg. Präsens	Perfekt
abnehmen	nimmt ab	hat abgenommen
anbieten	bietet an	hat angeboten
braten	brät	hat gebraten
gießen	gießt	hat gegossen
schlagen	schlägt	hat geschlagen
vertragen	verträgt	hat vertragen

§ 42 Imperativ

49

	gehen	*warten*	*schlafen*	*anfangen*	*helfen*	*nehmen*
Sie	Gehen Sie.	Warten Sie.	Schlafen Sie.	Fangen Sie an.	Helfen Sie.	Nehmen Sie.
du	Geh.	Wart**e**.	Schlaf.	Fang an.	Hilf.	**Nimm.**
ihr	Geht.	Wart**e**t.	Schlaft.	Fangt an.	Helft.	Nehmt.
wir	Gehen wir.	Warten wir.	Schlafen wir.	Fangen wir an.	Helfen wir.	Nehmen wir.

§ 52, 57a) Hauptsatz und Nebensatz

50

	Junktor		Verb(1)			Verb(2)
Er kauft ein Huhn.		Er	isst		gern Geflügel.	
Er kauft ein Huhn,	weil	er			gern Geflügel	isst.
Maria kommt.		Sie	schafft		es.	
Maria kommt,	wenn	sie			es	schafft.
Sie ist ins Café gekommen.		Sie	will		mit Curt	reden.
Sie ist ins Café gekommen,	weil	sie			mit Curt	reden will.
Sie ist aufgeregt.		Sie	hat		mit dem Regisseur	gesprochen.
Sie ist aufgeregt,	weil	sie			mit dem Regisseur	gesprochen hat.
Ihre Augen funkeln.		Curt	schaut		sie	an.
Ihre Augen funkeln,	wenn	Curt			sie	anschaut.

§ 52, 57a) Nebensatz + Hauptsatz

51

Junktor			Verb(1)			Verb(2)
	Er isst gern Geflügel.	Er	kauft		ein Huhn.	
Weil	er gern Geflügel isst,		kauft	er	ein Huhn.	
	Maria schafft es.	Sie	kommt.			
Wenn	Maria es schafft,		kommt	sie.		
	Sie will mit Curt reden.	Sie	ist		ins Café	gekommen.
Weil	sie mit Curt reden will,		ist	sie	ins Café	gekommen.

Wortschatz

Nomen

r Augenblick, –e
r Apfelsaft
r Appetit
e Aussage, –n
e Banane, –n
s Bananeneis
s Bargeld
s Bauernfrühstück
r Becher, –
e Bedienung, –en
e Beilage, –n
e Birne, –n
r Blick, –e
e Bohne, –n
r Bohnensalat, –e
r Braten, –
s Brot, –e
r Bund, ¨–e
r Buntstift, –e
e Butter
s Café, –s
e Cola, –s
e Decke, –n
s Dessert, –s
e Dose, –n
r Durst
r Eisbecher, –
r Eistee
e Erdbeere, –n
s Fass, ¨–er
e Fischplatte, –n
s Fischstäbchen, –
s Fleisch
r Gänsebraten, –
s Ganze
e Garderobe, –n
s Gasthaus, ¨–er
s Geflügel
s Gemüse
e Gemüsesuppe, –n
s Gericht, –e
s Getränk, –e
e Gurke, –n
r Gurkensalat, –e
s Hauptgericht, –e
r Hirsch, –e
s Hirschragout, –s
e Holzkohle
r Honig
e Hühnersuppe, –n
r Hundekuchen, –
r Imperativ, –e
e Intonation, –en
r/e/s Jogurt
r Kaffeeflecken, –
r Kalbsbraten
s Kännchen, –
e Kantine, –n
r Kartoffelsalat, –e
e Kartoffelscheibe, –n
s Käsebrot, –e

e Kasse, –n
e Kellnerin, –nen
e Kirsche, –n
e Kirschtorte, –n
s Kleinkind, –er
r Knödel, –
r Kognak, –s
r Komparativ, –e
s Kotelett, –s
r Kuchen, –
r Lammbraten, –
e Liebe
e Limonade, –n
r Liter, –
e Margarine
e Marmelade
s Mehl
e Milch
r Mund, ¨–er
s Müsli
r Nachbartisch, –e
e Nachspeise, –n
e Nase, –n
e Nudel, –n
r Nudelsalat, –e
s Obst
r Obstsalat, –e
s Omelett, –s
r Orangensaft, ¨–e
s Paket, –e
e Petersilie
e Pfanne, –n
r Pfeffer
e Pilzsoße, –n
Pommes frites (pl)
e Praline, –n
e Probe, –n
r Puls
e Rechnung, –en
r Regisseur, –e
r Reis
s Rezept, –e
e Rinderbouillon, –s
r Rinderbraten
e Rolle, –n
r Rotwein, –e
e Sahne
e Sahnesoße, –n
r Salat, –e
s Salatteller, –
e Schachtel, –n
e Scheibe, –n
r Schinken, –
s Schinkenbrot, –e
r Schluck, –e
s Schnitzel, –
s Schwarzbrot, –e
r Schweinebraten, –
s Schweinefleisch
r Senf
e Sonne, –n
Spaghetti (pl)
e Speisekarte, –n
e Stimme, –n
r Strich, –e
r Superlativ, –e
e Suppe, –n
s Theaterstück, –e
e Tischdecke, –n
r Tischnachbar, –n
r Tomatensalat, –e
r Traubensaft, ¨–e
e Tube, –n
e Tüte, –n
e Vorspeise, –n
e Wange, –n
r Weinberg, –e
e Weinkarte, –n
e Weintraube, –n
r Weißwein, –e
r Würfel, –
s Wurstbrot, –e
s Würstchen, –
e Zeitung, –en
e Zitrone, –n
s Zitroneneis
r Zucker
e Zutat, –en
e Zwiebelsuppe, –n
r Zwiebelwürfel, –

Verben

ab·nehmen
an·bieten
aus·probieren
beobachten
braten
dabei·haben
dazu·tun
gießen
grillen
hacken
klappen
mögen
probieren
reden
reservieren
schälen
schlagen
streuen
überlegen
vermischen
versprechen
vertragen
wählen
werden
wieder·kommen
würzen
zurück·schauen

Adjektive

ausgezeichnet
besser
bitter
fett
gesund
goldbraun
graublau
heiß
kalt
klar
klein
leer
nervös
rot
salzig
satt
sauer
scharf
süß

Adverbien

am besten
am liebsten
am meisten
auch noch
besonders
dicht
eben
erst mal
genug
flüchtig
gleichfalls
irgendwie
lieber
mittags
nachts
nur nicht
sicher
sowieso
zuerst
vorsichtig
ungewöhnlich

Funktionswörter

sondern
weil
wenn

Abkürzungen

inkl. = inklusive

Ausdrücke

Das macht…
Stimmt so.
Guten Appetit!
Zum Wohl!
Danke gleichfalls.
Danke schön.
Na gut.
Alles klar.
Platz nehmen
Nur nicht nervös werden!
Da kann man nichts machen.
Macht nichts.
Würden Sie mir … bringen?

In Deutschland sagt man:	**In Österreich sagt man auch:**	**In der Schweiz sagt man auch:**
e Bohne, –n	e Fisole,–n	
die Cola	das Cola	das Cola
s Brötchen, –	e Semmel, –n	
e Dose, –n	e Büchse, –n	
s Eis		e Glace
s Gericht, –e	e Speise, –n	
der Jogurt	das Jogurt (auch: die Jogurt)	das Jogurt
e Kartoffel, –n	r Erdapfel, ¨–	
e Kasse, –n	e Kassa, Kassen	
e Marmelade, –n		e Konfitüre, –n
s Päckchen, –	s Packerl, –n	
r Pilz, –e	s Schwammerl, –n	
e Sahne	r Schlag, s Schlagobers	r Rahm
e Tüte, –n	s Sackerl, –n	

Lektion 9

zu LB Ü 1 Wie heißen die Sätze?

1

a) der Maler: anfangen – streichen

Er fängt an zu streichen.

b) der Maler: anfangen – die Wand streichen

Er fängt an, die Wand zu streichen.

c) der Sohn: vergessen – das Licht ausmachen

Er vergisst, das Licht auszumachen.

d) der Vater: beginnen – kochen

Er ____________________

e) der Vater: beginnen – Kartoffeln kochen

Er ____________________

f) die Mutter: vergessen – den Stecker in die Steckdose stecken

____

g) die Mutter: versuchen – den Mixer anmachen

____

h) der Clown: anfangen – lachen

____

i) die Kinder: anfangen – laut lachen

____

j) der Bäcker: aufhören – backen

____

k) der Bäcker: aufhören – die Brötchen backen

____

l) der Gast: vergessen – bezahlen

____

m) der Gast: vergessen – die Rechnung bezahlen

____

n) der Einbrecher: versuchen – die Tür aufbrechen

____

o) der Feuerwehrmann: vergessen – das Fenster zumachen

____

p) die Delfine: Lust haben – hoch springen und schnell eintauchen

____

zu LB Ü 1 Bilden Sie Sätze.

2

a) **der** Vater: es schaffen – in dreißig Minuten die Wohnung aufräumen

Der Vater schafft es, in dreißig Minuten die Wohnung aufzuräumen.

b) **der** Sohn: es gelingen – in zwanzig Minuten sein Zimmer aufräumen

Dem Sohn gelingt es, in zwanzig Minuten sein Zimmer aufzuräumen.

c) die Kinder: es immer bequem finden – vor dem Fernseher sitzen

____

d) die Schüler: es Spaß machen – viele Antworten finden

____

e) Linda Damke: es herrlich finden – mit dem Segelboot fahren

____

f) die Sekretärin: es leidtun – den Chef stören

____

g) der Lehrer: es sehr eilig haben – nach Hause kommen

____

h) der Vogel: es gelingen – hoch fliegen

____

i) der Tourist: es spannend finden – tief tauchen

____

j) es: der Tochter gefallen – bis vier Uhr morgens mit ihrem Freund tanzen

____

zu LB Ü 2 Was passt zusammen?

3

~~schreiben~~ anzünden bezahlen bohren bügeln fotografieren kochen lesen rasieren segeln spülen streichen tauchen telefonieren nachschlagen trocknen waschen werfen

Schreibmaschine:	*schreiben*	Kochlöffel:	______
Waschmaschine:	______	Fotoapparat:	______
Bohrmaschine:	______	Rasierapparat:	______
Föhn:	______	Bügeleisen:	______
Geschirrspüler:	______	Brille:	______
Telefon:	______	Taucherbrille:	______
Farbe:	______	Feuerzeug:	______
Segelboot:	______	Ball:	______
Scheck:	______	Wörterbuch:	______

zu LB Ü 2 Ergänzen Sie.

4

a) Bügeleisen: Wäsche bügeln, Zeitung glatt machen, Haare trocknen
b) Nagel: etwas aufhängen, Dose öffnen, Loch in ein Glas machen
c) Hammer: Bilder aufhängen, Tisch reparieren, Wäsche glatt machen
d) Taschentuch: Brille putzen, Spiegel sauber machen, Tisch stützen
e) Taucherbrille: Zwiebeln schneiden, tauchen, lesen
f) Mineralwasser: trinken, Haare waschen, würzen
g) Brille: gut sehen, Papier anzünden, besser hören
h) Topf: kochen, Schlagzeug spielen, einkaufen
i) Bohrmaschine: Löcher bohren, Sahne schlagen, Haare schneiden
j) Scheckkarte: das Essen bezahlen, Tür öffnen, Wand streichen
k) Föhn: Haare trocknen, Farbe trocknen, Wasser warm machen
l) Besen: Treppenhaus sauber machen, ein Bild malen, einen Brief schreiben

		benutzt man normalerweise,	**kann man auch benutzen,**	**benutzt man nicht,**
a)	Ein Bügeleisen	um Wäsche	um eine Zeitung	um Haare zu
		zu bügeln.	glatt zu machen.	trocknen.
b)	Einen Nagel	um etwas		
c)				
d)				
e)				
f)				
g)				
h)				
i)				
j)				
k)				
l)				

zu LB Ü 3 Was passt? ☒

5

a) Er wäscht die Jacke,
- ☐ damit er sauber wird.
- ☒ damit sie sauber wird.

b) Sie duscht den Jungen,
- ☐ damit sie sauber wird.
- ☐ damit er sauber wird.

c) Er bügelt ihr Abendkleid,
- ☐ damit es schön glatt wird.
- ☐ damit er schön glatt wird.

d) Sie kämmt seine Haare,
- ☐ damit sie glatt wird.
- ☐ damit sie glatt werden.

e) Das Kind föhnt den Regenschirm,
- ☐ damit er trocken wird.
- ☐ damit es trocken wird.

f) Sie föhnen die Farbe,
- ☐ damit sie trocken werden.
- ☐ damit sie trocken wird.

g) Er hält den Regenschirm über sie,
- ☐ damit ihre Haare trocken bleiben.
- ☐ damit sein Bart trocken bleibt.

h) Sie gibt ihm die Gummistiefel,
- ☐ damit ihre Füße nicht nass werden.
- ☐ damit seine Füße nicht nass werden.

i) Er bleibt bei ihr,
- ☐ damit er allein ist.
- ☐ damit sie nicht allein ist.

j) Sie macht die Tür zu,
- ☐ damit er in Ruhe arbeiten kann.
- ☐ damit sie nicht allein ist.

zu LB Ü 3 Ergänzen Sie die Formen von **werden**.

6

a) Ich __________ Lehrer.

b) Du __________ Bäcker.

c) Er __________ Pfarrer.

d) Sie __________ Fotografin.

e) Das Kind __________ fröhlich.

f) Wir __________ nass.

g) Ihr __________ trocken.

h) Die Leute __________ traurig.

i) Und Sie, Herr Wagner, __________ Bürgermeister.

zu LB Ü 3 Sagen Sie es anders.

7

a) Er schaut die Kinder an und lacht. Sie sollen nicht mehr traurig sein.

Er schaut die Kinder an und lacht, *damit sie nicht mehr traurig sind.*

b) Er schaut die Frau an und lächelt. Sie soll fröhlich werden.

Er schaut die Frau an und lächelt, damit ______________________________.

c) Er brät die Kartoffeln vorsichtig. Sie sollen schön goldbraun werden.

Er brät die Kartoffeln vorsichtig, damit ______________________________.

d) Er brät die Kartoffeln mit wenig Butter. Sie sollen nicht zu fett sein.

Er brät die Kartoffeln mit wenig Butter, damit ______________________________.

e) Sie schreibt den Brief schnell. Er soll bald fertig sein.

Sie schreibt den Brief schnell, damit ______________________________.

f) Sie liest den Brief schnell. Ihr Freund soll schnell ihre Antwort bekommen.

Sie liest den Brief schnell, damit ______________________________________.

g) Sie liest den Kindern ein Gedicht vor. Sie sollen einschlafen.

Sie liest den Kindern ein Gedicht vor, damit ______________________________________.

h) Sie putzt das Bad. Es soll richtig sauber werden.

Sie putzt das Bad, damit ______________________________________.

i) Er putzt die Wohnung. Sie soll an Ostern ganz sauber sein.

Er putzt die Wohnung, damit ______________________________________.

zu LB Ü 3 Ergänzen Sie die Sätze. **um … zu** oder **damit**?

8

a) Er liest abends im Bett ein Buch. Er möchte müde werden.

Er liest abends im Bett ein Buch, *um müde zu werden.*

b) Er liest den Kindern abends Bücher vor. Die Kinder sollen müde werden.

Er liest den Kindern abends Bücher vor, *damit die Kinder müde werden.*

c) Er duscht morgens kalt. Sein Herz soll gesund bleiben.

Er duscht morgens kalt, *damit* ______________________________________

d) Er duscht morgens kalt. Er möchte schnell wach werden.

Er duscht morgens kalt, *um* ______________________________________

e) Er arbeitet fleißig. Er möchte schnell fertig werden.

Er arbeitet fleißig, ______________________________________.

f) Er arbeitet fleißig. Sein Chef soll zufrieden sein.

Er arbeitet fleißig, ______________________________________.

g) Sie öffnet den Regenschirm. Ihre Haare sollen nicht nass werden.

Sie öffnet den Regenschirm, ______________________________________.

h) Sie öffnet den Regenschirm. Sie möchte nicht nass werden.

Sie öffnet den Regenschirm, ______________________________________.

i) Er taucht mit einer Taucherbrille. Er möchte die Delfine besser sehen.

Er taucht mit einer Taucherbrille, ______________________________________.

j) Er winkt mit der Taucherbrille. Die Delfine sollen ihn sehen.

Er winkt mit der Taucherbrille, ______________________________________.

zu LB Ü 3 Infinitiv mit oder ohne **zu**? Ergänzen Sie: **zu** oder **–**.

9

a) Möchtest du nach Hause _–_ gehen?

b) Ja, hast du Lust, mich nach Hause _zu_ fahren?

c) Bleiben Sie bitte ___ sitzen.

d) Sie können ruhig sitzen ___ bleiben.

e) Ich habe keine Lust, sitzen ___ bleiben.

f) Er hat versucht, nicht nass ___ werden.

g) Trotzdem ist er sehr nass ___ geworden.

h) Ist er mit einer Freundin _____essen gegangen?

i) Hast du Lust, mit mir essen ____ gehen?

j) Gehst du gerne ___ tanzen?

k) Es macht Spaß, tanzen ____ gehen.

l) Möchtest du _____tanzen gehen?

m) Schaffst du es, alle Wörter richtig ___ schreiben?

n) Gelingt es dir, alle Antworten ____ finden?

o) Kannst du alle Antworten ____ schreiben?

p) Hat Maria versprochen, nach der Probe ___ kommen?

q) Kann Maria ___ kommen?

r) Warum versuchst du, die Sahne mit der Bohrmaschine ___ schlagen?

s) Weil ich es nicht geschafft habe, den Mixer ___ reparieren.

t) Ich kann nichts ____ reparieren.

zu LB Ü 5 Welche Sätze passen zum Text? (→ Lehrbuch S. 90) (r/f)

10

a) Mia steht am Morgen oben am Fenster,
   1. um nach draußen zu schauen. ■
   2. damit der Lastwagen unten um die Ecke biegen kann. ■
   3. aber es ist zu spät, um zu frühstücken. ■
   4. weil sie die Straße beobachten möchte. ■

b) Mia wird unruhig,
   1. weil plötzlich Schritte auf der Treppe sind. ■
   2. denn jemand stößt gegen das Telefon. ■
   3. weil es ihr nicht gelingt, ins Schlafzimmer zu kommen. ■
   4. deshalb klingelt jemand an der Tür. ■

c) Mia sieht,
   1. dass die Leute einen Karton tragen. ■
   2. dass die Leute ins Zimmer kommen. ■
   3. dass jemand Stiefel trägt. ■
   4. dass ihre Herzen klopfen. ■

d) Mia bleibt ganz still in ihrem Versteck,
   1. damit man sie nicht entdeckt. ■
   2. um sicher zu sein. ■
   3. um eine Maus zu entdecken. ■
   4. damit jemand sie findet. ■

e) Mia bemerkt,
   1. dass im Badezimmer und auch im Wohnzimmer alles anders ist. ■
   2. dass Säcke in der Badewanne stehen. ■
   3. dass die Shampooflaschen in Kartons stehen. ■
   4. dass jemand die Teppiche zusammengerollt und die Sessel umgekehrt auf die Couch gestellt hat. ■

f) Die Familie ruft Mia,
   1. denn Mia ist noch nicht wach. ■
   2. um Mia zu finden. ■
   3. weil sie Mia finden möchte. ■
   4. ohne Pause zu machen. ■

g) Mia ist gefangen,
   1. weil sie auf einen Karton mit Vorhängen gefallen ist. ■
   2. denn ihr ist eingefallen, dass jemand die Tür abgeschlossen hat. ■
   3. deshalb kann sie nichts mehr sehen. ■
   4. weil ein Karton auf sie gefallen ist. ■

h) Jemand hebt ganz langsam den Karton
   1. , um Mia zu befreien. ■
   2. , damit Mia wieder frei ist. ■
   3. und Mia bekommt zwei Kekse. ■
   4. , damit Mia Pause machen kann. ■

i) Mia kann im Auto alles sehen,
   1. weil sie vorne auf einer Kiste sitzt. ■
   2. denn der Fahrer sitzt auf einer Kiste. ■
   3. deshalb findet sie die Fahrt spannend. ■
   4. aber die Fahrt macht ihr wenig Spaß. ■

j) Alle tragen Kartons ins Haus,
   1. weil die Männer langsam arbeiten. ■
   2. weil sie einziehen möchten. ■
   3. denn sie können gar nichts finden. ■
   4. um schnell einzuziehen. ■

k) Mia schaut nach oben,
   1. um die Vögel zu beobachten. ■
   2. damit die Vögel sie sehen können. ■
   3. obwohl sie keinen Hunger hat. ■
   4. denn ihr fällt ein, dass sie noch nicht gefrühstückt hat. ■

zu LB Ü 5 Was passt nicht?

11

a) einen Sprung – eine Reise – eine Pause – ein Foto – ~~eine Dusche~~ **machen**
b) einen Wecker – einen Stecker – ein Radio – eine Waschmaschine – einen Geschirrspüler **anmachen**
c) eine Kerze – den Fernseher – das Fenster – das Bügeleisen **ausmachen**
d) ein Fenster – das Klavier – die Schreibmaschine – den Kochlöffel – eine Tür **zumachen**
e) das Glück – einen Arzt – die Polizei – die Feuerwehr – eine Polizistin **rufen**
f) eine Katze – eine Freundin – einen Arzt – ein Geschäft – einen Blumenladen **anrufen**
g) eine Wand – einen Garten – eine Bank – ein Haus – eine Garage **streichen**
h) ein Wort – einen Satz – eine Frage – Geschirr – eine Antwort **unterstreichen**
i) ein Fenster – Wasser – ein Waschbecken – eine Badewanne – eine Dusche **putzen**
j) dem Gast den Tee – dem Vater die Zeitung – der Mutter die Brille – dem Großvater das Telefonbuch – dem Freund das Gespräch **bringen**
k) ein Namensschild – ein Schild – ein Regal – eine Lampe – ein Bügeleisen **anbringen**
l) die Augen – einen Sack – einen Schatten – ein Fenster – einen Schlafsack – ein Buch **schließen**
m) einen Briefkasten – eine Tür – eine Garage – die Augen – einen Schrank **aufschließen**
n) einen Koffer – eine Tasche – ein Päckchen – ein Paket – eine Ecke **packen**
o) ein Buch – die Aussicht – einen Wecker – eine Krawatte – Taschentücher **einpacken**
p) ein Geschenk – einen Koffer – ein Paket – eine Kiste – einen Flur **auspacken**
q) Bücher ins Regal – Möbel ins Auto – ein Auto in die Garage – Gläser in den Schrank – Hämmer und Nägel in die Kiste **räumen**
r) einen Schreibtisch – eine Wohnung – ein Kinderzimmer – ein Bild **aufräumen**
s) das Salz in die Suppe – den Schlüssel in die Tür – den Stecker in die Steckdose – die Scheckkarten in die Automaten – den Brief in den Briefkasten **stecken**
t) Flaschen aus dem Keller – Mineralwasser vom Balkon – einen Besen aus der Garage – das Loch aus der Bohrmaschine – einen Luftballon vom Dach **holen**
u) den Chef am Bahnhof – die Kinder von der Schule – einen Freund zu Hause – den Film im Fotogeschäft – die Kartoffeln im Keller **abholen**

zu LB Ü 5 Ergänzen Sie.

12

a) Er hat noch nicht gefrühstückt. Das fällt ihm gerade ein.

Ihm fällt gerade ein, dass er noch nicht gefrühstückt hat.

b) Vögel fliegen auf den Baum. Das bemerkt der Fotograf.

Der Fotograf bemerkt, *dass* ______________________.

c) Schritte sind auf der Treppe. Das hören die Kinder.

Die Kinder hören, *dass* ______________________.

d) Die Gäste kommen. Das sieht die Kellnerin.

Die Kellnerin sieht, *dass* ______________________.

e) Die Männer kommen gleich zurück. Das spürt der Hund.

Der Hund spürt, *dass* ______________________.

f) Die Sängerin ist sehr schön. Das findet der Reporter.

Der Reporter findet, *dass* ______________________.

g) Der Wagen fährt schnell weg. Das beobachtet die Polizistin.

Die Polizistin beobachtet, *dass* ______.

h) Der Regen hat aufgehört. Das ist schön.

Es ist schön, *dass* ______.

i) Man kann den Schrank einfach abbauen. Das ist gut.

Es ist gut, *dass* ______.

zu LB Ü 5 zu oder um zu? Schreiben Sie die Sätze neu.

13

a) Er schaut ihr in die Augen. Das findet er schön.

Er findet es schön, ihr in die Augen zu schauen.

b) Er kommt an ihren Tisch. Er möchte ihr in die Augen schauen.

Er kommt an ihren Tisch, um ihr in die Augen zu schauen.

c) Er schaut ihr zu. Er findet es schön

Er findet es schön, ______

d) Er kommt in die Probe und möchte ihr zuschauen.

Er kommt in die Probe, ______

e) Er nimmt einen Tag Urlaub. Er möchte ihr beim Umzug helfen.

Er nimmt einen Tag Urlaub, ______

f) Sie zieht ein. Er hilft ihr.

Er hilft ihr ______

g) Er hat keine Pause gemacht. Das hat er vergessen.

Er hat vergessen, ______

h) Er macht eine Pause. Er will frühstücken.

Er macht eine Pause, ______

i) Er benutzt eine Zange. Er möchte die Flasche zumachen.

Er benutzt eine Zange, ______

j) Er hat die Tür nicht zugemacht. Das hat er vergessen.

Er hat vergessen, ______

k) Sie tut Pfeffer in die Soße. Das ist ihr wichtig.

Es ist ihr wichtig, ______

zu LB Ü 5 Ergänzen Sie.

14

Infinitiv	Perfekt	Infinitiv mit „zu"	Infinitiv	Perfekt	Infinitiv mit „zu"
hören	*hat gehört*	*zu hören*	fahren	______	______
aufhören	*hat aufgehört*	*aufzuhören*	abfahren	______	______
zuhören	*hat zugehört*	*zuzuhören*	wegfahren	______	______
gehören	*hat gehört*	*zu gehören*	mitfahren	______	______
			zurückfahren	______	______
			erfahren	______	______
stellen	______	______	stehen	______	______
abstellen	______	______	aufstehen	______	______
bestellen	______	______	verstehen	______	______
suchen	______	______	sprechen	______	______
aussuchen	______	______	nachsprechen	______	______
besuchen	______	______	versprechen	______	______
versuchen	______	______			
kommen	______	______	stecken	______	______
ankommen	______	______	verstecken	______	______
mitkommen	______	______			
entkommen	______	______			
zählen	______	______	fallen	______	______
weiterzählen	______	______	einfallen	______	______
erzählen	______	______	umfallen	______	______
			gefallen	______	______

zu LB Ü 5 Ergänzen Sie.

15

alle jemand nichts alle etwas alles jedes allen jede alle jedem etwas niemand jedes alle nichts

a) Der Bus hält an der Haltestelle, aber da wartet ___________.

b) Es klingelt. Da ist ________ an der Tür.

c) Er hat keinen Hunger, deshalb isst er ___________ .

d) Die Gäste haben vielleicht noch Durst und möchten gerne noch ______ trinken.

e) Er hat viele Bücher über Mozart gelesen, deshalb weiß er fast ________ über ihn.

f) _______ Kind möchte gern ein Zimmer.

g) _____ Kinder spielen gern.

h) ________ Frau möchte gern schön sein.

i) Ich habe Lust, ein Spiel zu machen. Spielst du bitte _____ mit mir?

j) _____ Männer sind ein bisschen wie Kinder.

k) In ______ Mann steckt ein Kind.

l) Sie öffnen ______ Paket und ______ Kartons. In fast ______ Paketen und Kartons sind Geschenke. In einem Karton ist leider ________.

m) Sie möchte _____ Sterne kennen.

zu LB Ü 5 Was passt nicht?

16

a) schnell – ruhig – kurz – lange – unruhig – nervös – ~~groß~~ **warten**
b) tief – in der Mitte – an der Seite – oben – hinten – vorne **schwimmen**
c) genau – allein – blind – von oben **beobachten**
d) blitzschnell – schnell – eilig – gleichzeitig – genau **weglaufen**
e) unbedingt – dringend – hart – viel – wenig **brauchen**
f) kurz – lang – nervös – aufgeregt – ziemlich – spät – früh **telefonieren**
g) zu spät – zu früh – ungefähr – selten – nie – immer – manchmal **kommen**
h) heiß – kalt – klein – täglich – selten **duschen**
i) einfach – still – leise – viel – wenig – süß **arbeiten**
j) genau – ungefähr – deutlich – interessant – groß **beschreiben**

zu LB Ü 5 Was passt zusammen?

17

a) Der Kellner findet den Sessel bequem.	■	1. Da fahren keine Züge.
b) Der Kellner ist bequem.	■	2. Er ist nicht süß.
c) Die Frau sitzt ganz still.	■	3. Es antwortet nicht.
d) Der Bahnhof ist in der Nacht ganz still.	■	4. Auf dem kann er gut sitzen.
e) Der Lehrer fragt, aber das Kind bleibt still.	■	5. Sie sitzt ganz ruhig.
f) Der Wein ist trocken.	■	6. Sie hat eine Stimme wie ein Mann.
g) Der Strumpf ist trocken.	■	7. Er schafft mehr als 30 Meter.
h) Der Delfin taucht tief.	■	8. Er arbeitet nicht gern viel.
i) Ihre Stimme ist tief.	■	9. Er ist nicht mehr nass.

zu LB Ü 6 Was passt zusammen? (→ Lehrbuch S. 92, Nr. 6)

18

a) Elena und Hans-Dieter	■	1. kein Loch bohren.
b) Das haben sie von	■	2. schon im Wohnzimmer hängt.
c) Sie brauchen dazu	■	3. ihrer Tante bekommen.
d) Hans-Dieter soll das Bild	■	4. und Tante Marga steht vor der Tür.
e) Aber er will in die Wand	■	5. wollen ein Bild aufhängen.
f) Elena möchte dann das Bild	■	6. über das Sofa hängen.
g) In dem Moment klingelt es	■	7. über ihrem Schreibtisch haben.
h) Sie erwartet, dass das Bild	■	8. eine Bohrmaschine.

zu LB Ü 6 Schreiben Sie die Sätze anders.

19

a) Er bohrt gerade Löcher.

Er ist dabei, Löcher zu bohren.

b) Sie kocht gerade Suppe.

Sie ist ______________________________

c) Er repariert gerade die Waschmaschine.

____

d) Sie liest gerade ein Buch.

____

e) Wir decken gerade den Tisch.

____

f) Ich mache gerade den Keller sauber.

____

g) Sie füttern gerade die Katze.

____

h) Die Männer tragen gerade die Kisten zum Auto.

____

zu LB Ü 6 Schreiben Sie die Sätze anders.

20

a) Hans-Dieter möchte, dass Elena das Bild aufhängt.

Elena soll das Bild aufhängen.

b) Elena will, dass Hans-Dieter einen Hammer holt.

Hans-Dieter soll ______________________________

c) Tante Marga möchte, dass das Bild im Wohnzimmer hängt.

Das Bild ______________________________

d) Der Vermieter will, dass Hans-Dieter vorsichtig ist.

Hans-Dieter ______________________________

e) Ich möchte, dass mein Vater lange im Bett bleibt.

____

f) Sie will, dass die Farbe schnell trocken wird.

____

zu LB Ü 7 Was ist richtig? ✗ (→ Lehrbuch S. 92, Nr. 7)

21

▪ a) Else hat eine Tomatensuppe gekocht. Nach dem Essen holt ihr Mann einen Prospekt vom Baumarkt. Er möchte den Flur renovieren. Else ist damit nicht einverstanden. Sie holt aber trotzdem ein Maßband und misst die Wände und den Boden. Alfred möchte eine Tapete mit Blumen. Nach dem Mittagsschlaf wollen sie zum Baumarkt fahren.

▪ b) Alfred hat Hunger. Er möchte gern Spaghetti und Tomatensoße essen. Das Essen ist auch fertig, aber Else will vorher noch den Flur ausmessen. Sie hat nämlich im Baumarktprospekt Sonderangebote gefunden. Else geht mit einem Maßband in den Flur und Alfred notiert Höhe, Breite und Länge. Er ist einverstanden, dass sie am Nachmittag zum Baumarkt fahren. Vorher möchte er aber essen und einen Mittagsschlaf machen.

▪ c) Alfred und Else haben geplant, ihre Wohnung zu renovieren. Zuerst wollen sie den Flur messen, aber Alfred muss noch das Maßband suchen. Else hat im Baumarktprospekt eine Tapete mit Blumen gefunden. Die findet sie schön, weil ihre Nachbarn auch eine Blumentapete haben. Alfred will einen Teppichboden im Flur verlegen. Nachdem sie alle Maße haben, fahren sie zum Baumarkt. Vorher wollen sie aber in der Stadt noch etwas essen, weil sie beide Hunger haben.

zu LB Ü 7 Was passt zusammen?

22

a) Hast du die Höhe gemessen?	▪	1.	Ich meine, dass die Größe stimmt.
b) Wie tief ist das Regal?	▪	2.	Nein, ich meine, dass die Länge passt.
c) Ist der Teppich zu lang?	▪	3.	Ja, der Schrank ist 1,80 m hoch.
d) Meinst du, dass der Spiegel zu groß ist?	▪	4.	Nein, die Breite passt doch gut zum Sofa.
e) Findest du den Sessel nicht zu breit?	▪	5.	Ich habe die Tiefe noch nicht gemessen.

zu LB Ü 7 Ergänzen Sie.

23

a) Meine Schwester ist *älter* als mein Bruder. (alt)

b) Der Schrank ist _______ als die Tür. (hoch)

c) Das Messer ist jetzt ________ als vorher. (scharf)

d) Meine Großmutter ist ________ als mein Großvater. (gesund)

e) Der Tisch ist _______ als der Teppich. (lang)

f) Unsere Kinder sind _______ als wir. (groß)

g) Gestern war es _______ als heute. (kalt)

h) Meine Brüder sind ______ als ich. (jung)

i) Der Alltag als Notarzt ist _______ als man meint. (hart)

j) Das Ei muss man _______ als fünf Minuten kochen. (kurz)

k) Die Glühbirne ist _______ als 100 Watt. (schwach)

l) Der Motor ist ______ als ich gedacht habe. (stark)

zu LB Ü 8 Wie heißen die Wörter?

24

robe kon birne gel wanne sche lette ster dose sel zung

a) die Bade__________ e) das Fen__________ i) die Steck__________

b) die Toi__________ f) der Bal__________ j) die Glüh__________

c) der Spie__________ g) der Ses__________ k) die Garde__________

d) die Du__________ h) die Hei__________

zu LB Ü 8 Welches Wort passt nicht?

25

a) **Küche**: Geschirrspüler, Herd, ~~Briefkasten,~~ Kühlschrank, Tisch
b) **Schlafzimmer**: Bett, Wecker, Teppich, Waschmaschine
c) **Arbeitszimmer**: Schreibtisch, Schreibmaschine, Badewanne, Telefon
d) **Wohnzimmer**: Couch, Sofa, Sessel, Bücherregal, Toilette, Radio, Fernseher
e) **Haus**: Balkon, Garage, Keller, Hausflur, Briefkasten, Tischdecke
f) **Bad**: Badewanne, Waschbecken, Toilette, Spiegel, Sessel, Rasierapparat, Dusche
g) **Möbel**: Tisch, Stuhl, Schrank, Tapete, Sofa, Bett, Regal

zu LB Ü 11 Ist der Vokal kurz oder lang? Ordnen Sie.

26

a) ~~Pfanne~~ – ~~Sahne~~ – ~~Blatt~~ – ~~Spaß~~ – glatt – Fass – Straße – nass – hacken – backen – Haar – Paar
b) ~~wenn~~ – ~~wen~~ – schleppen – Treppe – ~~nehmen~~ – Pfeffer – Ecke – Decke – messen – Besen – mehr – Meer
c) ~~im~~ – ~~ihm~~ – nimm – ihn – in – drinnen – ihnen – Blick – Schritte – Mitte – bitte – ihr
d) ~~hoffen~~ – ~~Ofen~~ – Rolle – Soße – stoßen – Dose – bohren – Boot – Ohr – ohne – Sonne – Sohn
e) ~~muss~~ – ~~Gruß~~ – Fuß – Schluck – Suppe – Zucker – Uhr – Flur – kaputt – Butter – Mutter – gut

a) **kurz**	**lang**	b) **kurz**	**lang**	c) **kurz**	**lang**	d) **kurz**	**lang**	e) **kurz**	**lang**
Pfanne	*Sahne*	*wenn*	*wen*	*im*	*ihm*	*hoffen*	*Ofen*	*muss*	*Gruß*
Blatt	*Spaß*	______	*nehmen*	______	______	______	______	______	______
______	______	______	______	______	______	______	______	______	______
______	______	______	______	______	______		______	______	______
______	______	______	______	______			______	______	______
______		______		______			______	______	
______		______		______			______	______	
				______			______		
							______		

zu LB Ü 11 Ergänzen Sie.

27

a) ~~schnell~~	~~Mehl~~	b) reißen	reisen	c) schaffen	Schafen	d) Meer	mehr	e) dass	das
f) nass	Nase	g) Sonne	Sohn	h) Nüsse	Füße	i) Betten	beten	j) gut	kaputt

a) Gib mir *schnell* das *Mehl* für den Kuchen.

b) Zwei Sanitäter haben Urlaub und _______, zwei Sanitäter _______ die Jacken vom Haken.

c) Er springt mit den _________ über den Bach und sie ________ es.

d) Der Delfin taucht im ______ ein, deshalb kann sie ihn nicht _____ sehen.

e) Er findet, _____ _____ Wasser ein bisschen kalt ist.

f) Ihr Regenschirm hat Löcher, deshalb sind ihre Haare und ihre ______ _______ .

g) Der Vater und sein _______ liegen in der ________.

h) Sie steht ohne Schuhe unter dem Nussbaum und zwei _________ fallen auf ihre _______.

i) Sie möchten schlafen, aber vorher ______ sie in den ______ .

j) Ein Hut hat ein Loch und ist leider _____ , ein Hut ist richtig und passt ihm ______ .

zu LB Ü 12 Wie heißen die Sätze?

28

a) Das ist unser Wohnzimmer. (wie – Ihnen – es – gefällt ?)

Wie gefällt es Ihnen?

b) Und das ist die Küche. (Sie – finden – sie – Wie ?)

____

c) Hier ist das Bad. (finden – wir – , dass – leider – es – ist – klein – ein bisschen zu)

____

d) Und hier sind die Kinderzimmer. (hier – die Kinder – haben – viel Platz – um – spielen – zu)

____

e) Wir möchten Ihnen noch die Terrasse zeigen. (wie – die – finden – Sie ?)

____

f) Und das ist unser Garten. (weil – er – etwas klein – ist, wir – haben – keine Bäume)

____

g) Oben gibt es einen Balkon. (der – sehr hell – sein, deshalb – wir – oft – sitzen – dort, wenn – lesen – möchten – wir)

____

h) Unter dem Dach haben wir ein Hobbyzimmer. (ist – es – mir – ein bisschen zu klein, aber – finde – es – ich – schön und hell – sehr)

____

i) Das Arbeitszimmer ist unten. (da – mein Mann – am Computer arbeiten – , denn – ist – ruhig – es)

____

j) Und dann gibt es noch die Garage. (da – er – sehr oft – ist – um – zu – reparieren – sein Motorrad)

____

zu LB Ü 12 Ordnen sie das Gespräch.

29

- ■ Wie groß ist sie denn genau?
- ● Nein, hoch sind die nicht, nur 98 Euro für Heizung und Warmwasser. Das sind zusammen genau 686 Euro.
- ■ Ja natürlich. Ruf schnell an, damit wir einen Termin bekommen.
- 1 ● Schau mal, hier in der Zeitung steht eine 2-Zimmer-Wohnung mit Terrasse und Garten.
- ■ Aber dann sind die Nebenkosten bestimmt hoch.
- ● Im Stadtzentrum, und in der Anzeige steht, dass sie hell und groß ist.
- ■ 686 Euro? Das geht noch. Aber sag mal, wo liegt die Wohnung denn?
- ● Nein, teuer ist sie nicht. Sie kostet nur 588 Euro pro Monat – ohne Nebenkosten.
- ● 65 Quadratmeter, mit Küche und Bad. Meinst du, dass wir die Wohnung mal anschauen sollen?
- ■ Aber die ist bestimmt teuer.

zu LB Ü 12 Welches Wort passt? Ergänzen Sie auch den Artikel.

30

Anzeige ~~Miete~~ Nebenkosten Quadratmeter Haustür Briefkasten Namensschild Zeitung Telefonbuch Ofen Teppich Leiter Bohrmaschine Hammer

a) Man muss sie jeden Monat bezahlen, wenn man eine Wohnung mietet: *die Miete*

b) Man liest sie, um eine Wohnung zu finden: ____ ________________

c) Wenn man in der Wohnung Länge und Breite misst, weiß man sie: ____ ________________

d) Man bezahlt sie für Heizung und Warmwasser: ____ ________________

e) Sie ist größer als ein Buch und man kann sie auch lesen: ____ ________________

f) Man muss es am Briefkasten anbringen, damit man seine Post bekommt: ____ ________________

g) Man braucht ihn, damit der Briefträger die Post bringen kann: ____ ________________

h) Man soll sie mit dem Schlüssel abschließen, wenn man aus dem Haus geht: ____ ________________

i) Man braucht ihn, um einen Nagel in die Wand zu schlagen: ____ ________________

j) Man kann ihn an die Wand hängen oder auf den Boden legen: ____ ________________

k) Man braucht ihn, um zu heizen, zu kochen, zu backen oder zu braten: ____ ________________

l) Man benutzt sie, wenn man ein Loch in die Wand machen will: ____ ________________

m) Man benutzt sie, um auf einen Baum oder auf ein Dach zu steigen: ____ ________________

n) Man braucht es, wenn man eine Nummer finden möchte: ____ ________________

zu LB Ü 14 Schreiben Sie die Wörter unter die Zeichnungen.

31

der Fensterladen der Briefkasten der Wasserhahn das Waschbecken die Garage die Toilette/das WC die Müllabfuhr der Griff der Schalter der Schlüssel der Grill die Feuerwehr die Stromleitung die Kontrolllampe der Regler

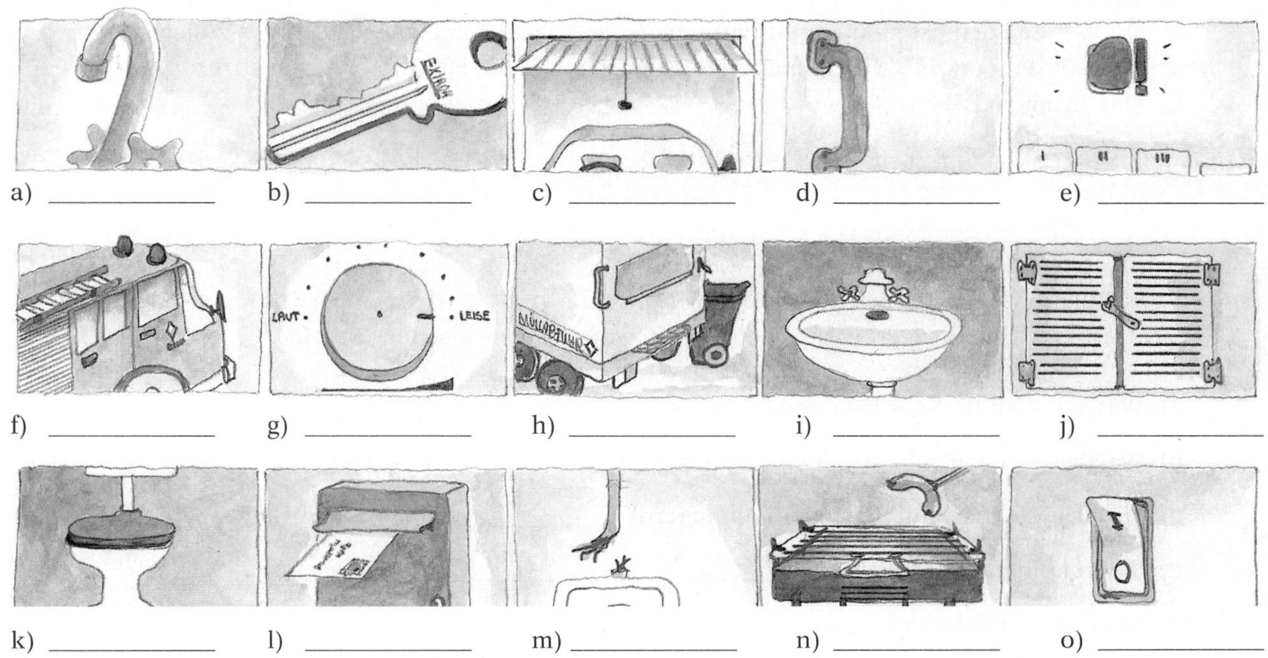

a) ____________ b) ____________ c) ____________ d) ____________ e) ____________

f) ____________ g) ____________ h) ____________ i) ____________ j) ____________

k) ____________ l) ____________ m) ____________ n) ____________ o) ____________

zu LB Ü 14 Welches Wort passt? Ergänzen Sie.

32

a) Wenn Sie telefonieren möchten, ________ Sie zuerst eine Null. (wählen, machen, rufen)

b) Sie können die Karten in der Kommode benutzen, wenn Sie ________ machen wollen. (Holzkohle, Ausflüge, Strom)

c) Sie müssen die ________ einschalten, damit Sie Strom haben. (Dusche, Heizung, Sicherung)

d) Bitte ________ Sie jeden Tag unsere Fische, weil sie auch Hunger haben. (füttern, grillen, duschen)

e) Drehen Sie bitte den Wasserhahn im Gäste-WC immer fest zu, weil er sonst ________. (leuchtet, tropft, wandert)

f) Stellen Sie die ________ am besten schon mittwochs an die Straße, damit Sie nicht so früh aufstehen müssen. (Fensterläden, Hausschlüssel, Müllsäcke)

g) Um die Heizung einzuschalten, brauchen Sie nur den Hauptschalter zu ________. (drücken, schließen, öffnen)

h) Die Kühlschranktür müssen Sie immer fest zumachen, weil sie ein bisschen ________. (drückt, tropft, klemmt)

i) Wenn Sie keine Mäuse im Haus haben wollen, schließen Sie bitte immer die ________. (Kellertür, Kühlschranktür, Badezimmertür)

j) Wenn Sie abreisen, bringen Sie bitte die ________ zu Familie Mitteregger. (Telefonnummern, Hausschlüssel, Fische)

zu LB Ü 14 Was passt zusammen?

33

a) Wenn die Heizung an ist, ▪
b) Vergessen Sie bei der Abreise bitte nicht, ▪
c) Man muss den Wasserhahn fest zudrehen, ▪
d) Um das Garagentor zu öffnen, ▪
e) Der Regler muss auf III stehen, ▪
f) Die Müllsäcke müssen an der Straße stehen, ▪
g) Die Kühlschranktür schließt nicht richtig, ▪
h) Um Strom zu haben, ▪

1. damit die Müllabfuhr sie abholt.
2. muss man fest gegen den Griff drücken.
3. wenn man duschen will.
4. muss man die Hauptsicherung einschalten.
5. leuchtet die Kontrolllampe.
6. wenn man sie nicht fest zumacht.
7. die Haustür zweimal abzuschließen.
8. damit er nicht tropft.

zu LB Ü 14 Welche Antwort passt? Schreiben Sie. (→ Lehrbuch S. 97)

34

Am Donnerstag. An die Straße. Auf Stufe 3. Bei den Nachbarn. Die Haustür zweimal abschließen. Er tropft. Im Keller. Mit einem Trick. Neben dem Telefon. Neben der Kellertür. Sie klemmt ein bisschen. Weil sonst Mäuse ins Haus kommen.

a) Was soll Familie Nees bei der Abreise machen? ______

b) Welches Problem gibt es mit der Kühlschranktür? ______

c) Wo liegt die Liste mit den Telefonnummern? ______

d) Wann kommt die Müllabfuhr? ______

e) Wo ist die Holzkohle? ______

f) Wo ist der Kasten mit den Sicherungen? ______

g) Wie kann man das Garagentor öffnen? ______

h) Was ist mit dem Wasserhahn im Gäste-WC nicht in Ordnung? ______

i) Wo soll Familie Nees bei der Ankunft die Hausschlüssel abholen? ______

j) Wohin soll Familie Nees die Müllsäcke stellen? ______

k) Warum soll Familie Nees immer die Kellertür schließen? ______

l) Wie muss der Regler stehen, wenn man duschen will? ______

zu LB Ü 14 Schreiben Sie die Sätze anders.

35

a) Wenn Sie duschen wollen, drehen Sie den Regler auf III.

Um zu duschen, drehen Sie den Regler auf III.

Damit Sie duschen können, müssen Sie den Regler auf III stellen.

b) Wenn Sie telefonieren wollen, wählen Sie zuerst eine Null.

Um ______

Damit ______

c) Wenn Sie grillen wollen, benutzen Sie die Holzkohle im Keller.

Um ______________________________

Damit ______________________________

d) Wenn Sie wandern wollen, benutzen Sie die Karten in der Kommode.

Um ______________________________

Damit ______________________________

e) Wenn Sie die Garage öffnen wollen, drehen Sie den Griff nach rechts.

Um ______________________________

Damit ______________________________

f) Wenn Sie ein Taxi rufen wollen, schauen Sie in die Telefonliste.

Um ______________________________

Damit ______________________________

zu LB Ü 14 Schreiben Sie.

36

a) (Hauptsicherung / einschalten) *Bitte schalten Sie die Hauptsicherung ein.*

b) (Wasserhahn / fest zudrehen) *Bitte* ______________________________

c) (Kellertür / zumachen) *Bitte* ______________________________

d) (Schlüssel bei den Nachbarn abholen) *Bitte* ______________________________

e) (Haustür / zweimal abschließen) *Bitte* ______________________________

f) (Fische jeden Tag füttern) *Bitte* ______________________________

g) (Müllsäcke / an der Straße abstellen) *Bitte* ______________________________

h) (Hauptschalter / drücken) *Bitte* ______________________________

i) (Griff / nach rechts drehen) *Bitte* ______________________________

j) (Fensterläden / alle aufmachen) *Bitte* ______________________________

Wörter im Satz

37

	Ihre Muttersprache	Schreiben Sie einen Satz aus Delfin, Lehrbuch.
____ *Aussicht*	________________	____
____ *Briefkasten*	________________	____
____ *Couch*	________________	____
____ *Ecke*	________________	____
____ *Feier*	________________	____
____ *Lastwagen*	________________	____
____ *Mitte*	________________	____
____ *Ohr*	________________	____
____ *Schatten*	________________	____
____ *Tante*	________________	____
____ *Treppe*	________________	____
abholen	________________	____
bemerken	________________	____
einfallen	________________	____
entdecken	________________	____
fürchten	________________	____
hoffen	________________	____
messen	________________	____
vorhaben	________________	____
wachsen	________________	____
breit	________________	____
damit	________________	____
dass	________________	____
dunkel	________________	____
gleich	________________	____
jemand	________________	____
mitten	________________	____

oben ______ ______

schließlich ______ ______

schwierig ______ ______

sogar ______ ______

um ... zu ______ ______

Grammatik

§ 2 Artikelwort jeder

38

	definiter Artikel	*Artikelwort „jeder"*		
	Nominativ	*Nominativ*	*Akkusativ*	*Dativ*
Maskulinum	**der** Stuhl	**jeder** Stuhl	**jeden** Stuhl	**jedem** Stuhl
Femininum	**die** Couch	**jede** Couch	**jede** Couch	**jeder** Couch
Neutrum	**das** Sofa	**jedes** Sofa	**jedes** Sofa	**jedem** Sofa
Plural	**die** Möbel	**alle** Möbel	**alle** Möbel	**allen** Möbel**n**

§ 26 Generalisierende Indefinitpronomen

39

Nominativ		*Akkusativ*			*Dativ*		
Alles	ist sauber.	Ich mache	**alles**	sauber.	Ich bin mit	**allem**	einverstanden.
Nichts	ist fertig.	Ich kann	**nichts**	sehen.			
Etwas	fällt um.	Ich suche	**etwas.**				

§ 19 b) Steigerung mit Vokalwechsel

40

Positiv	*Komparativ*	*Superlativ*
scharf	sch**ä**rfer	am sch**ä**rfsten
stark	st**ä**rker	am st**ä**rksten
lang	l**ä**nger	am l**ä**ngsten
kurz	k**ü**rzer	am k**ü**rz**e**sten
groß	gr**ö**ßer	am gr**ö**ßten
hoch	h**ö**her	am h**ö**chsten

§ 43 Konjugation **werden**

41

	werden
ich	werde
du	**wirst**
er/sie/es/man	**wird**
wir	werden
ihr	werdet
sie/Sie	werden
er/sie/es/man	ist geworden

§ 44 Starke Verben

42

Infinitiv	*3. P. Sg. Präsens*	*Perfekt*
biegen	biegt	hat gebogen
bieten	bietet	hat geboten
einziehen	zieht ein	ist eingezogen
erschrecken	erschrickt	ist erschrocken
fallen	fällt	ist gefallen
gelingen	gelingt	ist gelungen
greifen	greift	hat gegriffen
messen	misst	hat gemessen
schließen	schließt	hat geschlossen
stoßen	stößt	hat gestoßen
streichen	streicht	hat gestrichen
vorschlagen	schlägt vor	hat vorgeschlagen
wachsen	wächst	ist gewachsen

§ 60 a) Infinitivsatz mit **zu**

43

Sie tanzen.	Sie fangen an.	Sie fangen an **zu** tanzen.
Sie tanzen weiter.	Sie haben Zeit.	Sie haben Zeit weiter**zu**tanzen.
Sie tanzen Tango.	Es macht ihnen Spaß.	Es macht ihnen Spaß, Tango **zu** tanzen.
	Ebenso: beginnen	
	aufhören	
	versuchen	**zu** …
	vergessen	
	es schaffen	
	dabei sein	
	…	

§ 60 b) Erweiterter Infinitivsatz mit **um … zu, ohne zu**

44

	Junktor		*Verb(1)*			*Verb(2)*
		Er	benutzt		einen Topf.	
		Er	will		Musik	**machen.**
Er benutzt einen Topf,	**um**				Musik	**zu** machen.
		Er	geht		aus dem Haus.	
		Er	macht	nicht	die Tür	zu.
Er geht aus dem Haus,	**ohne**				die Tür	zu**zu**machen.

§ 57, 60 b) Verwendung von **um … zu** und **damit**

45

Sie öffnet den Regenschirm.		**Sie** will nicht nass werden.	*Subjekte: identisch* (**sie**)
Sie öffnet den Regenschirm,	**um**	nicht nass **zu** werden.	
Sie öffnet den Regenschirm.		**Ihre Haare** sollen nicht nass werden.	*Subjekte: verschieden*
Sie öffnet den Regenschirm,	**damit**	**ihre Haare** nicht nass werden.	(**sie – ihre Haare**)

§ 57 Nebensatz mit **dass**

46

Akkusativergänzung = Nomen			*Akkusativergänzung = Nebensatz*	
Sie hört	Schritte.	Sie hört,	**dass** jemand im Flur ist.	*Was hört sie?*
Sie sieht	Vögel.	Sie sieht,	**dass** Vögel auf den Baum fliegen.	*Was sieht sie?*

			Nominativergänzung = Nebensatz	
Der Regen hört auf.	Das ist schön.	Es ist schön,	**dass** der Regen aufhört.	*Was ist schön?*
Sie machen eine Pause.	Das ist gut.	Es ist gut,	**dass** sie eine Pause machen.	*Was ist gut?*

Wortschatz

Nomen

e Abreise, –n
e Ankunft, ¨–e
r Apfelbaum, ¨–e
s Aquarium, Aquarien
s Arbeitszimmer, –
r Arzt, ¨–e
r Aufzug, ¨–e
s Augenpaar, –e
r Ausflug, ¨–e
s Aussehen
e Aussicht, –en
e Autowerkstatt, ¨–en
r Bach, ¨–e
r Baumarkt, ¨–e
r Berliner, –
r Besen, –
e Bitte, –n
s Blatt, ¨–er
e Blumentapete, –n
e Bohrmaschine, –n
s Boot, –e
e Breite, –n
r Briefkasten, ¨–
r Briefkastenschlüssel, –
s Bügeleisen, –
e Chance, –n
s Chaos
e Couch, –en
r Couchtisch, –e
s Dach, ¨–er
e Ecke, –n
s Einfamilienhaus, ¨–er
e Einweihungsparty, –s
r Einzug
s Esszimmer, –
r Fall, ¨–e
e Feier, –n
r Fensterladen, ¨–
r Fernsehsessel, –
e Feuerwehr, –en
r Flur, –e
r Föhn, –e
s Garagentor, –e

e Gästetoilette, –n
s Gästezimmer, –
e Glühbirne, –n
r Griff, –e
r Hauptschalter, –
e Hauptsicherung, –en
r Hausschlüssel, –
r Haustausch
e Heizung, –en
r Hinweis, –e
e Höhe
r Horizont, –e
e Kaffeemaschine, –n
r Karton, –s
e Kassette, –n
r Kasten, ¨–
r Keks, –e
e Kellertür, –en
s Kino, –s
r Kochlöffel, –
e Kommode, –n
e Kontrolllampe, –n
e Kühlschranktür, –en
e Lage, –n
e Länge, –n
r Lastwagen, –
e Liste, –n
r Makler, –
s Maßband, ¨–er
s Meer, –e
e Miete, –n
e Mitte
r Mixer, –
s Möbelstück, –e
r Monat, –e
r Motor, –en
e Müllabfuhr
r Müllsack, ¨–e
r Nachbar, –n
s Namensschild, –er
Nebenkosten (pl)
s Netz, –e
e Null
r Ofen, ¨–
s Ohr, –en
r Pilot, –en
r Plastiksack, ¨–e
r Preis, –e
r Prospekt, –e
r Psychologe, –n
r Quadratmeter, –
r Rahmen, –
r Regler, –
r Reisepass, ¨–e
r Rentner, –
e Reparatur, –en
e Sache, –n
s Schaf, –e
r Schatten, –
s Schlafsofa, –s
s Schlagzeug, –e
r Schnee
s Schreibpult, –e
e Schriftstellerin, –nen
r Schritt, –e
s Shampoo, –s
e Shampooflasche, –n
e Sicherung, –en
e Socke, –n
s Sonderangebot, –e
e Soße, –n
r Spiegelschrank, ¨–e
r Sprung, ¨–e
e Steckdose, –n
r Stecker, –
e Stromleitung, –en
e Stufe, –n
e Tabelle, –n
r Tango
e Tante, –n
e Tapete, –n
e Taucherbrille, –n
r Teil, –e
e Terrasse, –n
e Treppe, –n
s Treppenhaus, ¨–er
r Trick, –s
r Türspalt, –en
r Umzug, ¨–e
r Vermieter, –
Verschiedenes
s Versteck, –e
r Vorhang, ¨–e
s Warmwasser
s Waschbecken, –
r Wasserhahn, ¨–e
s WC, –s
e Wohnungstür, –en
r Wolf, ¨–e
e Zange, –n
r Zentimeter, –

Verben

ab·bauen
ab·holen
an·bringen
auf·gehen
auf·hängen
auf·hören
auf·schieben
auf·stoßen
aus·messen
aus·packen
aus·schlafen
aus·sehen
beachten
befreien
begrüßen
bemerken
biegen
bieten
bohren
dabei sein
decken
drehen
ein·fallen
ein·ziehen
entdecken
entkommen
erschrecken
erwarten
fallen
flüchten
fürchten
gelingen
greifen
heizen
herrschen
hoffen
jagen
klemmen
klopfen
leuchten

los·gehen
messen
mit·fahren
nach·schlagen
öffnen
räumen
reizen
schleppen
schließen
schützen
sparen
spüren
stecken
stoßen
streichen
stützen
tapezieren
tauschen
toben
trocknen
tropfen
um·fallen
unter·bringen
versuchen
vorbei·ziehen
vor·haben
vor·schlagen
wachsen
wackeln
weiter·tanzen
wiederholen
zittern
zu·drehen

Adjektive

breit
dunkel
gefangen
gestrichen
glatt
hell
kitschig
länger
möglich
näher
praktisch
romantisch
schwarz
schwierig
sicher
steif
still
überrascht
unglaublich
unruhig
zusammengerollt

Adverbien

blitzschnell
direkt
drinnen
ebenfalls
erst einmal
fest
gemeinsam
gleich
gleichzeitig
mitten in
nah
oben
schließlich
sogar
stark
überall
umgekehrt
unten
von selbst
zweimal

Funktionswörter

damit
dass
jemand
jeder
ohne zu
um zu
wozu?

Ausdrücke

Das stimmt.
Gute Nacht.
So ein Glück!
Das geht ja!
für alle Fälle
um die Ecke biegen
liegen sehen

Abkürzungen

Fam. = Familie
usw. = und so weiter
m^2 = Quadratmeter

In Deutschland sagt man:	**In Österreich sagt man auch:**	**In der Schweiz sagt man auch:**
an sein	brennen	
ansehen	anschauen	
e Couch, –en	s Sofa, –s	s Sofa, –s
r Kasten, ¨	e Kiste, –n	
r Prospekt, –e	s Prospekt, –e	
r Schrank, ¨e	r Kasten, ¨	r Kasten, ¨
r Sessel, –		der Fauteuil, –s
r Stuhl, ¨e	r Sessel, –	

Lektion 10

zu LB Ü 2 Ergänzen Sie.

1

a) Das Auto ist rot. *Das rote Auto* ________ fährt schnell.

b) Die Banane ist gelb. ________________ schmeckt gut.

c) Das Meer ist blau. ________________ funkelt in der Sonne.

d) Der Koffer ist grün. ________________ liegt im Keller.

e) Der Regenschirm ist weiß. ________________ steht im Schrank.

f) Die Kohle ist schwarz. ________________ brennt gut.

g) Der Ball ist klein. ________________ hat ein Loch.

h) Das Kind ist fröhlich. ________________ isst ein Eis.

i) Der Pullover ist hell. ________________ kostet 30 Euro.

j) Die Suppe ist salzig. ________________ steht auf dem Herd.

zu LB Ü 2 Schreiben Sie jeweils zwei Sätze.

2

a) Koffer: rot / neu – neu / rot

Der rote Koffer ist neu.

Der neue Koffer ist rot.

b) Fahrrad: gelb / neu – neu / gelb

Das gelbe ________________

____

c) Meer: blau / tief – tief / blau

Das ________________

____

d) Ball: grün / klein – klein / grün

Der ________________

____

e) Baum: groß / schön – schön / groß

Der ________________

____

f) Brille: alt / gelb – gelb / alt

Die ________________

____

g) Auto: schmutzig / schwarz – schwarz / schmutzig

Das ________________

____

h) Mädchen: fleißig / freundlich – freundlich / fleißig

Das ________________

____

i) Apfel: hart / süß – süß / hart

Der ________________

____

j) Brücke: breit / lang – lang / breit

Die ________________

____

zu LB Ü 2 Ergänzen Sie.

3

a) der grüne Regenschirm – die grünen Regenschirme
b) die blaue Blumenvase – die _______ Blumenvasen
c) der ______ Koffer – die schwarzen Koffer
d) das grüne Fahrrad – die ________ Fahrräder
e) die gelbe Tasche – die ___________ Taschen
f) der blaue Hut – die _________ Hüte
g) der ______ Strumpf – die bunten Strümpfe
h) das _______ Blatt – die großen Blätter
i) der lange Bart – die ________ Bärte
j) die _____ Blume – die schönen Blumen

zu LB Ü 2 Bilden Sie Sätze.

4

a) (groß – rote – ist – Regenschirm – der) *Der rote Regenschirm ist groß.*
b) (blauen – sind – Schuhe – die – bequem) *Die blauen Schuhe* ____________
c) (Ball – kaputt – der – ist – gelbe) *Der* ____________
d) (ist – der – heiß – schwarze – Kaffee) ____________
e) (der – süß – warme – Kakao – ist) ____________
f) (sind – roten –bequem – die – Schuhe) ____________
g) (die – Autos – schnell – sind – weißen) ____________
h) (Sessel – teuer – bequeme – ist – der) ____________
i) (das – ist – hart – alte – Brot) ____________
j) (junge – ist – Frau – die – freundlich) ____________

zu LB Ü 4 Ergänzen Sie neuer, neue, neues.

5

a) der Ofen: *ein neuer Ofen*
b) die Brücke: *eine* ____________
c) das Auto: ____________
d) die Freundin: ____________
e) der Tisch: ____________
f) die Bluse: ____________
g) die Puppe: ____________
h) der Stiefel: ____________
i) das Bild: ____________
j) der Hut: ____________
k) das Sofa: ____________
l) der Ball: ____________
m) das Bett: ____________
n) das Restaurant: ____________
o) das Klavier: ____________

zu LB Ü 4 Schreiben Sie.

6

a) ein Mann – alt, jung, groß, klein

ein alter Mann ___ *ein junger Mann* ___ *ein großer Mann* ___ *ein kleiner Mann* ___

b) ein Mädchen – jung, dick, klein, groß

ein junges Mädchen ___ ___ ___

c) eine Suppe – heiß, rot, gut, scharf

___ ___ ___ ___

d) ein Paar – verliebt, alt, glücklich, verheiratet

___ ___ ___ ___

e) eine Limonade – süß, gelb, kalt, rot

___ ___ ___ ___

f) ein Pferd – nervös, gesund, wundervoll, ruhig

___ ___ ___ ___

g) ein Fluss – schön, sauber, lang, breit

___ ___ ___ ___

h) eine Wurst – fett, salzig, scharf, klein

___ ___ ___ ___

i) ein Koffer – voll, leer, groß, grün

___ ___ ___ ___

j) ein Zimmer – hell, klein, ungewöhnlich, gemütlich

___ ___ ___ ___

zu LB Ü 4 Schreiben Sie.

7

a) Apfelbaum / Apfelbäume: groß

Das ist ein großer Apfelbaum. – *Das sind große Apfelbäume.*

b) Frau / Frauen: jung

Das ist eine ___. – *Das sind* ___.

c) Brot / Brote: lang

___. – ___.

d) Kirsche / Kirschen: rot

___. – ___.

e) Schwein / Schweine: dick

___. – ___.

f) Wurst / Würste: fett

________________________. – ________________________.

g) Ofen / Öfen: heiß

________________________. – ________________________.

h) Huhn / Hühner: weiß

________________________. – ________________________.

i) Suppe / Suppen: gut

________________________. – ________________________.

j) Vase / Vasen: gelb

________________________. – ________________________.

8 zu LB Ü 4 Wie heißen die Nomen? Schreiben Sie.

a) baum – fel – ap *der Apfelbaum*

b) trau – wein – be *die* ________

c) mo – li – de – na *die* ________

d) gum – stie – mi – fel *der* ________

e) men – blu – vase *die* ________

f) re – schirm – gen *der* ________

g) ko – scho – de – la *die* ________

h) schuh – hand *der* ________

i) ta – hand – sche *die* ________

j) rad – fahr *das* ________

k) ba – ne – na *die* ________

9 zu LB Ü 4 Schreiben Sie die Sätze richtig.

a) derbaumhatvielegrüneblätter

Der Baum hat viele grüne Blätter.

b) schokoladeundeissindsüß

____

c) eisschmecktgutmitsahne

____

d) zumnachtischgibtespudding

____

e) ichholekohlefürdenofen

____

f) daspferdläuftüberdiebrücke

____

g) dasverliebtepaarschwimmtimsee

____

h) eindickesschweinstehtaufderwiese

____

i) kleinekindertrinkenlimonade

____

zu LB Ü 4 Was passt zusammen? Unterstreichen Sie.

10

a) Brücke – Brot – Fluss
b) Lippen – Schuhe – Strümpfe
c) Pferd – Schwein – Suppe
d) Koffer – Wein – Limonade
e) Käse – Hut – Wurst
f) Apfel – Kirsche – Ball
g) Kuss – Lippen – Wiese
h) Auto – Meer – See
i) Kohle – Ofen – Sahne

zu LB Ü 4 Ergänzen und schreiben Sie.

11

a) Der Schirm ist *alt.* Das ist ein *alter* Schirm. Der *alte* Schirm ist kaputt.

b) Die Brücke ist ________. Das ist eine *neue* Brücke. Die ________ Brücke ist breit.

c) Die Wiese ist *grün.* Das ist eine ________ Wiese. Die ________ Wiese ist nass.

d) Der Käse ist *groß.* Das ist ein ________ Käse. Der ________ Käse schmeckt gut.

e) (Wurst / lang) ____________________. ____________________. ____________________ ist fett.

f) (Tisch / neu) ____________________. ____________________. ____________________ ist teuer.

g) (Lampe / hell) ____________________. ____________________. ____________________ fällt um.

h) (Vogel / klein) ____________________. ____________________. ____________________ fliegt weg.

i) (Kirschen / süß) ____________________ sind ________. ____________________ sind ________ .

____________________ sind rot.

j) (Männer / jung) ________ sind ________. ________ sind ________. ____________________ sind nett.

zu LB Ü7 Welcher Satz passt zu welchem Abschnitt im Text? (→ Lehrbuch S. 100) Ergänzen Sie die Nummern 1 bis 6.

12

a) ■ Helga Fächer hat als Kind ihre langen Haare abgeschnitten, obwohl sie das nicht durfte.
b) ■ Helga Fächer kann nicht verstehen, dass ihr Sohn schwarze Zimmerdecken schön findet.
c) ■ Helga Fächer hat ihrer Nichte ein weißes Kleid zum Geburtstag geschenkt, damit das arme Kind nicht immer Jeans tragen muss.
d) ■ Helga Fächer musste sonntags als Kind ein weißes Kleid tragen, weil ihre Eltern das wollten.
e) ■ Helga Fächer findet, dass ihre Freundin keinen Geschmack hat, weil sie jede Mode mitmacht.
f) ■ Helga Fächer findet Piercing schrecklich, aber ihre Tochter möchte noch mehr Schmuck im Gesicht haben.

zu LB Ü 7 Was ist richtig? ☒ (→ Lehrbuch S. 100)

13

a) Vera ist ■ eine Tochter von Helga Fächer.
■ eine Freundin
■ eine Nichte

b) Helga Fächer trägt meistens ■ lange Röcke.
■ enge Kleider.
■ helle Pullover.

c) Michael wollte ■ seine Zimmerdecke schwarz streichen.
■ sein Bett blau bemalen.
■ alle Wände grün anstreichen.

d) Lara hat drei Ringe ■ in der Nase.
■ im linken Ohr.
■ über dem rechten Auge.

e) Helga Fächer wollte als kleines Kind ■ immer Jeans tragen.
■ nie Jeans anziehen.
■ sonntags immer ein weißes Kleid anziehen.

f) Ihre Eltern wollten nicht, ■ dass sie wie ein Mädchen aussieht.
■ dass sie lange Zöpfe trägt.
■ dass sie zum Friseur geht.

g) Helga Fächer schenkt ihrer Nichte zum Geburtstag ■ ein weißes Kleid.
■ einen weißen Rock.
■ einen Ohrring.

h) Die kleine Nichte muss immer ■ Zöpfe tragen.
■ Jeans anziehen.
■ Kleider tragen.

zu LB Ü 7 Welcher Satz hat die gleiche Bedeutung? ✗

14

a) Vera macht jede Mode mit.
1. ■ Vera kauft immer alles, was gerade modern ist.
2. ■ Vera mag keine moderne Kleidung.

b) Sie hat kein Gefühl dafür, welche Kleidung zu ihr passt.
1. ■ Sie weiß nicht, was sie anziehen möchte.
2. ■ Sie weiß nicht, mit welcher Kleidung sie hübsch aussieht.

c) Der kurze Rock steht ihr nicht.
1. ■ Der kurze Rock sieht an ihr nicht schlecht aus.
2. ■ Der kurze Rock passt nicht zu ihr.

d) Michael bleibt bei seiner Meinung.
1. ■ Michael findet seine Meinung immer noch richtig.
2. ■ Michael hat keine eigene Meinung.

e) Meine Tochter hört gelegentlich noch auf mich.
1. ■ Manchmal macht meine Tochter noch, was ich möchte.
2. ■ Meine Tochter hört mir manchmal nicht zu.

f) Für die Zukunft sehe ich schwarz.
1. ■ Ich glaube, dass die Zukunft Probleme bringt.
2. ■ Ich glaube, dass ich in Zukunft nicht mehr gut sehen kann.

g) Lara hat feste Pläne für die Zukunft.
1. ■ Lara hat eine schöne Zukunft.
2. ■ Lara weiß genau, was sie in Zukunft machen will.

h) Meine Eltern hatten es nicht leicht mit mir.
1. ■ Meine Eltern hatten Probleme mit mir.
2. ■ Ich war als Kind ziemlich dick.

i) Meine Eltern hatten kein Verständnis.
1. ■ Meine Eltern konnten meine Wünsche nicht verstehen.
2. ■ Meine Eltern wussten nicht, was sie wollten.

zu LB Ü 7 Schreiben Sie Sätze nach diesem Muster.

15

a) Röcke / kurz

☺ *Sie liebt kurze Röcke.*

Sie findet kurze Röcke schön.

Sie findet, dass ihr kurze Röcke stehen.

☹ *Sie mag keine kurzen Röcke.*

Sie hasst kurze Röcke.

Sie findet kurze Röcke schrecklich.

b) Kleider / weiß

☺ *Sie liebt* ____________________

____

____

☹ ____________________

____

____

c) Pullover / eng

☺ ____________________

____

____

☹ ____________________

____

____

d) Hüte / groß

☺ ____________________

____

____

☹ ____________________

____

____

zu LB Ü 7 Ergänzen Sie die Adjektive.

16

a) Sie ist ein *braves* *kleines* Mädchen. (brav · klein)

b) Er hat ________ ________ Haare. (kurz · rot)

c) Sie will ________ ________ Zöpfe tragen. (lang · blond)

d) Sie kauft ein ________ ________ Kleid. (lang · weiß)

e) Er denkt an das ________ ________ Universum. (schwarz · unendlich)

f) Sie findet die ________ ________ Schuhe schrecklich. (neu · grün)

g) Er trägt immer einen ________ ________ Pullover. (dick · alt)

h) Sie möchte einen ________ ________ Ohrring haben. (groß · bunt)

i) Sie trägt eine ________ ________ ________ Hose. (schön · lang schwarz)

zu LB Ü 7 Ergänzen Sie die Endungen.

17

a) Vera geht in die Stadt, um neu___ Sachen zu kaufen.

b) Zuerst kauft sie ein___ lang___ Rock und ein___ blau___ Hut.

c) Dann sieht sie ein___ schön___ Pullover, aber er passt ihr leider nicht.

d) Vera möchte noch ein___ eng___ Hose und blau___ Schuhe kaufen.

e) Ein___ freundlich___ Verkäuferin zeigt ihr viele eng___ Hosen, aber Vera findet die hell___ Farben nicht schön.

f) Plötzlich sieht sie ein___ toll___ grün___ Kleid.

g) Sie meint, dass ihr das grün___ Kleid sehr gut steht.

h) Vera fragt die freundlich___ Verkäuferin, aber sie bekommt keine ehrlich___ Antwort.

i) Vera hat rot___ Haare und dazu passt die grün___ Farbe überhaupt nicht.

j) Trotzdem sagt die Verkäuferin: „Sie haben wirklich ein___ gut___ Geschmack."

k) Später isst Vera ein___ groß___ Eis und trinkt ein___ schwarz___ Kaffee.

zu LB Ü 7 Achtung: Unregelmäßige Adjektive! Ergänzen Sie.

18

a) Er geht durch einen _________ Wald. (dunkel)

b) Sie kauft einen _________ Ring. (teuer)

c) Vera muss eine _________ Rechnung bezahlen. (hoch)

d) Meine Großmutter trägt immer _________ Kleider. (dunkel)

e) Wir essen gern _________ Äpfel. (sauer)

f) Er trägt immer _________ Schuhe. (teuer)

g) Er nascht ein _________ Bonbon. (sauer)

h) Das Haus hat ein _________ Dach. (hoch)

i) Er mag keine _________ Zitronen. (sauer)

j) Das ist ein _________ Balkon. (hoch)

k) Die Sekretärin hat ein _________ Büro. (dunkel)

l) Ist das ein _________ Wein? (sauer)

m) Mein Bruder will ein _________ Auto kaufen. (teuer)

n) Ein _________ Pullover passt nicht zu dieser Hose. (dunkel)

o) Er klettert auf einen _________ Baum. (hoch)

p) Ist das ein _________ Ring an deiner Nase? (teuer)

dunkler dunkle dunkles dunklen
teurer teure teures teuren
hoher hohe hohes hohen
saurer saure saures sauren

zu LB Ü 7 Ergänzen Sie die Formen im Präteritum.

19

	können	*wollen*	*dürfen*	*müssen*	*sollen*
ich		wollte			
du					solltest
er/sie/es/man				musste	
wir			durften		
ihr	konntet				
sie					

zu LB Ü 7 Schreiben Sie.

20

a) Eva soll heute ein Kleid tragen.	*Gestern sollte Eva auch ein Kleid tragen.*
b) Michael muss heute Suppe essen.	*Gestern m* ______
c) Vera kann heute nicht einkaufen.	______
d) Die Kinder dürfen heute Cola trinken.	______
e) Ich kann heute lange schlafen.	______
f) Wir müssen heute nicht arbeiten.	______
g) Wir wollen heute ganz brav sein.	______
h) Du musst heute einen Brief schreiben.	______
i) Ich soll heute Jeans anziehen.	______
j) Ihr dürft heute ein Eis essen.	______
k) Der Junge will heute nicht duschen.	______

zu LB Ü 8 Ergänzen Sie.

21

a) ein neu___ Auto, ein neu___ Nachbar, ein neu___ Kollege, ein neu___ Leben

b) ein jung___ Großvater, ein jung___ Mädchen, jung___ Leute, eine jung___ Frau

c) ein alte___ Hotel, ein alt___ Kellner, eine alt___ Münze, alt___ Fragen

d) eine aktuell___ Nachricht, eine aktuell___ Farbe, ein aktuell___ Problem, aktuell___ Bücher

e) ein stark___ Mann, eine stark___ Frau, ein stark___ Kaffee, ein stark___ Gefühl

f) ein schwach___ Tee, schwach___ Männer, ein schwach___ Junge, ein schwach___ Regen

g) ein süß___ Bonbon, ein süß___ Kakao, süß___ Zwillinge, ein süß___ Kleid

h) ein saur___ Apfel, eine saur___ Zitrone, ein saur___ Saft, eine saur___ Limonade

i) trocken___ Schuhe, ein trocken___ Wein, ein trocken___ Zelt, ein trocken___ Schlafsack

j) eine nass___ Jacke, eine nass___ Katze, nass___ Strümpfe, ein nass___ Mantel

k) eine offen___ Tür, ein offen___ Fenster, ein offen___ Schrank, offen___ Schränke

l) ein geschlossen___ Buch, eine geschlossen___ Tür, geschlossen___ Augen, ein geschlossen___ Mund

zu LB Ü 8 Welches Wort passt nicht ?

22

a) **heiß**: Bad, Wetter, ~~Eis,~~ Suppe, Pizza
b) **gut**: Essen, Buch, Problem, Arzt, Geschmack
c) **schlecht**: Wetter, Mensch, Glück, Licht, Film
d) **schlimm**: Gesundheit, Krankheit, Unfall, Situation, Schmerzen
e) **schrecklich**: Glückwunsch, Farbe, Mode, Film, Foto
f) **langweilig**: Urlaub, Durst, Film, Party, Arbeit
g) **klein**: See, Haus, Garten, Tag, Schlüssel, Zimmer
h) **hoch**: Haus, Brücke, Mensch, Preis, Zahl

i) **breit**: Fluss, Stunde, Rücken, Mund, Straße
j) **kurz**: Moment, Augenblick, Kleid, Farbe, Hose
k) **langsam**: Kellner, Verkäuferin, Reaktion, Haus, Auto
l) **plötzlich**: Regen, Unfall, Bart, Gedanke, Situation
m) **eilig**: Mann, Post, Termin, Tennisplatz, Nachricht
n) **schnell**: Antwort, Pferd, Museum, Spiel, Taxifahrer
o) **schön**: Gesicht, Frisur, Unfall, Mädchen, Augen
p) **müde**: Sekunde, Hund, Mann, Ärztin, Krankenschwester
q) **bequem**: Sofa, Sessel, Stern, Stuhl, Schuh

zu LB Ü 8 Ergänzen Sie **den – dem – der – die.**

23

a) Der Sänger hört *den* Reporter auf der Treppe.

b) Er winkt ____ Reporter.

c) Der Reporter fragt ____ Sänger.

d) Der Sänger antwortet ____ Reporter.

e) Eine Katze folgt _____ Reporter.

f) Gehört die Katze _____ Sänger?

g) Wir rufen _____ Tante an.

h) Wir wollen ____ Tante besuchen.

i) Wir gratulieren _____ Tante zum Geburtstag.

j) Wir bringen ______ Tante einen Blumenstrauß.

k) Der Blumenstrauß gefällt ____ Tante.

l) Wir mögen ______ Tante.

m) Die Fotografin hat _____ Termin vergessen.

n) Morgens fällt _____ Fotografin der Termin wieder ein.

o) Aber sie kann nicht und sagt ____ Sängerin den Termin ab.

p) Der Termin hat auch ____ Sängerin nicht so gut gepasst.

zu LB Ü 8 Ergänzen Sie.

24

a) Ich glaube, der Dieb war ein klein*er* dick___ Mann.

b) Glaubst du, dass es ein groß___ dick___ Mann war?

c) Er glaubt, es war ein Mann mit einem schwarz*en* Bart und weiß___ Haaren.

d) Sie glaubt, dass es ein Mann mit einem rund___ Gesicht und einer dick___ Nase war.

e) Es war ein Mann mit schwarz___ Augen und einem groß___ Ohrring, glauben wir.

f) Glaubt ihr, dass es ein Mann mit einem rot___ Koffer und einem grau___ Regenschirm war?

g) Sie glauben, dass es ein Mann mit lang___ Haaren war.

zu LB Ü 8 Wie heißen die Sätze?

25

Der Dieb war ein Mann …

a) (Haare / blond) *mit blonden Haaren.*

b) (Nase / schmal) *mit einer sch*___.

c) (Brille / schwarz) *mit*___.

d) (Ohren / groß) *mit*___.

e) (zwei Ohrringe / klein) *mit*___.

f) (Arme /stark) *mit*___.

g) (Beine / kurz) *mit*___.

h) (Tasche / schwarz) *mit*___.

i) (Sportschuhe / weiß) *mit*___.

Die Diebin war eine Frau …

j) (Hut / blau, groß) *mit einem blauen großen Hut.*

k) (Haare / kurz, schwarz) *mit*___.

l) (Augen /groß, dunkel) *mit*___.

m) (Nase / schmal, lang) *mit*___.

n) (Lippen / breit, schön) *mit*___.

o) (Mund / schön, rot) *mit*___.

p) (Beine / schön, lang) *mit*___.

q) (Schuhe / klein, schwarz) *mit*___.

r) (Handtasche / modern, rot) *mit*___.

zu LB Ü 8 Ergänzen Sie.

26

a) Ich finde, dass ein schwarz___ Hut zu einem weiß___ Mantel passt.

b) Sie findet, dass ein weiß___ Mantel zu einem schwarz___ Hut passt.

c) Eine rot___ Mütze passt sehr gut zu einer grün___ Brille, findet sie.

d) Findest du, dass eine grün___ Brille zu einer rot___ Mütze passt?

e) Er findet, ein modern___ Auto passt zu einem hübsch___ Mädchen.

f) Sie findet, ein modern___ Mädchen passt zu einem hübsch___ Auto.

g) Er findet, dass schwarz___ Blusen gut zu gelb___ Hosen passen.

h) Wir finden, schwarz___ Hosen passen nicht gut zu gelb___ Blusen.

i) Sie findet, eng___ Stiefel passen gut zu weit___ Mänteln.

j) Eng___ Mäntel passen sehr gut zu weit___ Stiefeln, findet sie.

k) Findest du, dass ein grün___ Bikini zu blau___ Haaren passt?

l) Ich finde, ein blau___ Bikini passt besser zu grün___ Haaren.

m) Findet ihr, dass groß___ Ohrringe zu meinen klein___ Ohren passen?

n) Ich finde, dass klein___ Ohrringe zu seinen groß___ Ohren passen.

o) Er glaubt, eine jung___ Frau passt zu einem jung___ Mann.

p) Sie glaubt, klein___ Männer passen zu klein___ Frauen.

zu LB Ü 9 Tragen Sie die Nummer ein und ergänzen Sie den Artikel.

27

- *das* Gesicht
- ____ Haare
- ____ Augen
- ____ Ohren
- ____ Nase
- ____ Wangen
- ____ Lippen
- ____ Zähne
- ____ Hals
- ____ Halskette

zu LB Ü 9 Von Kopf bis Fuß. Ergänzen Sie.

28

1. der Kopf
2. der Bauch
3. der Finger
4. der Zeh
5. das Knie
6. das Bein
7. ___ ________
8. ___ ________
9. ___ ________
10. ___ ________
11. ___ ________
12. ___ ________

zu LB Ü 9 Ergänzen Sie.

29

a) Auf *seinem*___ Kopf trägt er *seinen*___ Hut. *Ihren*___ Hut trägt sie auf *ihrem*___ Kopf.

b) Auf *sein*________ Nase hat er *s*________ Brille. *I*________ Brille trägt sie auf ________ Nase.

c) An *s*________ Fingern trägt er *s*________ Ringe. *I*________ Ringe trägt sie an *i*________ Fingern.

d) An *s*________ Händen trägt er *s*________ Handschuhe. *I*________ Handschuhe trägt sie an *i*________ Händen.

e) Um *s*________ Hals trägt er *s*________ Halsketten. *I*________ Halsketten trägt sie um *i*________ Hals.

f) An *s*________ Arm trägt er *s*________ Uhr. *I*________ Uhr trägt sie selten an ________ Arm.

g) Aber manchmal trägt er um *s*________ Hals *i*________ Schal. Und *s*________ Schal trägt sie um *i*________ Hals.

zu LB Ü 10 Wie heißen die Fragen? Ergänzen Sie.

30

a) *Ein großer Mann* wartet.	Was für ein ________ Mann wartet?
b) *Sie sieht einen großen Mann.*	Was ________ Mann sieht sie?
c) Er folgt *einem roten Schild.*	Was ________ Schild folgt er?
d) Er trägt *einen großen Koffer.*	Was ________ Koffer trägt er?
e) Es ist *ein schwerer Koffer.*	Was ________ Koffer ist es?
f) *Ein kleiner Mann* winkt.	Was ________ Mann winkt?
g) Er trägt *weiße Schuhe.*	Was ________ Schuhe trägt er?
h) Er hilft einer *alten Frau.*	Was ________ Frau hilft er?
i) Der große Mann trägt *einen kleinen Regenschirm.*	Was ________ Regenschirm trägt er?
j) Der kleine Mann trägt *einen großen Hut.*	Was ________ Hut trägt er?
k) Zwei Mädchen tragen *bunte Luftballons.*	Was ________ Luftballons tragen sie?

zu LB Ü 10 Ergänzen Sie.

31

a) Ich habe heute Morgen eine Frau gesehen. Was für eine? – Eine blond*e*___.
b) Sie hat in einem Wagen gewartet. In was für einem? – In einem schwarz___.
c) Neben ihr hat ein Junge gesessen. Was für einer? – Ein klein___.
d) Sie hat einen Mann gegrüßt. Was für einen? – Einen alt___.
e) Er hatte einen Bart. Was für einen? – Einen lang___.
f) Ein Mädchen ist mit einem Fahrrad gefahren. Mit was für einem? – Mit einem rot___.
g) Am Fenster hat eine Nachbarin ein Hemd aufgehängt. Was für eins? – Ein schwarz___.
h) Auf der Straße hat ein Junge mit einem Fußball trainiert. Mit was für einem? – Einem weiß___.
i) Mit der linken Hand hat er einen Fernseher getragen. Was für einen? – Einen klein___.

zu LB Ü 11 Ergänzen Sie die Adjektive.

32

–e		–heit		–keit	
die Stärke	*stark*	die Schönheit	*schön*	die Freundlichkeit	*freundlich*
die Schwäche	________	die Sicherheit	________	die Fröhlichkeit	________
die Größe	________	die Klarheit	________	die Herzlichkeit	________
die Höhe	________	die Gesundheit	________	die Gemütlichkeit	________
die Breite	________	die Zufriedenheit	________	die Natürlichkeit	________
die Tiefe	________	die Verliebtheit	________	die Ehrlichkeit	________
die Stille	________	die Einfachheit	________	die Richtigkeit	________
die Ruhe	________	die Frechheit	________	die Wichtigkeit	________
die Eile	________				

zu LB Ü 12 Ergänzen Sie: M, m, N, n.

33

a) Tante Marga mag montags ___argarine.

b) Max und Marta __ögen das gesu__de Müsli.

c) Mit dem bequeme__ __antel ist er zufrieden.

d) Er mag die Frau mit den grüne__ Auge__.

e) __ach der Nachspeise bringt er eine__ Kaffee.

f) Das junge __ädchen möchte einen nette__ Freund.

g) Natascha __ascht mit de__ Nikolaus.

h) Die Telefon__ummer ist ko__pliziert.

i) A__ dem __agel möchte er das Bild aufhängen.

j) Sie unterschreibt mit ihre__ __amen.

k) Am Nachmittag nimmt sie de__ neue__Wagen.

l) Warum spricht die ___ichte __icht ?

m) Um __itternacht ist Maria noch nicht __üde.

n) In der schöne__ Mainacht nimmt er ihre Ha_d.

o) A__ Himmel leuchten wu__derbare Sterne.

zu LB Ü 12 Ergänzen Sie.

34

a) Die zwei kleinen Bürgermeister reisen.

b) Drei fleißige__ Schweizer feiern dreimal.

c) Die vier dick___ Tiere trainieren vielleicht.

d) Sechs ehrlich___ Erwachsene erkennen sechzig Sorten Wasser.

e) Die sieben lieb___ Bedienungen servieren.

f) Die acht alt___ Tanten fahren Rad.

g) Neun neu___ Lampen leuchten hell.

h) Die zehn herrlich___ Segelboote segeln schnell.

i) Die elf fett___ Kekse schmecken Eva sehr.

j) Zwölf österreichisch___ Friseure stöhnen.

zu LB Ü 14 Ergänzen Sie: sehr, viel, viele, wenig, wenige.

35

a) Ich kann wirklich nicht mehr. Ich habe schon so __________ gegessen.

b) Ich bin satt. Ich habe schon __________ Stücke von der Torte gegessen.

c) Die Torte schmeckt ihm, er mag sie __________.

d) Er hat keinen Durst mehr, denn er hat __________ Saft getrunken.

e) Sie kann nicht schlafen, weil sie __________ Tassen Kaffee getrunken hat.

f) Sonntagnacht hat sie nur 3 Stunden geschlafen. Ihre Katze hat auch __________ geschlafen.

g) Am Montag ist er __________ spät zur Arbeit gekommen.

h) Sie sieht den Film __________ gerne.

i) Er hat nur ein halbes Brötchen gefrühstückt; sie hat auch __________ gefrühstückt.

j) Gleich ist das Spiel zu Ende; es dauert nur noch __________ Minuten.

k) Im Café ist nur noch __________ Platz.

l) Wie __________ Stühle sind noch frei?

m) Im Restaurant sind leider nur noch __________ Tische frei.

n) Wie __________ Zeit habt ihr?

zu LB Ü 14 Ergänzen Sie.

36

Ich wünsche Ihnen ...

a) ein*en* schön*en* Vormittag, ein___ schön___ Pause, ein___ schön___ Nachmittag, ein___ schön___ Arbeitstag, ein___ schön___ Woche, ein schön___ Wochenende, ein___ schön___ Abend, ein___ schön___ Feierabend.

b) ein___ schön___ Reise, ein___ schön___ Fahrt, ein___ schön___ Flug, ein___ schön___ Urlaub, schön___ Urlaubstage, schön___ Ferien.

c) ein___ schön___ Geburtstag, ein___ schön___ Party, ein___ schön___ Hochzeit, ein schön___ Jubiläum, ein___ schön___ Valentinstag, ein schön___ neues Jahr, ein schöne___ Fest, schön___ Weihnachten.

zu LB Ü 14 Ergänzen Sie das passende Pronomen.

37

a) Hast du mit meinem neuen Mobiltelefon telefoniert?
– Nein, mit *deinem* alten. (deinem, deiner, dein)

b) Hat er an unserem alten Computer gearbeitet?
– Nein, an __________ neuen. (ihrer, ihr, ihrem)

c) Wohnt er noch in seiner alten Wohnung?
– Nein, er wohnt schon in __________ neuen. (seinem, seiner, seine)

d) Wir haben unser altes Haus gestrichen.
– Peter und Petra streichen __________ neues. (ihrem, ihre, ihr)

e) Ist das dein neuer Mixer?
– Ja, das ist __________ neuer. (mein, meinen, meine)

f) Ist das deine neue Küche?

– Ja, das ist _________ neue. (mein, meiner, meine)

g) Sind das deine alten Bilder?

– Ja, das sind _________ alten. (meinen, meine, mein)

h) Sind das die neuen Zähne von Großvater?

– Ja, das sind _________ neuen. (seinen, sein, seine)

zu LB Ü 14 Ergänzen Sie –e, –en, –.

38

a) Sie ist fertig___ und schaut das fertig___ Bild an.

b) Er fragt die fleißig___ Kollegin, aber die arbeitet fleißig___ und antwortet nicht.

c) Er hat richtig___ gerechnet und schreibt die richtig___ Zahl auf einen Zettel.

d) Sie geht ruhig___ durch die ruhig___ Straßen.

e) Durch das ruhig___ Wasser schwimmt ruhig___ ein Delfin.

f) Der Termin ist sehr wichtig___, deshalb notiert er den wichtig___ Termin.

g) Eine vorsichtig___ Fahrerin fährt vorsichtig___ in die Kurve.

h) Die Frau ist schwarzhaarig___ und winkt zwei schwarzhaarig___ Mädchen.

i) Sie telefoniert dauernd___ und manchmal stören ihre dauernd___ Telefongespräche.

j) Zwischen seinen ständig___ Terminen telefoniert er ständig___

k) Der Termin um 10 Uhr ist dringend___, aber sie hat vorher noch zwei dringend___ Termine.

l) Ihre Tochter ist entzückend___ und sie hat auch entzückend___ Zwillinge.

m) Die Kinder lieben spannend___ Geschichten und ihr Vater erzählt sie auch sehr spannend___.

zu LB Ü 14 Was passt? Ergänzen Sie.

39

a) Die Kinder sind auf den Baum geklettert und sitzen jetzt ganz *oben.* (oben / über)

b) _______ sich auf dem Rasen sehen sie ihren Hund. (unten / unter)

c) _______ liegt auch ihre Puppe auf der Wiese. (unter / unten)

d) Oben sehen sie zwei Vögel. Die sitzen _______ ihnen auf dem Baum. (über / oben)

e) Wir fliegen jetzt über Frankfurt. Schau, da _______ ist der Henninger Turm. (unter / unten)

f) An der Kasse ist der Junge der Erste, deshalb ist er ganz _______. (vor / vorne)

g) Er muss nicht warten, denn niemand steht _______ ihm. (vorne / vor)

h) _______ dem Jungen wartet ein Mädchen. (hinten / hinter)

i) Am Schluss steht eine Mutter mit einem Kinderwagen. Sie steht ganz _______. (hinter / hinten)

zu LB Ü 15 Wie heißen die Sätze?

40

a) (Pullover: weich, warm und leicht)

- ● Ich suche einen Pullover. Weich, warm und leicht soll er sein.
- ■ Ich verstehe. Einen *weichen, warmen und leichten* Pullover suchen Sie.
- ● Ja, ein *weicher, warmer und leichter* Pullover soll es sein.
- ■ Hier bitte. Hier sind *weiche, warme und leichte* Pullover.

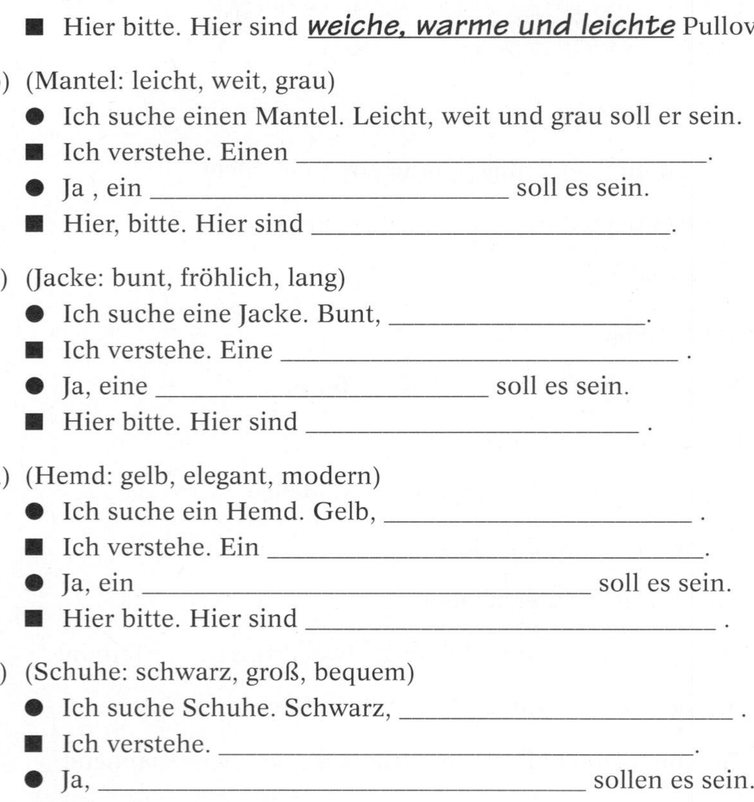

b) (Mantel: leicht, weit, grau)

- ● Ich suche einen Mantel. Leicht, weit und grau soll er sein.
- ■ Ich verstehe. Einen ______________________.
- ● Ja , ein ______________________ soll es sein.
- ■ Hier, bitte. Hier sind ______________________.

c) (Jacke: bunt, fröhlich, lang)

- ● Ich suche eine Jacke. Bunt, ______________________.
- ■ Ich verstehe. Eine ______________________ .
- ● Ja, eine ______________________ soll es sein.
- ■ Hier bitte. Hier sind ______________________ .

d) (Hemd: gelb, elegant, modern)

- ● Ich suche ein Hemd. Gelb, ______________________ .
- ■ Ich verstehe. Ein ______________________.
- ● Ja, ein ______________________ soll es sein.
- ■ Hier bitte. Hier sind ______________________ .

e) (Schuhe: schwarz, groß, bequem)

- ● Ich suche Schuhe. Schwarz, ______________________ .
- ■ Ich verstehe. ______________________.
- ● Ja, ______________________ sollen es sein.
- ■ Hier bitte. Hier sind ______________________ .

zu LB Ü 18 Ergänzen Sie.

41

a) Ein Delfin schwimmt im Meer.

Ein Delfin schwimmt *darin* ______.

b) Ein Vogel sitzt auf dem Käfig.

Ein Vogel sitzt ___________.

c) Ein Hund liegt unter dem Tisch.

Ein Hund liegt ___________.

d) Ein Baum steht zwischen den Häusern.

Ein Baum steht ___________.

e) Ein Vogel fliegt über dem See.

Ein Vogel fliegt ___________.

f) Eine Leiter steht an der Wand.

Eine Leiter steht ___________.

g) Ein Buch liegt neben der Tür.

Ein Buch liegt ___________.

dazwischen darüber darunter
daneben daran ~~darin~~ darauf

zu LB Ü 18 Welche Beschreibung passt zur Zeichnung? ☒

42

- ■ a) Auf der Zeichnung sieht man ein Haus. Darin sitzt eine Taube. Darunter wohnt eine Maus. Darauf wächst ein Baum. Darüber fliegt ein Luftballon. Rechts daneben steht eine Brücke. Links daneben sitzt ein Mädchen.
- ■ b) Auf der Zeichnung sieht man ein Haus. Darin ist ein Mädchen. Darauf sitzt eine Maus. Darüber fliegt eine Taube. Darunter sieht man einen Luftballon. Rechts daneben wächst ein Baum. Links daneben steht eine Brücke.
- ■ c) Auf der Zeichnung sieht man ein Haus. Darin ist ein Mädchen. Darauf sitzt eine Taube. Darunter wohnt eine Maus. Darüber fliegt ein Luftballon. Rechts daneben wächst ein Baum. Links daneben ist eine Brücke.

zu LB Ü 18 Schreiben Sie.

43

a) imvordergrundsiehtmaneinhausmiteinemgrünendach

Im Vordergrund sieht man ein Haus mit einem grünen Dach.

b) einblauervogelfliegtüberdiebrücke

____

c) aufdemmeerfahrenzweibuntesegelboote

____

d) aufdembildkannmanvielebuntebäumesehen

____

e) mansiehteinengrünensternimhintergrund

____

f) aufderlinkenseitesitzteineweißepuppeaufeinemsofa

____

g) indermittestehteingroßerbaummitschwarzenblättern

____

h) rechtskannmaneinenaltenmannmiteinemgrünenhuterkennen

____

zu LB Ü 18 Ergänzen Sie.

44

a) In der Küche steht ein dick__ Mann. Der dick__ Mann spricht mit ein__ klein__ Mädchen. Das klein__ Mädchen spielt mit ein__ groß__ Hund. Der groß__ Hund sieht ein__ schwarz__ Katze. Die schwarz__ Katze sucht ein__ grau__ Maus. Die grau_ Maus tanzt mit ein__ weiß__ Maus.

b) Auf der Wiese liegt ein_ weiß__ Pferd. Das weiß__ Pferd nascht an ein__ süß__ Kuchen. Der süß__ Kuchen steht auf ein__ klein__ Tisch. Der klein__ Tisch hat kurz__ Beine. Die kurz__ Beine sehen aus wie dick__ Würste.

c) Über dem See fliegt ein_ grau_ Taube. Die grau_ Taube bemerkt ein__ bunt__ Fisch im Wasser. Der bunt_ Fisch schwimmt zu ein__ weiß__ Segelboot. Auf dem weiß__ Segelboot sind viele fröhlich__ Menschen. Die fröhlich__ Menschen singen ein_ schön__ Lied.

zu LB Ü 18 Schreiben Sie.

45

a) Hut / rot

Der Hut ist rot.	*Die Hüte sind rot.*
Der rote Hut ist hübsch.	*Die roten Hüte sind hübsch.*
Ich finde den roten Hut hübsch.	*Ich finde die roten Hüte hübsch.*
Siehst du die Frau mit dem roten Hut?	*Siehst du die Frauen mit den roten Hüten?*

b) Kleid / grün

Das Kleid ________________.	*Die Kleider* ______________________.
________________ *ist hübsch.*	*Die* ___________________ *sind hübsch.*
Ich finde ________________.	____________________________
Siehst du die Frau ___________?	*Siehst* _______________________?

c) Bluse / schwarz

Die Bluse __________________.	*Die Blusen* _____________________.
__________________ *ist hübsch.*	______________________ *sind hübsch.*
Ich finde _________________.	______________________________
Siehst du _________________?	*Siehst* _________________________?

d) Rock / bunt

Der Rock __________________. Die Röcke __________________________.

__________________ ist hübsch. __________________________ sind hübsch.

Ich finde ____________________. __________________________________

Siehst du ___________________? _________________________________?

zu LB Ü 18 **Schreiben Sie.**

46

a) Hut / rot

Das ist ein roter Hut. Das sind rote Hüte.

Die Frau trägt einen roten Hut. Die Frauen tragen rote Hüte.

Ich sehe eine Frau mit einem roten Hut. Ich sehe Frauen mit roten Hüten.

b) Kleid / grün

Das ist ___________________________ Das sind ________________________

Die Frau trägt ___________________ Die Frauen __________________________

Ich sehe eine _____________________ Ich sehe Frauen _____________________

c) Bluse / schwarz

Das ist _________________________ Das sind ____________________________

Die Frau trägt __________________ Die Frauen __________________________

Ich sehe ________________________ Ich sehe Frauen ________________________

d) Rock / bunt

Das ist ________________________ Das sind ______________________________

Die Frau trägt _________________ Die Frauen ____________________________

Ich sehe _______________________ Ich sehe _______________________________

Wörter im Satz

47

	Ihre Muttersprache	Schreiben Sie einen Satz aus Delfin, Lehrbuch.
___ *Ausstellung*	___	___
___ *Dieb*	___	___
___ *Erwachsene*	___	___
___ *Gedanke*	___	___
___ *Gefühl*	___	___
___ *Geschmack*	___	___
___ *Kleid*	___	___
___ *Kohle*	___	___
___ *Meinung*	___	___
___ *Pullover*	___	___
___ *Schmuck*	___	___
___ *Verständnis*	___	___
anziehen	___	___
bestehen	___	___
diskutieren	___	___
hassen	___	___
klettern	___	___
melden	___	___
merken	___	___
stehlen	___	___
treffen	___	___
verhindern	___	___
allerdings	___	___
arm	___	___
blond	___	___
damals	___	___
dieser	___	___

drüben ________________ ____

genauso ________________ ____

nämlich ________________ ____

rund ________________ ____

verrückt ________________ ____

Grammatik

§ 15, 16 Verwendung von Adjektiven

48

	ohne Endung
Der Schrank ist	groß.
Die Uhr ist	schön.
Das Sofa ist	bequem.
Die Stühle sind	teuer.
Ich finde den Schrank	groß.
Ich finde die Uhr	schön.
Ich finde das Sofa	bequem.
Ich finde die Stühle	teuer.

	mit Endung	
Der	groß**e**	Schrank steht im Schlafzimmer.
Die	schön**e**	Uhr hängt im Flur.
Das	bequem**e**	Sofa steht im Wohnzimmer.
Die	teur**en**	Stühle sind kaputt.
Wir kaufen den	groß**en**	Schrank.
Wir hängen die	schön**e**	Uhr auf.
Wir holen das	bequem**e**	Sofa ab.
Wir kaufen die	teur**en**	Stühle.

Adjektiv als Adverb:

	Adjektiv:	
Das Auto ist	**schnell.**	
Ich fahre ein	**schnelles**	Auto.

	Adverb:
Das Auto fährt	**schnell.**
Ich fahre	**schnell.**

§ 18 Adjektive mit besonderen Formen

49

Der Turm ist	ho**ch.**
Die Nacht ist	dunk**el.**
Das Kleid ist	teu**er.**
Der Apfel ist	sau**er.**

Das ist ein	ho**her**	Turm.
Das ist eine	dun**kle**	Nacht.
Das ist ein	teu**res**	Kleid.
Das ist ein	sau**rer**	Apfel.

§ 16 Artikel + Adjektiv + Nomen

50

a) Definiter Artikel

	Nominativ			*Akkusativ*			*Dativ*		
Mask.	**der**		Mann	**den**	klein**en**	Mann	**dem**		Mann
Fem.	**die**	kleine	Frau	**die**	kleine	Frau	**der**	klein**en**	Frau
Neutr.	**das**		Kind	**das**		Kind	**dem**		Kind
Plural	**die**	klein**en**	Kinder	**die**	klein**en**	Kinder	**den**		Kinder**n**

b) Indefiniter Artikel

	Nominativ			*Akkusativ*			*Dativ*		
Mask.	**ein**	klein**er**	Mann	**einen**	klein**en**	Mann	**einem**		Mann
Fem.	**eine**	klein**e**	Frau	**eine**	klein**e**	Frau	**einer**	klein**en**	Frau
Neutr.	**ein**	klein**es**	Kind	**ein**	klein**es**	Kind	**einem**		Kind
Plural	–	klein**e**	Kinder	–	klein**e**	Kinder	–		Kinder**n**

§ 17 Artikelwort dieser

51

	Nominativ			*Akkusativ*			*Dativ*		
Mask.	**dieser**		Mann	**diesen**	klein**en**	Mann	**diesem**		Mann
Fem.	**diese**	klein**e**	Frau	**diese**	klein**e**	Frau	**dieser**	klein**en**	Frau
Neutr.	**dieses**		Kind	**dieses**		Kind	**diesem**		Kind
Plural	**diese**	klein**en**	Kinder	**diese**	klein**en**	Kinder	**diesen**		Kinder**n**

§ 16 Frage mit welcher …? und was für ein …?

52

	definiter Artikel
Welcher Schal?	**Der** grau**e** Schal.
Welche Jacke?	**Die** blau**e** Jacke.
Welches Hemd?	**Das** weiß**e** Hemd.
Welche Schuhe?	**Die** schwarz**en** Schuhe.

	indefiniter Artikel
Was für ein Koffer?	**Ein** braun**er** Koffer.
Was für eine Krawatte?	**Eine** hell**e** Krawatte.
Was für ein Hemd?	**Ein** blau**es** Hemd.
Was für Ferien?	Schön**e** Ferien.

§ 28 Präpositionalpronomen

53

Ebenso:

Ein Garten ist **vor** dem Haus.	**hinter** dem Haus	**dahinter**
Ein Garten ist **davor.**	**neben** dem Haus	**daneben**
	zwischen den Häusern	**dazwischen**
	für das Haus	**dafür**
	gegen das Haus	**dagegen**
	von dem Haus	**davon**

Vögel sitzen **auf** dem Haus.	**an** dem Haus	**daran**
Vögel sitzen **darauf**.	**in** dem Haus	**darin**
	über dem Haus	**darüber**
	unter dem Haus	**darunter**
	aus dem Haus	**daraus**

§ 44 Starke Verben

54

Infinitiv	*3. P. Sg. Präsens*	*Perfekt*
abschneiden	schneidet ab	hat abgeschnitten
anziehen	zieht an	hat angezogen
behalten	behält	hat behalten
bestehen	besteht	hat bestanden
lassen	lässt	hat gelassen
leihen	leiht	hat geliehen
stehlen	stiehlt	hat gestohlen
streiten	streitet	hat gestritten
treffen	trifft	hat getroffen
vergleichen	vergleicht	hat verglichen

§ 46 Präteritum der Modalverben

55

	sollen	*wollen*	*können*	*dürfen*	*müssen*
ich	sollte	wollte	konnte	durfte	musste
du	solltest	wolltest	konntest	durftest	musstest
er/sie/es/man	sollte	wollte	konnte	durfte	musste
wir	sollten	wollten	konnten	durften	mussten
ihr	solltet	wolltet	konntet	durftet	musstet
sie/Sie	sollten	wollten	konnten	durften	mussten

Präsens: Wir **müssen** **heute** lange arbeiten.
Präteritum: Wir **mussten** **gestern** lange arbeiten.

Wortschatz

Nomen

e Abwechslung, –en
r Alptraum, –̈e
e Ausstellung, –en
e Blumenvase, –n
e Dame, –n
r Dialog, –e
r Dieb, –e
r Diebstahl, –̈e
r Erwachsene, –n
r Fleck, –e(n)
e Frage, –n
r Friseur, –e
e Frisur, –en
s Geburtstagsgeschenk, –e
r Gedanke, –n
s Gefühl, –e
r Geschmack, –̈er
s Hemd, –en
r Himmel, –
r Hintergrund, –̈e
e Hose, –n
Jeans (pl)
r Juwelier, –e
r Kater, –
s Kleid, –er
r Kleidungsstil, –e
e Kohle, –n
r Kollege, –n
r Kompromiss, –e
r Konflikt, –e
e Kunstausstellung, –en
e Lederjacke, –n
r Leser, –
e Leserin, –nen
e Lippe, –n
s Mal, –e
e Mauer, –n
e Meinung, –en
e Mode, –n
e Modenschau, –en
r Nachthimmel
r Nerv, –en
r Nervenzusammenbruch, –̈e
e Nichte, –n
r Ohrring, –e
s Piercing
r Plan, –̈e
s Polizeirevier, –e
r Pudding
r Pullover, –
r Rand, –̈er

Ratschläge (pl)
s Recht, –e
e Redakteurin, –nen
r Ring, –e
r Rock, ¨–e
r Sahnesee, –n
r Schal, –s
r Schirm, –e
r Schmuck
s Schmuckstück, –e
s Schuljahr, –e
s Sonntagskleid, –er
r Stein, –e
r Stil, –e
s Thema, Themen
e U-Bahn, –en
s Universum
s Verständnis
r Vordergrund
r Witz, –e
e Woche, –n
r Wutanfall, ¨–e
e Zimmerdecke, –n
r Zopf, ¨–e

Verben

ab·schneiden
an·ziehen
auf·haben
befestigen
behalten
beleidigen
bestehen
diskutieren
entwickeln
grünen
hassen
kämmen
klettern
lassen
leihen
melden
merken
mit·machen
mit·nehmen
protestieren
renovieren
spazieren gehen
stehlen
streiten
treffen
urteilen
vergleichen
verhindern
weg·reißen

Adjektive

aktuell
arm
blau
blöd
blond
braun
dick
ehrlich
eigen
einfach
einzig
eng
entzückend
erwachsen
flach
frech
gelb
grau
grün
hässlich
hoch
hübsch
lächerlich
leicht
linke
modern
offen
pervers
privat
rechte
rothaarig
rund
schlau
schlimm
schmal
schmutzig
schrecklich
schwer
speziell
ständig
üblich
unbequem
unendlich
unpraktisch
verrückt
warm
weich
weit

Adverbien

allerdings
ausgesprochen
bisher
damals
demnächst
drüben
erstens
gelegentlich
genauso
heimlich
irgendwann
nämlich
neulich
noch mehr
so viel
zweitens

Funktionswörter

dafür
daneben
darauf
darin
darüber
darunter
davor
dieser
obwohl
sich
was für ein?
wen

Ausdrücke

recht haben
das Recht haben zu…
etwas haben wollen
Pläne haben
es (nicht) leicht haben
aussehen wie…
Erstens…, zweitens…
Wie steht mir das?

In Deutschland sagt man:	In Österreich sagt man auch:	In der Schweiz sagt man auch:
aussehen	ausschauen	
bunt		farbig
r Friseur, –e		r Coiffeur, –e
e Kleidung		Kleider (pl)
r Rock, ¨–e		s Kleid, –er

Lektion 11

zu LB Ü 1 Ergänzen Sie.

1

a) Ich wasche den Wagen.	Ich wasche *ihn*.	Dann wasche ich *mich*.
b) Du wäschst den Ball.	Du wäschst *i*_____.	Dann wäschst du *d*_____.
c) Der Vater wäscht den Hund.	Er wäscht _____.	Dann wäscht der Vater _____.
d) Die Mutter wäscht die Tochter.	Sie wäscht _____.	Dann wäscht die Mutter _____.
e) Das Mädchen wäscht das Baby.	Es wäscht _____.	Dann wäscht das Mädchen _____.
f) Wir waschen die Hemden.	Wir waschen _____.	Dann waschen wir _____.
g) Ihr wascht die Hosen.	Ihr wascht _____.	Dann wascht ihr _____.
h) Die Jungen waschen die Socken.	Sie waschen _____.	Dann waschen sie _____.

zu LB Ü 2 Ergänzen Sie **ihn, sie, es, sich.**

2

a) Der Polizist und die Ärztin haben geheiratet und der Fotograf fotografiert *sie* vor der Kirche.

b) Die Fotografin steht vor der Kamera und fotografiert *sich*.

c) Der Fahrer hat den Wagen vor die Garage gestellt und _____ dann gewaschen.

d) Danach ist er ins Bad gegangen und hat _____ gewaschen.

e) Die Sekretärin hat die Adresse auf den Brief geschrieben und wiegt _____.

f) Jeden Morgen geht die Sekretärin in ihr Bad und wiegt _____.

g) Die Mädchen waschen manchmal ihre Puppen, und dann kämmen sie _____ lange.

h) Die Mädchen haben schon geduscht, sie müssen _____ nur noch kämmen.

i) Wenn die Kinder geduscht haben, ziehen sie _____ schnell an.

j) Das kleine Kind kann sich noch nicht alleine anziehen, deshalb zieht die Mutter _____ an.

k) Weil die Mutter den kleinen Jungen kämmen will, stellt sie _____ auf den Stuhl.

l) Manchmal steht der Junge alleine auf dem Stuhl im Bad, um _____ zu kämmen .

m) Die Verkäuferin legt den großen Fisch auf den Tisch und schaut _____ genau an.

n) Die Verkäuferin schaut _____ im Spiegel an und kämmt sich.

o) Der alte Mann schaut sein Geld an und dann versteckt er _____ unter der Matratze.

p) Der Polizist kommt ins Zimmer. Da versteckt der Einbrecher _____ schnell hinter der Tür.

q) Der Bart vom Nikolaus ist zu lang, die Friseurin schneidet _____.

r) Der Vater rasiert _____ mit dem neuen Rasierapparat.

s) Ein Mann geht über die Straße und eine Frau beobachtet _____ vom Balkon.

zu LB Ü 2 Ergänzen Sie sich oder –.

3

a) Er hat _____ gewaschen, dann ist er _____ eingeschlafen.

b) Er hat _____ ins Bett gelegt, aber dann hat er _____ lange wach im Bett gelegen.

c) Er hat _____ auf den Stuhl gesetzt, denn drei Gäste haben _____ schon auf dem Sofa gesessen.

d) Sie ist _____ um sechs aufgewacht, um halb sieben ist sie _____ aufgestanden.

e) Um sieben hat sie versucht, _____ ihre Kinder zu wecken.

f) Um fünf nach sieben hat sie _____ bemerkt, dass es Sonntag war.

g) Er hat _____ um acht Uhr rasiert.

h) Hast du schon gehört? Curt hat _____ geheiratet.

i) Die Männer sind _____ in die Wohnung gekommen und Mia hat _____ gefürchtet.

zu LB Ü 2 Ergänzen Sie meiner, meinen, meinem, meine, meins.

4

a) Hast du dein Mobiltelefon vergessen? Ich gebe dir _______. Du kannst ruhig mit _______ telefonieren.

b) Wenn dein Wagen kaputt ist, kannst du _______ nehmen.

c) Brauchst du trockene Gummistiefel? Hier, du kannst _______ anziehen.

d) Ich kann mit deiner Brille fast nichts sehen. Siehst du mit _______ etwas?

e) Sind das deine Bücher? Ja, das sind _______.

f) Ist das wirklich dein Porsche? Ja, das ist _______.

g) Ist das deine Freundin? Ja, das ist _______.

zu LB Ü 2 Ergänzen Sie ich, mich oder mir.

5

a) Kannst du ______ schnell deine Telefonnummer aufschreiben?

b) Du kannst ______ heute Abend zu Hause anrufen.

c) Wer ist unten an der Tür? – ______ bin's, der Peter.

d) Wem ist es langweilig? – ______ ist es sehr langweilig.

e) Ich setze ______ gerne neben dich.

f) Kannst du ______ nach Hause fahren?

g) Wer ist Herr Fischer? – Das bin ______.

h) Wir müssen noch für das Examen lernen. Gehen wir zu ______?

i) ______ habe einen Fehler gemacht.

j) Tut ______ leid.

k) Seit einer Woche dusche ich morgens kalt, aber danach muss ich ______ immer ganz schnell anziehen.

zu LB Ü 2 Wie heißen die Sätze?

6

a) die Frau: sich vor den Spiegel stellen – weil – sich anschauen wollen

Die Frau stellt sich vor den Spiegel, weil sie sich anschauen will.

b) die Frau: vor dem Spiegel stehen – denn – sich anschauen wollen

____

c) die Studentin: sich an den Schreibtisch setzen – weil – sich auf die Prüfung vorbereiten müssen

____

d) die Studentin: am Schreibtisch sitzen – denn – sich auf die Prüfung vorbereiten müssen

____

e) der Junge : sich unter das Bett legen – denn – sich verstecken wollen

____

f) der Junge: unter dem Bett liegen – weil – sich versteckt haben

____

g) der Großvater: im Bad sein – weil – sich rasieren wollen

____

h) der Großvater: im Bad sein – denn – sich rasieren wollen

____

i) die Malerin: sich schön anziehen – denn – sich malen wollen

____

j) die Malerin: sich schön anziehen – weil – sich malen wollen

____

k) der Landwirt: ins Bad gehen – weil – sich in die Badewanne legen wollen

____

l) der Landwirt: ins Bad gehen – denn – sich in die Badewanne legen wollen

____

m) die Sängerin: in Eile sein – denn – sich noch kämmen müssen

____

n) die Sängerin: in Eile sein – weil – sich noch kämmen müssen

____

zu LB Ü 3 Silbenrätsel: Wie heißen die Wörter?

7

ar – au – auf – bei – ben – cha – de – ga – haus – ker – kre – kun – le – le – ~~leh~~ – lehr – ling – me – ni – pa – ~~rer~~ – rin – rin – schü – se – stel – tä – ter – tient – to

a) Er arbeitet in einer Schule. Man kann bei ihm Deutsch, Mathematik, Physik usw. lernen: *Lehrer*

b) Man sucht sie, wenn man Arbeit braucht: ________________

c) Er arbeitet in einer Fabrik. Er ist kein Chef, kein Manager, aber auch kein Lehrling: ________________

d) Er ist noch dabei, einen Beruf zu lernen: ________________

e) Sie arbeitet noch nicht. Sie geht noch zur Schule: ________________

f) Man macht sie nicht in der Schule, sondern zu Hause: ________________

g) Er liegt im Krankenhaus und möchte gesund werden: ________________

h) Er geht in ein Geschäft, um etwas zu kaufen: ________________

i) Sie arbeitet den ganzen Tag am Computer und schreibt Briefe für ihren Chef: ________________

j) Er hat gelernt Autos zu reparieren: ________________

zu LB Ü 3 Welche Präposition passt?

8

~~für~~ nach bei an mit auf um mit nach an über auf

a) Die Arbeiter demonstrieren / Die Lehrer demonstrieren *für* mehr Lohn. / weniger Arbeit.

b) Der Chef ruft / Das Kind ruft ______ der Sekretärin. / seiner Mutter.

c) Die Sekretärin schreibt einen Brief / Der Chef schreibt eine Karte ______ die Firma „Hansen & Co." / seinen Vater.

d) Die Studentin hilft der Schülerin / Der Lehrling hilft der Sekretärin ______ den Hausaufgaben. / der Büroarbeit.

e) Die Lehrerinnen nehmen / Die Schülerinnen nehmen ______ einer Konferenz teil. / einem Ausflug teil.

f) Der Manager berichtet / Der Reporter berichtet ______ die Verkaufszahlen. / den Weihnachtsmarkt.

g) Der Patient wartet / Der Tourist wartet ______ den Arzt. / den Bus.

h) Der Kunde schimpft / Der Lehrer schimpft ______ dem Automechaniker. / der Schülerin.

i) Der Tourist erkundigt sich / Der Chef erkundigt sich ______ dem Fahrplan. / den Verkaufszahlen.

j) Die Marktfrau handelt / Der Buchhändler handelt ______ Obst. / Büchern.

k) Der Lehrling bereitet sich / Der Regisseur bereitet sich ______ die Prüfung vor. / das Theaterstück vor.

l) Der Student bewirbt sich / Der Lehrling bewirbt sich ______ eine Stelle als Animateur. / eine Stelle als Bäcker.

zu LB Ü 3 Ergänzen Sie **der, die, das, dem, den.**

9

a) auf
- den Verkehr
- _____ Straße
- _____ Weg
- _____ Betonung
- _____ Schluss
- _____ Gepäck
- _____ Tasche

achten

b) über
- _____ Erfolg
- _____ Konferenz
- _____ Verkaufszahlen
- _____ Reise

berichten

c) über
- _____ Problem
- _____ Satz
- _____ Meinung
- _____ Wörter
- _____ Land

diskutieren

d) mit
- _____ Bürgermeister
- _____ Leuten
- _____ Lehrling
- _____ Marktfrau
- _____ Lehrerin

diskutieren

e) sich um
- _____ Stelle
- _____ Arbeit
- _____ Job

bewerben

f) sich nach
- _____ Rezept
- _____ Reise
- _____ Preis
- _____ Weg

erkundigen

g) nach
- _____ Taxistand
- _____ Haltestelle
- _____ Weg
- _____ Buch
- _____ Kindern

fragen

h) an
- _____ Konferenz
- _____ Feier
- _____ Ausflug
- _____ Reise
- _____ Französisch-stunde

teilnehmen

i) bei
- _____ Wäsche
- _____ Umzug
- _____ Einzug
- _____ Hausaufgaben

helfen

j) auf
- _____ Bus
- _____ Zug
- _____ Flugzeug
- _____ Antwort
- _____ Arzt
- _____ Lehrerin

warten

k) sich auf
- _____ Prüfung
- _____ Examen
- _____ Gespräch
- _____ Termin
- _____ Interview

vorbereiten

zu LB Ü 5 Welche Überschriften passen? (→ Lehrbuch S. 110) ✗

10

a) Textanfang:
- ■ 1. Alle da beim Klassentreffen nach zwanzig Jahren
- ■ 2. Nach zwanzig Jahren: Fünfzehn Schüler beim Klassentreffen
- ■ 3. Klassentreffen nach zwanzig Jahren: Vier von neunzehn leben im Ausland

b) Vera Schreiber:
- ■ 1. Von der Lehrerin zur Kinderbuchautorin
- ■ 2. Als Aupairmädchen für das Lehrerstudium im Ausland entschieden
- ■ 3. Verliebt in den Zahnarzt – Zahnärztin geworden

c) Jens Zuchgarn:
- ■ 1. Konnte einfach kein Blut sehen: Trotzdem Entscheidung für den Beruf des Arztes
- ■ 2. Vom Studium der Psychologie zur eigenen Werbeagentur
- ■ 3. Entscheidung für die Tradition der Familie

d) Claudia von Bornfeld:
- ■ 1. Stipendien helfen: Staatsexamen schon nach acht Semestern
- ■ 2. Von der Jurastudentin zur Rechtsanwältin
- ■ 3. Kein Ehemann, aber mit der Bank verheiratet: Karriere in der Auslandsabteilung

e) Richard Schmidt:
- ■ 1. Vom Kochlehrling zum Geschäftsführer: Eine Karriere nicht ohne Probleme
- ■ 2. Steak-House-Kette schließt Filiale – Geschäftsführer wechselt zum Flughafenrestaurant
- ■ 3. Zwischen Oldtimer und Herd: Ein Pilot als Hobbykoch

zu LB Ü 5 Ergänzen Sie die Tabelle.

11

Chef einer Werbeagentur   Lehre als Koch   Lehrerin für Englisch und Spanisch   Restaurantchef
Sprachen   Zivildienst im Krankenhaus   Angestellte in der Auslandsabteilung der Deutschen Bank
Autorin von Kinderbüchern   Stipendium   Mitarbeiter in einer Werbeagentur   Hotelfachschule   Jura

	Vera Schreiber	*Jens Zuchgarn*	*Claudia von Bornfeld*	*Richard Schmidt*
nach dem Abitur	Aupairmädchen in Mexiko			
Studium/Fachschule		Psychologie und Philosophie		
frühere Stelle			Assistentin an der Universität	
aktueller Beruf/ aktuelle Stelle				Geschäftsführer einer Steak-House-Filiale

zu LB Ü 5 Was passt nicht?

12

a) sofort – gleich – ~~kurz~~ – bald – demnächst
b) zuerst – zunächst – erst mal – endlich
c) ständig – gleichzeitig – immer – dauernd
d) später – anschließend – davor – danach
e) bis dann – bisher – bis jetzt – bis heute
f) dann – danach – später – diesmal
g) gestern – jede Nacht – heute – morgen
h) vorne – vorher – vorhin – vor ein paar Minuten
i) morgens – morgen – abends – nachts
j) selten – manchmal – fast nie – nicht mehr
k) bereits – noch nicht – schon
l) auf einmal – plötzlich – langsam
m) nur für kurze Zeit – im Augenblick – zurzeit
n) noch nicht – noch nie – immer noch

zu LB Ü 5 Ergänzen Sie.

13

a) Unsere Gäste möchten ein*en*___ ganzen Monat und noch ein_____ Woche bleiben.

b) Er hat einen Tag und ein_____ ganze Nacht gearbeitet.

c) Jed_____ Vormittag und jed___ Nachmittag geht sie schwimmen.

d) Jed_____ Nacht wartet sie am Meer auf die Delfine.

e) Er wollte nur ein_____ Tag wegfahren, aber er ist erst nach ein___ Monat zurückgekommen.

f) Sie hat nach d_____ Geburt ihrer Tochter aufgehört zu arbeiten.

g) Mit ein_____ Jahr konnte ihr Sohn schon laufen.

h) Vor ein_____ Jahr hat er das Abitur gemacht.

i) In ein_____ Jahr kann man eine Sprache gut lernen.

j) Wir müssen nur noch ein_____ Monat warten, denn in ein_____ Monat machen wir Urlaub.

k) Sie hat sich auf ihr Examen vorbereitet und sie hat in dies_____ Zeit wenig geschlafen.

l) Er hat seine Frau bei d_____ Arbeit kennengelernt.

m) Seit sein_____ Kindheit mag er Birnen besonders gerne.

zu LB Ü 5 Was passt nicht?

14

a) **die Praxis** des Arztes – des Zahnarztes – des Doktors – ~~des Krankenhauses~~
b) **der Beruf** des Arztes – des Lehrers – des Schülers – des Pfarrers
c) **die Tradition** der Familie – des Ortes – der Firma – der Bank – des Kindes
d) **der Wunsch** des Kindes – der Tante – des Onkels – des Geldes – des Kunden – des Verlegers
e) **das Hotel** des Onkels – des Bruders – des Vaters – des Sohnes – des Urlaubs
f) **die Zahl** der Zimmer – der Bäder – der Psychologie – der Balkons – der Fenster – der Aufträge
g) **die Einrichtung** der Küche – der Garage – des Wohnzimmers – der Gästezimmer
h) **das Zentrum** des Ortes – der Stadt – des Landes – Deutschlands – des Kochs
i) **die Kredite** der Banken – der Kunden – der Tiere – der Firmen – der Bauern
j) **der Geschäftsführer** der Firma – der Filiale – des Konzerns – des Supermarktes – des Verlags – der Karriere

zu LB Ü 5 Ergänzen Sie den Genitiv.

15

ich	mein*es* Vater*s*_	mein__ Mutter	mein__ Kind*es*	mein__ Freunde
du	*d*_____ Großvater__	dein*er* Großmutter	*d*_____ Aupairmädchen*s*_	*d*_____ Eltern
er	*s*_____ Onkel__	*s*_____ Tante	*seines* *Baby**s*_	*s*_____ Zwillinge
sie	*i*_____ Bruder__	*i*_____ Schwester	*i*_____ Kind*es*	*ihrer*_ Familien
es	*seines* Großvater__	*s*_____ Tochter	*s*_____ Aupairmädchen__	*s*_____ Kinder
wir	*u*_____ Sohn*es*	*unserer* Großmutter	*u*_____ Kind*es*	*u*_____ Freundinnen
ihr	*e*_____ Chef*s*_	*e*_____ Chefin	*eures*_ Aupairmädchen__	*e*_____ Kollegen
sie	*i*_____ Geschäfts-führer*s*_	*i*_____ Geschäfts-führerin	*i*_____ Baby__	*ihrer*_ Kinder
Sie	*I*_____ Geschäfts-führer*s*_	*I*_____ Geschäfts-führerin	*I*_____ Baby__	*Ihrer*_ Kinder

zu LB Ü 5 Ergänzen Sie.

16

a) Das Haus von meinem Großvater hat hier gestanden.

Hier hat das Haus *meines Großvaters* gestanden.

b) Neben dem Herd steht das Kochbuch von meiner Großmutter.

Neben dem Herd steht das Kochbuch ________ ______________

c) Die Reifen von meinem Auto sind bunt.

Die Reifen ________ ______________ sind bunt.

d) Die Freundinnen von meinen Töchtern sind lustig.

Die Freundinnen ________ ______________ sind lustig.

e) Die Träume von meinem Sohn sind interessant.

Die Träume ________ ______________ sind interessant.

f) Der Schreibtisch von meinem Chef ist sehr ordentlich.

Der Schreibtisch ________ ______________ ist sehr ordentlich.

g) Die Kaffeetassen von meinen Kolleginnen sind groß.

Die Kaffeetassen ________ ______________ sind groß.

h) Die Augen von meinen Katzen sind hellblau

Die Augen ________ ______________ sind hellblau.

i) Die Maus von meinem Freund und die von meinem Computer ist grau.

Die Maus ________ ______________ und die ________ ______________ ist grau.

zu LB Ü 5 Ergänzen Sie.

17

~~bei~~ mit über in über gegen auf über für an mit in

a) Er wohnt noch *bei* seinen Eltern _____ der Stadt.

b) Er spricht oft _____ anderen Studenten.

c) Sie setzen sich dann _____ einen Tisch.

d) Dann sprechen sie meistens _____ das Studium.

e) Er hat erst _____ zwei Wochen Geburtstag, aber er freut sich schon sehr _____ die Geschenke.

f) Er hat eine Uhr bekommen und er freut sich _____ dieses Geschenk.

g) Die Arbeiter demonstrieren _____ bessere Löhne.

h) Die Studenten demonstrieren _____ die hohen Mieten.

i) Die Kundin und der Verkäufer diskutieren _____ die Äpfel.

j) Die Kinder wollen _____ den Äpfeln spielen.

zu LB Ü 5 Ergänzen Sie.

18

mit für über um auf um für in auf mit als gegen als zu für auf mit mit bei

a) Vanessa Schreiber konnte sich nach dem Abitur nicht _____ ein bestimmtes Studium entscheiden.

b) Sie hat sich _____ einen jungen Zahnarzt verliebt.

c) Ihre Mutter hat sich _____ ihr Kind gekümmert.

d) So konnte sie sich in Ruhe _____ das zweite Staatsexamen vorbereiten.

e) Jens Zuchgarn hat sich _____ die Tradition der Familie entschieden.

f) Sein Vater hat sich _____ die Entscheidung geärgert.

g) Seine Frau arbeitet _____ ihm zusammen.

h) Seine Eltern freuen sich _____ ihr erstes Enkelkind.

i) Und sein Vater ist inzwischen sogar stolz _____ ihn.

j) Claudia von Bornfeld hat sich am meisten _____ internationales Handelsrecht interessiert.

k) Nach der Doktorprüfung hat sie sich _____ eine Stelle in der Deutschen Bank beworben.

l) Ihre Karriere ist sehr wichtig _____ sie.

m) Ein Ehemann und ein Kind passen nicht _____ ihrem Leben.

n) Richard Schmidt hat zunächst eine Lehre _____ Koch gemacht.

o) Später hat er _____ seinem Onkel gearbeitet.

p) Danach hat er _____ Chef eines Restaurants gearbeitet.

q) Dann hat er sich _____ einer Steak-House-Kette beworben.

r) Jetzt ist er _____ seinem Beruf ganz zufrieden.

s) Aber am liebsten fliegt er _____ seinem Oldtimer-Flugzeug.

zu LB Ü 5 Was passt nicht?

19

a) Arzt – Pfarrer – Lehrer – nass – Psychologe – ~~Glück~~ – Richterin – Rechtsanwältin **werden**
b) das Examen – die Fahrprüfung – die Party – das Abitur **bestehen**
c) Psychologie – Philosophie – Jura – Sprachen – Sport – Erfahrung **studieren**
d) eine eigene Werbeagentur – Zeit – alt – Lust – Pech – recht **haben**
e) Erfahrungen – eine Lehre als Koch – seinen Doktor – Karriere – das Examen – Freunde **machen**
f) eine Tür – das Gymnasium – die Schule – das Studium – das Licht **abschließen**
g) mit einem Stipendium – durch Jobs – mit einem Urlaub – mit Krediten **ein Studium finanzieren**
h) **sich** um eine Stelle in der Auslandsabteilung – bei einer Bank – als Assistentin an der Universität – als Geschäftsführer einer Filiale – als Direktor eines Konzerns – um das Essen **bewerben**
i) eine Party – eine Einladung – eine Universität – einen Sprachkurs – eine Hotelfachschule – ein Restaurant **besuchen**
j) ein Zimmer – einen Hobbyraum – ein Haus – einen Ehemann **einrichten**

zu LB Ü 5 Ergänzen Sie.

20

a) Der Brief ist von (er) *ihm*.

b) Der Brief ist für (du) ________.

c) Er schickt ihr dauernd kleine Geschenke, aber von (sie) ________ hat er noch nichts bekommen.

d) In der Post heute war nichts für (er) ________.

e) Der Anruf ist für (er) ________.

f) Die Postkarte ist von (er) ________.

g) Für (du) ________ tue ich alles.

h) Von (du) ________ haben wir lange nichts gehört.

i) Für (er) ________ ist ein Radio nicht so wichtig.

j) Er hat von (wir) ________ zwei CDs zum Geburtstag bekommen.

zu LB Ü 6 Was ist richtig? (→ Lehrbuch S. 112) ☒

21

a) Müssen die Kinder in Deutschland eine Vorschule besuchen?
- ■ Ja, alle Kinder ab 4 Jahre besuchen eine Vorschule.
- ■ Nein, nur wenn die Eltern es wollen.
- ■ Nein, denn es gibt gar keine Vorschule in Deutschland.

b) Was machen die meisten Kinder, bevor sie in die Schule gehen?
- ■ Sie bleiben zu Hause.
- ■ Sie besuchen eine Vorschule.
- ■ Sie besuchen einen Kindergarten.

c) Mit wie viel Jahren müssen die Kinder in Deutschland zur Schule gehen?
- ■ Mit 4 Jahren.
- ■ Mit 6 Jahren.
- ■ Mit 7 Jahren.

d) Auf welcher Schule kann man das Abitur machen?
- ■ Auf der Hauptschule.
- ■ Auf der Realschule.
- ■ Auf dem Gymnasium.

e) Kann man nach der Realschule noch das Gymnasium besuchen?
- ■ Nein, das ist nicht möglich.
- ■ Ja, aber es ist schwierig.
- ■ Ja, das machen sehr viele Schüler.

f) Wie lange muss man zur Schule gehen, um das Abitur zu machen?
- ■ 13 Jahre.
- ■ 10 Jahre.
- ■ 11 Jahre.

g) Was machen die meisten Schüler nach dem Abitur?
- ■ Sie suchen eine Lehrstelle.
- ■ Sie beginnen ein Studium an einer Universität.
- ■ Sie fangen an, in einem Beruf zu arbeiten.

Zu LB Ü 7 Ergänzen Sie. (→ Lehrbuch S. 112, Nr. 7b)

22

Zusage Lehrstelle Familie Bewerbungen Traumberuf Friseursalon

a) Kira hat eine __________ als Friseurin gefunden. Sie musste zehn __________ schreiben, bevor es geklappt hat. Als sie endlich eine __________ im Briefkasten hatte, war sie sehr froh. Jetzt freut sie sich, dass sie bald in ihrem __________ arbeiten kann. Der __________ liegt in der Stadtmitte und ist groß und modern. Sie will später aber nur noch halbtags arbeiten, um Zeit für ihre __________ haben.

Musiker Geld Musik Beruf Schlagzeug Eltern

b) Carsten möchte keine Lehrstelle haben, weil er sich nur für __________ interessiert. Er hat mit zwei Freunden eine Band; da spielt er Gitarre und __________. Er möchte unbedingt __________ werden. Seine __________ sind damit aber nicht einverstanden. Sie möchten, dass er einen richtigen __________ lernt und __________ verdient.

Stelle Pläne Ausbildung Lehrer Automechaniker Polizei

c) Ulf freut sich auf das Ende der Schulzeit, weil er danach keine Schule und keine __________ mehr sehen muss. Er hat schon genaue __________ für die Zukunft. Wie sein Vater möchte er zur _______ gehen. Weil er noch so jung ist, will er vorher aber eine andere __________ machen. Er hat sich auch schon um eine Lehre als __________ bemüht. Wenn er da keine __________ findet, lernt er etwas anderes.

Fotografin Abitur Chance Gymnasium Antworten Noten

d) Lisa geht nach dem Realschulabschluss noch drei Jahre aufs __________. Ihre __________ sind so gut, dass das kein Problem ist. Wenn sie nach drei Jahren das __________ gemacht hat, will sie vielleicht auch studieren. Aber eigentlich möchte sie gar nicht mehr zur Schule gehen, sondern lieber eine Ausbildung als __________ machen. Sie hat viele Bewerbungen geschrieben, aber niemand hat ihr eine __________ gegeben. Über viele __________ hat sie sich sehr geärgert.

zu LB Ü 7 Ergänzen Sie **auf** oder **über**.

23

a) Sie freut sich ______ nächste Woche, weil sie dann Urlaub hat.

b) Gestern hat Helga Post von ihrer Freundin bekommen. Sie hat sich sehr ______ den Brief gefreut.

c) Schenkst du ihr Blumen? – Nein, ______ ein Buch freut sie sich bestimmt mehr.

d) Ich freue mich ______ morgen, weil ich dann ein Tennisspiel habe.

e) Meine Schwester wohnt seit zwei Jahren in Australien. Ich freue mich sehr ______ ihren nächsten Besuch.

f) Ich habe am Sonntag mit meinem Bruder telefoniert. Er hat sich sehr ______ meinen Anruf gefreut.

zu LB Ü 7 Ergänzen Sie **mit oder über.**

24

a) Sie liebt diesen Beruf, weil sie sich gern _______ anderen Menschen unterhält.

b) Der Reporter unterhält sich _______ den Schülern.

c) Sie haben sich _______ die Schule unterhalten.

d) Wir können uns mit unserem Lehrer _______ alles unterhalten.

e) Er hat Probleme, sich _______ seinen Eltern zu unterhalten.

f) _______ wem hast du dich gerade unterhalten?

zu LB Ü 7 Ergänzen Sie **um oder bei.**

25

a) Sie hat sich nach dem Realschulabschluss ______ einem Friseursalon beworben.

b) Er hat sich ______ eine Stelle als Automechaniker beworben.

c) Nach dem Abitur hat er sich ______ einer großen Firma beworben.

d) Er will sich nicht ______ eine Lehrstelle bewerben, weil er nur Musik machen möchte.

e) Sie hat sich ______ eine Ausbildung als Fotografin beworben, aber es hat nicht geklappt.

f) Wenn er mit seiner Lehre fertig ist, bewirbt er sich ______ der Polizei.

zu LB Ü 8 Ergänzen Sie.

26

davor damit dazu davon danach daran dafür
~~darauf~~ darüber dadurch dagegen daraus

a) Freust du dich auf den Urlaub? – Nein, *darauf* freue ich mich nicht.

b) Ärgerst du dich über die Witze? – Nein, ________ ärgere ich mich nicht.

c) Hast du an seinen Geburtstag gedacht? – Nein, ________ habe ich nicht gedacht.

d) Hast du für die Prüfung gelernt? – Nein, ________ habe ich nicht gelernt.

e) Hast du Angst vor der Prüfung? – Nein, ________ habe ich keine Angst.

f) Beschäftigst du dich mit Autos? – Nein, ________ habe ich mich noch nie beschäftigt.

g) Hast du die Stelle durch die Zeitung gefunden? – Nein, ________ habe ich sie nicht gefunden.

h) Suchst du nach deinem Schlüssel? – Ja, ________ suche ich schon lange.

i) Träumst du immer noch von einer großen Karriere? – Ja, ________ träume ich immer noch.

j) Was hat deine Frau zu diesem Thema gesagt? – Sie hat nichts ________ gesagt.

k) Hat dein Kollege etwas aus seinem Fehler gelernt? – Nein, er hat leider nichts ________ gelernt.

l) Kannst du denn nichts gegen die dummen Witze deiner Kollegen machen? – Nein, ________ kann ich nichts machen.

Zu LB Ü 8 Welche Frage passt wo?

27

Wovor habt ihr denn Angst?	Wovon hast du gerade den Kindern erzählt?
Worüber habt ihr gesprochen?	Womit willst du die Katze füttern?
Woraus macht man eigentlich Knödel?	Wofür hast du die Decke gekauft?
Wonach habt ihr gesucht?	Woran denkst du gerade?

a) ● *Worüber* ____________
■ Wir haben über das Wetter gesprochen.
● Ach so, darüber habt ihr gesprochen.

b) ● ____________
■ Wir haben nach dem Schlüssel gesucht.
● Ach so, danach habt ihr gesucht.

c) ● ____________
■ Wir haben Angst vor der Prüfung.
● Ach, davor müsst ihr doch keine Angst haben.

d) ● ____________
■ Ich habe ihnen von meiner Kindheit erzählt.
● Ach so. Davon hast du ihnen erzählt.

e) ● ____________
■ Die macht man aus Kartoffeln.
● Ach, daraus macht man die.

f) ● ____________
■ Für meinen neuen Tisch.
● Ach, dafür ist sie doch zu groß.

g) ● ____________
■ Ich denke an unseren Urlaub.
● Daran denke ich auch immer.

h) ● ____________
■ Ich will sie mit Brot füttern.
● Damit kann man sie nicht füttern.

zu LB Ü 11 Wer ist ein Mann (ein Junge)? Wer ist eine Frau (ein Mädchen)? Ordnen Sie.

28

____________	____________
____________	____________
____________	____________
____________	____________
____________	____________
____________	____________
____________	____________

Großmutter Großvater
Mutter Vater
Sohn Tochter
Tante Onkel
Enkel Enkelin
Schwester Bruder
Nichte Neffe

zu LB Ü 11 Was passt zusammen?

29

a) Der Sohn meiner Mutter ist	*5*	1. meine Tante.
b) Die Tochter meiner Schwester ist	■	2. meine Enkelin.
c) Die Tochter meiner Tochter ist	■	3. meine Schwester.
d) Der Vater meiner Mutter ist	■	4. mein Enkel.
e) Der Sohn meines Bruders ist	■	5. mein Bruder.
f) Die Mutter meiner Mutter ist	■	6. mein Onkel.
g) Der Sohn meines Sohnes ist	■	7. mein Neffe.
h) Der Bruder meiner Mutter ist	■	8. mein Großvater.
i) Die Schwester meines Vaters ist	■	9. meine Nichte.
j) Die Tochter meines Vaters ist	■	10. meine Großmutter.

zu LB Ü 11 Schreiben Sie die Sätze neu. Benutzen Sie den Genitiv.

30

a) Der Hut von meinem Vater ist groß.

Der Hut meines Vaters ist groß.

b) Das Boot von meiner Freundin ist rot.

____

c) Das Auto von ihrem Vater steht in der Garage.

____

d) Der Ball von seinem Kind ist kaputt.

____

e) Der Hund von deinem Bruder möchte eine Wurst haben.

____

f) Das Pferd von ihrer Kollegin hat schöne Augen.

____

g) Die Einladung von meinem Chef hat mich gefreut.

____

h) Der Eingang von deinem Haus gefällt mir.

____

i) Die Hose von seinem Onkel finde ich hässlich.

____

zu LB Ü 12 Schreiben Sie.

31

a) Ein Hausdach ist das Dach *eines Hauses.*

b) Ein Türgriff ist der Griff ______________________.

c) Ein Brotrest ist der Rest ______________________.

d) Ein Tischbein ist das ______________________.

e) Ein Dachrand ist der ______________________.

f) Ein Taxifahrer ist der ______________________.

g) Ein Autoschlüssel ist der ______________________.

h) Ein Garagentor ist das ______________________.

i) Eine Zimmerwand ist die ______________________.

j) Eine Haustür ist die ______________________.

k) Eine Tischdecke ist die ______________________.

l) Ein Familienname ist der ______________________.

zu LB Ü 13 Ergänzen Sie.

32

mir dir sich uns euch

a) Gerd hatte Probleme mit seinem Chef. Deshalb hat er _______ eine neue Stelle gesucht.

b) Hast du die Kinder gefragt, was sie _______ zu Weihnachten wünschen?

c) Warum hast du _______ einen roten Pullover gekauft? Die Farbe passt doch nicht zu deinen Haaren.

d) Wenn meine Frau und ich in ein Restaurant gehen, bestellen wir _______ immer eine Flasche Wein.

e) Du hast ja schon wieder ein neues Auto. Wie kannst du _______ das denn leisten?

f) Heute früh war es so kalt, dass ich _______ einen Mantel anziehen musste.

g) Meine Kollegin und ich mussten gestern lange arbeiten. Gegen sieben hatten wir Hunger, da haben wir _______ eine Pizza geholt.

h) Was möchtet ihr morgen essen? Ihr dürft _______ etwas wünschen.

i) Es gibt einen neuen Film im Kino. Den möchte ich _______ gerne anschauen.

j) Meine Frau kennt alle wichtigen Telefonnummern. Sie kann _______ sehr gut Zahlen merken.

zu LB Ü 13 Was sagt man im Gespräch? Ordnen Sie.

33

~~Das stimmt.~~ ~~Das glaube ich nicht.~~ Das kann ich mir nicht vorstellen. Das ist richtig. Das stimmt nicht. Das kann ich mir vorstellen. Da hast du Recht. Das sehe ich anders. Das meine ich auch. Das ist nicht richtig. Das ist auch meine Meinung. Das finde ich nicht. Das finde ich auch. Da bin ich anderer Meinung.

Das stimmt.	*Das glaube ich nicht.*
_______	_______
_______	_______
_______	_______
_______	_______
_______	_______
_______	_______

zu LB Ü 15 Ergänzen Sie.

34

a) Er ist der Chef ein*es* groß*en* Konzerns.

b) Er ist der Leiter ein__ deutsch__ Fabrik.

c) Sie ist die Chefin ein__ groß__ Supermarkts.

d) Sie ist die Mutter ein__ klein__ Mädchens.

e) Er ist der Direktor ein__ groß__ Schule.

f) Er ist der Vater mein__ lieb__ Freundin.

g) Er ist der Arzt unser__ krank__ Großmutter.

h) Wer ist der Lehrer dein__ klein__ Tochter?

i) Das ist das Auto sein__ nett__ Kollegin.

j) Kennt ihr die Frau mein__ neu__ Chefs?

k) Sie feiern den Geburtstag ihr__ alt__ Vaters.

l) Sie renoviert die Wohnung ihr__ alt__ Mutter.

zu LB Ü 15 Nominativ, Genitiv, Dativ, Akkusativ. Ergänzen Sie die Sätze.

35

a) Das ist *ein kleiner Konzern.*
Er ist der Chef *eines kleinen Konzerns.*
Er arbeitet in *einem kleinen Konzern.*
Er übernimmt *einen kleinen Konzern.*

b) Das ist *eine kleine Firma.* ____________
Er ist der Chef ______________________.
Er arbeitet in ______________________.
Er übernimmt ______________________.

c) Das ist *ein kleines Geschäft.*
Er ist der Chef ______________________.
Er arbeitet in ______________________.
Er übernimmt ______________________.

d) Das sind *kleine Unternehmen.*
Sie sind die Chefs ______________________.
Sie arbeiten in ______________________.
Sie übernehmen ______________________.

zu LB Ü 15 Schreiben Sie.

36

a) Er leitet eine Firma in Frankreich. *Er ist Leiter einer französischen Firma.*

b) Er leitet eine Firma in Italien. *Er ist Leiter* ______________________.

c) Er leitet eine Firma in Deutschland. ______________________.

d) Er leitet eine Firma in Amerika. ______________________.

e) Er leitet eine Firma in Griechenland. ______________________.

f) Er leitet eine Firma in Polen. ______________________.

g) Er leitet eine Firma in Russland. ______________________.

h) Er leitet eine Firma in Brasilien. ______________________.

i) Er leitet eine Firma in Kanada. ______________________.

j) Er leitet eine Firma in China. ______________________.

k) Er leitet eine Firma in Ägypten. ______________________.

l) Er leitet eine Firma in Spanien. ______________________.

m) Er leitet eine Firma in Mexiko. ______________________.

n) Er leitet eine Firma in der Türkei. ______________________.

o) Er leitet eine Firma in England. ______________________.

p) Er leitet eine Firma in Argentinien. ______________________.

q) Er leitet eine Firma in Österreich. ______________________.

zu LB Ü 16 Tim Töpfer erzählt sein Leben. Schreiben Sie. (→ Lehrbuch S. 117)

37

a) geboren 29. Februar 1968 bei Hamburg

Ich bin am 29. Februar 1968 bei Hamburg geboren.

b) Grundschule Pinneberg – Gymnasium Hamburg

Ich habe ______

c) kein Abitur – Job als Tankwart

______

d) 2 Jahre – Seemann – Containerschiff

______

e) 1989 Rallye Paris- Dakar

______

f) Afrika – große Ölfirma

______

g) 1991 Berlin – Souvenirladen – selbstständig

______

h) 1994 bis 1998 Journalist – Tageszeitung – Sportveranstaltungen

______

i) 1999 halbes Jahr – Venezuela, Ecuador, Bolivien

______

j) Anden – Buch – Reiseerlebnisse

______

zu LB Ü 16 Welche Präposition passt? Ergänzen Sie.

38

a) Er ist *(nach/auf/bei)* ______ einem großen Schiff *(in/an/um)* ______ die Welt gefahren.

b) Er hat *(in/auf/von)* ______ seiner Reise viel erlebt. Deshalb hat er ein Buch *(über/für/mit)* ______ seine Reiseerlebnisse geschrieben.

c) Jetzt lebt er *(um/vor/mit)* ______ seiner Frau in einem Andendorf.

d) In Afrika hat er *(bei/mit/an)* ______ seinem Motorrad *(an/aus/vor)* ______ einer Rallye teilgenommen.

e) In Südamerika ist er *(um/durch/für)* ______ viele Länder gereist.

f) In Berlin hat er als Journalist *(für/in/um)* ______ eine Tageszeitung Sportberichte geschrieben.

g) Als er in Afrika war, hat er *(bei/auf/an)* ______ einer großen Ölfirma gearbeitet.

h) Er hat sich *(in/aus/mit)* ______ einem Souvenirgeschäft selbstständig gemacht, als er in Berlin war.

zu LB Ü 16 Notieren Sie die Nummern.
39

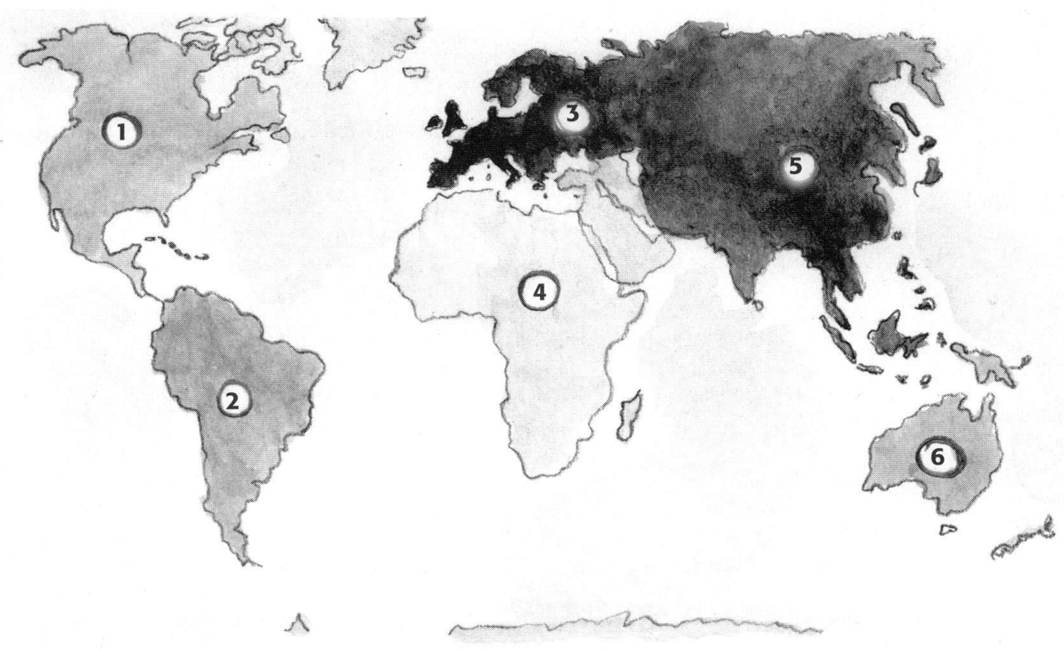

a) Afrika __
b) Asien __
c) Australien __
d) Europa __
e) Nordamerika __
f) Südamerika __

Wörter im Satz

40

	Ihre Muttersprache	**Schreiben Sie einen Satz aus Delfin, Lehrbuch.**
____ *Ausland*	________________	____
____ *Doktor*	________________	____
____ *Dorf*	________________	____
____ *Erfahrung*	________________	____
____ *Geburt*	________________	____
____ *Kredit*	________________	____
____ *Lehre*	________________	____
____ *Note*	________________	____
____ *Pech*	________________	____
____ *Wirtschaft*	________________	____
ärgern	________________	____
beschäftigen	________________	____
bewerben	________________	____
entschließen	________________	____
erinnern	________________	____
erkundigen	________________	____
interessieren	________________	____
kennenlernen	________________	____
kümmern	________________	____
leisten	________________	____
teilnehmen	________________	____
übernehmen	________________	____
unterhalten	________________	____
unterscheiden	________________	____
verlassen	________________	____
verlieben	________________	____
vorbereiten	________________	____

vorstellen	________	________________
eigene	________	________________
selbstständig	________	________________
stolz	________	________________
verschieden	________	________________

Grammatik

§ 1 Nomen im Genitiv

41

a) Definiter Artikel

	Nominativ	*Genitiv*
Maskulinum	**der** Doktor	**des** Doktor**s**
Femininum	**die** Familie	**der** Familie
Neutrum	**das** Hotel	**des** Hotel**s**
Plural	**die** Banken	**der** Banken

Das ist die Praxis **des** Doktor**s**.
So ist die Tradition **der** Familie.
Der Geschäftsführer **des** Hotel**s** heißt Schmidt.
Die Kredite **der** Banken sind teuer.

Genitiv mit –es:
Maskulinum und Neutrum auf s, ss, ß, sch, tz, zt

das Glas – des Glas**es**
der Schluss – des Schluss**es**
der Fuß – des Fuß**es**
des Tisch – des Tisch**es**
der Satz – des Satz**es**
der Arzt – des Arzt**es**

Ebenso bei folgenden Wörtern:

der Mann – des Mann**es**
das Kind – des Kind**es**
der Hund – des Hund**es**

§ 8, 9

Genitiv mit –(e)n:
Maskulinum Gruppe II

der Junge – **des** Junge**n**
der Angestellte **– des** Angestellt**en**
der Student **– des** Student**en**
usw.

b) Indefiniter Artikel

	Nominativ	*Genitiv*
Maskulinum	**ein** Doktor	**eines** Doktor**s**
Femininum	**eine** Familie	**einer** Familie
Neutrum	**ein** Hotel	**eines** Hotel**s**
Plural	Banken	**von** Banken

Unten im Haus ist die Praxis **eines** Doktor**s**.
Die Tradition **einer** Familie ist wichtig.
Herr Schmidt ist Geschäftsführer **eines** Hotel**s**.
Kredite **von** Banken sind meistens teuer.

Ebenso:
mein**es** Doktor**s** – dein**es** Doktor**s** – sein**es** Doktor**s** – ihr**es** Doktor**s**
mein**er** Familie – dein**er** Familie – sein**er** Familie – ihr**er** Familie
usw.

Artikel + Adjektiv + Nomen im Genitiv

42

a) Definiter Artikel

	Nominativ			*Genitiv*		
Maskulinum	**der**		Konzern	**des**		Konzern**s**
Femininum	**die**	groß**e**	Firma	**der**	groß**en**	Firma
Neutrum	**das**		Unternehmen	**des**		Unternehmen**s**
Plural	**die**	groß**en**	Unternehmen	**der**		Unternehmen

b) indefiniter Artikel

	Nominativ			*Genitiv*		
Maskulinum	**ein**	groß**er**	Konzern	**eines**		Konzern**s**
Femininum	**eine**	groß**e**	Firma	**einer**	groß**en**	Firma
Neutrum	**ein**	groß**es**	Unternehmen	**eines**		Unternehmen**s**
Plural		groß**e**	Unternehmen	**von**		Unternehmen

Reflexivpronomen im Akkusativ und Dativ

43

Nominativ	*Akkusativ*	*Dativ*
ich	mich	mir
du	dich	dir
er		
sie	**sich**	
es		
wir	uns	uns
ihr	euch	euch
sie	**sich**	
Sie		

Ich wasche **mich**.	Ich wünsche **mir** ein Auto.
Du wäschst **dich**.	Du wünschst **dir** ein Auto.
Er wäscht **sich**.	Er wünscht **sich** ein Auto.
Sie wäscht **sich**.	Sie wünscht **sich** ein Auto.
Es wäscht **sich**.	Es wünscht **sich** ein Auto.
Wir waschen **uns**.	Wir wünschen **uns** ein Auto.
Ihr wascht **euch**.	Ihr wünscht **euch** ein Auto.
Sie waschen **sich**.	Sie wünschen **sich** ein Auto.
Sie waschen **sich**.	Sie wünschen **sich** ein Auto.

! Er wäscht **sich**. ≠ Er wäscht **ihn**.
Sie wünscht **sich** ein schönes Wochenende. ≠ Sie wünscht **ihr** ein schönes Wochenende.

Verben mit Reflexivpronomen im Akkusativ:

sich anziehen
sich bemühen
sich bewerben
sich erinnern
sich freuen
sich kämmen
sich rasieren
sich setzen
sich verstecken
sich waschen
sich wohl fühlen
usw.

Verben mit Reflexivpronomen im Dativ:

sich etwas anschauen
sich etwas leisten
sich etwas merken
sich etwas vorstellen
sich etwas wünschen
usw.

§ 51 k) Verben mit Präpositionalergänzung

44

teilnehmen	**an**	
bestehen	**aus**	
sich bewerben	**bei**	
helfen		
anfangen		
aufhören		
beginnen		
sich beschäftigen		
reden	**mit**	
schimpfen		
spielen		
sich unterhalten		+ Dativ
sich erkundigen		
fragen	**nach**	
rufen		
berichten		
erzählen		
reden	**von**	
träumen		
Angst haben	**vor**	
schützen		
einladen		
gratulieren	**zu**	
passen		

denken		
sich erinnern	**an**	
schreiben		
achten		
sich freuen		
hören	**auf**	
sich vorbereiten		
warten		
sich verlieben	**in**	
demonstrieren		
sich entscheiden	**für**	
sich interessieren		+ Akkusativ
demonstrieren	**gegen**	
sich entscheiden		
sich ärgern		
sich aufregen		
diskutieren		
sich freuen	**über**	
reden		
schimpfen		
sich unterhalten		
sich bemühen		
sich bewerben	**um**	
sich kümmern		

Er nimmt **an** ein**em** Klassentreffen teil.
Das Festessen besteht **aus** ein**em** Braten.
Er hilft **bei der** Arbeit.
Sie beschäftigt sich **mit** ein**em** Kinderbuch.
Er ruft **nach der** Sekretärin.
Sie träumt **von** ihr**em** Urlaub.
Er hat Angst **vor der** Prüfung.
Sie lädt ihn **zu** ein**em** Eis ein.

Sie denkt **an** ihr**en** Freund.
Er freut sich **auf** sein**en** Urlaub.
Sie hat sich **in ihn** verliebt.
Er interessiert sich **für den** Auftrag.
Sie entscheidet sich **gegen ein** Kind.
Er freut sich **über das** Geschenk.
Sie bewirbt sich **um** ein**e** neue Stelle.

[!] Sie **freut** sich **auf** ihren Geburtstag.
Sie **freut** sich **über** das Geschenk.

Konstruktion mit 2 Präpositionalergänzungen:
Er **bewirbt** sich **bei** der Firma Hansen & CO **um** eine neue Stelle.
Sie **erkundigt** sich **bei** dem Automechaniker **nach** ihrem Auto.
Er **unterhält** sich **mit** ihr **über** das Klassentreffen.

§ 28 Präpositionalpronomen bei Verben mit Präpositionalergänzung

45

Sachen oder Sachverhalt: Präpositionalpronomen	***Personen: Personalpronomen***
Er regt sich **über die Verkaufszahlen** auf.	Sie regt sich **über ihren Chef** auf.
Worüber regt er sich auf?	**Über wen** regt sie sich auf?
Er regt sich **darüber** auf.	Sie regt sich **über ihn** auf.
Sie freut sich **auf seinen Urlaub**.	Er freut sich **auf seine Freundin**.
Worauf freut sie sich?	**Auf wen** freut er sich?
Sie freut sich **darauf**.	Er freut sich **auf sie**.

→ Arbeitsbuch Lektion 10, Grammatik Nr. 53.

§ 29 Präpositionen mit temporaler Bedeutung

46

vor	**Vor** vielen Jahren hat er die Grundschule besucht.
nach	**Nach** dem Abitur hat er im Krankenhaus gearbeitet.
von... bis	**Von** 1999 **bis** 2001 hat er in Südamerika gelebt.
zwischen	**Zwischen** Januar und Juni war er arbeitslos.
für	**Für** kurze Zeit hat er kein Geld verdient.
seit	**Seit** dem 1. Juli hat er eine Stelle in einer Bank.
in	**In** einem Jahr möchte er Geschäftsführer sein.

Wortschatz

Nomen

s Abitur
e Abiturnote, –n
s Abiturzeugnis, –se
r Abschluss, –̈e
s Abschlusszeugnis, –se
r Abteilungsleiter, –
r Anfang, –̈e
r / e Angestellte, –n (ein Angestellter)
r Arbeiter, –
r Arbeitsplatz, –̈e
e Assistentin, –nen
r Aufsichtsrat, –̈e
e Aufstiegsmöglichkeit, –en
r Auftrag, –̈e
s Aupairmädchen, –
e Ausbildung, –en
s Ausland
e Auslandsabteilung, –en
r Automechaniker, –
s Automobilunternehmen, –
r Bäckermeister, –
r Beginn
s Bein, –e
r /e Bekannte, –n (ein Bekannter)
e Betriebswirtschaft
s Blut
r Boden, –̈
e Bundeswehr
s Containerschiff, –e
e Dachdeckerin, –nen
r Direktor, –en
r Doktor, –en
s Dorf, –̈er
r Ehemann, –̈er
e Einrichtung, –en
s Elektronikunternehmen, –
r Enkel, –
s Enkelkind, –er
e Entscheidung, –en
e Erfahrung, –en
r Erziehungsurlaub
e Exportabteilung, –en
r Fehler, –
e Fernfahrerin, –n
e Fernsehdiskussion, –en
s Feuer, –
e Filiale, –n
e Finanzabteilung, –en
r Flugplatz, –̈e
e Geburt, –en
s Gehalt, –̈er
r Genitiv, –e
r Geschäftsführer, –
e Grafikerin, –nen
e Grundschule, –n
s Gymnasium, Gymnasien
s Handelsrecht
r Hauptschüler, –
Hausaufgaben (pl)
e Hochschule, –n
r Hörer, –
e Hörerin, –nen
e Hotelfachschule, –en
r Journalist, –en
s Jurastudium, –studien
e Karriere, –n
e Kette, –n
s Kinderbuch, –̈er
e Klasse, –n
s Klassentreffen, –
r Kleine, –n
r Koch, –̈e
e Kollegin, –nen
e Konferenz, –en
e Konkurrenz, –en
r Konzern, –e
r Kredit, –e
r Kunde, –n
r Lebenslauf, –̈e
e Lehre, –n
r Lehrling, –e
e Lehrstelle, –n
r Lohn, –̈e
r Manager, –
s Märchenbuch, –̈er
e Marktfrau, –en
e Meisterprüfung, –en
e Menge, –n
s Mitglied, –er
r Mitschüler, –
e Möbelfirma, –firmen
e Note, –n
r Oldtimer, –
e Ölfirma, Ölfirmen
r Ölkonzern, –e
r Patient, –en
s Pech
e Philosophie, –n
e Praxis, Praxen
e Prüfung, –en
e Psychologie
e Rallye, –s
r Realschulabschluss, –̈sse
e Realschule, –n
r Rechtsanwalt, –̈e
e Rechtsanwältin, –nen
s Reiseerlebnis, –se
e Richterin, –nen
r Salon, –s
e Sauna, Saunen
r Schulabgänger, –
r Schulbesuch, –e
r Schüler, –
e Schülerin, –nen
e Schulpflicht
s Schulsystem, –e
e Schulzeit, –en
r Seemann, –leute
e Sekundarschule, –n
s Semester, –
r Souvenirladen, –̈
e Sportveranstaltung, –en
Sprachkenntnisse (pl)
s Staatsexamen, –
s Steak–House
e Stelle, –n
s Stipendium, Stipendien
r Student, –en
e Studentin, –nen
e Tageszeitung, –en
r Tankwart, –e
s Tennisspiel, –e
e Tradition, –en
s Trinkgeld, –er

e Überraschung, –en
s Ufer, –
e Uni, –s
e Universität, –en
s Unternehmen, –
e Urlaubsvertretung, –en
e Verantwortung
e Verkaufszahl, –en
r Verleger, –
e Vorschule, –n
e Ware, –n
r Waschmittelhersteller, –
e Welt, –en
e Werbeagentur, –en
e Werkzeugmaschinen-
fabrik, –en
e Wirtschaft, –en
r Zahnarzt, ¨–e
Zahnschmerzen (pl)
e Zeitangabe, –n
s Zeug
s Ziel, –e
r Zivildienst
e Zivildienststelle, –n
r Zugfahrplan, ¨–e
r Zukunftsplan, ¨–e
e Zusage, –n

Verben

akzeptieren
angeln
ärgern
auf·geben
auf·regen
bauen
bearbeiten
bekannt machen
beklagen
bemühen
berichten
beschäftigen
bewerben
demonstrieren
ein·bauen
einigen
ein·richten
ein·stellen
entschließen
erinnern
erkundigen
erneuern
fangen
finanzieren
fortsetzen
frei haben
handeln
interessieren
kaputt·gehen
kaputt·machen
kennen·lernen
kümmern
leisten
mithelfen
Recht haben
sammeln
sinken
teil·nehmen
übernehmen
unterbrechen
unterhalten
unterrichten
unterscheiden
verbessern
vergrößern
verlassen
verlaufen
verlieben
vor·bereiten
vor·stellen
wärmen
wohl fühlen
zurück·gehen
zurück·kehren
zurück·kommen
zusammen·arbeiten

Adjektive

afrikanisch
anschließend
arbeitslos
bekannt
beruflich
dumm
eigene
französisch
interessiert
international
krank
lustig
mittelgroß
norddeutsch
selbstständig
steil
stolz
verschieden

Adverbien

doch nicht
eineinhalb
halbtags
immer weniger
inzwischen
lang
nicht einmal
viel zu wenig
überhaupt nicht
zunächst
zu viele

Funktionswörter

des
eines
meines
deines
seines
dieser
diese
dieses
daran
darauf
dafür
davor
woran
worauf
wofür
wovor
gar kein
sich
wem
wenige

Ausdrücke

auf die Welt kommen
für etw. geboren sein
das Ziel haben zu …
Erfahrungen sammeln
sich selbstständig machen
seinen Doktor machen
An erster / zweiter Stelle stehen
viel vorhaben
Das ist ja eine Überraschung!
Da hast du aber Glück gehabt!
Das kann ich mir vorstellen.
Was kann ich für dich / Sie tun?

Abkürzungen

& CO = und Compagnie
geb. = geboren(e)

In Deutschland sagt man:	**In Österreich sagt man:**	**In der Schweiz sagt man:**
s Abitur	die Matura	die Matura
s Gehalt, ¨-er	r Lohn, ¨-e	r Lohn, ¨-e
e Praxis, Praxen	e Ordination, –en	
inzwischen		unterdessen

Lektion 12

zu LB Ü 1 Was passt nicht?

1

a) einen Händler – ~~ein Kamel~~ – eine Putzfrau – ein Fotomodell **heiraten**
b) **sich** in einen Händler – in ein Fotomodell – in Zwillinge – in Müll **verlieben**
c) Gulaschsuppe – Würste – Kuchen – Knödel – **kochen**
d) Brötchen – Kuchen – Torten – Suppen **backen**
e) Bilder – Schlaf – Originale – Kitsch **verkaufen**
f) Schach – Fußball – mit einer Puppe – mit einem Flohmarkt – mit einem Kind **spielen**
g) bei einem Spiel – bei einem Schachturnier – bei einem Tennisspiel – bei einem Hobby **mitspielen**
h) bei einem Radrennen – bei einem Autorennen – auf einem Pferd – bei einem Motorradrennen – **mitfahren**
i) Pilze im Wald – Geld auf der Straße – Zeit in der Zeitung – Zeit am Wochenende **finden**
j) Termine – Rechnungen – Kinder auf der Raststätte – seinen Kopf **vergessen**

zu LB Ü 1 Was passt nicht?

2

a) Auto / Pferde / ~~Tennis~~ / Rad | rennen

b) Fußball / Sport / Musik / Temperatur | verein

c) Plastik / Kredit / Bonbon / Obst | tüte

d) Super / Floh / Dorf / Bau / Weihnachts / Ufer / Blumen | markt

e) Schach / Tennis / Film / Liter / Fahrrad / Rentner | club

f) Fehler / Pilz / Zwiebel / Bohnen / Tomaten | suppe

zu LB Ü 3 Welche Schlagzeile passt zu dem Zeitungstext (→ Lehrbuch S. 119, Nr. 3)? ☒

3

a) Familie aus dem Bayerischen Wald im Krankenhaus ☐
b) Unfall in der Ferienwohnung ☐
c) Eine ganze Familie mit Pilzvergiftung ins Krankenhaus ☐
d) Mit Blaulicht in den Bayerischen Wald ☐
e) Familie fand Plastiktüte mit Pilzen bei Wanderung ☐

zu LB Ü 3 Formulieren Sie die Schlagzeilen anders.

4

a) Kölner Kellner kochte für sechshundert Kinder Kakao.

Ein Kellner aus Köln hat für sechshundert Kinder Kakao gekocht.

b) Wiener Weihnachtsmann verkaufte 5000 Würstchen auf dem Weihnachtsmarkt.

Ein Weihnachtsmann aus Wien hat ______________________

c) Pinneberger Pilot provozierte einen Unfall auf einem Parkplatz.

Ein Pilot aus ______________________

d) Oldenburger Oldtimer-Händler heiratete im Oldtimer-Flugzeug.

Ein Oldtimer-Händler aus ______________________

e) Bielefelder Bäckerlehrling beachtete Brötchen im Backofen nicht.

Ein Bäckerlehrling aus ______________________

f) Paderborner Polizist beobachtete elf Tage lang leere Zelte.

Ein Polizist aus ______________________

g) Leipziger Lehrer lebte 10 Jahre lang in Luxemburg.

Ein Lehrer aus ______________________

h) Kopenhagener Clowns spielten für kranke Kinder.

Clowns aus ______________________

i) Athener Arbeiter hörten im Aufzug die Stimme von Elvis Presley.

Arbeiter aus ______________________

j) Marburger Maler malten Mitglieder vom Motorradclub.

Maler aus ______________________

zu LB Ü 3 Rekord-Schlagzeilen. Ergänzen Sie die Fragen.

5

a) ● 15 Köche kochten 750 Kilogramm Marmelade.
■ Stimmt es wirklich,

dass sie 750 Kilogramm Marmelade gekocht haben?

b) ● 14 Sportlehrer duschten 40 Stunden.
■ Steht wirklich in der Zeitung,

dass sie ______________________ ?

c) ● Manager verdiente in 60 Sekunden 600.000,– €.
■ Hast du wirklich gelesen,

dass er ______________________ ?

d) ● Möbeltischler machte in 17 Sekunden 37 Mineralwasserflaschen auf.
■ Steht wirklich in der Zeitung,

dass er ______________________ ?

e) ● 19 Sängerinnen heirateten in 90 Minuten.
■ Glaubst du,

dass sie ______________________ ?

f) ● 14 Journalisten arbeiteten 40 Stunden ohne Pause.
■ Kann es stimmen,

dass sie ______________________ ?

g) ● 15 Touristen warteten 5 Stunden auf den Bus.
■ Steht wirklich in der Zeitung,

dass sie ____?

h) ● 16 Briefmarken kosteten 60 000 Dollar.
■ Stimmt es,

dass sie ____?

i) ● 17 Reporter berichteten 70 Stunden vom Surfturnier.
■ Schreibt die Zeitung wirklich,

dass sie ____?

j) ● 18 Briefträger vergaßen 80 Briefe.
■ Kannst du glauben,

dass sie ____?

k) ● Bedienung fand 900 Dollar in ihrer Handtasche.
■ Steht da wirklich,

dass sie ____?

l) ● 90-jähriger Porsche-Fahrer fuhr bei einem Autorennen mit.
■ Ist es richtig,

dass er ____?

m) ● In einem Zug stieg die Temperatur auf 50 Grad.
■ Stimmt es wirklich,

dass sie ____?

n) ● Taxifahrer suchte zwei Stunden sein Taxi.
■ Berichtet die Zeitung wirklich,

dass er ____?

zu LB Ü 3 Ergänzen Sie.
6

Infinitiv	*Präteritum*	*Infinitiv*	*Präteritum*	*Infinitiv*	*Präteritum*
	er/sie/es...		**er/sie/es...**		**er/sie/es...**
tauchen	*tauchte*	**suchen**		**spielen**	
eintauchen	*tauchte ein*	**besuchen**		**mitspielen**	
machen		**versuchen**		**vorspielen**	
aufmachen		**aussuchen**		**lieben**	
zumachen		**weitersuchen**		**sich verlieben**	
arbeiten	*arbeitete*	**warten**		**berichten**	
mitarbeiten	*arbeitete mit*	**erwarten**		**kosten**	
einschalten		**achten**		**leisten**	
ausschalten		**beobachten**		**beten**	

zu LB Ü 4 Ergänzen Sie.

7

a) ● Haben Putzfrauen aus Pinneberg wirklich eine Schlange im Bad gefunden?

■ Ja, hier steht: *„Pinneberger Putzfrauen fanden eine Schlange im Bad."*

b) ● Haben Rentner aus Ravensburg wirklich drei Rettungswagen gerufen?

■ Ja, hier steht: *„Ravensburger* ______."

c) ● Ist ein Bauer aus Bitburg im Garten wirklich auf Goldmünzen gestoßen?

■ Ja, hier steht: *„Bitburger* ______."

d) ● Ist ein Fahrer aus Flensburg wirklich bei fünf Fahrradrennen falsch gefahren?

■ Ja, hier steht: *„Flensburger* ______."

e) ● Hat ein verliebter Busfahrer aus Brandenburg wirklich drei Haltestellen vergessen?

■ Ja, hier steht: *„Verliebter Brandenburger* ______."

f) ● Sind Tiger im Hamburger Zoo wirklich nachts aus dem Käfig gestiegen?

■ Ja, hier steht: *„Tiger im Zoo von Hamburg* ______."

g) ● Hat ein Sänger aus Salzburg wirklich eine kalte Dusche vom Balkon bekommen?

■ Ja, in der Zeitung steht: *„Salzburger* ______."

zu LB Ü 4 Ergänzen Sie.

8

Infinitiv	*Präteritum*	*Perfekt*
	er/sie/es...	**er/sie/es...**
fahren	*fuhr*	ist gefahren
mitfahren	*fuhr mit*	ist mitgefahren
graben		hat gegraben
wissen		hat gewusst
vergessen		hat vergessen
sehen		hat gesehen
geben		hat gegeben
liegen		hat gelegen
stehen		hat gestanden

Infinitiv	*Präteritum*	*Perfekt*
er/sie/es...	**er/sie/es...**	**er/sie/es...**
finden	*fand*	hat gefunden
bekommen		hat bekommen
rufen		hat gerufen
anrufen		hat angerufen
steigen		ist gestiegen
einsteigen		ist eingestiegen
stoßen		ist gestoßen
sein		ist gewesen
haben		hat gehabt

zu LB Ü 4 Ergänzen Sie für oder aus.

9

a) Metalldose: *eine Dose aus Metall*

b) Kaffeedose: *eine Dose für Kaffee*

c) Kaffeetasse: ______

d) Glastasse: ______

e) Bratentopf: ______

f) Metalltopf: ______

g) Topfdeckel: ______

h) Glasdeckel: ______

i) Holzteller: ______

j) Pizzateller: ______

k) Zuckerlöffel: ______

l) Plastiklöffel: ______

m) Metallgabel: ______

n) Kuchengabel: ______

o) Brotmesser: ______

p) Metallmesser: ______

q) Holzregal: ____________________ u) Lederschuhe: ____________________

r) Bücherregal: ____________________ v) Sportschuhe: ____________________

s) Müllsack: ____________________ w) Bilderwand: ____________________

t) Plastiksack: ____________________ x) Holzwand: ____________________

zu LB Ü 4 Welche Wörter haben keinen Sinn?

10

a) Pilzsuppe – Pilzsoße – Pilzomelett – ~~Pilzwohnung~~
b) Glasflasche – Glassaft – Glasteller – Glastasse
c) Lederstiefel – Lederschal – Lederhose – Ledermantel
d) Ölhammer – Ölpfütze – Ölfleck – Ölkännchen
e) Goldmünze – Goldzahn – Goldbrille – Goldbriefmarke
f) Plastikschmuck – Plastikwasser – Plastikring – Plastiktasse
g) Holztisch – Holzstuhl – Holzkohle – Holzeis
h) Honigmarmelade – Honigkuchen – Honigbonbons – Honigplätzchen
i) Zuckerstück – Zuckerwurst – Zuckerkuchen – Zuckerkeks
j) Pfeffersteak – Pfeffersoße – Pfefferfluss – Pfeffergulasch
k) Eisbecher – Eistee – Eiscafé – Eisofen
l) Wasserfleck – Wasserhemd – Wasserpfütze – Wasserbecken
m) Regenschirm – Regenbikini – Regenmantel – Regenwetter

zu LB Ü 6 Was passt zusammen? (→ Lehrbuch S. 120)

11

a) Herr Ertl erlebt ständig Unfälle und Pannen, 2
b) Herr Ertl hat ein Baumhaus für die Kinder gebaut. ■
c) Herr Ertl hat eine Zange aus dem Werkzeugkasten genommen. ■
d) Herr Ertl ist gegen das alte Holzregal gestoßen. ■
e) Frau Ertl hat ihren Mann verbunden. ■
f) Herr Ertl hat den Platz vor der Garage gekehrt ■
g) Herr Ertl wollte im Auto die Schuhe wechseln. ■
h) Herr Ertl hat sich im Auto nach vorn gebeugt. ■
i) Herr Ertl wollte auf dem Dachboden schnell die Katze der Nachbarin fangen, ■
j) Herr Ertl hat auf dem Dachboden stundenlang aufgeräumt. ■
k) Herr Ertl musste mit der Frau über eine Stunde im Aufzug warten. ■
l) Im Lift hat Herr Ertl den Notrufschalter gedrückt, ■
m) Herr Ertl hat schon den ganzen Morgen den Briefkastenschlüssel gesucht. ■

1. Mit der Schulter ist er dabei gegen ein altes Holzregal gestoßen.
2. doch dabei hat er immer Glück im Unglück.
3. Das ist dabei auf ihn gefallen.
4. Dabei ist er den Reportern direkt vor die Füße gefallen.
5. und ist dabei gegen das Garagentor gefallen.
6. Dabei hat er gesehen, dass das Kabel hinter dem Regal ganz schwarz war.
7. doch der ist dabei abgebrochen.
8. aber dabei ist die schwere Eisentür hinter ihm ins Schloss gefallen.
9. Dabei ist er mit dem Kopf im Lenkrad stecken geblieben.
10. Dabei hat er sich mit ihr unterhalten.
11. Dann hat ihn seine Frau in ihrem Stück der Torte wiedergefunden.
12. Dabei hat er sich nach vorn gebeugt.
13. Dabei hat er eine Schachtel mit alten Fotos und eine Kiste mit schönen ausländischen Briefmarken entdeckt.

zu LB Ü 6 Was passt nicht?

12

a) eine Küche – einen Dachboden – einen Ast – den dritten Stock **renovieren**
b) eine Wasserleitung – ein Stromkabel – eine Katze – ein Türschloss **reparieren**
c) die Schuhe – den Kopf – die Kleider – eine Glühbirne **wechseln**
d) den Hof – den Wald – den Platz – die Treppe – den Flur **kehren**
e) auf der nassen Straße – vor der Tür – in der Badewanne – auf einem Sofa **ausrutschen**
f) an der Tür – draußen – im ersten Stock – auf dem Dach **klingeln**
g) an der Wohnungstür – am Telefon – am Fenster – an der Balkontür **klopfen**
h) auf einen Knopf – einen Schalter – ein Missgeschick – das „X" auf einer Schreibmaschine **drücken**
i) Glück – eine Panne – einen Hilferuf – Unglück – Pech **haben**
j) ein Glückspilz – ein Pechvogel – ein Patient – Bescheid **sein**
k) um Hilfe – einen Arzt – einen Werkzeugkasten – einen Elektriker **rufen**
l) Hilfe – einen Automechaniker – einen Werkzeugkasten – Glück **holen**
m) ein Lenkrad – ein Marmeladenglas – ein Namensschild – ein Türschloss **abmontieren**
n) das Gesicht – die Hände – den Hals – die Zähne **eincremen**

zu LB Ü 6 Ergänzen Sie.

13

a) Die Reporter kamen. Da fiel Herr Ertl ihnen vor die Füße.

Als die Reporter kamen, fiel Herr Ertl ihnen vor die Füße.

b) Herr Ertl stieß gegen das Regal. Da rief er „Hilfe".

Als Herr Ertl ______________________________

c) Herr Ertl blutete. Da verband seine Frau ihm die linke Hand.

Als Herr Ertl ______________________________

d) Herr Ertl stand auf. Da nahm sie seine rechte Hand.

Als Herr Ertl ______________________________

e) Die Nachbarn hörten die Hilferufe von Herrn Ertl. Da holten sie einen Automechaniker.

Als die Nachbarn ______________________________

f) Die Nachbarn zogen am Lenkrad. Da sagte der Automechaniker: „Vorsichtig!"

Als die Nachbarn ______________________________

g) Herr Ertl fand die Katze. Sie stand an einer Wand.

Als Herr Ertl ______________________________

h) Er wollte die Katze fangen. Da ging die Tür zu.

Als er ______________________________

i) Der Briefträger klingelte. Da hörte er die Hilferufe von Herrn Ertl.

Als der Briefträger ______________________________

zu LB Ü 6 Ergänzen Sie.

14

a) Würstchen grillen – meine Kreditkarte auf den Grill fallen

Als ich Würstchen gegrillt habe, ist meine Kreditkarte auf den Grill gefallen.

b) unter einem Baum liegen – mir ein Ei auf den Kopf fallen

Als ich unter einem Baum gelegen ______

c) in der Küche ein Omelett backen – ich – ausrutschen

Als ich ______

d) die Panne mit der Pfanne passieren – das Omelett auf meinen Kopf fallen

Als die ______

e) das Bügeleisen anmachen – das Telefon klingeln

Als ich ______

f) „Hallo" sagen – ich – das heiße Bügeleisen ans Ohr halten

Als ich ______

g) den Gartentisch streichen – mein Mobiltelefon in die Farbe fallen

Als ich ______

h) auf die Terrasse gehen – ein Plastiktopf auf meinen Kopf fallen

Als ich ______

zu LB Ü 6 Schreiben Sie Sätze im Präsens und im Präteritum.

15

a) er: fernsehen – einschlafen

Während er fernsieht, schläft er ein.

Während er fernsah, schlief er ein.

b) er: einschlafen – ein spannender Film: kommen

Während ______

Während ______

c) der spannende Film: kommen – die Katze: fernsehen

Während ______

Während ______

d) er: duschen – er: singen

Während ______

Während ______

e) er: singen – er: seine Haare trocknen

Während ______

Während ______

f) er: die Haare trocknen – der Briefträger: klingeln

Während ______________________________

Während ______________________________

g) er: baden – er: Musik hören

Während ______________________________

Während ______________________________

h) er: Musik hören – er: einschlafen

Während ______________________________

Während ______________________________

i) er: schlafen – das Wasser: kalt werden

Während ______________________________

Während ______________________________

j) er: den Pullover anziehen – er: die Schuhe ausziehen

Während ______________________________

Während ______________________________

k) er: die Schuhe ausziehen – er: telefonieren

Während ______________________________

Während ______________________________

l) er: telefonieren – er: sich rasieren

Während ______________________________

Während ______________________________

zu LB Ü 6 Ergänzen Sie.

16

Infinitiv	*Präteritum*	*Perfekt*
	er/sie/es...	**er/sie/es...**
st**ei**gen	st**ie**g	ist gest**ie**gen
schw**ei**gen	schw**ie**g	hat geschw**ie**gen
schreiben	schrieb	
bleiben	blieb	
leihen	lieh	
verzeihen	verzieh	
entscheiden	entschied	
gr**eif**en	gr**iff**	hat gegr**iff**en
reiten	**ritt**	ist ger**itt**en
streiten	stritt	
schneiden	schnitt	
reißen	riss	
streichen	strich	

Infinitiv	*Präteritum*	*Perfekt*
	er/sie/es...	**er/sie/es...**
f**ei**ern	f**ei**erte	hat gef**ei**ert
h**ei**zen	h**ei**zte	hat geh**eizt**
weinen		
zeigen		
reisen		
befreien		
beleidigen		

zu LB Ü 6 Ergänzen Sie.

17

Infinitiv	*Präteritum*	*Perfekt*
i	**a**	**u**
	er/sie/es...	er/sie/es...
s**i**ngen	s**a**ng	hat ges**u**ngen
gel**i**ngen	gel**a**ng	ist
springen		ist
sinken		ist
finden		hat
verbinden		hat

zu LB Ü 6 Ergänzen Sie.

18

a) Als er sie im Aufzug traf, (das Licht: ausgehen) *ging das Licht aus.*

b) Als das Licht ausging, (sie: sich unterhalten) ______

c) Als sie sich unterhielten, (das Licht: angehen) ______

d) Als das Licht wieder anging, (sie: zusammen um Hilfe rufen) ______

e) Als sie zusammen um Hilfe riefen, (ein Nachbar: sie hören) ______

f) Als ein Nachbar sie hörte, (er: die Polizei rufen) ______

g) Als er die Polizei rief, (ein Polizist: kommen) ______

h) Als der Polizist kam, (er: an die Tür schlagen) ______

i) Als er an die Tür schlug, (der Aufzug: wieder fahren) ______

j) Als der Aufzug wieder fuhr, (sie: lachen) ______

zu LB Ü 6 Bilden Sie aus zwei Sätzen einen Satz.

19

a) Sie bügelte gerade. Da klingelte jemand.

Sie war dabei zu bügeln, als jemand klingelte.

b) Sie bügelte gerade ihre Bluse. Da klingelte jemand an der Tür.

Sie war ______ *,* ______

c) Sie bügelte gerade am Fenster ihre Bluse. Da klingelte jemand unten an der Haustür.

Sie war ______ *, als* ______

d) Er telefonierte gerade. Da klopfte jemand.

Er war dabei ______ *, als* ______

e) Er telefonierte gerade mit seiner Freundin. Da klopfte jemand ans Fenster.

Er war dabei mit ______ *, als* ______

f) Er telefonierte gerade im Arbeitszimmer mit seiner Freundin. Da klopfte jemand unten ans Fenster.

Er war dabei im ______

g) Sie lasen gerade. Da rief jemand an.

Sie waren ____________________

h) Sie lasen gerade ein Buch. Da rief plötzlich jemand aus München an.

Sie waren ____________________

i) Sie lasen gerade gemütlich ein Buch. Da rief plötzlich jemand aus einer Telefonzelle in München an.

Sie waren ____________________

j) Er duschte gerade. Da ging die Tür auf.

Er war ____________________

k) Er duschte gerade kalt. Da ging die Tür des Zimmers auf.

Er war ____________________

l) Er duschte gerade kalt im Bad. Da ging die Tür des Badezimmers langsam auf.

Er war ____________________

zu LB Ü 6 Ergänzen Sie.

20

Infinitiv	*Präsens*	*Präteritum*	*Perfekt*
	er/sie/es...	er/sie/es...	er/sie/es...
abbiegen	*biegt ab*	*bog ab*	*ist abgebogen*
fliegen			*ist*
steigen			*ist*
einschlafen			*ist*
aufstehen			*ist*
fallen			*ist*
laufen			*ist gelaufen*
reiten			*ist*
rennen		*rannte*	*ist*
schwimmen			*ist*
sinken			*ist*
springen			*ist*
sterben			*ist*
werden		*wurde*	*ist*
wachsen		*wuchs*	*ist*

zu LB Ü 6 Ergänzen Sie **wenn, als, während, wann.**

21

a) *Wenn* ______ der Bus zu spät kommt, sind viele Leute nicht zufrieden.

b) __________ es regnet, kommt der Bus oft zu spät.

c) __________ der Bus einmal eine halbe Stunde zu spät kam, ärgerten sich manche Leute.

d) Sie gingen in den Bahnhof und fragten: „__________ kommt unser Bus denn endlich?“

e) Draußen kam ihr Bus und wartete 5 Minuten, __________ sie die ganze Zeit im Bahnhof diskutierten.

f) __________ niemand einstieg, fuhr der Bus schließlich weiter.

zu LB Ü 6 Ergänzen Sie.

22

~~liegen bleiben~~	stehen bleiben	sitzen bleiben	stecken bleiben	hängen bleiben

a) Er legt sich abends ins Bett und *bleibt* 24 Stunden *liegen*.

b) Sie setzt sich im Wohnzimmer auf das Sofa und ________ ________, obwohl das Telefon im Flur klingelt.

c) Das Kind stellt sich vor das Aquarium. Die Mutter will gehen, doch das Kind ________ ________.

d) Der Papagei hängt sich mit dem Kopf nach unten an den Käfig und ________ 20 Minuten so ________.

e) Das Aupairmädchen stellt den Jungen vor das Fenster. Aber er ________ nur zwei Sekunden dort ________.

f) Der Vater setzt die Tochter auf den Stuhl, sie will aber dort nicht ________ ________.

g) Die Frau will den Schlüssel ins Schloss stecken, doch er passt nicht richtig und ________ nicht ________.

zu LB Ü 6 Ergänzen Sie.

23

schwimmen	~~essen~~	spazieren	schlafen	sprechen	singen	kennenlernen	rechnen	fahren

a) Sie gehen selten ins Restaurant. Sie gehen selten *essen*.

b) Sie gehen oft ins Schwimmbad. Wir gehen auch gerne ________.

c) Mein Chef geht oft spät ins Bett. Er geht oft spät ________.

d) Großvater geht gerne morgens durch den Park. Dort geht er gerne ________.

e) Er geht oft auf Partys. Dort ________ er viele nette Leute ________.

f) Seine Tochter will Sängerin werden. Sie lernt ________.

g) Papageien können Wörter lernen. Sie lernen manchmal ein bisschen ________.

h) Er will den Führerschein machen. Er lernt Auto ________.

i) Der Schüler ist schlecht in Mathematik. Er soll besser ________ lernen.

zu LB Ü 6 Ergänzen Sie.

24

a) Der Kunststudent zeichnet schnell. Trotzdem sind seine Zeichnungen gut.

Obwohl der Kunststudent schnell zeichnet, sind seine Zeichnungen gut.

b) Herr Ertl hat viele Pannen erlebt. Trotzdem hatte er immer Glück im Unglück.

Obwohl ____

c) Ich habe zehn Jahre studiert. Trotzdem verstehe ich dieses Problem nicht.

Obwohl ____

d) Sie arbeitet mit Tigern. Trotzdem hat sie keine Angst.

Obwohl ____

e) Er arbeitet immer schneller. Trotzdem hat er immer weniger Zeit.

Obwohl ______________________________

f) Er hat wenig Zeit. Trotzdem trifft er oft seine Freunde.

Obwohl ______________________________

g) Er hat nicht viel Geld. Trotzdem ist er zufrieden.

Obwohl ______________________________

zu LB Ü 6 Sagen Sie es anders.

25

a) An einem Abend wählte er dreimal eine falsche Telefonnummer.

Eines Abends wählte er dreimal eine falsche Telefonnummer.

b) An einem Morgen klingelte sein Wecker nicht.

Eines ______________________________

c) An einem Vormittag ging er ohne Schuhe zum Bäcker.

____

d) An einem Nachmittag war er ohne Geld an der Kasse im Supermarkt.

____

e) An einem Abend wollte er ohne Brille ins Kino gehen.

____

f) In einer Nacht wachte er auf, weil das Meer sehr laut war.

____

zu LB Ü 7 Ergänzen Sie.

26

Kunde Wohnung Angestellten Kleidung Strumpf Aufregung Motorrad Kaufhaus Geld Verbrecher

In der Sparkasse von Edewecht gab es heute Morgen eine große (a)______________. Ein (b)______________ mit einem schwarzen (c)______________ über dem Kopf kam herein und forderte von den (d)______________ zehntausend Euro. Als ein (e)______________ die Situation erkannte und laut nach der Polizei rief, rannte der Verbrecher weg und entkam mit seinem (f)______________. Am Nachmittag erkannte ein älterer Herr den Gangster in einem (g)______________, weil er noch die gleiche (h)______________ trug wie bei dem Überfall. Die Polizei fand das (i)______________ wenig später in seiner (j)______________.

zu LB Ü 7 Was passt zusammen? Ergänzen Sie die Sätze.

27

... und musste deshalb auf einer Bundesstraße landen.
... und brachte die Pilotin zum Flugplatz zurück.
... dass sie sich beim Landen nicht verletzt hat.
... weil nur wenige Autos auf der Straße waren.
... in eine gefährliche Situation.

a) Gestern kam die Pilotin eines Sportflugzeugs ______________________________

b) Sie hatte kein Benzin mehr ______________________________

c) Ein Unfall passierte dabei nicht, ______________________________

d) Die Polizei organisierte eine Umleitung ______________________________

e) Die Pilotin hatte großes Glück, ______________________________

zu LB Ü 7 Ergänzen Sie.

28

Telegramm Polizei dachte Angst Urlaub ging machte aufgeregt Glück Verbrechen

Vor einer Woche (a)__________ eine ältere Dame zur (b)__________. Sie war sehr (c)__________, weil sie große (d)__________ um ihre Freundin hatte. Die alte Dame (e)__________ an ein (f)__________, denn ihre Freundin (g)__________ seit Tagen nicht die Tür auf. Zum (h)__________ war der Freundin aber nichts Schlimmes passiert. Zwei Tage später kam ein (i)__________ von ihr aus Paris. Sie war dort im (j)__________ und es ging ihr gut.

zu LB Ü 7 Schreiben Sie die Sätze im Präteritum.

29

a) Die Pilotin landet auf der Straße, weil der Motor ihres Flugzeugs brennt.
Die Pilotin landete ______________________________

b) Die Polizei organisiert eine Umleitung und bringt Benzin für das Flugzeug.
____

c) Ein älterer Herr erkennt den Verbrecher und ruft die Polizei.
____

d) Die alte Dame denkt an ihre Freundin, weil sie sich Sorgen macht.
____

e) Die Polizei kennt den Verbrecher, weil er immer rote Schuhe trägt.
____

f) Der Gangster rennt zu seinem Motorrad und fährt in Richtung Bahnhof.
____

g) Die Pilotin ruft die Polizei an und nennt ihren Namen.
____

zu LB Ü 8 Was sagt Herr Hübner? Schreiben Sie. (→ Lehrbuch S. 123)

30

a) ichwarmitmeinemautoaufdemwegnachhauseundhörteeinesendungimradio

Ich war mit ______________________________

b) ichbinnichtschnellgefahren,weilesziemlichnebligwar

____

c) alsderunfallpassierte,waresetwaviertelnachsieben

____

d) deranderewagenhieltnichtan,sondernboggleichnachrechtsab

____

e) ichhabeversuchtzubremsen,aberesswarschonzuspät

____

f) obwohlichwieverrücktgebremsthabe,stießichmitdemanderenwagenzusammen

____

g) ichmussteaufmeinerseitebleiben,weileinlastwagenvonvornkam

____

zu LB Ü 8 Ergänzen Sie die Sätze.

31

... andere Wagen plötzlich aus einem Weg kam.
... weil er der Zeuge und nicht der Angeklagte ist.
... weil von dort ein Lastwagen kam.
... war die Straße glatt.
... Herr Hübner vorsichtig.
... die Nummer des Lastwagens nicht erkennen.
... auf der B68 in Richtung Paderborn fuhr.
... die Wahrheit sagen muss.

a) Herr Hübner weiß, dass er vor dem Gericht ______________________________

____

b) Herr Hübner sagt dem Richter, dass er am 11. März ______________________________

____

c) Der 11. März war ein nebliger Tag und abends ______________________________

____

d) Weil er wegen des Nebels schlecht sehen konnte, fuhr ______________________________

____

e) Er erzählt dem Richter, dass der ______________________________

____

f) Herr Hübner konnte nicht auf die andere Seite fahren, ______________________

____

g) Weil die Zeit zu kurz war, konnte Herr Hübner ______________________

____

h) Herr Hübner regt sich auf, ______________________

____

zu LB Ü 9 Schreiben Sie die Sätze neu. Beginnen Sie mit den unterstrichenen Wörtern.

32

a) Man muss <u>auf einer glatten Straße</u> langsam fahren.

Auf einer glatten Straße muss man langsam fahren.

b) Der Zeuge muss <u>vor dem Gericht</u> die Wahrheit sagen.

Vor dem Gericht muss ______________________

c) Ein Mann erkannte den Verbrecher <u>in der Fußgängerzone</u>.

____

d) Eine Frau bekam <u>in einem Taxi</u> ein Baby.

____

e) Eine aufgeregte alte Dame meldete sich gestern <u>bei der Polizei</u>.

____

f) Ein müder Minister schlief heute <u>während einer Sitzung</u> ein.

____

g) Ein Mädchen fand römische Geldstücke <u>in einer Kiste</u>.

____

h) Ein Mann wachte morgens <u>zwischen Kühen und Schafen</u> auf.

____

i) Das Auto fuhr <u>wegen des starken Nebels</u> an einen Baum.

____

j) Die Kollegen haben sich <u>nach der Arbeit</u> in einer Kneipe getroffen.

____

k) Der Zeuge ärgerte sich <u>über die Fragen des Richters</u>.

____

l) Die Arbeiter haben <u>trotz des starken Regens</u> viele Stunden demonstriert.

____

m) Ein Verbrecher überfiel die Angestellten einer Sparkasse <u>mit einer Schusswaffe</u>.

____

zu LB Ü 9 Ergänzen Sie.

33

a) Eigentlich wollten wir einen Spaziergang machen, aber (*wegen/Wetter/schlecht*) *wegen des schlechten Wetters* sind wir zu Hause geblieben.

b) Der Verbrecher trug (*während/Überfall/frech*) ______________________________ einen schwarzen Strumpf über dem Kopf.

c) Die Kinder möchten (*trotz/Wasser/kalt*) ______________________________ im See baden.

d) Der Angeklagte fuhr an diesem Tag (*trotz/Straße/glatt*) ______________________________ viel zu schnell, weil er nach Hause wollte.

e) (*trotz/Unfall/schwer*) ______________________________ wurde zum Glück niemand verletzt.

f) (*während/Rede/langweilig*) ______________________________ des Direktors lasen die meisten Angestellten heimlich ihre Zeitung.

g) Das Flugzeug musste (*wegen/Panne/gefährlich*) ______________________________ mitten auf einer Wiese landen.

h) Der Zeuge war (*wegen/Richter/streng*) ______________________________ so aufgeregt, dass er nichts mehr sagen konnte.

i) Wir haben (*während/Zugfahrt/lang*) ______________________________ Musik gehört.

zu LB Ü 11 Schreiben Sie die Sätze anders. Beginnen Sie immer mit *als*.

34

a) Er stand am Ufer und suchte in seinem Mantel. Da fand er ein Halstuch.

Als er am Ufer stand und in seinem Mantel suchte, fand er ein Halstuch.

b) Sie bog mit ihrem Hund um die Ecke. Da flog ein Vogel über ihnen.

Als sie ______________________________

c) Er genoss auf dem Balkon ein Erdbeereis. Da brachte ihm seine Frau eine Tasse Tee.

____

d) Sie schrieb in ihrem Zimmer einen langen Brief. Da hörte sie am Fenster eine Stimme.

____

e) Er saß am See und verband seinen Arm. Da verschwand sein Auto im Wasser.

____

f) Sie fing mit ihrer linken Hand einen Ball auf. Da kam ihr Sohn aus dem Haus.

____

g) Es fing plötzlich an zu regnen. Da schloss er das Fenster.

____

h) Das Wasser floss aus der Badewanne und machte den Boden nass. Da lachte er nur.

____

i) Der Hund sah die Taube und wollte sie fangen. Da flog der Vogel weg.

____

zu LB Ü 12 Welche Antwort passt?

35

a) War der Film gut? ■
b) Wie hat er denn angefangen? ■
c) Was hat er denn im Nachbarhaus gesehen? ■
d) Hat er da nicht die Polizei gerufen? ■
e) Was hat er denn dann gemacht? ■
f) Aber er saß doch im Rollstuhl. Konnte er das denn alleine? ■
g) Hat der Mörder etwas gemerkt? ■
h) Und was hat der Mörder da gemacht? ■

1. Nein, er hatte eine Freundin. Die half ihm.
2. Ja, er wusste inzwischen, dass es einen Zeugen gab.
3. Er sah, dass ein Mann eine Frau ermordete.
4. Das verrate ich nicht, aber es wurde sehr gefährlich für die beiden.
5. Am Anfang saß ein Mann im Rollstuhl und beobachtete das Nachbarhaus.
6. Doch, aber die glaubte ihm nicht.
7. Ja, er war sehr spannend.
8. Er versuchte, den Mord selbst zu beweisen.

zu LB Ü 12 Welche Frage passt? ✗

36

a) Warum hatte das Ehepaar Angst? ■
Wann hatte das Ehepaar Angst? ■
b) Wann wurde der Mörder gefährlich? ■
Warum wurde der Mörder gefährlich? ■
c) Wann kam die Polizei? ■
Warum kam die Polizei? ■
d) Warum wachte das Ehepaar nachts auf? ■
Wann wachte das Ehepaar nachts auf? ■
e) Warum brauchte er Hilfe? ■
Wann brauchte er Hilfe? ■
f) Wann war es dunkel im Zimmer? ■
Warum war es dunkel im Zimmer? ■
g) Wann entdeckten die Jungen die Bombe? ■
Warum entdeckten die Jungen die Bombe? ■
h) Warum fand das Paar ein einsames Haus? ■
Wann fand das Paar ein einsames Haus? ■

Als es dunkel wurde.

Als er merkte, dass es einen Zeugen gab.

Weil in der Wohnung ein Mord passiert ist.

Weil sie ein seltsames Geräusch hörten.

Als es gefährlich wurde.

Weil er heimlich das Nachbarhaus beobachten wollte.

Als sie den Koffer öffneten.

Als das Benzin zu Ende ging.

zu LB Ü 12 Ergänzen Sie.

37

Zusätzlicher Wortschatz

Todes Tote Tod Toten tote tot getötet tötet tödliche tödlich tödlichen

a) Bei dem Unfall gab es einen ____________ und zwei Verletzte.
b) „Die Frau ist schon lange ____________“, sagte der Polizist.
c) Diese Pilze kann man nicht essen; sie sind ____________.
d) Der Mörder hat sein Opfer mit einem Hammer ____________.
e) Der plötzliche ____________ seines Großvaters war sehr schlimm für ihn.
f) Unsere Katze ____________ viele Mäuse.
g) Der Gangster hatte eine ____________ Waffe bei sich.
h) Die ____________ Schüsse kamen aus seiner Pistole.
i) Niemand kennt den Tag seines ____________.
j) Vor der Haustür liegen zwei ____________ Vögel.
k) Ein Spaziergänger entdeckte im Wald eine ____________.

zu LB Ü 12 Ergänzen Sie die Nomen.

38

Zusätzlicher Wortschatz

Flucht	Beweis	Landung	Überfall	Rettung	Dunkelheit	Bremse	Entdeckung

a) Ein Mann entdeckte in seinem Keller eine Bombe.

Ein Mann machte in seinem Keller eine gefährliche ____________.

b) Die Polizei konnte den Mord nicht beweisen.

Die Polizei hatte für den Mord keinen ____________.

c) Der Autofahrer wollte bremsen, aber es ging nicht.

Der Autofahrer konnte nicht anhalten, weil die ____________ nicht funktionierte.

d) Es war so dunkel, dass man nichts sehen konnte.

In der ____________ konnte man nichts sehen.

e) Die Pilotin musste auf einer Wiese landen, obwohl es gefährlich war.

Die Pilotin machte eine gefährliche ____________ auf einer Wiese.

f) Der Krankenwagen kam, um die Unfallopfer zu retten.

Zur ____________ der Unfallopfer kam ein Krankenwagen.

g) Ein Gangster hat heute eine Sparkasse überfallen.

Es gab heute einen ____________ auf eine Sparkasse.

h) Der Dieb konnte mit seinem Motorrad fliehen.

Dem Dieb gelang die ____________ mit seinem Motorrad.

zu LB Ü 12 Welche zwei Sätze haben eine sehr ähnliche Bedeutung? ✗

39

a) ✗ 1. Er hat furchtbare Angst vor dem Mörder.
■ 2. Er will den Mörder furchtbar erschrecken.
✗ 3. Er fürchtet sich schrecklich vor dem Mörder.

b) ■ 1. Mitten in der Nacht hörten sie ein seltsames Geräusch.
■ 2. Sie hörten in der Nacht ein merkwürdiges Geräusch.
■ 3. Nachts hörten sie plötzlich ein wunderbares Geräusch.

c) ■ 1. Ich fand den Film sehr spannend.
■ 2. Ich habe mich sehr über den Film geärgert.
■ 3. Der Film war wirklich kein bisschen langweilig.

d) ■ 1. Im Wald stand ein einsames Haus.
■ 2. Ein Haus stand allein im Wald.
■ 3. Im Wald befand sich ein altes Haus.

e) ■ 1. Als sie sich verirrten, wurden sie nervös.
■ 2. Sie wurden unruhig, als sie den richtigen Weg nicht mehr fanden.
■ 3. Sie fanden es spannend, dass sie den richtigen Weg suchen mussten.

f) ■ 1. Sie waren traurig, weil der alte Mann heimlich ein Loch im Garten grub.
■ 2. Sie fanden es unheimlich, dass der alte Mann nachts ein Loch grub.
■ 3. Sie fürchteten sich ein bisschen, weil der alte Mann nachts ein Loch grub.

g) ■ 1. Plötzlich merkten sie, dass das Benzin zu Ende ging.
■ 2. Auf einmal wurde ihnen klar, dass sie kaum noch Benzin hatten.
■ 3. Eigentlich war es ihnen ganz egal, dass sie kein Benzin mehr hatten.

zu LB Ü 14 Was notiert der Polizist? Schreiben Sie die Sätze im Präteritum.

40

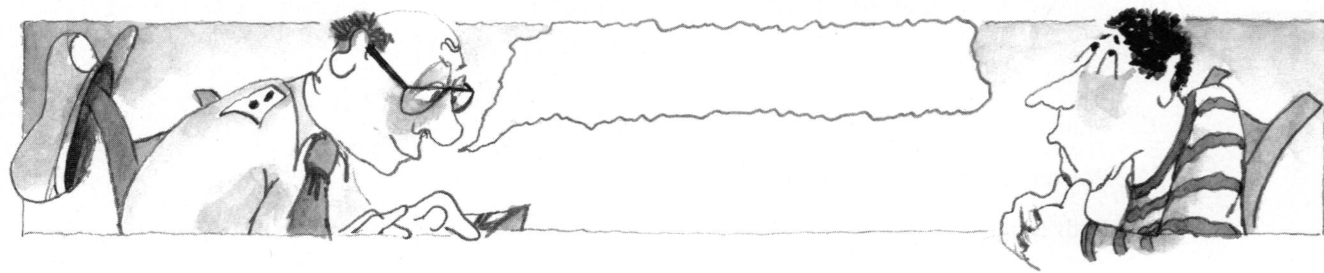

a) „Vor dem Überfall habe ich schwarze Strümpfe gekauft."

Vor dem Überfall kaufte er schwarze Strümpfe.

b) „Dann habe ich in der Nähe der Sparkasse gewartet."

______

c) „Ich habe immer durch die Fenster geschaut."

______

d) „Als die Sparkasse leer gewesen ist, habe ich den Strumpf über den Kopf gezogen."

______

e) „Dann habe ich eine Kinderpistole aus der Tasche genommen."

______

f) „Die Angestellte hat mir sofort Geld gegeben."

______

g) „Da ist plötzlich der Direktor gekommen und hat um Hilfe gerufen."

______

h) „Ich habe Angst bekommen und bin zu meinem Fahrrad gerannt."

______

i) „Dabei habe ich das Geld vergessen."

______

j) „Ich bin nach Hause gefahren und habe Kaffee gekocht."

______

k) „Abends ist ein Polizist gekommen und hat mich mitgenommen."

______

zu LB Ü 15 Was passt zusammen? (→ Lehrbuch S. 127)

41

a) Vor einem Jahr kaufte Herr M. ein junges Schwein 3
b) Sein Sohn fand das Schwein ■
c) Bevor er morgens zur Schule ging, ■
d) Wenn Heino mit Rosa spazieren ging, ■
e) Der Vater sagte immer zu Heino, ■
f) Heino war sehr traurig, weil sein Vater ■
g) Dann fuhr Herr M. mit Rosa ins nächste Dorf, ■
h) Als er Rosa aus dem Wagen holen wollte, ■
i) Herr M. suchte Rosa überall, ■
j) Als Herr M. ärgerlich nach Hause zurückkam, ■
k) Rosa war sehr müde ■
l) Heino kam aus der Schule und weinte, ■
m) Aber der Vater führt Heino in den Stall ■
n) Jetzt war auch sein Vater der Meinung, ■

1. Fleisch und Wurst aus Rosa machen wollte.
2. war sie nicht mehr da.
3. und brachte es zu Hause in den Stall.
4. dass Rosa wirklich ein Haustier ist.
5. von ihrem langen Spaziergang.
6. um sie zur Metzgerei zu bringen.
7. und zeigt ihm, dass Rosa noch lebt.
8. weil er glaubte, dass Rosa tot ist.
9. aber er konnte sie nicht finden.
10. brachte Heino dem Schwein heimlich sein Frühstücksbrot.
11. fand er Rosa in ihrem Stall.
12. dass ein Schwein kein Haustier ist.
13. sehr hübsch und gab ihm den Namen Rosa.
14. folgte ihm das Schwein wie ein Hund.

zu LB Ü 15 Ergänzen Sie.

42

rettete organisierte schwieg parkte bewies zog empfahl verriet floss verband verbrachte erlebte

a) Der Kunde __________ sein Auto direkt vor dem Laden.

b) Als die Schule brannte, __________ die Feuerwehr alle Kinder mit einer Leiter.

c) Als der Richter nach dem Unfall fragte, __________ der Angeklagte.

d) Heino __________ eine schöne Überraschung, als er von der Schule nach Hause kam.

e) Am Ende des Films __________ der Mann im Rollstuhl, dass sein Nachbar ein Mörder war.

f) Die kleine Verletzung an ihrer Hand __________ sie mit einem Taschentuch.

g) Vor dem Überfall __________ der Verbrecher einen Strumpf über seinen Kopf.

h) Meine Freundin kannte den Film, aber sie __________ mir nicht, wer der Mörder war.

i) Nach dem Unfall auf der Bundesstraße __________ die Polizei eine Umleitung.

j) Während er in der Badewanne schlief, __________ das Wasser in die ganze Wohnung.

k) Weil er sich nicht entscheiden konnte, __________ ihm der Kellner eine Tomatensuppe.

l) Sie verirrte sich in einer einsamen Gegend und __________ die Nacht deshalb im Wald.

zu LB Ü 15 Ergänzen Sie.

43

Geschichte Hof Geschwister Original Bauchschmerzen Panne Laden Knopf See Hilfe Lift Fußgängerzone Rollstuhl

a) Ich habe zu Hause ein Bild von Picasso, aber natürlich ist es kein __________.

b) Er konnte das Hemd nicht anziehen, weil ein __________ fehlte.

c) Sie fuhren mit dem __________ in den zwölften Stock.

d) Er wollte auf dem __________ parken, aber da war kein Platz mehr frei.

e) Ich habe drei __________, zwei Brüder und eine Schwester.

f) In der Stadt gibt es eine große __________ mit vielen Geschäften.

g) Er ging zum Arzt, weil er __________ hatte.

h) Gestern habe ich eine schöne __________ über ein Schwein gelesen.

i) Wir hatten eine __________ auf der Autobahn, weil ein Reifen geplatzt ist.

j) Nach dem Unfall musste er drei Wochen im __________ sitzen.

k) Nach dem Überfall auf die Drogerie hat der Verbrecher noch einen anderen __________ überfallen.

l) Als die beiden Jungen die Bombe entdeckten, riefen sie um __________.

m) Ich schwimme lieber in einem __________ als im Meer.

zu LB Ü 15 Was passt nicht?

44

a) Die Familie sammelt *zwei Tüten Pilze* – ~~*zwei Pilztüten.*~~
b) Der Koch kocht für die Gäste *einen Sack Kartoffeln – einen Kartoffelsack.*
c) Der Gast bestellt *einen Suppenteller – einen Teller Suppe.*
d) Der Gast trinkt *ein Glas Wein – ein Weinglas.*
e) Der Junge isst nur *eine Gabel Fisch – eine Fischgabel.*
f) Aus dem Geschirrspüler nimmt der Koch *acht Teller Suppe – acht Suppenteller.*
g) Die Bedienung spült *eine Tasse Tee – eine Teetasse.*
h) Der Kellner nimmt *einen Löffel Zucker – einen Zuckerlöffel* in seinen Kaffee.
i) Die Frau kauft im Geschirrgeschäft *einen Topf Fleisch – einen Fleischtopf.*
j) Die Verkäuferin packt den Topf in *eine Plastiktüte – eine Tüte Plastik.*
k) Die Papageien fressen täglich *einen Bananenkarton – einen Karton Bananen.*

zu LB Ü 15 Was passt nicht?

45

a) **aufgehen**: die Tür – das Fenster – ~~*die Rettung*~~ – die Kiste – der Lift
b) **beginnen**: der Film – die Rede – das Theater – der Vorteil – die Probe – die Fahrt
c) **brennen**: die Kerze – das Benzin – der Streik – die Glühbirne – das Feuer
d) **entkommen**: der Dieb – der Verbrecher – der Polizist – der Mörder – der Gangster
e) **fließen**: der Bach – der Fluss – das Benzin – das Wasser – das Geräusch
f) **gelingen**: der Mord – das Verbrechen – die Wahrheit – die Rettung
g) **kaputt gehen**: die Geschichte – der Knopf – der Schalter – der Motor – das Schloss

h) **klemmen**: der Schalter – das Fenster – der Schrank – das Haus – die Tür
i) **passen**: der Hut – der Pullover – die Strümpfe – der Pass – das Kleid
j) **platzen**: die Luftmatratze – der Luftballon – die Bombe – der Ball – der Platz
k) **schmecken**: die Pizza – das Schnitzel – der Wein – die Kneipe – das Gemüse
l) **schweigen**: der Anwalt – die Schlagzeile – der Richter – der Zeuge – der Angeklagte
m) **stecken bleiben**: der Fahrstuhl im 4. Stock – der Schlüssel im Schloss – der Stecker in der Steckdose – das Wasser im Glas
n) **stehen bleiben**: die Umleitung – der Lift – der Zug – der Bus – der Wagen
o) **umfallen**: der Baum – die Lampe – der Rollstuhl – der Strand – der Stuhl
p) **wachsen**: der Baum – die Blume – die Tomate – die Temperatur – der Ast
q) **zerbrechen**: der Schalter – der Hof – das Glas – der Spiegel – der Teller

Wörter im Satz

46

	Ihre Muttersprache	Schreiben Sie einen Satz aus Delfin, Lehrbuch.
____ *Geschichte*	______	______
____ *Geschwister*	______	______
____ *Hilfe*	______	______
____ *Laden*	______	______
____ *Metall*	______	______
____ *Notruf*	______	______
____ *Panne*	______	______
____ *Rettung*	______	______
____ *Sache*	______	______
____ *Schloss*	______	______
____ *Stock*	______	______
____ *Vorteil*	______	______
____ *Wahrheit*	______	______
auffordern	______	______
ausgehen	______	______
beweisen	______	______
bremsen	______	______
empfehlen	______	______
glauben	______	______
landen	______	______
schweigen	______	______
verbinden	______	______
verbringen	______	______
als	______	______
ausländisch	______	______
bevor	______	______
froh	______	______

innen __________ ____________________

seltsam __________ ____________________

trotz __________ ____________________

während __________ ____________________

wegen __________ ____________________

Grammatik

§ 34, 44 Präteritum: Formenbildung

47

	schwache Verben		*starke Verben*		
Infinitiv	machen	arbeiten	fahren	geben	
Stamm	mach-**te**-	arbeit-**ete**-	f**u**hr-	g**a**b-	**Endungen**
ich	mach**te**	arbeit**ete**	f**u**hr	g**a**b	-
du	mach**test**	arbeit**etest**	f**u**hr**st**	g**a**b**st**	**-st**
er/sie/es	mach**te**	arbeit**ete**	f**u**hr	g**a**b	-
wir	mach**ten**	arbeit**eten**	f**u**hr**en**	g**a**b**en**	**-n** (-en)
ihr	mach**tet**	arbeit**etet**	f**u**hr**t**	g**a**b**t**	**-t**
sie/Sie	mach**ten**	arbeit**eten**	f**u**hr**en**	g**a**b**en**	**-n** (-en)
		Stamm auf **-t, -d, -m, -n**			

§ 35, 44 Präteritum und Perfekt nach Gruppen: starke und gemischte Verben

48

Infinitiv	*Präsens*	*Präteritum* *a*	*Perfekt* *a*	*Ebenso:*
stehen	steht	stand	hat gestanden	aufstehen, bestehen, verstehen
bringen	bringt	brachte	hat gebracht	anbringen, mitbringen, unterbringen, verbringen
denken	denkt	dachte	hat gedacht	
kennen	kennt	kannte	hat gekannt	erkennen
brennen	brennt	brannte	hat gebrannt	abbrennen, verbrennen
nennen	nennt	nannte	hat genannt	
rennen	rennt	rannte	ist gerannt	wegrennen
tun	tut	tat	hat getan	dazutun

		a	*e*	
liegen	liegt	lag	hat gelegen	
sitzen	sitzt	saß	hat gesessen	
geben	gibt	gab	hat gegeben	aufgeben
lesen	liest	las	hat gelesen	vorlesen
sehen	sieht	sah	hat gesehen	aussehen, fernsehen
essen	isst	aß	hat gegessen	
fressen	frisst	fraß	hat gefressen	
messen	misst	maß	hat gemessen	ausmessen
vergessen	vergisst	vergaß	hat vergessen	

		a	*o*	
beginnen	beginnt	begann	hat begonnen	
kommen	kommt	kam	ist gekommen	ankommen, bekommen, entkommen, freikommen, mitkommen, wiederkommen, zurückkommen
schwimmen	schwimmt	schwamm	ist geschwommen	
bewerben	bewirbt	bewarb	hat beworben	
brechen	bricht	brach	hat gebrochen	abbrechen, aufbrechen, unterbrechen, zerbrechen
erschrecken	erschrickt	erschrak	ist erschrocken	
helfen	hilft	half	hat geholfen	mithelfen
nehmen	nimmt	nahm	hat genommen	abnehmen, mitnehmen, teilnehmen, übernehmen
sprechen	spricht	sprach	hat gesprochen	nachsprechen, versprechen, weitersprechen
stechen	sticht	stach	hat gestochen	
sterben	stirbt	starb	ist gestorben	
treffen	trifft	traf	hat getroffen	
werfen	wirft	warf	hat geworfen	
empfehlen	empfiehlt	empfahl	hat empfohlen	
stehlen	stiehlt	stahl	hat gestohlen	
gewinnen	gewinnt	gewann	hat gewonnen	

		a	*u*	
finden	findet	fand	hat gefunden	befinden
gelingen	gelingt	gelang	ist gelungen	
singen	singt	sang	hat gesungen	
sinken	sinkt	sank	ist gesunken	
springen	springt	sprang	ist gesprungen	
trinken	trinkt	trank	hat getrunken	
verbinden	verbindet	verband	hat verbunden	

		i/ie	*a*	
gehen	geht	ging	ist gegangen	aufgehen, ausgehen, losgehen, weitergehen, zugehen, zurückgehen
empfangen	empfängt	empfing	hat empfangen	
fangen	fängt	fing	hat gefangen	anfangen, auffangen
hängen	hängt	hing	hat gehangen	
braten	brät	briet	hat gebraten	
fallen	fällt	fiel	ist gefallen	einfallen, überfallen, umfallen
gefallen	gefällt	gefiel	hat gefallen	
halten	hält	hielt	hat gehalten	anhalten, aufhalten, behalten, unterhalten
lassen	lässt	ließ	hat gelassen	verlassen
schlafen	schläft	schlief	hat geschlafen	ausschlafen, einschlafen, weiterschlafen
verraten	verrät	verriet	hat verraten	
laufen	läuft	lief	ist gelaufen	verlaufen, weglaufen

		i/ie	ie	
reißen	reißt	riss	hat gerissen	wegreißen
schneiden	schneidet	schnitt	hat geschnitten	abschneiden, anschneiden
streichen	streicht	strich	hat gestrichen	anstreichen, unterstreichen
streiten	streitet	stritt	hat gestritten	
vergleichen	vergleicht	verglich	hat verglichen	
beweisen	beweist	bewies	hat bewiesen	
bleiben	bleibt	blieb	ist geblieben	
entscheiden	entscheidet	entschied	hat entschieden	
leihen	leiht	lieh	hat geliehen	
schreiben	schreibt	schrieb	hat geschrieben	beschreiben
schweigen	schweigt	schwieg	hat geschwiegen	
steigen	steigt	stieg	ist gestiegen	aussteigen, einsteigen, umsteigen
verzeihen	verzeiht	verzieh	hat verziehen	

		ie	o	
stoßen	stößt	stieß	hat/ist gestoßen	aufstoßen

		ie	u	
rufen	ruft	rief	hat gerufen	anrufen

		o	o	
heben	hebt	hob	hat gehoben	
lügen	lügt	log	hat gelogen	
betrügen	betrügt	betrog	hat betrogen	
biegen	biegt	bog	hat gebogen	abbiegen
bieten	bietet	bot	hat geboten	anbieten
fliegen	fliegt	flog	ist geflogen	wegfliegen
fließen	fließt	floss	ist geflossen	
schieben	schiebt	schob	hat geschoben	aufschieben
wiegen	wiegt	wog	hat gewogen	
schießen	schießt	schoss	hat geschossen	
schließen	schließt	schloss	hat geschlossen	abschließen, entschließen
ziehen	zieht	zog	hat/ist gezogen	anziehen, einziehen, herausziehen, vorbeiziehen

		u	a	
einladen	lädt ein	lud ein	hat eingeladen	
graben	gräbt	grub	hat gegraben	
fahren	fährt	fuhr	ist gefahren	abfahren, anfahren, erfahren, mitfahren, weiterfahren, zurückfahren
schlagen	schlägt	schlug	hat geschlagen	nachschlagen, vorschlagen
tragen	trägt	trug	hat getragen	vertragen
wachsen	wächst	wuchs	ist gewachsen	
waschen	wäscht	wusch	hat gewaschen	

§ 43, 46 Präteritum und Perfekt: unregelmäßige Verben, Modalverben, **wissen**

49

sein	ist	war	ist gewesen
haben	hat	hatte	hat gehabt
werden	wird	wurde	ist geworden
möchten	möchte	mochte	hat gemocht
mögen	mag	mochte	hat gemocht
sollen	soll	sollte	hat gesollt
wollen	will	wollte	hat gewollt
können	kann	konnte	hat gekonnt
dürfen	darf	durfte	hat gedurft
müssen	muss	musste	hat gemusst
wissen	weiß	wusste	hat gewusst

Präteritum und Perfekt: Gebrauch

50

- „sein“, „haben“, Modalverben, Positionsverben → meistens Präteritum
- andere Verben:
  mündliche Erzählungen, Berichte → Perfekt
  schriftliche Erzählungen, Berichte → Präteritum

mündlicher Bericht

Ich **wollte** in meinem Garten einen Baum pflanzen. Also **habe** ich ein Loch **gegraben**. Dabei **bin** ich auf eine Metalldose **gestoßen**. Als ich sie **aufgemacht habe**, **habe** ich **gesehen**, dass Ringe, Münzen und eine Uhr darin **lagen**. Ich **war** natürlich sehr überrascht.

schriftlicher Bericht

Franz K. **wollte** in seinem Garten einen Baum pflanzen. Also **grub** er ein Loch. Dabei **stieß** er auf eine Metalldose. Als er sie **aufmachte**, **sah** er, dass Ringe, Münzen und eine Uhr darin **lagen**. Er **war** natürlich sehr überrascht.

§ 29 Präpositionen mit Genitiv

51

wegen	
während	+ Genitiv
trotz	

Wegen ein**es** Computerfehler**s** bekam eine Angestellte 30.000 € Gehalt.
Während der Parlamentssitzung schlief ein Minister ein.
Trotz des schlechten Wetter**s** fuhr ein Segelboot aus Cuxhaven ab.

Wortschatz

Nomen

r / e Angeklagte, –n (ein Angeklagter)
r Anwalt, ¨–e
r Ast, ¨–e
e Autobahnraststätte, –n
r Badesee, –n
s Badeverbot, –e
r Bankkaufmann, –leute
Bauchschmerzen (pl)
s Bauchweh
s Baumhaus, ¨–er
s Benzin
r Besitzer, –
e Bombe, –n
e Bremse, –n
r Computerfehler, –
r Dachboden, ¨–
r Dachdecker, –
r Dollar, –s
e Drogerie, –n
r Dummkopf, ¨–e
s Ehepaar, –e
e Eisentür, –en
r Elektriker, –
s Erlebnis, –se
r Fahrgast, ¨–e
r Fahrstuhl, ¨–e
e Ferienwohnung, –en
s Fernglas, ¨–er
r Finger, –
r Flohmarkt, ¨–e
s Foto, –s
s Fotomodell, –e
r Franken, –
s Frühstücksbrot, –e
r / e Fünfjährige, –n (ein Fünfjähriger)
r Fußballverein, –e
e Fußgängerzone, –n
r Gangster, –
e Gartenarbeit, –en
e Gegend, –en
s Geldstück, –e
e Generation, –en
s Geräusch, –e
s Gericht, –e
e Geschichte, –n
Geschwister (pl)
r Glückspilz, –e
r / s Grad, –e
e Gulaschsuppe, –n
r Hals, ¨–e
s Halstuch, ¨–er
r Händler, –
s Haustier, –e
e Hilfe, –n
r Hilferuf, –e
s Hochhaus, ¨–er
r Hochzeitstag, –e
r Hof, ¨–e
s Holzregal, –e
s Kabel, –
e Kneipe, –n
r Knopf, ¨–e
e Köchin, –nen
r Kölner, –
r Laden, ¨–
e Landebahn, –en
e Leine, –n
s Lenkrad, ¨–er
r Lift, –e / –s
r Lkw, –s
r Lokal–Rundfunk
s Marmeladenglas, ¨–er
e Meldung, –en
s Metall, –e
e Metalldose, –n
e Metzgerei, –en
r Minister, –
s Missgeschick, –e
r Mord, –e
r Mörder, –
s Nachbarhaus, ¨–er
e Nachbarin, –nen
Nachrichten (pl)
r Notdienst, –e
r Notruf, –e
r Notrufschalter, –
s Original, –e
e Panne, –n
s Parkhaus, ¨–er
e Parlamentssitzung, –en
r Pass, ¨–e
r Pechvogel, ¨–
e Pilotin, –nen
e Pilzvergiftung, –en
e Pistole, –n
r Pkw, –s
e Plastiktüte, –n
e Putzfrau, –en
s Radrennen, –
e Rede, –n
e Rettung
r Richter, –
r Rollstuhl, ¨–e
Rückenschmerzen (pl)
e Rückseite, –n
e Sache, –n
r Schachclub, –s
e Schlagzeile, –n
s Schloss, ¨–er
r Schornsteinfeger, –
e Schulter, –n
e Schusswaffe, –n
r See, –n
r Selbstmord, –e
s Sommerfest, –e
e Sparkasse, –n
r Spaziergang, ¨–e
s Sportflugzeug, –e
r Stock, Stockwerke
r Strand, ¨–e
r Streik, –s
r Sturz, ¨–e
e Suche
s Tablett, –s
r Tank, –s
e Taxifahrt, –en
e Temperatur, –en
s Turnier, –e
r Überfall, ¨–e
e Umleitung, –en
s Unglück, –e
r Urgroßvater, ¨–
e Verbform, –en
s Verbrechen, –
r Verbrecher, –
e Verletzung, –en
s Viertel, –
r Vorteil, –e
e Wagentür, –en
e Wahrheit, –en

e Wanderung, –en
e Wasserleitung, –en
r Werkzeugkasten, ¨–
e Zeitschaltung, –en
r Zeitungsreporter, –
r Zeitungstext, –e
r Zeuge, –n
e Zusammenfassung, –en

Verben

ab·brechen
ab·brennen
ab·montieren
an·fahren
an·halten
an·schneiden
auf·fangen
auf·fordern
aus·gehen
aus·rutschen
befinden
beugen
beweisen
bremsen
buchen
ein·cremen
ein·kaufen
empfangen
empfehlen
erleben
ermorden
fliehen
fließen
frei·kommen
genießen
glauben
heraus·ziehen
kehren
landen
liegen bleiben
lohnen
mit·spielen
organisieren
parken
pflanzen
regnen
retten
schneien
schweigen
sitzen bleiben
stechen
stecken bleiben
stehen bleiben
überfallen
verbinden
verbrennen
verbringen
verirren
verraten
verschwinden
vor·zeigen
wiedererkennen
ziehen
zu Ende gehen
zu·gehen

Adjektive

allmählich
ärgerlich
aufrecht
ausländisch
defekt
einsam
erfolgreich
froh
fünfzehnjährig
gefährlich
golden
-jährig
kaputt
kräftig
kurios
lecker
letzte
linke
merkwürdig
neblig
römisch
seltsam
stundenlang
tagelang
total
unmöglich
verschwunden

Adverbien

immer wieder
immerhin
innen
noch immer
stattdessen
vorn

Funktionswörter

als *(Junktor)*
bevor
gegenüber
laut
trotz
während *(Junktor)*
während *(Präposition)*
wegen
zwar

Ausdrücke

eines Morgens
eines Nachmittags
am Tag darauf
im Freien
die einen ..., die anderen
so oder so
von vorn
wenig später
eine Tüte voll
Bescheid wissen
aufrecht sitzen
auf den Knopf drücken
Einen Augenblick!
Das ist gut gegangen.
Das mit ... war so eine Geschichte.
Wie ging es weiter / zu Ende?

Abkürzungen

Lkw = Lastkraftwagen (Lastwagen)
Pkw = Personenkraftwagen (Personenwagen)
km/h = Kilometer in der Stunde

In Deutschland sagt man:	**In Österreich sagt man auch:**	**In der Schweiz sagt man auch:**
e Kneipe, -n	s Beisel, -n / s	Gasthaus, ¨-er
e Metzgerei, -en	e Fleischhauerei, -en	

Zusätzlicher Wortschatz

Wort	Ihre Muttersprache	Definition	Beispiel
r Tod		das Ende des Lebens	Am Ende des Lebens kommt immer der Tod.
tot		Wenn eine Person nicht mehr lebt, ist sie tot.	Als der Arzt kam, war der Mann schon tot.
r Tote, -n (ein Toter, eine Tote)		eine tote Person	Im Keller liegt ein Toter.
töten, tötet, tötete, hat getötet		eine Person tot machen (ermorden)	Der Mörder hat den Mann getötet.
tödlich		Wenn etwas den Tod bringt, ist es tödlich.	Der Schuss war tödlich.
r Schuss, ¨-e		Nomen zu „schießen". – Wenn man schießt, kommt ein Schuss aus der Pistole.	Ich habe einen Schuss gehört.
e Waffe, -n		Eine Pistole ist eine Waffe.	Der Verbrecher benutzte einen Hammer als Waffe.
e Entdeckung, -en		Nomen zu „entdecken". – Wenn jemand etwas entdeckt, macht er eine Entdeckung.	Im Keller machte er eine schreckliche Entdeckung: Dort lag ein Toter.
r Beweis, -en		Nomen zu „beweisen". – Wenn man etwas beweisen kann, hat man einen Beweis.	Der Polizist fand einen Beweis für den Mord.
e Dunkelheit		Nomen zu „dunkel". – Wenn es dunkel ist, lebt man in der Dunkelheit.	Wegen der Dunkelheit konnte er nichts sehen.
e Landung, -en		Nomen zu „landen". – Wenn ein Flugzeug landet, macht es eine Landung.	Bei der Landung machte der Pilot einen Fehler.
e Flucht, -en		Nomen zu „fliehen". – Wenn jemand flieht, ist er auf der Flucht.	Zuerst gelang dem Verbrecher die Flucht, aber dann hat die Polizei ihn doch gefangen.

Lektion 13

zu LB Ü 1 Ergänzen Sie.

1

a) das Goethehaus in Frankfurt — *das Frankfurter Goethehaus*

b) das Goethehaus in Weimar — *das Weimar*

c) das Mozarthaus in Salzburg — ______________________

d) der Zoo von Duisburg — ______________________

e) der Hafen von Hamburg — ______________________

f) der Bär von Berlin — ______________________

g) die Cafés von Wien — ______________________

h) das Schloss von Heidelberg — ______________________

i) die Seen der Schweiz — ______________________

j) der See bei Genf — ______________________

k) die Kirschtorte aus dem Schwarzwald — ______________________

zu LB Ü 1 Ergänzen Sie **der** oder **den**.

2

a) Der See ist abends wunderschön.
Das ist der See, *der abends wunderschön ist.*

b) Ich habe den See oft fotografiert.
Das ist der See, ____ ich oft fotografiert habe.

c) Er hat den Berg bestiegen.
Das ist der Berg, ______________________

d) Der Berg ist sehr gefährlich.
Das ist der Berg, ______________________

e) Der Wald ist immer sehr dunkel.
Das ist der Wald, ______________________

f) Er kennt den Wald gut.
Das ist der Wald, ______________________

g) Sie möchte den Fluss malen.
Das ist der Fluss, ______________________

h) Der Fluss ist sehr breit.

Das ist der Fluss, ____

i) Der Kuchen schmeckt ihm.

Das ist der Kuchen, ____

j) Er hat den Kuchen gebacken.

Das ist der Kuchen, ____

k) Sie trägt den Hut nur bei Festen.

Das ist der Hut, ____

l) Der Hut liegt sonst im Schrank.

Das ist der Hut, ____

m) Der Bär ist auf vielen Ansichtskarten.

Das ist der Bär, ____

n) Er hat den Bär in Berlin gekauft.

Das ist der Bär, ____

o) Der Bus hält vor seinem Haus.

Das ist der Bus, ____

p) Er findet den Bus praktisch.

Das ist der Bus, ____

q) Der Zug fährt oft langsam.

Das ist der Zug, ____

r) Er benutzt den Zug nur selten.

Das ist der Zug, ____

zu LB Ü 1 Ergänzen Sie der, den.

3

a) Auf dem ersten Foto sieht man *den* lustigen Busfahrer, *der* manchmal eine Haltestelle vergaß.

b) Auf dem zweiten Foto schläft _____ Busfahrer, _____ alle Fahrgäste nett fanden.

c) Auf dem dritten Foto erkennt man im Hintergrund _____ Busfahrer, _____ hier ein bisschen müde war.

d) Auf dem vierten Foto lacht _____ Busfahrer, _____ die Polizisten grüßte.

e) Auf dem fünften stehe ich neben dem Busfahrer, _____ die Polizisten kontrollierten.

f) Ich schenke dir das sechste Foto von dem Busfahrer, _____ hier den Bus kontrollierte.

g) Auf dem siebten Foto sieht man _____ Busfahrer, _____ lange mit den Polizisten diskutierte.

h) Auf dem achten Foto winken die Leute dem Busfahrer, _____ oft laut lachte.

i) Das neunte Foto zeigt auch _____ Busfahrer, _____ schon oft über die Alpen fuhr.

j) Auf dem zehnten Foto tanzt _____ Busfahrer, _____ die Fahrgäste sehr nett fanden.

zu LB Ü 1 Wie heißen die Sätze?

4

a) Hier wohnt mein Nachbar. Er hat bei Pannen immer Glück.

Hier wohnt mein Nachbar, der bei Pannen immer Glück hat.

b) Das ist meine Nachbarin. Sie hat oft viel Arbeit.

Das ist ______________________

c) Das ist mein Bruder. Er hat nur am Wochenende Zeit.

____

d) Das ist meine Schwester. Sie hat es meistens eilig.

____

e) Das ist mein Sohn. Er hat manchmal ungewöhnliche Ideen.

____

f) Das ist meine Tochter. Sie hat oft Pech mit ihrem alten Auto.

____

g) Das ist meine Tante. Sie hat Glück in der Liebe.

____

h) Das ist mein Onkel. Er hatte Glück im Spiel.

____

i) Das ist mein Vater. Er hat immer Zeit für ein Gespräch.

____

j) Das ist meine Mutter. Sie hat viele Hobbys.

____

k) Hier spielt unsere junge Katze. Sie hat immer Lust dazu.

____

zu LB Ü 1 Ergänzen Sie.

5

Das ist der Vogel. Er hat den Fisch gefressen.

Das ist der Vogel, *der den Fisch gefressen hat.*

Das ist der Vogel. Der Fisch hat ihn gefressen.

Das ist der Vogel, *den der Fisch gefressen hat.*

a) Das ist der Sänger. Der Reporter hat ihn fotografiert.

Das ist der Sänger, ______________________________

b) Das ist der Sänger. Er hat den Reporter fotografiert.

Das ist der Sänger, ______________________________

c) Das ist der Vater. Er hat seinen Sohn auf der Raststätte vergessen.

Das ist der Vater, ______________________________

d) Das ist der Sohn. Sein Vater hat ihn auf der Raststätte vergessen.

Das ist der Sohn, ______________________________

e) Er hat den Arzt gerufen.

Das ist der Arzt, ______________________________

f) Der Arzt hat ihn gerufen.

Das ist der Arzt, ______________________________

g) Das ist der Delfin. Der Mann hat ihn gerettet.

Das ist der Delfin, ______________________________

h) Das ist der Delfin. Er hat den Mann gerettet.

Das ist der Delfin, ______________________________

zu LB Ü 2 Was passt?

6

-schloss -markt -see -flugzeug -wurst -haus -fondue -baum

a) Nord________ c) Brat________ e) Märchen________ g) Sport________

b) Käse________ d) Floh________ f) Goethe________ h) Mai________

zu LB Ü 2 Was passt?

7

Märchen- Käse- Alpen- Wein- Apfel- Blumen- Bade- Nord-

a) ________ | baum, torte, kuchen, kiste

b) ________ | see, temperatur, wanne, mütze

c) ________ | buch, schloss, könig, land

d) ________ | markt, laden, vase, strauß

e) ________ | deutschland, europa, see

f) ________ | berg, flasche, glas

g) ________ | blume, kuh, milch

h) ________ | brot, scheibe, fondue

zu LB Ü 2 Wie gut kennen Sie Delfin? Ergänzen Sie die Antworten.

8

a) Wo lebt der Pianist, der am Bahnhof eine junge Frau küsst? (S. 10) – Er lebt *in Wien.* ____________

b) Wie viele Sorten Mineralwasser erkennt der Möbeltischler, der fleißig trainiert? (S. 20) – ____________ Sorten.

c) Welchen Beruf hat die Frau, die auf einem Segelboot lebt? (S. 30) – Sie ist ____________.

d) Wie ist der Name der Frau, die nicht schlafen kann? (S. 42) – Ihr Name ist ____________.

e) In welchem Krankenhaus arbeitet die Notärztin, die ihren Beruf liebt? (S. 50) – Im ____________.

f) Welchen Beruf hat der Mann, der mit seinen Töchtern die Kühe von der Weide geholt hat? (S. 60) – Er ist ____________ von Beruf.

g) Was backt die Frau gerade, die ihrer Freundin vom Weihnachtsfest schreibt? (S. 70) – Sie backt ____________.

h) Was für eine Torte bestellt der Mann, der seinen Kaffee in kleinen Schlucken trinkt? (S. 80) – 2 Stück ____________.

i) Wie heißt der Sohn der Redakteurin, die nicht mehr mit ihm über Geschmack streitet? (S. 100) – Sein Name ist ____________.

j) Wie heißt die Lehrerin, die ein großes Märchenbuch für Kinder bearbeiten soll? (S. 110) – Sie heißt ____________.

k) Wer ist der Mann, der den Journalisten vom Baum vor die Füße fällt? (S. 120) – Das ist natürlich ____________.

zu LB Ü 1 Ordnen Sie die Wörter und ergänzen Sie die Sätze.

9

a) Wo ist der lustige Buchhändler, (bunten – gerufen – Papagei– den– der– hat)
der den bunten Papagei gerufen hat? ____________

b) Woher kommt der bunte Papagei, (der– lustigen – den – hat – Buchhändler– gerufen)
der den lustigen ____________

c) Wo hängt die schöne Speisekarte, (die– hat – geschrieben – Bedienung– freundliche – die)
____

d) Wo steht die freundliche Bedienung, (Speisekarte– die – hat– die – geschrieben)
____

e) Wo wohnt das nette Kind, (das – schöne – das – gegessen– Foto– hat)
____

f) Was war auf dem schönen Foto, (das – Kind– nette – hat – gegessen – das)
____

g) War das der schnelle Briefträger, (wichtigen – hat – den – der – Brief – verloren)

____

h) Wo ist der wichtige Brief, (den – schnelle – der – hat – verloren – Briefträger)

____

i) Wo versteckten sich die schlauen Bauern, (den – dummen – die – entdeckt – Fuchs – haben)

____

j) Woher kam der schlaue Fuchs, (Bauern – die – der – dummen – hat – entdeckt)

____

zu LB Ü 2 Ergänzen Sie.

10

a) ein Mann, der eine blaue Mütze aufhat: *ein Mann mit einer blauen Mütze*

b) eine Frau, die einen großen Hut aufhat: eine Frau mit ______________

c) eine Frau, die ein wunderschönes Kleid anhat: eine Frau in ______________

d) ein Gast, der eine bunte Krawatte anhat: ein Gast mit ______________

e) ein Delfin, der in einem grünen Meer schwimmt: ein Delfin in ______________

f) ein Kind, das gelbe Strümpfe angezogen hat: ein Kind mit ______________

g) eine Lehrerin, die rote Haare hat: eine Lehrerin mit ______________

zu LB Ü 2 Ergänzen Sie.

11

a) eine Sekretärin mit einem roten Regenschirm:

(halten) *eine Sekretärin, die einen roten Regenschirm hält*

b) ein Junge mit einem schweren Koffer:

(tragen) ein Junge, *der* ______________

c) eine Kellnerin mit blauen Augen:

(haben) eine Kellnerin, ______________

d) ein Busfahrer am Lenkrad:

(sitzen) ein Busfahrer, ______________

e) ein Clown mit bunten Bällen:

(in der Hand haben) ein Clown, ______________

f) ein Einbrecher mit einer dunklen Sonnenbrille:

(tragen) ein Einbrecher, ______________

g) ein Fisch mit Namen Wanda:

(heißen) ein Fisch, ______________

zu LB Ü 3 Richtig (r) oder falsch (f)? (→ Lehrbuch S. 130)

12

a) ■ Einmal pro Tag geht das Wasser an der Nordseeküste zurück.
b) ■ Wenn das Wasser weg ist, kann man zu Fuß durch das Wattenmeer gehen.
c) ■ Nie kann man mit einem Boot von Cuxhaven zu den Inseln fahren.
d) ■ Die Post kommt mit der Pferdekutsche auf die Insel Neuwerk.

e) ■ Der Fluss, der durch Wuppertal fließt, heißt Wupper.
f) ■ Die Idee, eine Schwebebahn zu bauen, hatte ein Wuppertaler Ingenieur.
g) ■ Die Einwohner von Wuppertal fanden die Idee, eine Schwebebahn zu bauen, zuerst nicht gut.
h) ■ Der Bau der Schwebebahn dauerte drei Jahre.

i) ■ Am letzten Wochenende im Winter kann man die wilden Pferde in Dülmen sehen.
j) ■ Die jungen Männer fangen nur weibliche Tiere.
k) ■ Normalerweise leben die wilden Pferde in einem Naturpark.
l) ■ Im Naturpark brauchen die Pferde keine Hilfe der Menschen, um sich zu ernähren.

m) ■ In der Marktgasse in Interlaken gibt es eine Schranke.
n) ■ Der Intercityexpress fährt über eine Brücke in den Bahnhof von Interlaken.
o) ■ Der Zug bleibt über Nacht in Interlaken.
p) ■ Interlaken ist 410 Kilometer von Berlin entfernt.

q) ■ Die Autos, die über die Großglockner-Straße fahren, müssen auf eine Höhe von 3.798 Metern steigen.
r) ■ Der Großglockner ist der höchste Berg Österreichs.
s) ■ Im Gebirge um den Großglockner liegt ewiges Eis.
t) ■ In Heiligenblut darf jeder so lange Gold suchen, wie er will.

zu LB Ü 3 Analogien. Was passt?

13

~~Ufer~~ Gebirge Sonnenbrille Bein Fell Meer Gramm Woche Schranke Klima Wald Passagier Schnee

a) Meer: Küste/Fluss: *Ufer* ______
b) Bach: Fluss/See: ______
c) Sommer: Sonne/Winter: ______
d) Mensch: Haut/Tier: ______
e) Tag: Wetter/Land: ______
f) Regen: Regenschirm/Sonne: ______
g) Garten: Zaun/Schiene: ______
h) Hand: Arm/Fuß: ______
i) Baum: Wald/Berg: ______
j) Kilometer: Meter/Kilogramm: ______
k) Jahr: Jahrhundert/Tag: ______
l) Krankenhaus: Patient/Flugzeug: ______
m) Gras: Wiese/Baum: ______

zu LB Ü 3 Wie heißt das Gegenteil? Was passt?

14

~~Tal~~ Schnee Mensch Hose Abend Süden Enkel Breite Tier Land Nacht Autofahrer

a) Berg: *Tal* ______
b) Morgen: ______
c) Tag: ______
d) Norden: ______
e) Regen: ______
f) Pflanze: ______
g) Meer: ______
h) Tier: ______
i) Radfahrer: ______
j) Vorfahr: ______
k) Jacke: ______
l) Höhe: ______

zu LB Ü 3 Welches Verb passt?

15

~~sehen~~ rennen leben bedecken zurückreisen beginnen suchen springen fließen liegen wandern reisen fahren ziehen

a) -e Sehenswürdigkeit *sehen*
b) -e Reise ____________
c) -s Rennen ____________
d) -e Decke ____________
e) -e Wanderung ____________
f) -e Lage ____________
g) -r Fluss ____________
h) -e Fahrt ____________

i) -r Beginn ____________
j) -s Leben ____________
k) -r Sprung ____________
l) -e Suche ____________
m) -r Zug ____________
n) -e Rückreise ____________

zu LB Ü 4 Wie heißen die Sätze?

16

a) Das ist der Bus. Mit dem bin ich durch Süddeutschland gereist.
Das ist der Bus, *mit dem ich durch Süddeutschland gereist bin.*

b) Das ist das Schloss Neuschwanstein. Von dem habe ich viele Fotos gemacht.
Das ist das Schloss Neuschwanstein, ____________

c) Das ist das Wattenmeer. Durch das bin ich ohne Schuhe gelaufen.
Das ist das Wattenmeer, ____________

d) Das ist der Thuner See. Durch den bin ich einmal geschwommen.
Das ist der Thuner See, ____________

e) Das ist der Postwagen. Auf den haben die Leute gewartet.
Das ist der Postwagen, ____________

f) Das ist der Pferdewagen. Auf dem bringt man die Post zur Insel.
Das ist der Pferdewagen, ____________

g) Das ist die Schwebebahn. Mit der bin ich einmal gefahren.
Das ist die Schwebebahn, ____________

h) Das ist der Naturpark. In dem habe ich zum ersten Mal Wildpferde gesehen.
Das ist der Naturpark, ____________

i) Das ist der Zoo. In den möchte ich noch einmal gehen.
Das ist der Zoo, ____________

j) Das ist der Intercityexpress. In dem fährt man mitten durch Interlaken.
Das ist der Intercityexpress, ____________

k) Das ist die Hochalpenstraße. Über die fahren jährlich eine Million Autos.
Das ist die Hochalpenstraße, ____________

l) Das ist die Zugspitze. Von der hat man eine herrliche Aussicht.
Das ist die Zugspitze, ____________

m) Das ist der Großglockner. Auf dem habe ich einmal gestanden.
Das ist der Großglockner, ____________

zu LB Ü 4 Welche Definition passt? ✗

17

a) ein Märchenschloss:
ein Schloss,
- ■ in dem man nur Märchen erzählt.
- ■ das so schön wie im Märchen ist.

b) die Nordseeküste:
die Küste,
- ■ die an der Nordsee ist.
- ■ die an einem See in Norddeutschland liegt.

c) das Wattenmeer:
das Meer,
- ■ das aus Watte besteht.
- ■ das zweimal am Tag verschwindet.

d) der Meeresboden:
der Boden,
- ■ den das Meer normalerweise bedeckt.
- ■ der über dem Meer liegt.

e) eine Pferdekutsche:
eine Kutsche,
- ■ in der Pferde fahren.
- ■ die Pferde ziehen.

f) eine Straßenbahn:
eine Bahn
- ■ über die eine Straße führt.
- ■ die über eine Straße fährt.

g) Halstücher:
Tücher,
- ■ die man um den Hals trägt.
- ■ die der Hals schützt.

h) ein Hochgeschwindigkeitszug:
ein Zug,
- ■ der mit hohem Tempo fährt.
- ■ der schnell und hoch fährt.

i) die Goldberge:
die Berge,
- ■ die tatsächlich aus Gold sind.
- ■ in denen man mit etwas Glück Gold finden kann.

j) Schwarzwälder Hüte:
die Hüte,
- ■ die man bei Festen im Schwarzwald trägt.
- ■ die man nur in schwarzen Wäldern aufsetzt.

zu LB Ü 4 Sagen Sie es anders.

18

a) Das Meer, das sich zweimal am Tag verabschiedet, heißt Nordsee.

Nordsee heißt *das Meer, das sich* ______________________________.

b) Die Stadt, die in dem engen Tal der Wupper liegt, heißt Wuppertal.

Wuppertal heißt ________________, *die* ______________________________.

c) Der Naturpark, in dem die Wildpferde frei leben, liegt in der Nähe von Dülmen.

In der Nähe von ____________________, *in dem* ______________________________.

d) Die jungen Männer, die die Pferde fangen, tragen blaue Jacken und rote Halstücher.

Blaue Jacken und rote Halstücher tragen ________________, *die* ______________________________.

e) Die Großglockner-Straße, über die jährlich eine Million Autos fahren, nennt man „Traumstraße der Alpen".

„Traumstraße der Alpen" nennt ________________, *über die* ______________________________.

f) Das Murmeltier, das sich gerne Touristen zeigt, trifft man hier.

Hier trifft man ________________, das sich ______________________________.

zu LB Ü 4 Verbinden Sie die Sätze.

19

a) Das Meer verabschiedet sich zweimal am Tag. Es heißt Nordsee.

Das Meer, *das sich zweimal am Tag verabschiedet, heißt Nordsee.*

b) Die Stadt liegt im engen Tal der Wupper. Sie heißt Wuppertal.

Die Stadt, *die* ______________________ *, heißt Wuppertal.*

c) Der Delfin „Herbert“ lebt im Zoo. Er fühlt sich nicht wohl.

Der Delfin „Herbert“, ______________________

d) Das Boot fährt auf dem See. Es ist sehr schnell.

Das Boot, ______________________

e) Das Goethehaus steht in Frankfurt. Es war leider geschlossen.

Das Goethehaus, ______________________

zu LB Ü 4 Verbinden Sie die Sätze.

20

a) Der junge Mann hat mir die Stadt gezeigt. Ich habe ihn in Dresden getroffen.

Der junge Mann, *den ich in Dresden getroffen habe, hat mir die Stadt gezeigt.*

b) Den jungen Mann habe ich in Dresden getroffen. Er hat mir die Stadt gezeigt.

Den jungen Mann, *der mir* ______________________ *, habe ich in* ______________________

c) Der Naturpark liegt in der Nähe von Dülmen. In ihm leben die Wildpferde frei.

Der Naturpark, *in dem* ______________________ *, liegt* ______________________

d) Der nette Taxifahrer kommt aus Salzburg. Er hat mich zum Bahnhof gebracht.

Der ____________ *, der* ______________________ *, kommt* ______________________

e) Die schwarz-weißen Kühe habe ich in Norddeutschland fotografiert. Sie schauen in die Kamera.

Die ____________ *,* ______________________ *, habe ich* ______________________

f) Die junge Frau ist Musikerin. Mit ihr bin ich auf einem Segelboot gefahren.

Die ____________ *,* ______________________ *,* ______________________

g) Die Weißwürste schmecken wirklich gut. Ich habe sie in München gegessen.

Die ____________ *,* ______________________ *, schmecken* ______________________

h) Meine Freunde wohnen in Zürich. Bei ihnen habe ich Käsefondue gegessen.

Meine ____________ *,* ______________________ *,* ______________________

zu LB Ü 4 Sagen Sie es anders.

21

a) Der Chef arbeitet. Er redet nicht.

Er arbeitet, *ohne zu reden.*

b) Der Chef arbeitet. Er hört nicht zu.

Er arbeitet, *ohne zuzuhören.*

c) Der Chef arbeitet. Er macht keine Pause.

Er arbeitet, *ohne eine Pause zu machen*.

d) Der Reporter wartet vor dem Schloss. Er fotografiert nicht.

Er wartet vor dem Schloss, ______________________________

e) Der Reporter wartet vor dem Schloss. Er macht kein Foto.

Er wartet vor dem Schloss, ______________________________

f) Die Kinder gehen über die Straße. Sie schauen nicht auf die Ampel.

Sie gehen über die Straße, ______________________________

g) Richard isst im Gasthaus seines Onkels. Er bezahlt nichts.

Er isst im Gasthaus seines Onkels, ______________________________

h) Richard wohnt im Hotel seiner Tante. Er bezahlt keinen Cent.

Er wohnt im Hotel seiner Tante, ______________________________

i) Die Touristin liest den Prospekt. Sie versteht nichts.

Sie liest den Prospekt, ______________________________

j) Die Touristin liest die Anzeige. Sie versteht kein Wort.

Sie liest die Anzeige, ______________________________

k) Die Musiker gehen glücklich durch den Wald. Sie sagen nichts.

Sie gehen glücklich durch den Wald, ______________________________

l) Die Musiker gehen glücklich durch den Wald. Sie sprechen kein Wort.

Sie gehen glücklich durch den Wald, ______________________________

m) Der Briefträger liegt auf der Wiese. Er schaut nicht auf die Uhr.

Er liegt auf der Wiese, ______________________________

n) Der Briefträger liegt auf der Wiese. Er denkt an keine Termine.

Er liegt auf der Wiese, ______________________________

zu LB Ü 4 Ergänzen Sie **aber** oder **sondern**.

22

a) Ich esse Würstchen nicht so gern mit Senf, ____________ lieber mit Ketchup.

b) Obst mag ich nicht, ____________ Gemüse esse ich sehr gerne.

c) Tee mag ich eigentlich nicht, __________ ein Glas Eistee trinke ich im Sommer gerne.

d) Wir warten jetzt nicht mehr länger auf den Bus, __________ gehen zu Fuß.

e) Schau mal: Auf dem Foto trägt er doch keine Winterstiefel, __________ Gummistiefel.

f) Sie spielen gut Fußball, __________ noch besser Handball.

g) Der Fußballspieler hat nicht Fußball, __________ Handball gespielt.

zu LB Ü 5 Ergänzen Sie.

23

Norden
Süden
Westen
Osten

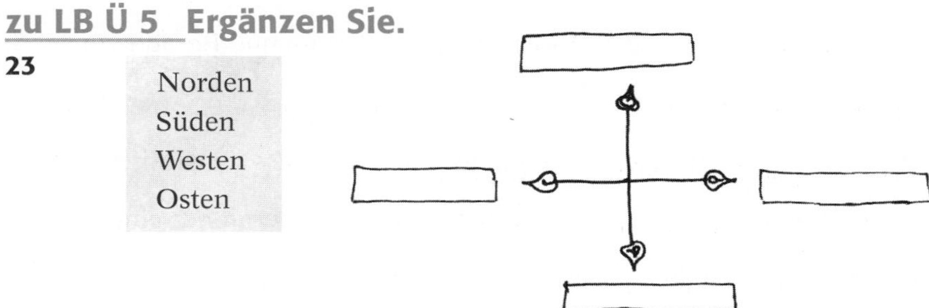

zu LB Ü 5 Ergänzen Sie.

24

Nordeuropa Südeuropa Westeuropa Osteuropa
nördlicher südlicher westlicher östlicher

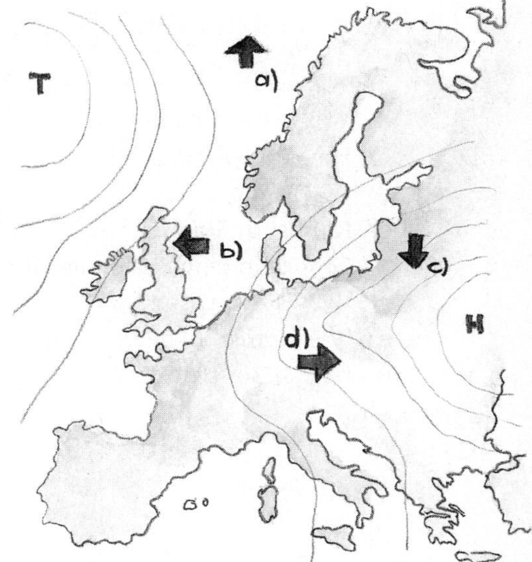

a) *Nordeuropa*: Der Wind weht aus *südlicher* Richtung.

b) __________: Der Wind weht aus __________ Richtung.

c) __________: Der Wind weht aus __________ Richtung.

d) __________: Der Wind weht aus __________ Richtung.

zu LB Ü 6 a Was passt zusammen? (→ Lehrbuch S. 132, Nr. 6a)

25

a) Die Mutter soll sich die Telefonnummer des Hotels aufschreiben, ■
b) Weil die Kinder noch nicht lesen können, ■
c) Die Kinder hatten während der Anreise keinen Streit, ■
d) Vor der Grenze gab es einen großen Stau, ■
e) Die Großmutter macht sich Sorgen wegen des Skikurses, ■
f) Frau Kurz erzählt ihrer Mutter, ■
g) Wenn die Kinder im Skikurs sind, ■
h) Am Morgen waren es minus 12 Grad, ■

1. sondern waren beide ganz brav.
2. weil es in den Zimmern kein Telefon gibt.
3. bleibt Frau Kurz immer in ihrer Nähe.
4. aber mittags ist es ein bisschen wärmer.
5. haben sie während der Autofahrt Bilderbücher angeschaut.
6. weil es stark schneite.
7. dass in der Schweiz schon die Babys Ski fahren lernen.
8. weil die Kinder noch so klein sind.

zu LB Ü 6 b Ergänzen Sie. (→ Lehrbuch S. 132, Nr. 6b)

26

Füße mitgekommen Anruf Hobby geregnet Berge Rucksack diskutieren Bach Wetter laufen Wurst Gewitter Freundin

Bernd ist alleine in die (a) _________ gefahren, um zu wandern. Wandern ist sein (b) _________. Jetzt sitzt er an einem (c) _________ und badet seine Füße. Gleich will er seinen (d)_________ öffnen und ein Stück (e) _________ essen. Vorher ruft er aber noch seine (f) _________ Brigitte an. Brigitte freut sich sehr über den (g) _________. Sie hat ein bisschen Angst, weil es gerade ein (h) _________ gibt. Es ist ziemlich schlimm und Bernd kann es durch das Telefon hören. Bei ihm ist das (i)_________ schön, obwohl es vorhin ein wenig (j) _________ hat. Er findet es sehr schade, dass Brigitte nicht (k) _________ ist. Aber sie erinnert ihn daran, dass sie wirklich nicht so lange (l) _________ kann wie er. Ihr tun schon die (m) _________ weh, wenn sie mit Bernd nur einen Spaziergang macht. Aber Bernd ist nicht böse und er möchte mit Brigitte auch nicht darüber (n) _________.

zu LB Ü 6 c Welche Antwort passt? (→ Lehrbuch S. 132, Nr. 6c)

27

a) Wie gefällt dir dein Urlaub? ■
b) Was machst du den ganzen Tag? ■
c) Hast du ein nettes Hotel gefunden? ■
d) Wie ist das Wetter? ■
e) Kannst du im Meer baden? ■
f) Gibt es in dem Gasthaus ein Restaurant? ■
g) Wie ist das Essen? ■
h) Wie kannst du denn angeln? ■
i) Ist das Boot groß? ■

1. Ich gehe spazieren und lese viel.
2. Prima, am besten schmeckt mir der Fisch.
3. Ich habe Zwillingsschwestern kennengelernt, deren Bruder ein Motorboot hat.
4. Es ist kein Hotel sondern ein Gasthaus, aber das Zimmer ist nicht schlecht.
5. Ich finde es sehr schön hier.
6. Das weiß ich noch nicht, weil Uwe es mir erst morgen zeigt.
7. Ja, und sie haben eine gute Küche.
8. Es ist meistens sehr windig.
9. Ja, aber das mache ich nicht; ich gehe nur mit den Füßen ins Wasser.

zu LB Ü 6 c Ergänzen Sie **deren** oder **dessen**.

28

a) Ich kenne das Hotel, _________ Toiletten auf dem Hof sind.
b) Morgen kommt der Nachbar, _________ Schwester meine Kollegin ist.
c) Das sind die Schwestern, _________ Bruder ein Motorboot hat.
d) Das ist eine Kollegin, _________ Namen ich vergessen habe.
e) Ich habe einen Freund, _________ Katze mich immer besucht.
f) Hier gibt es zwei Restaurants, _________ Küche ausgezeichnet ist.
g) Ich bin auf einer Insel, _________ Straßen keine Autos kennen.
h) Heute war ich auf einem Boot , _________ Besitzer hier Urlaub macht.
i) Sie hat ein Hotelzimmer, _________ Balkon wie ein kleiner Garten aussieht.
j) Gerade habe ich an einem Bach gesessen, _________ Wasser kalt wie Eis war.

zu LB Ü 6 c Wie ist das Wetter? Ergänzen Sie.

29

Zusätzlicher Wortschatz

windig neblig bewölkt heiß sonnig gewittrig warm regnerisch kalt stürmisch

a) der Wind: Es ist windig.

b) der Regen: Es ist ________.

c) der Nebel: Es ist ________.

d) die Sonne: Es ist ________.

e) das Gewitter: Es ist ________.

f) der Sturm: Es ist ________.

g) die Wolke(n): Es ist ________.

h) die Wärme: Es ist ________.

i) die Hitze: Es ist ________.

j) die Kälte: Es ist ________.

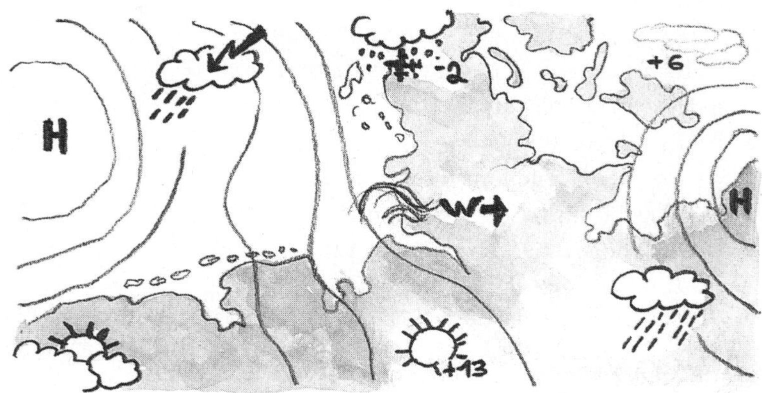

zu LB Ü 6 c Welcher Text passt zu welcher Jahreszeit?

30

a) Die Temperaturen beginnen zu steigen und die Tage werden wieder länger. Die ersten Blumen wachsen und die Bäume bekommen neue Blätter. Die Menschen freuen sich, dass sie nicht mehr frieren müssen und keine dicken Mäntel und Jacken mehr brauchen. Es gibt schon warme Tage, aber es ist meistens noch kühl, auch wenn die Sonne scheint. Die Monate dieser Jahreszeit heißen März, April und Mai.

b) In dieser Jahreszeit ist es am kältesten und die Tage sind am kürzesten. Abends ist es schon früh dunkel. Im Dezember, Januar und Februar liegen die Temperaturen oft unter 0 Grad. Es gibt Eis und Schnee und viele Seen frieren zu. In Österreich und in der Schweiz liegt dann in den Bergen immer Schnee und man kann Ski fahren. Wenn es schneit und friert, sind die Straßen glatt; dadurch passieren öfter Unfälle. Das wichtigste Fest in dieser Zeit ist Weihnachten.

c) In dieser Jahreszeit fallen die Blätter von den Bäumen. Die Temperaturen sinken und die sonnigen Tage werden weniger. Oft ist der Himmel grau und an vielen Tagen regnet es. Es ist meistens windig oder sogar stürmisch. In den Monaten September, Oktober und November gibt es die meisten großen Stürme. Auch Nebel ist typisch für diese Zeit.

d) Das ist die Zeit, in der die Menschen am meisten draußen sind, weil das Wetter schön warm ist. Man besucht gerne Schwimmbäder oder badet im Meer und in Seen. Im Juni, Juli und August scheint oft die Sonne und die Temperaturen steigen manchmal bis 30 Grad. Es regnet wenig, aber wenn die Luft heiß und feucht ist, kann es Gewitter geben. Die Tage sind in dieser Jahreszeit am längsten und abends ist es lange hell.

■ Frühling ■ Sommer ■ Herbst ■ Winter

zu LB Ü 6 Was passt zusammen?

31

a) Es tut mir leid, dass Sie ■
b) Es ist mir egal, ob ich in einem Gasthaus ■
c) Es geht mir auf die Nerven, dass meine Nachbarin ■
d) Es ist schade, dass du nicht ■
e) Es ist schon dunkel draußen, obwohl ■
f) Es ist schrecklich, dass es bei dem Unfall ■
g) Es ist schon spät, aber die Kinder ■
h) Es klingelt an der Tür, obwohl ich ■
i) Es ist gefährlich, nachts allein ■
j) Es geht mir besser, aber ganz ■
k) Es gibt viel Verkehr auf der Autobahn, weil ■
l) Es kann sein, dass es heute noch ein ■

1. gar keinen Besuch erwarte.
2. oder einem Hotel wohne.
3. so viele Tote gab.
4. gesund bin ich noch nicht.
5. jeden Abend Klavier spielt.
6. die Ferien angefangen haben.
7. auf mich warten mussten.
8. mit mir wandern willst.
9. durch den Wald zu gehen.
10. es erst sechs Uhr ist.
11. wollen noch nicht ins Bett.
12. Gewitter gibt.

zu LB Ü 6 Was passt? Ergänzen Sie.

32

mir ist schlecht — mir ist warm — mir ist kalt — mir ist unheimlich — ich bin müde — ich bin traurig — ich bin satt — ich bin ärgerlich

a) ● Warum ziehst du deine Jacke aus?
■ Sie ist zu dick; ______________________.

b) ● Warum schaust du denn so böse?
■ ______________________, weil mein Sohn meine beste Vase zerbrochen hat.

c) ● Warum weinst du denn?
■ ______________________, weil gestern mein Hund gestorben ist.

d) ● Warum gehst du denn so oft zur Toilette?
■ ______________________.

e) ● Willst du noch ein Stück Kuchen?
■ Nein, vielen Dank; ______________________.

f) ● Soll ich dir einen dicken Pullover holen?
■ Oh ja bitte, ______________________.

g) ● Willst du wirklich jetzt schon ins Bett gehen?
■ Ja, ______________________.

h) ● Fürchtest du dich hier im dunklen Wald?
■ Ja, ______________________.

Zu LB Ü 7 Diese Wörter verwendet man in Österreich. Wie sagt man in Deutschland?

33

die Arztpraxis — die Tomate — das Krankenhaus — die Treppe — die Metzgerei — die Kneipe — das Brötchen — das Abitur — die Sahne — die Kartoffel — der Pilz

Beispielsatz	*In Österreich:*	*in Deutschland:*
a) In einer Fleischhauerei kann man Fleisch und Wurst kaufen.	die Fleischhauerei	________
b) Die Freunde treffen sich abends in einem Beisl.	das Beisl	________
c) Viele Menschen essen lieber Erdäpfel als Nudeln oder Reis.	der Erdapfel	________
d) Die Schüler eines Gymnasiums machen am Ende der Schulzeit ihre Matura.	die Matura	________
e) Die Ordination von Doktor Schütte ist montags geschlossen.	die Ordination	________
f) Paradeiser sind rot und rund; man kann Suppen, Soßen und Salate daraus machen.	der Paradeiser	________
g) Ein Kuchen schmeckt noch besser, wenn man ihn mit Schlagobers isst.	der Schlagobers	________
h) Schwammerln wachsen im Wald und schmecken gut in Suppen und Soßen.	das Schwammerl	________
i) In einer Bäckerei kann man Brot und Semmeln kaufen.	die Semmel	________
j) Nach dem Unfall musste er viele Wochen im Spital liegen.	das Spital	________
k) Die Stiege zum Dachboden ist sehr steil; da muss man vorsichtig sein.	die Stiege	________

zu LB Ü 7 Diese Wörter verwendet man in der Schweiz. Wie sagt man in Deutschland?

34

der Sessel   der Rock   der Reifen   die Straßenbahn   der Lastwagen   das Fahrrad   die Fahrkarte
das Eis   der Friseur   das Frühstück   die Sahne   die Dose

Beispielsatz	*In der Schweiz:*	*in Deutschland:*
a) Wenn wir morgen mit dem Zug nach Zürich fahren wollen, müssen wir ein Billet kaufen.	das Billet	________
b) Wenn ich keine Zeit zum Kochen habe, mache ich eine Büchse auf.	die Büchse	________
c) Ich muss unbedingt zum Coiffeur, weil meine Haare zu lang sind.	der Coiffeur	________
d) Der Vater sitzt im Fauteuil und liest seine Zeitung.	der Fauteuil	________
e) Heute Nachmittag gehe ich ins Café und esse eine Glace.	die Glace	________
f) Es ist heute zu kalt, um einen Jupe zu tragen; ich ziehe lieber eine Hose an.	der Jupe	________
g) Zum Morgenessen trinke ich immer ein Glas Orangensaft.	das Morgenessen	________
h) Gestern ist an meinem Auto ein Pneu geplatzt.	der Pneu	________
i) Meine Freundin isst nie Rahm, weil sie Angst hat, dick zu werden.	der Rahm	________
j) Ich fahre lieber mit dem Tram als mit dem Bus.	das Tram	________
k) Meine Tochter hat sich zum Geburtstag ein neues Velo gewünscht.	das Velo	________

zu LB Ü 8 Schreiben Sie .

35

a) Eine Frau sitzt auf dem Balkon und isst eine Pizza.

Die Frau, *die auf dem Balkon sitzt, isst eine Pizza.*

Die Frau, *die eine Pizza isst, sitzt auf dem Balkon.*

b) Ein Mann liegt auf dem Sofa und streichelt seinen Hund.

Der Mann, ______________________________

Der Mann, ______________________________

c) Ein Kind steht unter der Dusche und wäscht sich.

Das Kind, ______________________________

Das Kind, ______________________________

d) Eine Taxifahrerin geht am Meer spazieren und liest ein Buch.

Die Taxifahrerin, ______________________________

Die Taxifahrerin, ______________________________

e) Ein Delfin schwimmt im Wasser und ist glücklich.

Der Delfin, ______________________________

Der Delfin, ______________________________

f) Ein Hotel liegt direkt an einem See und hat viele Zimmer mit Balkon.

Das Hotel, ______________________________

Das Hotel, ______________________________

g) Die Pferde leben in einem großen Park und müssen sich selbst ernähren.

Die Pferde, ______________________________

Die Pferde, ______________________________

zu LB Ü 9 Schreiben Sie.

36

a) Der Mann wartet geduldig. Seine Tochter liest eine Zeitung.

Der Mann, dessen *Tochter eine Zeitung liest, wartet geduldig.*

b) Der Hund gehört dem Kind. Das Kind wirft einen Ball.

Das Kind, dem ______________________________

c) Den Touristen fliegen die Regenschirme weg. Sie werden vom Regen nass.

Die Touristen, denen ______________________________

d) Der Busfahrer kann nichts sehen. Seine Brille ist kaputt.

Der Busfahrer, dessen ______________________________

e) Ich habe gestern einen Mantel gekauft. Er ist schon schmutzig.

Der Mantel, den ______________________________

f) Die Kinder sitzen heimlich vor dem Fernseher. Ihre Eltern schlafen schon lange.

Die Kinder, deren ____

g) Der Junge springt in eine große Pfütze. Ein alter Mann schimpft mit ihm.

Der Junge, mit dem ____

h) Die Taxifahrerin ist sehr nett. Ich habe ein Stück Schokolade von ihr bekommen.

Die Taxifahrerin, von der ____

zu LB Ü 10 Was passt zusammen?

37

a) ● Ich möchte nicht nach Frankreich fahren, weil ■
b) ■ Hast du denn eine bessere Idee, wo ■
c) ● Was hältst du davon, mal in die Berge ■
d) ■ Meinetwegen, aber ich finde es langweilig, ■
e) ● In den Bergen gibt es auch Seen, wenn du ■
f) ■ Wenn wir einen See finden, auf dem ich ■
g) ● In Ordnung, dann suchen wir einen Ort in den Bergen, ■

1. lieber schwimmen möchtest.
2. im Urlaub jeden Tag nur zu laufen.
3. wir da schon zweimal waren.
4. auch surfen kann, bin ich einverstanden.
5. wir Urlaub machen können?
6. an dem man wandern und surfen kann.
7. zu fahren um zu wandern?

zu LB Ü 10 Ergänzen Sie.

38

irgendwie irgendwas irgendwo irgendwann irgendwer irgendwohin

a) Ich suche schon seit zwei Stunden meine Autoschlüssel und kann sie nicht finden.

____________ müssen sie doch sein!

b) Mein Mann hat immer Probleme mit seinen Autoschlüsseln. Er legt sie einfach ____________ und später sucht er sie dann stundenlang.

c) Über mir wohnt ein junges Ehepaar. ____________ wollen sie Kinder haben, aber noch nicht in den nächsten Jahren.

d) Gerade hat ein Mann angerufen, aber ich weiß nicht, was er wollte. Er hat ____________ gesagt, das ich nicht verstanden habe.

e) Ich finde es schlimm, dass du so große Probleme mit deinem Chef hast. Kann ich dir vielleicht

____________ helfen?

f) Meine kleine Schwester weint schon den ganzen Tag. ____________ hat zu ihr gesagt, dass sie eine hässliche Nase hat.

zu LB Ü 10 Welches Wort passt?

39

a) Ich weiß nicht, (*wonach/wohin/worüber*) **worüber** ich mit ihr reden kann.

b) Kannst du mir sagen, (*wovor/woran/wonach*) __________ man erkennen kann, dass ein Mensch nicht die Wahrheit sagt?

c) Sie hat nicht erzählt, (*wohin/woher/wodurch*) __________ sie im Urlaub fahren will.

d) Bitte gib mir irgendetwas, (*wohin/wovor/womit*) __________ ich meine Hände sauber machen kann.

e) Ich möchte wissen, (*woher/woran/womit*) __________ meine Kollegin erfahren hat, dass unser Chef bald heiraten will.

f) Willst du mir nicht mal verraten, (*wohin/wodurch/worüber*) __________ der Unfall wirklich passiert ist?

g) Du warst doch gestern als Zeuge vor Gericht. Erzähl doch mal, (*wonach/womit/woran*) __________ dich der Richter gefragt hat.

zu LB Ü 10 Was man im Urlaub machen kann. Schreiben Sie die Wörter zu den Zeichnungen.

40

tauchen surfen segeln wandern reiten schwimmen Ski fahren lesen Tennis spielen angeln fotografieren grillen klettern malen Pilze sammeln Briefe schreiben sich verlieben spazieren gehen Karten spielen tanzen

a) __________ b) __________ c) __________ d) __________ e) __________

f) __________ g) __________ h) __________ i) __________ j) __________

k) __________ l) __________ m) __________ n) __________ o) __________

p) __________ q) __________ r) __________ s) __________ t) __________

zu LB Ü 12 Ergänzen Sie.

41

von dem ... hat   in dem ... wachsen   in der .... gibt   in dem ... schwimmen   zu dem ... kommt   in dem ... dürfen   auf dem... liegt   in der ... macht   in denen ... ist

a) Ich war in einer Stadt, *in der* es viele schöne Museen *gibt*.
b) Ich war in einer Fabrik, _______ man guten Käse _______.
c) Ich war an einem See, _______ viele Fische _______.
d) Ich war in einem Hotel, _______ auch Hunde wohnen _______.
e) Ich war in einem Park, _______ Zitronenbäume _______.
f) Ich war auf einem Berg, _______ auch im Sommer Schnee _______.
g) Ich war an einem Strand, _______ man nur mit einem Boot _______.
h) Ich war in einigen Höhlen, _______ es ziemlich unheimlich _______.
i) Ich war auf einem Turm, _______ man einen Blick auf den Bodensee _______.

zu LB Ü 12 Ergänzen Sie.

42

Herstellung   Freizeit   Klima   Vortrag   Ausflug   Schulfreund   Besichtigung   Aussicht

a) Diese Insel hat ein besonderes _________, weil es dort fast immer warm ist.
b) Gestern habe ich einen _________ über den Bodensee gehört, der sehr interessant war.
c) Wir konnten uns genau über die _________ der berühmten Schweizer Schokolade informieren.
d) Die _________ der Käsefabrik dauerte fast vier Stunden.
e) Weil wir am Nachmittag _________ hatten, sind wir in ein schönes Café gegangen.
f) Ich freue mich schon auf nächste Woche, weil wir dann einen _________ nach St. Moritz machen.
g) Vom Balkon meines Hotels hat man eine wunderbare _________ auf den Bodensee.
h) Gestern hat mich ein alter _________ angerufen und mich zu einem Klassentreffen eingeladen.

zu LB Ü 12 Ergänzen Sie.

43

a) Auf dieser Insel wachsen Zitronen
Das ist eine Insel, *auf der Zitronen wachsen.*
b) In dieser Fabrik kann man Käse probieren.
Das ist eine Fabrik, *in der* _______________________
c) Über diesen See kann man mit einem Schiff fahren.
Das ist ein See, _______________________
d) An diesem See liegt ein wunderbares Hotel.
Das ist ein See, _______________________
e) Hinter diesem Haus fließt ein kalter Bach.
Das ist ein Haus, _______________________
f) Zu diesem Bach führt ein einsamer Weg.
Das ist ein Bach, _______________________

zu LB Ü 12 Schreiben Sie die Sätze richtig.

44

a) ichwohnehierineinemsehrschönenhotel,dasdirektaneinemgroßenseeliegt

____

b) wennichaufdembalkonstehe,kannichbishinübernachösterreichschauen

____

c) meinekollegenundichbesuchenhierambodenseeeinseminar

____

d) wirmachenjedentaginteressanteausflügeundbesuchenauchfabriken

____

e) natürlichmüssenwirnichtnurarbeiten,sondernhabenauchgenügendfreizeit

____

f) esgibthiereineinselmiteinemmildenklima,aufdersogarzitronenwachsen

____

g) aufdieserkleineninselhabeichgesternzufälligeinenaltenschulfreundgetroffen

____

h) wennichnächstewochewiederzuhausebin,rufeichdichanunderzähledirmehr

____

zu LB Ü 1 Ergänzen Sie die Sätze im Perfekt und im Präteritum.

45

eine lange Reise machen	nur einmal schwimmen gehen
zuerst Kataloge anschauen	später ein Krokodil sehen
dann zum Flughafen fahren	eines Abends einen Tiger hören
durch viele Länder reisen	eines Morgens eine Schlange auf dem Schlafsack finden
viele hohe Berge besteigen	einmal drei Tage auf einen Bus warten
einmal auf Kamele steigen	über fünfzig Städte besuchen
bis zu einem großen Fluss reiten	viele interessante Leute kennenlernen
dem Fluss folgen	mit vielen Fotos zurückkommen

a) *Wir haben eine lange Reise gemacht.* — *Sie machten eine lange Reise.*

b) *Zuerst haben wir* ______ — *Zuerst schauten sie* ______

c) Dann ______ — *Dann* ______

d) Wir ______ — *Sie* ______

e) Wir ______ — ______

f) Einmal ______ — ______

g) Wir ______ — ______

h) Wir ______________________________ ______________________________

i) Nur einmal ______________________________ ______________________________

j) Später ______________________________ ______________________________

k) Eines Abends______________________________ ______________________________

l) Eines Morgens______________________________ ______________________________

m) Einmal ______________________________ ______________________________

n) Wir ______________________________ ______________________________

o) Wir ______________________________ ______________________________

p) Wir ______________________________ ______________________________

Wörter im Satz

46

	Ihre Muttersprache	Schreiben Sie einen Satz aus Delfin, Lehrbuch.
____ *Bahn*		
____ *Bau*		
____ *Ereignis*		
____ *Freizeit*		
____ *Fußgänger*		
____ *Gebirge*		
____ *Gras*		
____ *Insel*		
____ *Kälte*		
____ *Knie*		
____ *Küste*		
____ *Land*		
____ *Luft*		
____ *Nebel*		
____ *Richtung*		
____ *Stau*		
____ *Strecke*		
____ *Streit*		
____ *Tal*		
____ *Vortrag*		
ausruhen		
besichtigen		
erholen		
ernähren		
scheinen		
stattfinden		
berühmt		
bloß		

entfernt ______ ______

kühl ______ ______

umsonst ______ ______

zufällig ______ ______

Grammatik

§ 27 Relativpronomen

47

		Nominativ	*Akkusativ*	*Dativ*	*Genitiv*
Maskulinum	Der Mann,...	der	den	dem	**dessen**
Femininum	Die Frau,...	die		der	**deren**
Neutrum	Das Kind,...	das		dem	**dessen**
Plural	Die Leute,...	die		**denen**	**deren**

Zum Vergleich:

Das ist **der** Mann,
der mir die Stadt gezeigt hat.
den ich gestern getroffen habe.
dem ich Geld gegeben habe.
dessen Fahrrad kaputt war.
an den ich mich gut erinnere.
mit dem ich lange geredet habe.

Das ist **die** Frau,
die mir die Stadt gezeigt hat.
die ich gestern getroffen habe.
der ich Geld gegeben habe.
deren Fahrrad kaputt war.
an die ich mich gut erinnere.
mit der ich lange geredet habe.

Das ist **das** Kind,
das mir die Stadt gezeigt hat.
das ich gestern getroffen habe.
dem ich Geld gegeben habe.
dessen Fahrrad kaputt war.
an das ich mich gut erinnere.
mit dem ich lange geredet habe.

Das ist **der** Mann.
Er hat mir die Stadt gezeigt.
Ich habe **ihn** gestern getroffen.
Ich habe **ihm** Geld gegeben.
Sein Fahrrad war kaputt.
Ich erinnere mich gut **an ihn**.
Ich habe lange **mit ihm** geredet.

Das ist **die** Frau.
Sie hat mir die Stadt gezeigt.
Ich habe **sie** gestern getroffen.
Ich habe **ihr** Geld gegeben.
Ihr Fahrrad war kaputt.
Ich erinnere mich gut **an sie**.
Ich habe lange **mit ihr** geredet.

Das ist **das** Kind.
Es hat mir die Stadt gezeigt.
Ich habe **es** gestern getroffen.
Ich habe **ihm** Geld gegeben.
Sein Fahrrad war kaputt.
Ich erinnere mich gut **an es**.
Ich habe lange **mit ihm** geredet.

§ 59 Relativsatz

48

a) Wortstellung im Relativsatz

Vorfeld	*Verb$_{(1)}$*	*Subjekt*	*Mittelfeld* *Angabe*	*Ergänzung*	*Verb$_{(2)}$*
Das	ist	der Delfin,			
der				im Zoo	**lebt.**
den		man	jeden Tag	im Zoo	**sehen kann.**

Relativsatz= Nebensatz: Verb an Position Verb$_{(2)}$

b) Hauptsatz + Relativsatz

Hauptsatz	***Relativsatz***
Das ist der Delfin,	der im Zoo lebt.
Ich kenne den Delfin,	der im Zoo lebt.

c) Hauptsatz + integrierter Relativsatz

H a u p t s a t z		
	Relativsatz	
Der Delfin,	der im Zoo lebt,	ist traurig.
Den Delfin,	der im Zoo lebt,	kenne ich.

Generalisierende Relativpronomen

49

was	Das ist **alles**, **was** ich möchte.	
wo	Das ist ein Land, **wo** ich gerne leben würde.	(**wo** = in dem)
wohin	Das ist ein Hotel, **wohin** man einen Hund mitnehmen kann.	(**wohin** = in das)
wofür	Es gibt **nichts**, **wofür** ich mich nicht interessiere.	(**wofür** = für was)
worüber	Das ist **es**, **worüber** ich mich ärgere.	(**worüber** = über was)
...		

§ 26

Generalisierende Indefinitpronomen mit irgend-

50

a) „irgend" + Fragewort

irgend**wer**	**Irgendwer** hat meine Torte gegessen.
irgend**wen**	Hast du **irgendwen** getroffen?
irgend**was**	Wollen wir **irgendwas** essen?
irgend**wann**	**Irgendwann** möchte ich nach Australien fahren.
irgend**wo**	Ich möchte **irgendwo** Urlaub machen, wo ich noch nie war.
irgend**wohin**	Ich möchte **irgendwohin** fahren, wo es nicht so viele Touristen gibt.
irgend**wie**	Das finde ich **irgendwie** merkwürdig.
...	

b) „irgend" + Indefinitpronomen/Indefinitartikel

irgend**etwas**	Wollen wir **irgendetwas** spielen? (Auch: Wollen wir **irgendwas** spielen?)
irgend**jemand**	**Irgendjemand** hat mein Brot gegessen. (Auch: **Irgendwer** hat mein Brot gegessen.)
irgend**einer**	**Irgendeiner** hat meinen Kaffee getrunken. (Auch: **Irgendwer** hat meinen Kaffee getrunken.)
irgend**ein**	Ich möchte in **irgendein** Land fahren, das ich noch nicht kenne.
irgend**einen**	Ich möchte heute Abend **irgendeinen** Film sehen.
...	

Ausdrücke mit Es

51

a) „Es" = echtes Personalpronomen

Das Auto ist nicht teuer. **Es** kostet nur 2.500 €. Ich möchte **es** kaufen.

b) Angabe von Wetter, Zeit, Atmosphäre

Es regnet.	Wie spät ist es?	Es ist voll.
Es schneit.	Es ist neun Uhr.	Es ist laut.
Es ist heiter bis bewölkt.	Es ist halb zehn.	Es ist hell.
Es ist windig.	Es ist (noch zu) früh.	Es wird dunkel.
Es ist kalt.	Es ist Freitag.	Es wird gefährlich.
Es sind minus 13 Grad.	Es ist Weihnachten.	

c) Einleitung für einen Infinitivsatz/Nebensatz mit „dass“

Es ist toll, Es ist wunderbar, Es ist wichtig, Es ist am besten, Es ist verrückt, Es ist unmöglich, Es gefällt mir (nicht), Es ist mein größter Wunsch, Es lohnt sich, Sie findet es toll, Er findet es nicht schlimm,	nach Hause zu fahren. dass du nach Hause fährst.

Es ist schwierig, Es ist einfach, Es gelingt uns (nicht), Wir schaffen es (nicht), Es kostet viel Zeit,	ein Haus zu bauen.

d) Sonstige unpersönliche Ausdrücke

Es gibt ...	Es klingelt.	Es ist wie früher.
Es geht.	Es brennt.	Es wird ein Mädchen.
Es geht los.	Es ist soweit.	Ich weiß es nicht.
Es geht hinunter.	Es ist da hinten.	
Geht es am Sonntag?	Es passt mir heute (nicht).	es eilig haben
Wie geht es dir?	Es schmeckt mir (nicht).	es noch einmal versuchen
Es klappt (nicht).	Es muss ja nicht immer ... sein.	es leicht haben
Es tut mir leid.	Es sind 100 Gramm.	es schwer haben

Zusammengesetzte Nomen: Verb + Nomen

52

der **Badesee**	Ein **See**, in dem man **baden** kann.
die **Badetemperatur**	Die **Temperatur**, bei der man **baden** kann.
die **Bademütze**	Eine **Mütze**, mit der man **baden** kann.
die **Schreibmaschine**	Eine **Maschine**, auf der man **schreiben** kann.
die **Waschmaschine**	Eine **Maschine**, in der man **waschen** kann.
die **Bohrmaschine**	Eine **Maschine**, mit der man **bohren** kann.
die **Schwebebahn**	Eine **Bahn**, die durch die Luft **schwebt**.
der **Wanderurlaub**	Ein **Urlaub**, in dem man **wandert**.
das **Reitpferd**	Ein **Pferd**, auf dem man **reiten** kann.
die **Bratwurst**	Eine **Wurst**, die man **braten** muss.

Wortschatz

Nomen

Alpen (pl)
e Anreise, –n
e Attraktion, –en
r Badeort, –e
e Badetemperatur, –en
e Bahn, –en
r Bär, –en
r Bau, –ten
r Berg, –e
e Berghütte, –n
s Bergland
e Besichtigung, –en
e Besonderheit, –en
s Bilderbuch, ¨–er
s Brandzeichen, –
e City
r Dom, –e
r Dozent, –en
e Eiszeit
s Ereignis, –se
r Express
e Fahrerin, –nen
s Fell, –e
r Felsen, –
s Fernsehquiz
e Flöte, –n
s Flusstal, ¨–er
e Freizeit
r Frühling
r Fußgänger, –
s Gebirge, –
e Gegenrichtung
s Gewitter, –
s Goethehaus, ¨–er
s Gold
r Goldberg, –e
s Gras, ¨–er
e Grenze, –n
r Hektar
r Hengst, –e
e Herstellung, –en
e Hinfahrt, –en
s Hoch, –s
e Hochalpenstraße
r Hochgeschwindigkeits-
zug, ¨–e
e Höhle, –n
r Ingenieur, –e
e Insel, –n
r Intercityexpress
s Jahrhundert, –e
e Kälte
e Käsefabrik, –en
s Käsefondue, –s
r Katalog, –e
s Klima
e Klimazone, –n
s Knie, –
r König, –e
r Kuriositäten-Führer, –
e Küste, –n
e Kutsche, –n
s Land
e Landschaft, –en
e Landwirtschafts-
messe, –n
r Lauf, ¨–e
e Luft
r Maibaum, ¨–e
s Märchenschloss, ¨–er
s Marketing
e Marktgasse, –n
r Meeresboden
e Meeresluft
e Milchproduktion
e Million, –en
Millionen (pl)
s Murmeltier, –e
r Musiker, –
r Naturpark, –s
s Naturphänomen, –e
r Nebel, –
r Norden
e Nordseeinsel, –n
e Nordseeküste, –n
r Nordwesten
r Osten
r Park, –s
e Pferdekutsche, –n
s Pferderennen, –
r Pferdewagen, –
e Pflanze, –n
r Radfahrer, –
s Reitpferd, –e
s Relativpronomen, –
e Richtung, –en
s Rot
e Rückreise, –n
r Rucksack, ¨–e
e S–Bahn, –en
e Sachertorte, –n
r Schauer, –
e Schiene, –n
e Schranke, –n
r Schulfreund, –e
e Schwebebahn
r Schweizer, –
e Sehenswürdigkeit, –en
e Seilbahn, –en
s Seitenfenster, –
s Seminar, –e
r Skikurs, –e
r Stadtteil, –e
r Stau, –s
e Stelle, –n
e Straßenbahn, –n
e Strecke, –n
r Streit
r Sturm, ¨–e
r Süden
s Tal, ¨–er
e Technologie, –n
s Technologiezentrum,
-zentren
s Tief, –s
e Traumstraße, –n
r Umweg, –e
e Vegetationszone, –n
s Verkehrsmittel, –
s Verkehrsproblem, –e
r Vorfahr, –en
r Vortrag, ¨–e
r Wanderurlaub, –e
s Wattenmeer
e Weißwurst, ¨–e
r Westen
r Wetterbericht, –e
r Wiener, –
r Wilde Westen

s Wildpferd, –e
r Wind, –e
e Windstärke
r Wirtschaftsraum, ¨–e
e Wolke, –n
e Zwillingsschwester, –n

Verben

aus·ruhen
bedecken
besichtigen
besteigen
bestimmen
durchqueren
ein·weihen
erholen
ernähren
erreichen
fertig werden
hinaus·laufen
informieren
klingen
leiten
rasen
scheinen
schweben
senken
statt·finden
streicheln
transportieren
treiben
umgeben
verabschieden
vorbei·fahren
wehen

Adjektive

bayrisch
begeistert
berühmt
besondere
bewölkt
bloß
entfernt
ewig
fabelhaft
feucht
finnisch
geduldig
griechisch
heiter
jährlich
kühl
mild
nackt
problemlos
restlich
riesig
schwarz-weiß
schwedisch
südwestlich
telefonisch
typisch
wild
windig
winzig
zufällig

Adverbien

dorthin
genügend
hinüber
hinunter
irgendwo
irgendwohin
meinetwegen
minus
möglichst
offensichtlich
quer
seitdem
stellenweise
tatsächlich
umsonst
völlig

Funktionswörter

dessen
denen
deren

Ausdrücke

heute früh/heute Morgen
in Ordnung
na klar
von mir aus
vor allem
auf die Idee kommen ... zu
auf Rot/Grün springen
mir ist kalt
dir ist warm
ihm ist schlecht

In Deutschland sagt man:
Auf Wiedersehen/Tschüs

In Österreich sagt man auch:
Servus

In der Schweiz sagt man auch:
Uf Wiederluege

Zusätzlicher Wortschatz

Wort	Ihre Muttersprache	Definition	Beispiel
e Hitze		Nomen zu „heiß“	Im Sommer hatten wir große Hitze.
e Wärme		Nomen zu „warm“	Bei dieser Wärme geht man gern schwimmen.
e Jahreszeit, –en		Frühling, Sommer, Herbst und Winter sind die vier Jahrezeiten.	
frieren		Ich friere. = Mir ist kalt. Es friert. = Wir haben Temperaturen unter 0 Grad.	Sie friert bei jedem Wetter. Heute friert es sehr stark.
zufrieren		Das Wasser eines Sees wird zu Eis.	Der Bodensee friert selten zu.
gewittrig		Adjektiv zu „Gewitter“	Gestern war es gewittrig.
regnerisch		Adjektiv zu „Regen“	Heute bleibt es regnerisch.
sonnig		Adjektiv zu „Sonne“	Morgen wird es heiter bis sonnig.
stürmisch		Adjektiv zu „Sturm“	Wir hatten einen stürmischen Herbst.

Lektion 14

zu LB Ü 1 Wie heißen die Sätze?

1

a) Er ist 90 Jahre alt. (19)	*Lieber wäre er 19.*
b) Sie hat ein Kamel. (Pferd)	*Sie hätte lieber ein Pferd.*
c) Er ist nass. (trocken)	*Er* ______________________
d) Er hat viel Geld. (viel Zeit)	*Lieber* ______________________
e) Sie ist schwarzhaarig. (blond)	*Sie* ______________________
f) Er hat eine Kerze. (Glühbirne)	*Lieber* ______________________
g) Sie ist Sekretärin. (Chefin)	*Sie* ______________________
h) Sie hat ein Messer. (Gabel)	*Lieber* ______________________
i) Er hat acht Haare. (800 000)	*Er* ______________________
j) Sie sind alt. (jung)	*Lieber* ______________________

zu LB Ü 1 Ergänzen Sie.

2

Es ist Montag:	Es ist Montag, aber er träumt, es wäre Sonntag:
a) Der Wecker klingelt um sechs.	Der Wecker *würde* ____ nicht um sechs *klingeln* ____.
b) Er steht um sechs auf.	Er *würde* ____ erst um halb zehn ____________.
c) Er wacht erst richtig unter der Dusche auf.	Er ________ mit Musik ____________.
d) Er trinkt nur schnell einen Schluck Kaffee.	Er ________ eine große Tasse Kaffee mit Milch ____________.
e) Er frühstückt nicht.	Er ________ gemütlich ____________.
f) Er geht eilig zur Haltestelle.	Er ________ gemütlich in den Park ____________.
g) Er kauft am Kiosk eine Zeitung.	Er ________ am Kiosk die Sonntagszeitung ____________.
h) Er fährt schnell zur Arbeit.	Er ________ nicht zur Arbeit ____________.

zu LB Ü 1 Schreiben Sie.

3

a) sie: putzen – waschen — *Sie putzt, doch lieber würde sie waschen.*

b) er: waschen – spülen — *Er wäscht, doch lieber würde er* ____________

c) sie: spülen – bügeln ____________

d) er: bügeln – Urlaub machen ____________

e) sie (pl): duschen – baden ____________

f) wir: baden – schwimmen ____________

g) ihr: schwimmen – tauchen ____________

h) ich: tauchen – segeln ____________

i) du: sitzen – stehen ____________

j) er: stehen – laufen ____________

k) sie: laufen – springen ____________

l) wir: springen – fliegen ____________

m) ihr: lesen – schreiben ____________

n) sie (pl): schreiben – zeichnen ____________

o) er: zeichnen – malen ____________

p) ich: malen – fotografieren ____________

zu LB Ü 1 Ergänzen Sie die Formen von **hätte, wäre, würde** und ordnen Sie die Sätze zu.

4

a) Er *hätte* lieber ein Auto, aber er ■

b) Sie *würde* gern springen, aber sie ■

c) Sie ________ gern tanzen, aber die beiden ■

d) Sie ________ gern in der Disco, aber sie ■

e) Sie ________ lieber fröhlich, aber sie ■

f) Er ________ gern endlich einen Fisch fangen, aber er ■

g) Er _________ gern etwas trinken, aber er ■

h) Er _________ lieber weiter Zeitung lesen, aber er ■

i) Er _________ gern einen Rinderbraten, aber es ■

j) Er _________ lieber im Tennisclub, aber er ■

k) Er _________ lieber weiterschlafen, aber er ■

l) Er _________ gern den Mixer reparieren, aber es ■

m) Sie _________ lieber ein richtiges Schlagzeug, aber sie ■

n) Sie _________ gern frühstücken, aber der ■

o) Sie _________ gern mehr Lohn, aber sie ■

p) Sie _________ gern Feierabend, aber sie ■

q) Sie _________ gern mitfahren, aber das ■

r) Er _________ gern höher springen, aber er ■

s) Sie _________ gern mit dem Delfin reden, aber sie ■

t) Sie _________ gern eine hübsche Frau, aber sie ■

1. muss aufstehen.
2. ist zu dick.
3. soll die Katze füttern.
4. möchten lieber Tee trinken.
5. muss reiten.
6. hat keine Münzen.
7. muss das Essen kochen.
8. achtet nicht genug auf ihre Frisur.
9. müssen erst dafür demonstrieren.
10. hat nur Töpfe.
11. müssen draußen bleiben.
12. angelt nur Dosen und Schuhe.
13. ist zu kompliziert für ihn.
14. muss erst alle Briefe schreiben.
15. versteht seine Sprache nicht.
16. Käfig ist zu.
17. gibt heute nur Schweinebraten.
18. muss weinen.
19. hat Angst.
20. Boot ist schon zu voll.

zu LB Ü 1 Ergänzen Sie.

5

a) Der Mann schläft nicht, aber er *würde* gerne *schlafen.*

b) Er schläft nicht ein, aber er *würde* gerne *einschlafen.*

c) Er geht spät schlafen, aber er _________ gerne früh *schlafen gehen.*

d) Sie spielt selten Tennis, doch sie _________ gerne öfter _________________.

e) Sie spielt nur manchmal mit, doch sie _________ lieber jedes Mal _________________.

f) Sie geht manchmal Tennis spielen, doch sie _________ am liebsten jeden Tag Tennis _________________.

g) Er schwimmt oft, aber er _________ gerne öfter _________________.

h) Er schwimmt noch ein bisschen weiter, aber er _________ am liebsten ewig _________________.

i) Er geht jeden Freitag schwimmen, aber er _________ lieber Freitag und Samstag _________________.

j) Die Mädchen kaufen nur zwei Bonbons, doch sie _________ am liebsten alle Bonbons im Geschäft _________________.

k) Die Frau kauft selten ein, aber sie _________ gerne öfter _________________.

l) Der Reporter geht nur einmal in der Woche einkaufen, aber er _________ lieber jeden Tag _________________.

zu LB Ü 1 Ergänzen Sie.

6

a) (machen) Die Lehrerin *macht* ________ eine kurze Pause, aber der Schüler *würde* ________ lieber eine lange Pause *machen* ________.

b) (aufmachen) Der Lehrer ______________ erst in der Pause das Fenster ____, doch der Schüler ______________ es gerne sofort ______________.

c) (fahren) Die Touristin ______________ gerne sofort ______________, doch der Bus ______________ erst in drei Minuten.

d) (weiterfahren) Der Zug ________ nicht _________ , doch die Touristin ______________ am liebsten ____________________________.

e) (tauchen) Er ______________ lieber mit seiner Taucherbrille ______________, aber er ______________ auch ohne sie.

f) (auftauchen) Sie ______________ langsam aus dem Wasser ______________, aber sie ______________ lieber schneller ______________.

g) (stehen) Die Polizistin ______________ am liebsten unter einem Baum im Wald ______________, aber sie ______________ unter einer Ampel auf der Kreuzung.

h) (aufstehen) Sie ______________ sonntags immer spät ______________, aber sie ______________ gerne auch montags spät ______________.

zu LB Ü 1 Ergänzen Sie.

7

a) Sie trinken viel Kaffee. (er – gerne – weniger Kaffee trinken)

Er würde ____

b) Sie gehen sehr langsam. (schneller gehen)

Er ____

c) Sie frühstücken kurz. (länger frühstücken)

____

d) Sie trainieren oft. (weniger trainieren)

____

e) Sie füttern ihre Katze oft. (nicht so oft)

____

f) Sie klettern schnell. (langsamer klettern)

____

g) Sie räumen jeden Tag auf. (nicht so oft aufräumen)

____

h) Sie lernen wenig. (mehr lernen)

____

i) Sie sprechen selten die Sätze nach. (öfter nachsprechen)

____

zu LB Ü 2 Ergänzen Sie.

8

a) Er räumt nicht auf. — *Sie wäre froh, wenn er aufräumen würde.*

b) Er putzt nicht. — *Wenn er putzen würde, wäre sie froh.*

c) Er bügelt nicht. — *Sie wäre* ______

d) Er wäscht nicht. — *Wenn er* ______

e) Er kauft nicht ein. — *Sie* ______

f) Er schwimmt nicht. — *Wenn* ______

g) Er hilft nicht. — *Sie* ______

h) Er geht nicht weg. — *Wenn* ______

i) Er treibt keinen Sport. — *Sie* ______

j) Er sieht nur fern. — *Wenn* ______

zu LB Ü 2 Ergänzen Sie.

9

a) er: ein Delfin sein – 300 Meter tief tauchen – 7 Meter hoch springen

Wenn er ein Delfin wäre, würde er 300 Meter tief tauchen.

______ *, würde* ______

b) sie: ein Schaf sein – ein warmes Fell haben – ihr nie kalt sein

Wenn sie ______ *, hätte sie* ______

, wäre ihr ______

c) er: ein Tiger sein – nie Angst haben – sehr stark sein

Wenn ______

______

d) sie: Kamele sein – selten Durst haben – 100 Kilometer laufen

Wenn ______

______

e) sie: eine Katze sein – auf dem Fernseher schlafen – nachts spazieren gehen

Wenn ______

______

f) sie: eine Maus sein – alle Katzen ärgern – durch jedes Loch passen

Wenn ______

______

g) er: ein Papagei sein – alle Wörter nachsprechen – alle Kekse naschen

Wenn ______

______

h) er: ein Fisch sein – durch alle Meere schwimmen – keinen Durst haben

Wenn ______________________________

____

i) er: ein Vogel sein – hoch fliegen – nicht auf Flughäfen landen

Wenn ______________________________

____

zu LB Ü 2 Wie heißen die Sätze?

10

a) Er schaut sie nicht an. Also spricht sie nicht mit ihm.

Wenn er sie anschauen würde, würde sie mit ihm sprechen.

b) sie: mit ihm sprechen – sie: ihm Fragen stellen

Wenn sie mit ihm ____________, ____________ *sie ihm Fragen* ____________

c) sie: Fragen stellen – er: sicher antworten.

Wenn ____________, ____________

d) er: lustige Antworten geben – sie: sich für ihn interessieren

____

e) sie: sich für ihn interessieren – sie: vielleicht mit ihm tanzen

____

f) sie: mit ihm tanzen – er: sie vielleicht nach Hause fahren

____

g) er: sie nach Hause fahren – er: vielleicht einen Kaffee bei ihr trinken

____

h) er: einen Kaffee bei ihr trinken – sie: ihn besser kennenlernen

____

i) sie: ihn besser kennenlernen – sie: sich vielleicht in ihn verlieben

____

j) sie: sich in ihn verlieben – sie: ihn lange anschauen

____

k) sie: ihn lange und tief anschauen – er: sie vielleicht küssen

____

zu LB Ü 2 Bilden Sie Sätze.

11

a) Die Chefs schlafen wenig. (mehr schlafen – am Morgen nicht müde sein)

Wenn sie mehr schlafen würden, wären sie am Morgen nicht müde.

b) Manche Lehrer sind nie krank. (manchmal krank sein – die Schüler: mehr Freizeit haben)

Wenn sie ____________________

c) Krankenschwestern dürfen nie müde sein. (einschlafen – Patienten: keine Hilfe bekommen)

Wenn ____________________

d) Feuerwehrleute arbeiten auch an Weihnachten. (an Weihnachten Urlaub machen – manche Wohnungen: brennen)

Wenn ____________________

e) Polizisten laufen schnell. (langsam laufen – Einbrecher: ruhiger arbeiten)

Wenn ____________________

f) Fotomodelle essen wenig. (viel essen – keine Arbeit mehr haben)

Wenn ____________________

g) Viele Menschen sprechen nur eine Sprache. (andere Sprachen lernen – andere Kulturen besser kennenlernen)

Wenn ____________________

zu LB Ü 3 Ergänzen Sie die Wörter.

12

→

1: Man nimmt sie zum Beispiel, wenn man Kopfschmerzen hat.
2: Junge Leute, die nicht älter als 18 sind.
3: Sie zeigt Stunde, Minuten und Sekunden.
4: Man braucht es, um etwas zu bezahlen.
5: Ein Insekt.
6: Wenn etwas schwierig ist, ist es ein...
7: Ein anderes Wort für „Großvater“.
8: Eine Arbeit oder Stelle, aber kein Beruf.
9: Das Ende des Lebens.
10: Ein anderes Wort für „Spaß“.
11: Die Frau des Nachbarn.
12: Wenn man gewonnen hat, hat man einen...
13: Das Geld, das man bekommt, wenn man Rentner ist.

↓

1: Ein Haus, in dem man alte Menschen pflegt.
2: Das Gegenteil von „Anfang“.
3: Das Gefühl, das man hat, wenn jemand mehr hat als man selbst.
4: Das Gefühl, das man hat, wenn jemand gestorben ist.
5: Es hat 365 oder 366 Tage.
6: Davon hat man einige Tausend auf dem Kopf.
7: Menschen, die keine Arbeit haben.
8: Die Zeit, die das eigene Leben dauert.
9: Jemand, der krank ist und zum Arzt geht oder im Krankenhaus liegt.
10: Jemand, der an einer Universität studiert.
11: Er hat eine eigene Praxis oder arbeitet im Krankenhaus.

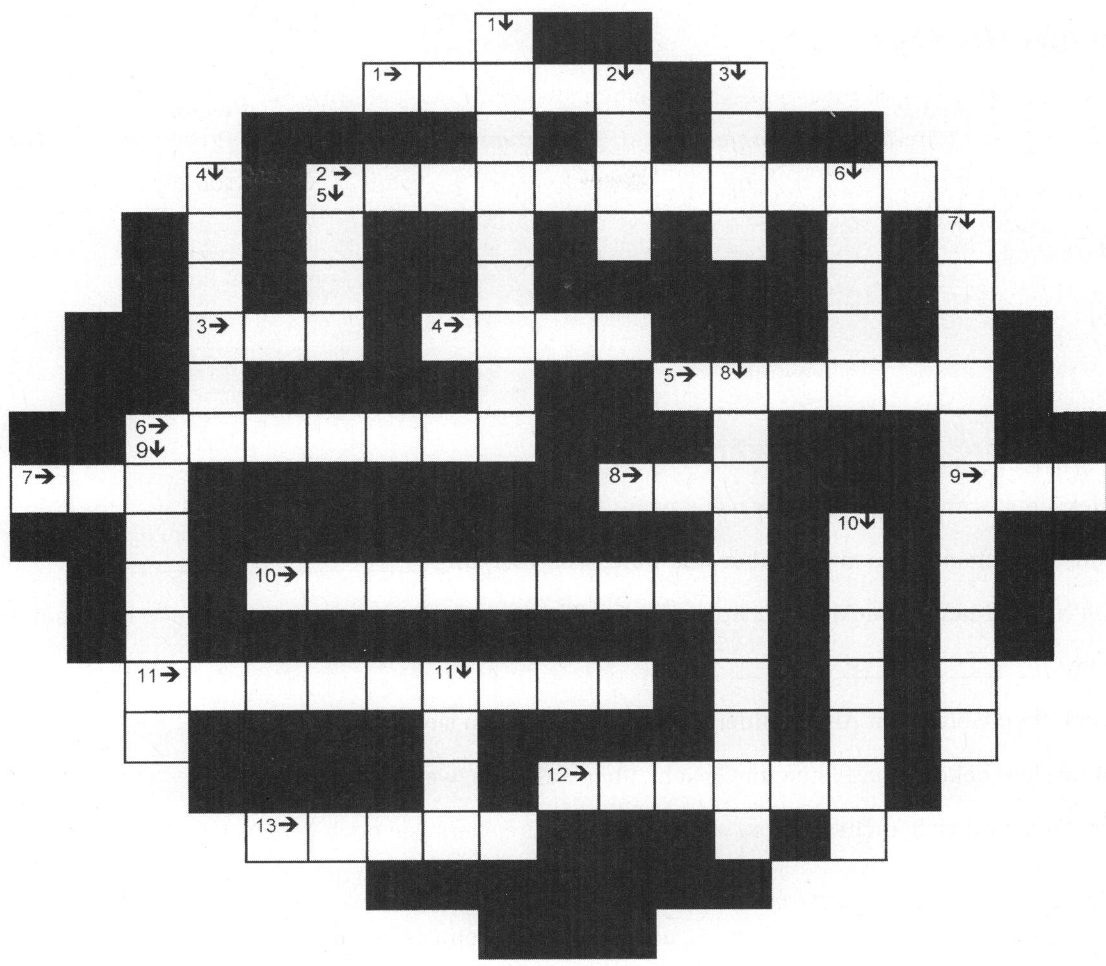

zu LB Ü 3 Ergänzen Sie.

13

ängstlich ~~eitel~~ attraktiv regieren fühlen verlängern Altenheim Medikamente Falten menschlich Sprachkenntnisse Argumente Natur gewinnen

a) Jemand, der sich sehr oft im Spiegel anschaut, ist *eitel.*
b) Eine blonde Frau ist für viele ________________.
c) Jemand, der keine Angst hat, ist nicht ________________.
d) Fehler zu machen ist ________________.
e) Beim Spiel kann man verlieren oder viel Geld ________________.
f) Vielleicht würden alle Menschen länger leben, wenn man das Leben ________________ könnte.
g) Wenn es die Wunderpille gäbe, würde Eitelkeit die Welt ________________.
h) Der Mensch kann Trauer, Sorge, Mitleid und Glück ________________.
i) Kranke nehmen ________________.
j) Die Haut in dem Gesicht alter Leute hat viele ________________.
k) Leben, ohne alt zu werden, wäre gegen die ________________.
l) Viele Alte leben im ________________.
m) Jemand, dessen Noten in Sprachen sehr gut sind, hat sehr gute ________________.
n) In der Diskussion verstand niemand ihre ________________.

zu LB Ü 3 Ergänzen Sie.

14

	haben *Präteritum*	*Konjunktiv*	*sein* *Präteritum*	*Konjunktiv*	*werden* *Präteritum*	*Konjunktiv*
ich	*hatte*	*hätte*	*war*	*wäre*	*wurde*	*würde*
du	*hattest*	*hättest*				
er/sie/es/man			*war*	*wäre*	*wurde*	*würde*
wir						
ihr						
sie						

zu LB Ü 3 Was wäre, wenn ...? Ergänzen Sie.

15

a) Menschen werden alt, aber was wäre, wenn sie nicht alt *würden?*

b) Alte Menschen sehen alt aus, aber was wäre, wenn sie jung ________________________?

c) Oft haben Männer im Alter nur noch ein paar Haare, aber was wäre, wenn auch alte Frauen nur noch ein paar ________________________?

d) Menschen werden im Alter kleiner, aber was wäre, wenn sie dann größer _____________?

e) Menschen bekommen Falten im Gesicht, aber was wäre, wenn sie keine Falten _____________?

f) Im Alter sind viele nicht mehr so vital, aber was wäre, wenn sie noch genauso vital wie früher _____________?

g) Es gibt Neid der Alten auf die Jungen, aber was wäre, wenn es keinen ________________________?

h) Man findet junge Menschen attraktiv, aber was wäre, wenn man alte Menschen attraktiver _____________?

i) Alte Menschen können nicht mehr so gut arbeiten, aber was wäre, wenn sie es noch _________________?

j) Schönheitschirurgen haben viel Arbeit, aber was wäre, wenn sie keine ________________________?

zu LB Ü 3 Ergänzen Sie.

16

a) Wenn ich aufstehen *würde, würdest* du vielleicht auch aufstehen.

b) Wenn du aufstehen _________, _________ die Katze vielleicht auch aufstehen.

c) Wenn die Katze aufstehen _________, _________ wir vielleicht auch aufstehen.

d) Wenn wir aufstehen _________, _________ ihr vielleicht auch aufstehen.

e) Wenn ihr aufstehen _________, _________ die Kinder vielleicht auch aufstehen.

f) Wenn die Kinder aufstehen _________, _________ ich vielleicht auch aufstehen.

zu LB Ü 3 Wie heißt das Gegenteil? Ergänzen Sie.

17

~~unsportlich~~ groß unglücklich brav unromantisch unpraktisch unehrlich ~~alt~~ erwachsen kräftig ruhig warm schnell laut gesund

sportlich:	*unsportlich*	jung:	*alt*	nervös:	______
ehrlich:	______	jugendlich:	______	frech:	______
glücklich:	______	klein:	______	kalt:	______
praktisch:	______	schwach:	______	leise:	______
romantisch:	______	krank:	______	langsam:	______

zu LB Ü 4 Was ist richtig? ☒ (→ Lehrbuch S. 140)

18

Wenn es die Wunderpille gäbe,
a) ☐ könnte man das Leben der Menschen künstlich verlängern.
b) ☐ könnten nur die Ärzte ihr Leben verlängern.
c) ☐ könnte man Haare künstlich verlängern.

Wenn jeder die Wunderpille kaufen könnte,
d) ☐ könnte man bis ins hohe Alter jung und körperlich fit bleiben.
e) ☐ würden die Unterschiede zwischen den Generationen noch größer.
f) ☐ müssten genauso viele alte Leute im Altersheim leben wie heute.
g) ☐ würden vor allem junge Frauen ihre Männer verlassen.
h) ☐ wäre es alten Menschen möglich, länger zu arbeiten und ihre Erfahrungen weiterzugeben.
i) ☐ gäbe es nicht so viele 60-jährige Rentner wie heute.
j) ☐ hätten Ärzte und Schönheitschirurgen weniger Arbeit.

Obwohl die Wunderpille bestimmt Vorteile hätte,
k) ☐ würde jemand, der sie nähme, gegen die Natur leben.
l) ☐ würde dann nur noch das Aussehen zählen.
m) ☐ würde man sich dann mehr Sorgen machen.
n) ☐ würden die Menschen weniger Sorge, Mitleid oder Trauer fühlen.
o) ☐ würde eine Frau sich dann vielleicht in einen alten Mann verlieben, der jung aussähe.
p) ☐ wäre es dann für Jugendliche schwerer, eine Stelle zu finden.

zu LB Ü 4 Ergänzen Sie.

19

muss müssen musste mussten müsste müsste kann konnten könnte weiß wusste wüsste dürfen durften dürften

a) Es gelang noch nie menschliches Leben zu verlängern, denn man *konnte* das nicht.

b) Heute ist es möglich, das Leben einer Fliege zu verlängern. Man *kann* das schon.

c) Die Forschung würde menschliches Leben verlängern, wenn sie das *könnte.*

d) Man *m*______ weit weniger Altenheime bauen, wenn es die Wunderpille gäbe.

e) Heute *m*______ man immer mehr Altenheime bauen.

f) Früher *m*______ man die alten Eltern zu Hause pflegen.

g) Mit der Wunderpille *m*________ keine ältere Frau mehr wegen des Aussehens neidisch sein auf eine jüngere.

h) Heute *m*________ die jungen Leute die Renten für die Alten finanzieren.

i) Im neunzehnten Jahrhundert *m*________ die erwachsenen Kinder für ihre Eltern sorgen, wenn diese alt oder krank waren.

j) Man *k*________ noch mit 100 Jahren Auto fahren, wenn es die Wunderpille gäbe.

k) Normalerweise *k*________ kein 100-Jähriger mehr sicher Auto fahren.

l) Als es die ersten Autos gab, *k*________ nur wenig Menschen Auto fahren.

m) Es wäre gut, wenn der 60-jährige Student im Examen alle Antworten *w*________

n) Es war gut, dass er gestern alle Antworten *w*________.

o) Er lernt Tag und Nacht und *w*________ morgen sicher alle Antworten.

p) Die ersten Piloten *d*________ noch ohne Pilotenschein ein Flugzeug fliegen.

q) Heute *d*________ Piloten nur ein Flugzeug fliegen, wenn ein Arzt sie einmal im Jahr untersucht.

r) Mit der Wunderpille *d*________ auch 90-Jährige ein Flugzeug fliegen, ohne vorher zum Arzt zu gehen.

zu LB Ü 4 Sagen Sie es anders.

20

a) Sven wäre glücklich, wenn man immer jung *bliebe.*

Er wäre glücklich, wenn man immer jung *bleiben würde.*

b) Er fände es gut, wenn er mit 90 noch wie mit 23 aussähe.

Er __________ es gut __________, wenn er mit 90 noch wie mit 23 __________ __________.

c) Mit der Wunderpille triebe er auch gerne als Großvater noch Sport.

Mit der Wunderpille __________ er auch gerne als Großvater noch Sport __________.

d) Er nähme sie, wenn es sie gäbe.

Er __________ sie __________, wenn es sie __________ __________.

e) Er meint, kein Mann verließe mehr seine Frau, weil er eine junge Nachbarin attraktiver fände.

Er meint, kein Mann __________ mehr seine Frau __________, weil er eine junge Nachbarin attraktiver __________ __________.

f) Die Ärzte bekämen weniger Patienten als heute.

Die Ärzte __________ weniger Patienten als heute __________.

g) Er wüsste gerne mehr über die Zukunft der Forschung.

Er __________ gerne mehr über die Zukunft der Forschung __________.

zu LB Ü 4 Sagen Sie es anders.

21

a) Anne wäre zufrieden, wenn alles so bleiben würde.

Sie wäre zufrieden, wenn alles so *bliebe*.

b) Sie würde es unnatürlich finden, wenn alte Menschen jung aussehen würden.

Sie ___________ es unnatürlich, wenn alte Menschen jung *aus*________.

c) Sie selbst würde mit 90 wahrscheinlich keinen Sport mehr treiben.

Sie selbst ___________ mit 90 wahrscheinlich keinen Sport mehr.

d) Sie würde die Wunderpille nicht nehmen, auch wenn es sie geben würde.

Sie ___________ die Wunderpille nicht, auch wenn es sie ___________.

e) Sie meint, eine Frau würde vielleicht ihren Mann wegen eines alten Nachbarn verlassen.

Sie meint, eine Frau ___________ vielleicht ihren Mann wegen eines alten Nachbarn.

f) Mit der Wunderpille würde die Eitelkeit einen noch höheren Stellenwert bekommen.

Mit der Wunderpille ___________ die Eitelkeit einen noch höheren Stellenwert.

g) Sie würde gerne mehr über Medikamente gegen wirkliche Krankheiten wissen.

Sie ___________ gerne mehr über Medikamente gegen wirkliche Krankheiten.

zu LB Ü 4 Was passt? Ergänzen Sie.

22

~~geht~~ ~~ginge~~ ging fängt finge ~~fing~~

a) Unsere Katze ist sehr bequem und *geht* nie auf den Balkon, aber es wäre gut, wenn sie mal auf den Balkon *ginge*, denn früher _________ sie auch oft auf den Balkon.

b) Da *fing* sie früher manchmal einen Vogel, doch heute _________ sie keine Vögel mehr.

c) Wenn sie mal wieder einen Vogel _________ , wäre das sicher schön für sie.

sah sähe sieht

d) Immer wenn er sie im Café _________, wurde er rot.

e) Leider ist sie nie mehr im Café und er _________ sie jetzt nicht mehr.

f) Wenn er sie wieder im Café _________, würde er sich vielleicht in sie verlieben.

gibt gab gäbe

g) Wenn er seiner Freundin die Autoschlüssel _________, würde sie fahren.

h) Letztes Mal nach der Disco _________ er seiner Freundin den Schlüssel.

i) Normalerweise ist es so, dass er seiner Freundin den Schlüssel _________ und sie fährt.

findet fände fand

j) Wenn sie Geld auf der Straße _______ , würde sie eine Fahrkarte kaufen.

k) Gestern _________ sie eine Rose auf der Straße.

l) Wenn sie spazieren geht, _________ sie oft Münzen.

kam käme kommt

m) Wenn er zu ihr ________, würde sie sich freuen.

n) Letztes Wochenende ________ er am Samstag zu ihr.

o) Wenn er heute nicht ________, besucht sie ihn.

bekäme bekam bekommt

p) Das Telefon würde klingeln, wenn er einen Anruf ________.

q) Aber niemand ruft an und er ________ keinen Anruf.

r) Gestern ________ er einen Anruf mitten in der Nacht.

schrieb schreibt schriebe

s) Wenn sie eine Idee für ein Gedicht hätte, ________ sie ein Gedicht.

t) Immer wenn sie als Kind Gedichte ________, vergaß sie die Zeit.

u) Sie sitzt gerade am Schreibtisch und ________ ein Gedicht.

zu LB Ü 4 Ergänzen Sie.

23

a) der nette alte Mann: *der nette Alte*

b) ein netter alter Mann: *ein netter Alter*

c) die junge erwachsene Frau: *die* ________

d) ein verliebter junger Mensch: ________

e) die jungen verliebten Menschen: ________

f) der dicke deutsche Mann: ________

g) ein dicker deutscher Mann: ________

h) eine romantische deutsche Frau: ________

i) der lustige rothaarige Mann: ________

j) ein schlanker blonder Mann: ________

k) die attraktive schwarzhaarige Frau: ________

l) eine kluge blonde Frau: ________

m) bequeme jugendliche Menschen: ________

n) die bequemen jugendlichen Menschen: ________

zu LB Ü 4 Ergänzen Sie -n, -en oder –.

24

a) Siehst du den Junge__ dort? Ich kenne ihn, aber ich weiß seinen Name__ nicht.

b) Der Junge__ ist ein Freund von meinem Sohn. Sein Name__ ist Ulf.

c) Kennen Sie Herr__ Müller schon? Herr__ Müller ist mein neuer Nachbar__. Ich treffe meinen neuen Nachbar__ jeden Morgen.

d) Anne ist nach Berlin gezogen. Sie ist noch neu in der Stadt und kennt keinen Mensch__.

e) Gestern war Herbert als Zeuge__ vor Gericht. Der Richter hat den Zeuge__ aufgefordert, die Wahrheit zu sagen.

f) Werner hat einen netten Kollege__. Sein Kollege__ arbeitet gut mit ihm zusammen.

g) Gestern kam ein guter Kunde__ in unser Geschäft. Wir kennen diesen Kunde__ schon seit 10 Jahren.

h) Jeder Mensch__ möchte im Alter gesund bleiben, aber leider schaffen das nicht alle Mensch__.

i) Es ist ein schöner Gedanke__, lange zu leben und fit zu bleiben. Diesen Gedanke__ habe ich schon oft gehabt.

zu LB Ü 6 Was ist richtig? ✗ (→ Lehrbuch S. 142, Nr. 6)

25

a) Der Mann möchte ein neues Messer,
- ■ weil sein Messer auf den Boden gefallen ist.
- ■ weil er sein Messer verloren hat.
- ■ weil ihm sein Messer nicht gefällt.

b) Die Frau braucht einen Kuli,
- ■ weil sie eine Postkarte schreiben will.
- ■ weil sie einen Brief schreiben muss.
- ■ weil sie eine Adresse schreiben will.

c) Das Mädchen möchte die Butter
- ■ auf ihr Brot streichen.
- ■ auf ihr Brötchen streichen.
- ■ auf ihren Kuchen streichen.

d) Die alte Dame sagt zum Dank:
- ■ „Das ist wirklich sehr freundlich von Ihnen."
- ■ „Sie sind wirklich ein starker Mann."
- ■ „Das hätte ich aber auch alleine geschafft."

e) Der Polizist hat den Autofahrer angehalten,
- ■ weil er zu schnell gefahren ist.
- ■ weil er ohne Licht gefahren ist.
- ■ weil er eine Ampel nicht beachtet hat.

zu LB Ü 7 Schreiben Sie.

26

a) Das Wasser ist kalt.	*Wenn das Wasser doch nur nicht so kalt wäre!*
b) Die Suppe ist heiß.	*Wenn die Suppe doch*
c) Das Zimmer ist dunkel.	*Wenn*
d) Es ist neblig.	
e) Die Musik ist laut.	
f) Der Film ist unheimlich.	
g) Der Schlafsack ist feucht.	
h) Das Problem ist kompliziert.	
i) Das Buch ist langweilig.	
j) Der Teppich ist schmutzig.	
k) Der Ring ist teuer.	
l) Die Treppe ist steil.	

zu LB Ü 7 Der Gast ist nicht zufrieden. Was sagt er?

27

a) die Suppe: nicht heiß genug	*Die Suppe dürfte heißer sein.*
b) der Kaffee: nicht stark genug	*Der Kaffee dürfte*
c) der Kuchen: nicht süß genug	
d) die Soße: nicht warm genug	
e) das Bier: nicht kühl genug	
f) die Wurst: nicht dick genug	
g) das Kotelett: nicht groß genug	
h) die Bedienung: nicht freundlich genug	
i) die Tischdecke: nicht sauber genug	
j) das Brot: nicht weich genug	

zu LB Ü 8 Ergänzen Sie. (→ Lehrbuch S. 143, Nr. 8)

28

Zeit wissen Lust eifersüchtig Freiheit Streit verlieben

a) Der erste Anrufer ist ein junger Mann, der ein Problem mit seiner Freundin hat. Er erzählt, dass es dauernd ____________ gibt, weil sie zu wenig ____________ für ihn hat. Er würde seine Freundin gern jeden Tag treffen, aber sie will das nicht. Manchmal hat sie noch nicht einmal ____________, mit ihm zu telefonieren. Der junge Mann ist sehr ____________ und hat große Angst, dass sich seine Freundin in einen anderen Mann ____________ könnte. Deshalb möchte er auch immer ____________, wo sie ist und was sie macht. Frau Dr. Remmer rät ihm, seiner Freundin mehr ____________ zu lassen.

müde Ruhe Schlaftabletten rät Toilette Fenster Luft

b) Die zweite Person am Telefon ist eine ältere Dame, die immer furchtbar ____________ ist, weil sie nachts nicht schlafen kann. Wenn sie im Bett liegt, kann sie keine ____________ finden. Trotzdem möchte sie keine ____________ nehmen, weil das nicht gesund ist. Frau Dr. Remmer ____________ ihr, abends ein Glas warme Milch oder ein Glas Bier zu trinken. Aber sie hasst warme Milch und wenn sie Bier trinkt, muss sie in der Nacht immer zur ____________ gehen. Stattdessen will sie in Zukunft aber nachts die ____________ in ihrem Schlafzimmer offen lassen, damit kühle ____________ ins Zimmer kommt.

älter Anzeige fühlt Büro verheiratet Kontakt Mittagspause

c) Der dritte Anruf kommt von einer jungen Frau, die sich einsam ____________, weil sie in eine andere Stadt gezogen ist und noch keine Freunde gefunden hat. In dem Haus, in dem sie wohnt, sind alle Leute viel ____________ als sie. Auch mit ihren Arbeitskollegen hat sie wenig ____________. Die sieht sie meistens nur in der ____________. Sie glaubt nicht, dass sie im ____________ Freunde finden kann, denn die meisten Kollegen sind ____________ und haben eine Familie. Frau Dr. Remmer gibt ihr den Rat, es mal mit einer ____________ in der Zeitung zu versuchen.

zu LB Ü 9 Welche Antwort passt zu welcher Frage? (→ Lehrbuch S. 143, Nr. 9)

29

Leila:

a) „Was machen Sie denn mit den vielen Mäusen?“ ■
b) „Ist Ihr Computer denn auch kaputt gegangen?“ ■
c) „Warum holen Sie Ihren Fernseher denn nicht einfach zurück?“ ■
d) „Warum haben Sie denn ihren Pullover in den Mülleimer geworfen?“ ■
e) „Haben Sie sich im Winterurlaub ein Bein gebrochen?“ ■
f) „Warum würden Sie denn nicht mehr auf Ihrem Balkon grillen?“ ■

Walter:

1. „Weil er nach dem Waschen so klein war wie ein Kinderpullover.“
2. „Nein, aber alle haben über mich gelacht, weil ich immer der schlechteste Skiläufer war.“
3. „Nein, aber ich habe ihn zu früh gekauft, denn das neueste Modell ist viel besser.“
4. „Weil mein Freund damit wahrscheinlich mehr Spaß hat als ich.“
5. „Ich verschenke sie.“
6. „Weil dabei der Sonnenschirm von meinem Nachbarn verbrannt ist.“

zu LB Ü 9 Benutzen Sie den Komparativ.

30

a) Das ist ein schönes Hotel. – Ich kenne *ein schöneres Hotel.*

b) Das ist ein teurer Pullover. – Ich habe *einen* ________________.

c) Hans wohnt in einem neuen Haus. – Ich wohne in ________________.

d) Sie hat ein schwieriges Problem. – Ich habe ________________.

e) Er fährt mit einem schnellen Zug. – Ich fahre mit ________________.

f) Er ist der Chef einer großen Firma. – Ich bin der Chef ________________.

g) Mein Kollege kann lustige Witze erzählen. – Ich kann ________________.

zu LB Ü 10 Ergänzen Sie die Sätze.

31

a) Wenn ich ein Vogel wäre, würde ich auf den Baum fliegen.

b) Wenn ich auf den Baum ________________, würde mich eine Katze entdecken.

c) Wenn ________________, würde sie bestimmt zu mir auf den Baum klettern.

d) Wenn ________________, hätte ich bestimmt schreckliche Angst.

e) Wenn ________________, könnte ich nicht mehr fliegen.

f) Wenn ________________, würde mich die Katze fressen.

g) Nein – das ________ scheußlich! Dann bin ich lieber kein Vogel!

zu LB Ü 11 Schreiben Sie.

32

a) Gestern musste ich in die Stadt fahren.

Heute müsste ich nicht in die Stadt fahren. Aber ich fahre trotzdem in die Stadt.

b) Gestern durfte ich nicht in die Disco gehen.

Heute ________________ *. Aber ich gehe trotzdem nicht* ________________ *.*

c) Gestern konnte ich nicht fernsehen.

Heute ________________ *. Aber* ________________ *.*

d) Gestern musste ich zu Hause bleiben.

Heute ________________ *. Aber* ________________ *.*

e) Gestern konnte ich mein Auto nicht waschen.

Heute ________________ *. Aber* ________________ *.*

f) Gestern durfte ich kein Eis essen.

Heute ________________ *. Aber* ________________ *.*

g) Gestern konnte ich meine Tante nicht besuchen.

Heute ________________ *. Aber* ________________ *.*

h) Gestern musste ich einen Brief schreiben.

Heute ________________ *. Aber* ________________ *.*

i) Gestern durfte ich nicht im Hof parken.

Heute ________________ *. Aber* ________________ *.*

zu LB Ü 11 Schreiben Sie die Sätze anders.

33

a) Ich gäbe dir gerne einen Kuss.

Ich würde dir gerne einen Kuss geben.

b) Ich schriebe dir gerne einen Brief.

Ich würde ________________

c) Ich wüsste gerne deinen Namen.

____

d) Ich sähe dich gerne wieder.

____

e) Ich riefe dich gerne an.

____

f) Ich brächte dir gerne Blumen.

____

g) Ich sänge dir gerne ein Lied.

____

h) Ich bekäme gerne Post von dir.

____

i) Ich säße im Kino gerne neben dir.

____

j) Ich träfe dich gerne im Park.

____

k) Ich spräche gerne mal mit dir allein.

____

zu LB Ü 12 Wünsche. Schreiben Sie einen Satz.

34

a) blaue Augen: *Wenn ich doch nur blaue Augen hätte!*
b) blonde Haare: ______
c) schöne Beine: ______
d) ein Haus am Meer: ______
e) ein weißes Pferd: ______
f) ein kleiner Hund: ______
g) ein großer Garten: ______
h) vier Wochen Urlaub: ______
i) ein netter Chef: ______
j) eine Wohnung mit Balkon: ______
k) ein neuer Computer: ______

zu LB Ü 13 Was passt zusammen?

35

a) Das ist bestimmt ein Familienhund, ■
b) Er ist so süß, dass ich ihn ■
c) Ich bringe ihm eine weiche Decke, ■
d) Sollten wir nicht die Polizei anrufen ■
e) Es wäre doch möglich, dass seine Familie ■
f) Natürlich bin ich auch nicht dafür, ■
g) Kannst du nicht mal schauen, ■
h) Hast du keine bessere Idee ■
i) Wenn ihn wirklich niemand haben will, ■

1. ihn nicht mehr haben möchte.
2. ob eine Suchanzeige in der Zeitung steht.
3. als die Polizei anzurufen?
4. damit er schlafen kann.
5. weil er sonst nicht so lieb wäre.
6. und fragen, was wir machen sollen?
7. können wir ihn meinetwegen behalten.
8. am liebsten behalten möchte.
9. den armen Hund ins Tierheim zu bringen.

zu LB Ü 13 Schreiben Sie die Sätze richtig.

36

a) ichmöchtedenhundamliebstenbehalten,weilersosüßist.

______

b) warumsolltenwirdiepolizeianrufen,wennderhundnichtsgestohlenhat?

______

c) ichbinaufjedenfalldagegen,dasswirdenarmenkerlinstierheimbringen.

______

d) wennseinefamilieihnsuchenwürde,wärebestimmteineanzeigeinderzeitung

______

e) abervielleichtwillihnseinefamiliejagarnichtmehrhaben.

______

f) wirsolltenihmeineschöneweichedeckeholen,damiterschlafenkann.

______

g) wennwirinderzeitungkeineanzeigefinden,behaltenwirdensüßenkerl

______

zu LB Ü 13 Ergänzen Sie vielleicht, könnte oder wäre.

37

a) __________ sucht ihn seine Familie.

b) Es __________ doch sein, dass ihn seine Familie sucht.

c) Es __________ doch möglich, dass ihn seine Familie sucht.

d) Ich __________ mir vorstellen, dass man ihn überall sucht.

e) Was __________ denn, wenn seine Familie ihn wiederhaben will?

f) __________ hat er sich nur verirrt.

g) __________ es nicht möglich, dass er sich verirrt hat?

h) Er __________ sich doch einfach nur verirrt haben.

i) Er ist __________ ein Familienhund, der sich nur verirrt hat.

j) Er hat __________ eine Familie, die ihn gerade überall sucht.

k) Er __________ doch eine Familie haben, die ihn wiederhaben will.

Ergänzen Sie jemand, jemanden, jemandem, niemand, niemanden, niemandem.

38

a) J__________ steht an der Haustür und ruft dich, Großvater.

b) Aber ich habe n__________ gehört.

c) Doch, da ist schon j__________ an der Tür, aber dein Radio ist ein bisschen laut.

d) Ich weiß nicht; kannst du j__________ hören?

e) Ja, auf der Treppe spricht j__________ mit j__________ ziemlich laut.

f) Hat j__________ von euch Lust, ein Spiel zu machen?

g) Nein, leider n__________ von uns.

h) Wem gehören die Bücher? Ich glaube, n__________ von den Schülern.

i) Vielleicht gehören sie j__________ von den Lehrern?

j) Sie war neu in der Stadt und kannte noch n__________.

k) Aber gestern hat sie j__________ aus Köln kennengelernt.

l) Der Bus hält an der Haltestelle, aber da wartet n__________.

m) Schlafen die Gäste noch oder haben Sie schon j__________ gehört?

n) Nein, ich habe noch n__________ gehört.

o) Die Lehrerin winkt j__________, denn sie hat j__________ erkannt.

p) Ich habe gestern einen Freund in England angerufen, aber plötzlich habe ich mit j__________ aus Australien gesprochen.

zu LB Ü 16 Was ist richtig? ☒ (→ Lehrbuch S. 146)

39

a) ■ Hannes schreibt an seinen Freund Marc, weil er ihn um Rat fragen will.
b) ■ Hannes hat von seinem Chef das Angebot bekommen, für zehn Jahre nach Südafrika zu gehen.
c) ■ Hannes hat sich erst vor kurzer Zeit eine teure Wohnung gekauft, die er nur mit großem Verlust verkaufen könnte.
d) ■ Hannes würde es sehr leidtun, wenn er seinen Sportwagen verkaufen müsste.
e) ■ Hannes hätte aber kein Problem mit seinem Hund ‚Urmel', weil er den mitnehmen könnte.
f) ■ Hannes hat ein bisschen Angst, dass er alle seine Freunde verlieren könnte, wenn er so lange weg ist.
g) ■ Hannes spielt seit Jahren in einer Jazzband und würde sie sehr vermissen, wenn er im Ausland ist.
h) ■ Hannes liebt Hitze und Feuchtigkeit, weil das gut für seine Gesundheit ist.
i) ■ Hannes kann kein Portugiesisch und müsste es erst noch lernen.
j) ■ Hannes hat eine Freundin, die er wegen der Einreisebestimmungen aber nicht mitnehmen könnte, was sein größtes Problem ist.
k) ■ Hannes bittet seinen Freund Marc, ihm ehrlich zu schreiben, was er an seiner Stelle tun würde.

zu LB Ü 16 Ergänzen Sie. (→ Lehrbuch S. 146)

40

Leitung   Klima   Angebot   Ausland   Verlust   Rat   Sportwagen   Antwort   Ahnung
Schwierigkeiten   Einreisebestimmungen   Job   Möbeln   Innenstadt

Lieber Marc,

ich brauche Deinen (a)________________ als Freund, weil ich mich nicht entscheiden kann, was ich tun soll. Stell Dir vor, was mein Chef mir angeboten hat: Ich könnte für fünf Jahre nach Südamerika gehen und in São Paulo die (b)________________ unserer Filiale übernehmen! Zuerst habe ich mich sehr über dieses (c)________________ gefreut, aber jetzt denke ich nur noch daran, welche (d)________________ es geben würde, wenn ich so lange ins (e)________________ ginge.

Wie Du weißt, habe ich doch gerade erst ein Apartment in der (f)________________ gekauft, das sehr teuer war. Wenn ich es jetzt ganz schnell verkaufen müsste, würde ich bestimmt weniger Geld dafür bekommen und einen (g)________________ machen. Außerdem wüsste ich nicht, was ich mit meinen (h)________________ machen soll.

Meinen (i)________________ müsste ich natürlich auch verkaufen. Aber viel schlimmer ist, dass ich keine (j)________________ habe, was ich mit meinem Hund machen könnte. Wegen der (k)________________ dürfte ich ihn nicht mitnehmen. Und dann weiß ich auch nicht, ob ich das (l)__________ dort vertragen würde; sicher ist es immer sehr heiß und feucht.

Mein größtes Problem ist aber meine Freundin Uta, die nicht mit mir käme, weil sie dann hier ihren (m)________________ verlieren würde.

Was würdest Du an meiner Stelle tun? Bitte gib mir eine ehrliche (n)________________.

Dein Freund Hannes

zu LB Ü 16 Was passt zusammen? (→ Lehrbuch S. 146)

41

a) Ich würde sofort zusagen,
b) Das Apartment könntest Du vermieten,
c) Du könntest im Mietvertrag festlegen,
d) Es würde bestimmt nicht sehr viel kosten,
e) Deinen Urmel könntest Du vielleicht bei Roland abgeben,
f) Du würdest bestimmt auch in São Paulo Leute finden,
g) Mit einem Internet-Anschluss müsstest Du auch keine Angst haben,
h) Sicher könnte Dir ein Arzt Medikamente geben,
i) Die Sprache würdest Du bestimmt sehr schnell lernen,
j) Deine Freundin müsste sich entscheiden,

1. weil er schon zwei Hunde hat.
2. den Kontakt zu Deinen Freunden zu verlieren.
3. damit Du das Klima gut vertragen kannst.
4. ob Du ihr nicht wichtiger bist als ihr Job.
5. weil Du schon Spanisch kannst.
6. wenn ich an Deiner Stelle wäre.
7. Deine Möbel in einer Lagerhalle unterzustellen.
8. mit denen Du Musik machen könntest.
9. denn viele Leute suchen eine Wohnung.
10. dass die Mieter nach fünf Jahren wieder ausziehen müssten.

zu LB Ü 16 Ergänzen Sie.

42

ablehnen ausziehen lösen abgeben nachdenken vermieten annehmen vermissen

a) Das ist wirklich ein tolles Angebot. An deiner Stelle würde ich es auf keinen Fall ____________.

b) Die Leitung einer Filiale ist doch eine fantastische Chance für dich. Deshalb solltest du das Angebot deines Chefs unbedingt ____________.

c) Du kannst deinen Hund nicht ins Ausland mitnehmen, aber du solltest ihn auf keinen Fall in einem Tierheim ____________.

d) Es gibt zwar ein paar Schwierigkeiten, aber ich bin sicher, dass man alle deine Probleme ____________ kann.

e) Warum willst du deine Wohnung denn verkaufen? An deiner Stelle würde ich sie stattdessen ____________.

f) Ich würde meine Freunde auch ____________, wenn ich im Ausland wäre. Aber du kannst ja über das Internet mit ihnen Kontakt halten.

g) Du solltest über meine Vorschläge ____________. Ich hoffe, dass du dann zur richtigen Entscheidung kommen kannst.

h) Du kannst doch im Mietvertrag festlegen, dass die Mieter wieder ____________ müssen, wenn du nach fünf Jahren zurückkommst.

zu LB Ü 16 **Schreiben Sie die Sätze anders. Beginnen Sie den zweiten Satz immer mit sonst.**

43

a) Wenn ich die Wohnung nicht vermieten kann, muss ich sie verkaufen.

Ich hoffe, dass ich die Wohnung vermieten kann. Sonst muss ich sie verkaufen.

b) Wenn meine Freundin in Sao Paulo keinen Job findet, kommt sie nicht mit.

Ich hoffe, dass ________________ *. Sonst* ________________ *.*

c) Wenn ich keine Lösung für meine Probleme finde, gehe ich nicht ins Ausland.

Ich hoffe, dass ________________

d) Wenn ich in Südamerika das Klima nicht vertrage, fliege ich wieder nach Hause.

Ich hoffe, dass ________________

e) Wenn ich in Sao Paulo nicht in einer Band mitspielen kann, mache ich alleine Musik.

Ich hoffe, dass ________________

f) Wenn ich nicht schnell Portugiesisch lerne, kann ich die Filiale nicht leiten.

Ich hoffe, dass ________________

g) Wenn ich meinen Hund nicht mitnehmen kann, lasse ich ihn bei meinen Eltern.

Ich hoffe, dass ________________

h) Wenn ich keinen Internet-Anschluss habe, telefoniere ich mit meinen Freunden.

Ich hoffe, dass ________________

Wörter im Satz

44

	Ihre Muttersprache	Schreiben Sie einen Satz aus Delfin, Lehrbuch.
____ *Erde*	____________	________________________
____ *Gelegenheit*	____________	________________________
____ *Gesellschaft*	____________	________________________
____ *Gesundheit*	____________	________________________
____ *Hitze*	____________	________________________
____ *Jugendliche*	____________	________________________
____ *Kraft*	____________	________________________
____ *Krankheit*	____________	________________________
____ *Natur*	____________	________________________
____ *Projekt*	____________	________________________
____ *Rat*	____________	________________________
____ *Schwierigkeit*	____________	________________________
____ *Sorge*	____________	________________________
____ *Verlust*	____________	________________________
____ *Vorschlag*	____________	________________________
____ *Vorstellung*	____________	________________________
____ *Werkstatt*	____________	________________________
____ *Wirklichkeit*	____________	________________________
____ *Zustand*	____________	________________________
ablehnen	____________	________________________
annehmen	____________	________________________
gehören	____________	________________________
lösen	____________	________________________
nachdenken	____________	________________________
pflegen	____________	________________________
verlängern	____________	________________________
vermieten	____________	________________________

ernst ______________ ______________________________

höflich ______________ ______________________________

menschlich ______________ ______________________________

regelmäßig ______________ ______________________________

solche ______________ ______________________________

Grammatik

§ 38 Konjunktiv II

45

a) Konstruktion mit **würde** + Infinitiv

	würde		***Infinitiv***
ich	**würde**		
du	**würdest**		
er/sie/es	**würde**	eine Reise	machen.
wir	**würden**		
ihr	**würdet**		
sie/Sie	**würden**		

Alle Verben können den Konjunktiv II mit „würde" bilden:

Er **würde** eine Reise **machen**.
Er **würde** nach Österreich **fahren**.
Er **würde** nicht mehr **arbeiten**.
Er **würde** glücklich **sein**.
Er **würde** viel Geld **haben**.
usw.

b) Verben mit eigenen Konjunktiv II-Formen
Konjunktiv II-Stamm = Präteritum-Stamm mit Umlaut

Infinitiv ***Prät.-Stamm*** ***K. II-Stamm***	**sein** war- wär-**(e)**-	**haben** hatt- hätt-**e**-	**können** konn-**te**- könn-**te**-	**wissen** wuss-**te**- wüss-**te**-	**kommen** kam- käm-**(e)**	***Endungen***
ich	wäre	hätte	könnte	wüsste	käme	**-**
du	wär**st**	hätte**st**	könnte**st**	wüsste**st**	käm**st**	**-st**
er/sie/es	wäre	hätte	könnte	wüsste	käme	**-**
wir	wäre**n**	hätte**n**	könnte**n**	wüsste**n**	käme**n**	**-n**
ihr	wär**t**	hätte**t**	könnte**t**	wüsste**t**	käm**t**	**-t**
sie/Sie	wäre**n**	hätte**n**	könnte**n**	wüsste**n**	käme**n**	**-n**

Infinitiv ***Prät.-Stamm*** ***K. II-Stamm***	**dürfen** durf-**te**- dürf-**te**-	**müssen** muss-**te**- müss-**te**-	**werden** wurd-**e**- würd-**e**-	**sehen** sah- säh-**(e)**-	**geben** gab- gäb-**(e)**-	**finden** fand- fänd-**(e)**-	**nehmen** nahm- nähm-**(e)**-
ich	dürfte	müsste	würde	sähe	gäbe	fände	nähme
du	dürftest	müsstest	würdest	sähst	gäbst	fändest	nähmst
er/sie/es	dürfte	müsste	würde	sähe	gäbe	fände	nähme
wir	dürften	müssten	würden	sähen	gäben	fänden	nähmen
ihr	dürftet	müsstet	würdet	säht	gäbt	fändet	nähmt
sie/Sie	dürften	müssten	würden	sähen	gäben	fänden	nähmen

Konjunktiv II-Stamm = Präteritum-Stamm

Infinitiv ***Prät.-Stamm*** ***K. II-Stamm***	**schlafen** schl**ie**f- schl**ie**f-**(e)**-	**lassen** l**ie**ß- l**ie**ß-**(e)**-	**bleiben** bl**ie**b- bl**ie**b-**(e)**-	**schreiben** schr**ie**b- schr**ie**b-**(e)**-	**fangen** f**i**ng- f**i**ng-**(e)**-	**gehen** g**i**ng- g**i**ng-**(e)**-	
ich	schliefe	ließe	bliebe	schriebe	finge	ginge	
du	schliefst	ließest	bliebst	schriebst	fingst	gingst	*
er/sie/es	schliefe	ließe	bliebe	schriebe	finge	ginge	
wir	schliefen	ließen	blieben	schrieben	fingen	gingen	*
ihr	schlieft	ließt	bliebt	schriebt	fingt	gingt	*
sie/Sie	schliefen	ließen	blieben	schrieben	fingen	gingen	*

** identisch mit Präteritum!*

Diese Verben benutzt man meistens mit ihrer eigenen Konjunktiv II-Form.

Ich **wäre** am liebsten groß und stark.
Er **hätte** lieber ein großes Auto.
Wir **könnten** vielleicht essen gehen.
Sie **wüsste** gern seinen Namen.
Er **käme** gern zu ihr.
Dürfte ich mal dein Buch haben?
Wir **müssten** dringend das Auto waschen.
Er **würde** gern Automechaniker.
Sie **finge** gern einen Vogel.
Er **ginge** jetzt am liebsten nach Hause.

Sie **sähe** ohne Brille nichts.
Wenn es doch bald Regen **gäbe**!
Ohne Karte **fänden** wir den Weg nicht.
Ich **nähme** gern das Erdbeereis.
Er **schliefe** am liebsten bis Mittag.
Sie **ließe** ihn bestimmt nicht schlafen.
Er **bliebe** am liebsten im Bett.
Ich **schriebe** gern ein Buch.
usw.

Konditionalsatz

46

Er arbeitet nicht. Er verdient kein Geld.
Sie hat kein Geld. Sie kauft kein Brot.
Er hat kein Auto. Er kann nicht fahren.
Wir haben keinen Hund. Wir sind nicht glücklich.

Nebensatz: Konjunktiv II	***Hauptsatz: Konjunktiv II***
Wenn er **arbeiten würde**,	**würde** er Geld **verdienen**.
Wenn sie Geld **hätte**,	**würde** sie Brot **kaufen**.
Wenn er ein Auto **hätte**,	**könnte** er **fahren**.
Wenn wir einen Hund **hätten**,	**wären** wir glücklich.

§ 8 Nomen: Maskulinum Gruppe II

47

Nominativ	***Akkusativ***	***Dativ***	***Genitiv***	***Plural***
der Junge	den Junge**n**	dem Junge**n**	des Junge**n**	die Junge**n**
der Bauer	den Bauer**n** *	dem Bauer**n**	des Bauer**n**	die Bauer**n**
der Polizist	den Polizist**en** *	dem Polizist**en**	des Polizist**en**	die Polizist**en**

Alle Formen außer Nominativ Singular: **–n/–en**
* Gesprochene Sprache: den Bauer, den Polizist usw.
Ebenso:
Nomen wie Junge: Kolleg**e**, Kund**e**, Türk**e**, Franzos**e**, Zeug**e** usw.
Nomen wie Bauer: Herr, Nachbar usw.
Nomen wie Polizist: Journalist, Tourist, Komponist, Patient, Student, Präsident, Mensch, Pilot, Automat usw.

Nomen mit Genitiv auf ***-s***

Nominativ	*Akkusativ*	*Dativ*	*Genitiv*	*Plural*
der Gedanke	den Gedanke**n**	dem Gedanke**n**	des Gedanke**ns**	die Gedanke**n**
der Name	den Name**n**	dem Name**n**	des Name**ns**	die Name**n**
der Buchstabe	den Buchstabe**n**	dem Buchstabe**n**	des Buchstabe**ns**	die Buchstabe**n**

§ 9, 16 Nomen aus Adjektiven/Partizipien

48

Adjektiv	*Nomen*	*Adjektiv*	*Nomen*
der erwachsen**e** Mann	**der** Erwachsen**e**	**ein** erwachsen**er** Mann	**ein** Erwachsen**er**
die erwachsen**e** Frau	**die** Erwachsen**e**	**eine** erwachsen**e** Frau	**eine** Erwachsen**e**

So steht es in der Wortliste: **r/e Erwachsene, -n (ein Erwachsener)**

Deklination wie Adjektive:

Nominativ	*Akkusativ*	*Dativ*	*Genitiv*	*Plural*
der Angestellte	den Angestellte**n**	dem Angestellte**n**	des Angestellte**n**	die Angestellte**n**
ein Angestellter	einen Angestellte**n**	einem Angestellte**n**	eines Angestellte**n**	Angestellte
die Angestellte	die Angestellte	der Angestellte**n**	der Angestellte**n**	die Angestellte**n**
eine Angestellte	eine Angestellte	einer Angestellte**n**	einer Angestellte**n**	Angestellte

Ebenso: Bekannte, Jugendliche, Arbeitslose, Deutsche, Angeklagte usw.

§ 26 Deklination: jemand/niemand

49

Nominativ	*Akkusativ*	*Dativ*
Ist da jemand?	Siehst du jemand**en**?	Der Hund gehört doch jemand**em**.
Hier ist niemand.	Ich sehe niemand**en**.	Der Hund gehört niemand**em**.
Gesprochene Sprache:	Siehst du jemand?	Der Hund gehört doch jemand.
	Ich sehe niemand.	Der Hund gehört niemand.

§ 19, 16 Artikel + Komparativ/Superlativ + Nomen

50

Deklination wie Adjektive:

ein besser**er** Schlaf	der besser**e** Schlaf	der best**e** Schlaf

usw.

Wortschatz

Nomen

e Ahnung, –en
r/e Alte, –n (ein Alter)
s Altenheim, –e
r Alterungsprozess, –e
s Angebot, –e
r Anschluss, ¨–e
r Antwortbrief, –e
s Apartment, –s
r/e Arbeitslose, –n (ein Arbeitsloser)
s Argument, –e
e Band, –s
r Einfall, ¨–e
e Einreisebestimmung, –en
e Eitelkeit
e Erde
e Falte, –n
r Familienhund, –e
e Feuchtigkeit
e Fliege, –n
r Forscher, –
e Forschung, –en
r Foxterrier, –
e Freizeitanlage, –n
s Freizeitprogramm, –e
e Freundschaft, –en
e Geduld
e Gelegenheit, –en
e Gesellschaft, –en
e Gesundheit
r Gewinn, –e
e Gicht
e Hitze
e Innenstadt, ¨–e
s Insekt, –en
s Internet
e Jazzband, –s
r/e Jugendliche, –n (ein Jugendlicher)
r Kamm, ¨–e
r Käufer, –
e Kenntnis, –se
r Kerl, –e
e Klinge, –n
r Knochen, –
r Konjunktiv, –e
r Kontakt, –e
e Kraft, ¨–e
e Krankheit, –en
r Kuli, –s
s Kuscheltier, –e
e Lagerhalle, –n
r Lebensrhythmus
e Lebenszeit
e Leitung, –en
s Mäusepaar, –e
s Medikament, –e
e Menschheit
r Mieter, –
r Mietvertrag, ¨–e
s Mitleid
s Modell, –e
r Mülleimer, –
e Natur
r Neid
s Paradies, –e
e Pille, –n
e Piste, –n
s Portugiesisch
s Projekt, –e
e Qual, –en
r Rat, Ratschläge
s Saxophon, –e
r Schlaf
r Schönheitschirurg, –en
e Schwierigkeit, –en
r Skiläufer, –
r Sonnenschirm, –e
e Sorge, –n
r Sportwagen, –
r Sprachkurs, –e
r Stellenwert
e Stellung, –en
e Suchanzeige, –n
e Tablette, –n
s Tagebuch, ¨–er
s Tierheim, –e
e Trauer
e Überbevölkerung
s Umzugsunternehmen, –
s Vergnügen
r Verlust, –e
r Vorschlag, ¨–e
e Vorstellung, –en
e Werkstatt, ¨–en
r Winterurlaub, –e
e Wirklichkeit, –en
e Wunderpille, –n
e Zelle, –n
r Zustand, ¨–e

Verben

ab·geben
ab·lehnen
ab·reisen
altern
an·nehmen
aus·fallen
aus·ziehen
baden
besiegen
festlegen
fühlen
gebrauchen
her·holen
lösen
nach·denken
pflegen
pflücken
raten
regieren
sein können
spazieren
um·bauen
unternehmen
unter·stellen
verlängern
verleihen
verlieren
vermieten
vermissen
verstärken
weiter·arbeiten
wetten
wieder·haben
wieder·sehen
zu·sagen

Adjektive

ängstlich
attraktiv
ausschließlich
biologisch
egoistisch
eifersüchtig
elektronisch
endgültig
entzückt
ernst
faltig
fit
geistig
getrennt
höflich
körperlich
künstlich
menschlich
perfekt
regelmäßig
schlaff
spontan
tierisch
überzeugt
unwahrscheinlich
vital
wahrscheinlich

Adverbien

noch nie
nun

Funktionswörter

ob
solche
wieso

Ausdrücke

Ja schon, aber ...
Tja ...
Voll und ganz.
Das ist keine Frage.
Meiner Meinung nach ...
Hätten Sie wohl ...?
Könnte ich bitte ...?
Dürfte ich bitte ...?
Würdest du/würden Sie bitte ...?
Wärst du/wären Sie wohl so nett, ... zu
An deiner/Ihrer Stelle würde ich ...
Es könnte sein, dass ...

In Deutschland sagt man:	In Österreich sagt man auch:	In der Schweiz sagt man auch:
r Mülleimer, –	r Mistkübel, –	
die Jugendlichen (pl)		die Jungen (pl)

Lektion 15

zu LB Ü 1 Ergänzen Sie.

1

wo ~~wer~~ woher welcher wie vielen wie lange was für ein
welche wie spät was wie viel wie lange wie was

a) Das ist der neue Fußballspieler. — *Wer* ist das?
b) Er ist Installateur von Beruf. — _________ ist er von Beruf?
c) Sein Name ist Johann Hackl. — _________ ist sein Name?
d) Er kommt aus Österreich. — _________ kommt er?
e) Er kommt aus Linz. — Aus _________ Stadt kommt er?
f) Er spielt schon zehn Jahre Fußball. — _________ _________ spielt er schon Fußball?
g) Tennis spielt er schon seit 15 Jahren. — Seit _________ _________ Jahren spielt er Tennis?
h) Er hat ein großes Haus. — _________ _________ _________ Haus hat er ?
i) Das Spiel findet in Stuttgart statt. — _________ findet das Spiel statt?
j) Die neuen Spieler von Stuttgart sind sehr schnell. — _________ Spieler sind sehr schnell?
k) Das Spiel beginnt um zwölf Uhr. — Um _________ _________ Uhr beginnt das Spiel?
l) Herr Hackl findet leider einen Schuh nicht. — _________ findet er nicht?
m) Es dauert nur noch fünf Minuten bis zum Spiel. — _________ _________ dauert es noch bis zum Spiel?
n) Es ist fünf Minuten vor zwölf. — _________ _________ ist es?

zu LB Ü 1 Was passt zusammen?

2

a)
1. Wer wartet? ■
2. Worauf wartet er? ■
3. Seit wann wartet er? ■
4. Wo wartet er? ■
5. Wie wartet er? ■
6. Warum wartet er aufgeregt? ■

A. Auf das Ende des Spiels.
B. Ein Spieler.
C. Neben der Bank am Rand des Platzes.
D. Aufgeregt.
E. Wegen des schlechten Spiels.
F. Seit dem Anfang des Spiels.

b)
1. Wer kämmt sich? ■
2. Was macht der Spieler? ■
3. Wie lange kämmt er sich schon? ■
4. Wo kämmt er sich? ■
5. Wofür kämmt er sich? ■
6. Wie kämmt er sich? ■

A. Für das Foto.
B. Auf dem Tennisplatz.
C. Langsam.
D. Er kämmt sich.
E. Der eitle Spieler.
F. Schon seit einer Viertelstunde.

c)
1. Wer möchte Rosen schicken? ■
2. Was möchte er schicken? ■
3. Wem möchte er Rosen schicken? ■
4. Wann möchte er Rosen schicken? ■
5. Von wo möchte er Rosen schicken? ■
6. Wie viele Rosen möchte er schicken? ■
7. Wohin möchte er Rosen schicken? ■

A. Rosen.
B. Der Sportreporterin.
C. Zwölf.
D. Der Tennisspieler.
E. Heute Abend.
F. Zu ihrem Hotel.
G. Vom Hotel.

zu LB Ü 1 Wie heißen die Fragen? Ergänzen Sie.

3

a) Er sucht. *Wer sucht?*

b) Er sucht. *Was macht er?*

c) Seinen Ohrring sucht er. *W*___ ________ ________*?*

d) Unter dem Baum sucht er. *W*___ ________ ________*?*

e) Abends sucht er. *W*___ ________ ________*?*

f) Aufgeregt sucht er. *W*___ ________ ________*?*

g) Mit der Taschenlampe sucht er abends aufgeregt unter dem Baum seinen Ohrring.

*W*___ ________ ________ abends aufgeregt unter dem Baum seinen Ohrring?

h) Die Nachbarin hat fotografiert. *W*___ ________ ________________*?*

i) Sie hat fotografiert. *W*___ ________ ________ ________________*?*

j) Sie hat ihn fotografiert. *W*___ ________ ________ ________________*?*

k) Sie hat ihn abends fotografiert. *W*___ ________ _____ ________ ________________*?*

l) Sie hat ihn abends im Garten fotografiert. *W*___ ________ _____ _____ ______ ________________*?*

m) Sie hat ihn abends im Garten mit ihrer neuen Kamera fotografiert.

*W*________ ________ ________ _____ abends im Garten fotografiert?

n) Sie hat ihn abends im Garten mit ihrer neuen Kamera sechsunddreißig Mal fotografiert.

*W*__________ Mal hat sie ihn abends im Garten mit ihrer neuen Kamera fotografiert?

o) Seine Frau hat gerufen. *W*___ ________ ________*?*

p) Sie hat gerufen. *W*___ ________ ________ ________*?*

q) Vom Balkon hat sie gerufen. *W*___ ________ ________ ________________*?*

r) Laut hat sie vom Balkon gerufen. *W*___ ________ ________ ________________*?*

s) Ihren Mann hat sie laut vom Balkon gerufen. *W*___ ___ ___ ________ ________ ________ ________*?*

t) Zwei Minuten hat sie ihren Mann laut vom Balkon gerufen. *Wie*___ ________ hat sie ihren Mann laut vom Balkon gerufen?

zu LB Ü 1 Ergänzen Sie die Fragen und Antworten.

4

a) (Die neue Sportlehrerin kommt aus München.)
- ● Wissen Sie, *woher die neue Sportlehrerin kommt?*
- ■ Aus München *kommt sie.*

b) (Sie heißt Schneider.)
- ● Wissen Sie, *w*________________*?*
- ■ Schneider *heißt sie.*

c) (Sie kommt morgen.)
- ● Hat man Ihnen gesagt, *w*________________?
- ■ Morgen ________________.

d) (Sie bleibt einen Monat.)
● Können Sie uns sagen, *w* ______________________?
■ Einen Monat ______________________.

e) (Sie bringt neue Bälle mit.)
● Würden Sie uns sagen, *w* ______________________?
■ Neue Bälle ______________________.

f) (Sie kommt um 20.08 Uhr an.)
● Hat sie gesagt, *w* ______________________?
■ Um 20.08 Uhr ______________________.

g) (Sie ist einen Meter neunzig groß.)
● Wir würden gerne wissen, *w* ______________________.
■ Einen Meter neunzig ______________________.

h) (Sie isst gerne Nüsse.)
● Wissen Sie vielleicht, *w* ______________________?
■ Nüsse ______________________.

zu LB Ü 2 Ergänzen Sie.
5

a) „Wann ist der Fitness-Club geöffnet?"
Der Rentner möchte wissen, *wann* ______________________

b) „Ist der Fitness-Club sonntags geschlossen?"
Die junge Frau erkundigt sich, *ob* ______________________

c) „In welchem Stock ist das Schwimmbad?"
Der Student hat gefragt, ______________________

d) „Gibt es ein Restaurant?"
Jemand erkundigt sich, ______________________

e) „Wo liegt das Restaurant?"
Zwei Studentinnen wollen wissen, ______________________

f) „Kann man das Schwimmbad umsonst benutzen?"
Die Kundin informiert sich, ______________________

g) „Wie heiß ist die Sauna?"
Zwei Kundinnen würden gerne wissen, ______________________

h) „Ist die Sauna nur für Frauen?"
Ein Mädchen möchte erfahren, ______________________

i) „Muss man die Getränke an Automaten holen?"
Viele fragen, ______________________

j) „Kann man im Fitness-Club tanzen lernen?"
Ein Kunde hat gefragt, ______________________

zu LB Ü 2 Ergänzen Sie wo oder ob.

6

a) Sie sucht ihren Ball überall und fragt sich, *wo* er liegt.

b) Sie überlegt, _____ er in einem Schrank oder auf einem Regal liegt.

c) Im Schrank sind keine Bälle, deshalb will sie wissen, _____ welche liegen.

d) Sie hat keine Ahnung, _____ es in den anderen Schränken auch Bälle gibt oder nicht.

e) Sie möchte wissen, _____ jemand da ist, den sie fragen kann.

f) Sie überlegt, _____ sie am Eingang fragen soll oder besser auf den Lehrer wartet.

g) Aber der weiß vielleicht nicht, _____ die Bälle liegen.

h) Sie würde gerne wissen, _____ die anderen Schränke für Bälle stehen.

i) Sie weiß immer noch nicht, _____ ihr Ball da ist oder nicht.

j) Da kommt eine Sportlehrerin und zeigt ihr, _____ die Bälle liegen.

zu LB Ü 2 Ergänzen Sie.

7

a) Wanderst du lieber oder gehst du lieber spazieren?

Sie möchte wissen, *ob du lieber wanderst oder spazieren gehst.*

b) Läufst du lieber langsam oder rennst du lieber schnell?

Sie möchte wissen, *ob du* _____

c) Segelst du lieber oder surfst du lieber?

Sie möchte wissen, *ob du* _____

d) Schwimmst du lieber oder tauchst du lieber?

Sie möchte wissen, *ob du* _____

e) Tauchst du lieber ein oder tauchst du lieber auf?

Sie möchte wissen, *ob du* _____

f) Stehst du lieber oder sitzt du lieber?

Sie möchte wissen, *ob du* _____

g) Fährst du lieber weg oder kommst du lieber zurück?

Sie möchte wissen, *ob du* _____

h) Fährst du lieber ab oder kommst du lieber an?

Sie möchte wissen, *ob du* _____

i) Schläfst du lieber ein oder wachst du lieber auf?

Sie möchte wissen, *ob du* _____

j) Ziehst du lieber ein oder ziehst du lieber aus?

Sie möchte wissen, *ob du* _____

zu LB Ü 2 Wie heißen die Sätze?

8

a) er: – gestern – wandern oder spazieren gehen

Wir wissen nicht, *ob er gewandert oder spazieren gegangen ist.*

b) ihr: – vorgestern – schwimmen oder tauchen

Wir haben keine Ahnung, ____________________

c) Herr und Frau Nolte: – letztes Wochenende – segeln oder surfen

Ich weiß nicht, ____________________

d) Dieb: – letzte Nacht – die Flucht versuchen oder wirklich entkommen

Der Reporter weiß nicht genau, ____________________

e) die Flugzeuge: – vor zwei Minuten – abfliegen oder landen

Man hat im Nebel nicht gesehen, ____________________

f) Züge: – in der letzten Viertelstunde – ankommen oder abfahren

Niemand hat die Touristen informiert, ____________________

g) ihr Mann: – letztes Wochenende – fliegen oder mit dem Auto fahren

Die Frau weiß nicht, ____________________

h) die Delfine: – gestern – schneller eintauchen oder auftauchen

Der Forscher hat nicht gesehen, ____________________

zu LB Ü 2 Bilden Sie Sätze.

9

a) halten – parken:

Wir wissen, dass er gehalten hat, aber wir wissen nicht, ob er geparkt hat.

b) werfen – treffen:

Wir wissen, dass er __________ *, aber wir* __________ *, ob er* __________ *.*

c) die Tomate fangen – sie: platzen

Wir wissen, dass er __________ *, aber* __________ *, ob sie* __________ *.*

d) streichen – tapezieren:

____

e) den Tiger streicheln – ihn küssen:

____

f) malen – zeichnen:

____

g) waschen – spülen:

____

h) duschen – die Zähne putzen:

____

zu LB Ü 3 Ergänzen Sie.

10

a) Der Fisch schwimmt.

Die Katze sieht ihn *schwimmen*.

Sie *lässt* ihn noch eine Minute *schwimmen*.

Sie *will* ihn noch eine Minute *schwimmen lassen*.

b) Der Vogel sitzt auf dem Käfig.

Die Katze sieht ihn auf dem Käfig ______________.

Sie lässt ihn auf dem Käfig ______________.

Sie will ihn noch eine Minute auf dem Käfig ________________.

c) Der Hund läuft durch das Haus.

Die Katze hört ____.

Sie lässt ____.

Sie will ____.

d) Der Luftballon fliegt in den Himmel.

Die Studentin lässt ____.

Sie will noch mehr Luftballons ____.

e) Der Luftballon platzt.

Der Junge lässt ____.

Er will noch mehr Luftballons ____.

f) Die Kamera fällt ins Wasser.

Der Fotograf lässt ____.

Er wollte sie nicht ins Wasser ____.

zu LB Ü 3 Ergänzen Sie.

11

a) (schlafen gehen) Er geht *schlafen*. Gestern ist er auch früh *schlafen gegangen*.

b) (liegen bleiben) Er kann bis zum Mittag *liegen bleiben*. Gestern ist er auch lange *liegen geblieben*.

c) (schwimmen gehen) Heute __________ er im See __________. Gestern ist er auch __________ __________.

d) (essen gehen) Wollen wir __________ __________? Gestern sind wir nicht __________ __________.

e) (sitzen bleiben) Wir konnten __________ __________. Gestern sind wir auch __________ __________.

f) (hängen bleiben) Das Bild mit dem Hirsch ist nur zwei Tage __________ __________. Es konnte nicht an dieser Stelle __________ __________.

g) (tanzen gehen) Sie kennt viele Diskotheken, denn sie __________ oft __________. Gestern ist sie auch __________ __________.

h) (stehen bleiben) Das alte Fahrrad fällt manchmal um; es __________ einfach nicht __________. Aber gestern ist es __________ __________.

zu LB Ü 4 Welche Sätze passen zum Text? ✗ (→ Lehrbuch S. 150)

12

a) 1. ▪ Frau Widders Mutter fand, ihre Tochter sollte etwas für ihre Figur tun.
2. ▪ Frau Widders Mutter fand, ihre Tochter sollte sich jede Kritik gefallen lassen.
3. ▪ Frau Widders Mutter fand sich zu dick, doch sie denkt, ihre Tochter sieht gut aus.

b) 1. ▪ Elke Widder beschloss nach der Antwort ihrer Freundin, sich einfach wohl zu fühlen.
2. ▪ Elke Widder fühlte sich wohl und war sicher, dass sie keine Diät machen wollte.
3. ▪ Elke Widder fragte sich, ob die Antwort der Freundin wohl die richtige für sie war.

c) 1. ▪ Während der ersten Diät hatte Elke Widder es leicht abzunehmen.
2. ▪ Trotz ihrer Diät nahm Elke Widder zu. Das konnte sie nicht verstehen.
3. ▪ Während Elke Widder ihre erste Diät machte, schlief sie nachts kaum und nahm deshalb ab.

d) 1. ▪ Anstatt zum Baden zu fahren, hat Elke Widder mit ihrer Mutter eine Nulldiät gemacht.
2. ▪ Elke Widder hat sich erkundigt, wo es in Norddeutschland eine Diät-Klinik gibt.
3. ▪ Elke Widder hat abgenommen, indem sie sich an dünne Suppen und Tee gewöhnte.

e) 1. ▪ Die Nachbarin empfahl Elke, eine andere Diät zu machen.
2. ▪ Die Nachbarin meinte, dass das Hungern nicht hilft um abzunehmen.
3. ▪ Die Nachbarin fragte sich, warum Elke so großen Erfolg mit der Diät hatte.

f) 1. ▪ Nach Meinung der Nachbarin fehlte Elke Widder vor allem Bewegung.
2. ▪ Elke Widder hörte auf ihre Nachbarin und meldete sich in einem Sportverein an.
3. ▪ Die Nachbarin akzeptierte, dass Elke Widder keine festen Termine in ihrer Freizeit mag.

g) 1. ▪ Elke Widder war schon immer überzeugt, dass Schwitzen gesund ist.
2. ▪ Elke Widder hat nur einige Tage regelmäßig mit dem Heimtrainer trainiert.
3. ▪ Elke Widder hat am Anfang regelmäßig und nach Plan im Keller trainiert.

h) 1. ▪ Elke Widder hat einen Freund gefunden, der ihre Figur mag.
2. ▪ Elke Widder wäre gern so dünn wie ein Fotomodell.
3. ▪ Elke Widder hat gleich auf ihre Freundin Gisela gehört.

zu LB Ü 4 Ergänzen Sie.

13

ärztlicher vernünftige faul hässlich hungrig lustiger mageres persönlichen regelmäßig reiner schlank schwache sportliche verabredet befriedigend

a) Eine Nulldiät sollte man nur unter der Aufsicht eines Arztes machen.

Eine Nulldiät sollte man nur unter ______________ Aufsicht machen.

b) Mit der Antwort war sie nicht sehr zufrieden.

Die Antwort fand sie nicht sehr ______________.

c) Sie war sehr dünn.

Sie war sehr ______________.

d) Abends traf sie meistens Freunde.

Abends war sie meistens ______________.

e) Sie treibt sehr viel Sport.

Sie ist eine ______________ Frau.

f) Nachts hatte sie immer Hunger.

Nachts war sie immer ______________.

g) Nach ihrer Überzeugung sind alle Diäten kompletter Unsinn.

Nach ihrer Überzeugung sind alle Diäten ______________ Unsinn.

h) Sie arbeitet nicht gern.

Sie ist ______________.

i) Sie findet sich nicht schön.

Sie findet sich ______________.

j) Ihr Freund möchte kein dünnes Fotomodell.

Ihr Freund möchte kein ______________ Fotomodell.

k) Sie berichtet von ihren eigenen Erfahrungen.

Sie berichtet von ihren ______________ Erfahrungen.

l) Eigentlich ist sie ein fröhlicher Mensch.

Eigentlich ist sie ein ______________ Mensch.

m) Sie trainiert jeden Tag.

Sie trainiert ______________.

n) Sie ist eine starke Frau.

Sie ist keine ______________ Frau.

o) Sie findet, das ist eine verrückte Idee.

Sie findet, das ist keine ______________ Idee.

zu LB Ü 4 Ergänzen Sie die Sätze im Perfekt.

14

a) Herbert lässt oft Taschen in Cafés liegen. Ich habe nur einmal eine Tasche im Café *liegen lassen*.

b) Die Kinder lassen gerne Luftballons steigen. Als Kind habe ich auch gerne welche ______________ ______________.

c) Das Kind lässt die Tüte mit Pommes frites auf den Teppich fallen. Gestern hat es eine Flasche Saft ______________ ______________.

d) Ich möchte den Schreibtisch nicht aufräumen, deshalb lasse ich alles so liegen. Meine Frau hat auf ihrem Schreibtisch auch alles ______________ ______________.

e) Ich sehe es kommen, dass der Mixer kaputtgeht. Ich habe das schon lange ______________ ______________.

f) Auf der Treppe geht Hans-Dieter sehr leise. Oft hört Elena ihn nicht kommen. Auch gestern hat sie ihn nicht ______________ ______________.

g) Diebe müssen schnell sein. Oft sieht man sie nur noch weglaufen. Erst vor fünf Minuten hat die Polizistin einen Dieb ______________ ______________.

h) Meine Freundin lässt mich bald ihre Entscheidung wissen. Gestern hat ein Freund geschrieben und mich seine Entscheidung ______________ ______________.

zu LB Ü 4 Ergänzen Sie lassen oder gelassen.

15

a) Nach ihrer Führerscheinprüfung hat er seine Tochter den Wagen fahren *lassen*.
b) Sie sucht die Schlüssel, aber sie hat sie leider zu Hause *gelassen*.
c) Die Großmutter hat die Kinder abends lange fernsehen ______________.
d) Der Maler hat sich für das neue Bild viel Zeit ______________.
e) Sie haben das Bild mit dem Hirsch nur noch einen Tag nach Tante Margas Besuch hängen ______________.
f) Er hat seine Antwort offen ______________.
g) Es regnet und er hat bestimmt wieder den Schirm zu Hause stehen ______________.
h) Unsere Großeltern haben uns immer viel Freiheit ______________.
i) Sie ist ausgestiegen und hat leider ihre Handtasche im Wagen ______________.
j) Sie ist ausgestiegen und hat leider ihre Handtasche im Wagen liegen ______________.
k) Er hat ihre Entschuldigung gelten ______________.
l) Sie waren müde und haben sich eine Pizza bringen ______________.
m) Wir haben dir im Kino neben uns einen Platz frei ______________.
n) Sie hat ihn nicht aufgeweckt, sondern ihn schlafen ______________.
o) Sie hat ihn nicht gestört und ihn in Ruhe ______________.

zu LB Ü 5 Ergänzen Sie.

16

a) Das regelmäßige Schwimmen ist gesund.
Es ist gesund, regelmäßig zu schwimmen.

b) Das Laufen im Wald macht fit.
Es macht fit, ______________

c) Das Tanzen ohne Schuhe ist gut für die Figur.
Es ist gut für ______________

d) Das dauernde Sitzen ist schlecht.
Es ist ______________

e) Das Trainieren ist zurzeit nicht auf dem Rasen möglich.
Es ist zurzeit nicht ______________

f) Das Lernen ist mit Musik manchmal leichter.
Es ist manchmal ______________

g) Das Abnehmen ohne ärztliche Aufsicht ist gefährlich.
Es ist ______________

h) Das Wandern im Wald macht Spaß.
Es macht ______________

i) Das Einschlafen bei offenen Fenstern ist gesund.
Es ist ______________

zu LB Ü 5 Ergänzen Sie.

17

a) Um abzunehmen, isst sie dünne Suppen.

Zum Abnehmen isst er auch nur dünne Suppen.

b) Um zu backen, nimmt sie keine Butter.

Zum Backen nimmt er auch keine Butter.

c) Um einzukaufen, fährt sie mit dem Fahrrad zum Supermarkt.

____

d) Um zu laufen, geht sie jeden Abend in den Park.

____

e) Um zu trainieren, hat sie einen Heimtrainer gekauft.

____

f) Um zu telefonieren, setzt sie sich auf den Heimtrainer.

____

g) Um abzunehmen, besucht sie die Sauna.

____

h) Um nachzudenken, stellt sie sich auf den Kopf.

____

i) Um zu bügeln, nimmt sie das alte schwere Bügeleisen.

____

zu LB Ü 5 Ergänzen Sie.

18

a) Er will baden.

Zum Baden braucht er warmes Wasser.

Um zu baden, braucht er warmes Wasser.

Damit er baden kann, braucht er warmes Wasser.

b) Sie möchte tauchen.

Zum ________________ eine Taucherbrille.

Um zu ______, __________ Taucherbrille.

Damit ________________ eine Taucherbrille.

c) Wir möchten lernen.

________________________ leise Musik.

________________________ leise Musik.

________________________ leise Musik.

d) Sie wollen schlafen.

________________________ Ruhe.

____________, ____________ Ruhe.

________________________ Ruhe.

e) Sie möchten studieren.

_______________________________ das Abitur.

_______________, _______________ das Abitur.

_______________________________ das Abitur.

f) Der Klavierspieler möchte spielen.

_______________________________ ein Klavier.

_______________, _______________ ein Klavier.

_______________________________ ein Klavier.

zu LB Ü 5 Ergänzen Sie.

19

a) Sie spült das Geschirr nicht. *Sie lässt ihn das Geschirr spülen.*

b) Er kochte das Mittagessen nicht. *Er ließ sie* _______________

c) Sie hat nie selbst die Ansichtskarten gelesen. *Sie hat ihn* _______________

d) Er wäscht die Wäsche nicht. *Er lässt* _______________

e) Sie wusch den Wagen nicht. *Sie* _______________

f) Er hat nicht aufgeräumt. *Er* _______________

g) Sie putzt den Flur nicht. _______________

h) Er bügelte nie. _______________

i) Sie hat den Antwortbrief nicht geschrieben. _______________

j) Er bezahlt die Rechnung nicht. _______________

k) Sie plante die Einladung nicht. _______________

l) Er hat nie telefoniert. _______________

zu LB Ü 5 Ergänzen Sie.

20

a) Messer benutzen: schneiden, werfen, essen oder schälen

Ein Messer kann man zum Schneiden, zum Werfen, zum Essen oder zum Schälen benutzen.

b) Wasser brauchen: leben, trinken, spülen, waschen, putzen, kochen, baden, duschen oder schwimmen

Wasser braucht man zum Leben, zum _______________

c) Ball benutzen: spielen, werfen, fangen oder schießen

Einen Ball benutzt man zum _______________

d) Heimtrainer benutzen: trainieren oder abnehmen

Einen Heimtrainer benutzt man zum _______________

e) Geld brauchen: leben, einkaufen, bezahlen oder sparen

Geld braucht man zum _______________

f) Wörterbuch brauchen: lernen, wiederholen oder nachschauen

Ein Wörterbuch braucht man zum _______________

zu LB Ü 5 Bilden Sie Sätze mit **anstatt ... zu.**

21

a) er – sprechen – zuhören

Er spricht lieber, anstatt zuzuhören.

b) wir – spazieren gehen – lernen

Wir ______________________ *anstatt* ______________

c) ihr – lachen – schimpfen

____

d) wir – zu Fuß gehen – den Wagen schieben

____

e) er – etwas tun – warten

____

f) sie – ein neues Kleid kaufen – abnehmen

____

g) du – das Buch zum Film lesen – den Film zum Buch sehen

____

h) ich – dünne Suppen essen – eine Nulldiät machen

____

i) wir – Musik machen – Musik hören

____

j) ihr – wandern – spazieren gehen

____

zu LB Ü 5 Schreiben Sie die Sätze im Perfekt.

22

a) Elke wollte abnehmen.

Elke hat abnehmen wollen.

b) Sie durfte nur noch Obst, Gemüse und Salat essen.

Sie hat ______________________________

c) Sie konnte nicht abnehmen.

____

d) Ihre Mutter sah das kommen.

____

e) Elke sollte an die Ostsee fahren.

____

f) Sie musste von Tee und Suppen leben.

____

g) Sie durfte kein Fleisch essen.

____

h) Sie konnte sich daran gewöhnen.

____

i) Die Nachbarin ließ Elkes Argumente nicht gelten.

____

j) Elke wollte zu Hause trainieren.

____

k) Sie musste ein Sportgerät kaufen.

____

l) Sie wollte nicht so früh aufstehen.

____

m) Sie ließ die Idee fallen.

____

n) Ihr Freund wollte niemals ein mageres Fotomodell haben.

____

zu LB Ü 5 Ergänzen Sie.

23

a) Das Fenster klemmte. Er konnte es nicht aufmachen.

Aber ich habe es aufmachen können.

b) Das Türschloss war alt. Ich konnte es nicht öffnen.

Doch er hat es ______________________________

c) Die Diät war kompliziert. Ihre Schwester konnte damit nicht abnehmen.

Aber ich ______________________________

d) Die Suppe war etwas scharf. Sie wollte sie nicht essen.

Aber er ______________________________

e) Die Brücke war zu voll. Die meisten Leute durften sie nicht betreten.

Nur wir ______________________________

f) Die Tür ging nicht auf. Jemand musste sie öffnen.

Ich ______________________________

zu LB Ü 5 Sagen Sie es anders.

24

a) Besuchen wir Großmutter.

Lass uns Großmutter besuchen.

b) Nehmen wir Getränke und Kuchen mit.

Lass uns ______________________

c) Gehen wir.

Lass ______________________

d) Gehen wir durch den Wald.

____

e) Nehmen wir eine Karte mit.

____

f) Pflücken wir ein paar schöne Blumen.

____

g) Folgen wir dem Weg.

____

h) Laufen wir gemütlich.

____

i) Begrüßen wir Großmutter leise.

____

zu LB Ü 6 Ergänzen Sie. (→ Lehrbuch S. 152, Nr. 6)

25

passt erkältet Erfahrungen Verletzung
hingegangen ernährt achtet Lebensmittel

a) Die Frau im ersten Interview versucht sich vernünftig zu ernähren. Sie isst viele frische __________, vor allem Obst und Salat. Wenn man sich richtig __________, tut man viel für seine Gesundheit, meint sie. Deshalb ist sie auch selten __________. Ab und zu isst sie auch mal Schokolade, aber nicht viel, weil sie auf ihre Figur __________. Sie wäre ganz schön dick, wenn sie nicht aufpassen würde, sagt sie. Immer wenn ihr ihre weiteste Hose nicht mehr __________, macht sie eine Diät. Zu Sport hat sie allerdings keine Lust und damit hat sie auch schlechte __________ gemacht. Als sie zum ersten Mal in einem Sportstudio war, hat sie sich gleich eine __________ am Knie geholt. Danach ist sie nicht mehr __________.

Salat Hunger schlank untersuchen Rücken Vorurteile Gesundheit Kilo dick

b) Der Mann im zweiten Interview isst alles, was ihm schmeckt. Deshalb ist er auch ziemlich ________________. Aber er ist trotzdem gesund. Zweimal pro Jahr lässt er sich ________________, und sein Arzt ist immer zufrieden mit ihm. Allerdings ist sein Arzt auch der Meinung, dass er ein paar ________________ weniger haben sollte. Aber wenn er immer nur ________________ essen soll, macht ihm das Leben keinen Spaß mehr. Vor zwei Jahren hat er wegen der ________________ mit dem Rauchen aufgehört. Einmal hat er eine Diät gemacht, weil seine Frau das wollte. Aber das fand er schrecklich, weil er immer ________________ hatte und deshalb nachts nicht schlafen konnte. Schlimm findet er, dass es so viele ________________ über dicke Menschen gibt. Oft merkt er, dass Leute hinter seinem ________________ über ihn reden, weil er dick ist. Aber er ist der Meinung, dass nicht jeder Mensch ________________ sein muss. Wichtig ist nur, dass man sich wohl fühlt.

Joggen fit Fisch Ernährung Tiere grundsätzlich Überzeugung Alkohol Körper

c) Die Frau im dritten Interview tut viel für ihren ________________. Sie hat schon von klein an Sport gemacht und es ist ihr sehr wichtig, dass sie sich ________________ fühlt. Dreimal pro Woche geht sie schwimmen, aber auch Rad fahren, Tennis spielen und ________________ machen ihr Spaß. Neben dem Sport ist ihr eine gesunde ________________ wichtig. Sie trinkt keinen ________________ und ist vorsichtig mit Fett. Außerdem isst sie seit ihrem sechzehnten Lebensjahr kein Fleisch mehr und auch keinen ________________. Das hat aber nicht nur mit der Gesundheit zu tun; es ist ihre ________________, dass man keine ________________ essen sollte. Eine Diät hat sie noch nie gemacht, aber sie passt beim Essen immer auf. Ab 18 Uhr isst sie ________________ nichts mehr.

zu LB Ü 6 Ergänzen Sie.

26

ersten Mal erste Mal zweite Mal zweiten Mal einmal zweimal dreimal

a) Er lässt sich ________________ im Jahr von seinem Arzt untersuchen, immer im Frühling und im Herbst.
b) Wir kennen unseren neuen Chef noch nicht. Morgen sehen wir ihn zum ________________.
c) Wo warst du denn heute Morgen, heute Mittag und vor einer Stunde? Ich habe schon ________________ versucht, dich anzurufen.
d) Es ist jetzt schon das ________________, dass du meinen Geburtstag vergessen hast. Letztes Jahr hast du auch nicht daran gedacht.
e) Ich bin vorher noch nie im Ausland gewesen. Dieses Jahr war es das ________________, dass ich in den Ferien nicht zu Hause geblieben bin.
f) Mein Bruder hat gestern zum ________________ geheiratet. Von seiner ersten Frau ist er schon seit drei Jahren geschieden.
g) Ich habe deine Schwester nur ________________ getroffen. Das war auf deiner Geburtstagsfeier vor zwei Jahren.

zu LB Ü 7 Was ist richtig? ✗ (→ Lehrbuch S. 152, Nr. 7)

27

a) 1. ■ Heike ruft Franco an, weil sie mit ihm ins Kino gehen will.
   2. ■ Heike fragt Franco, ob er zu einem Spaziergang mitkommen will.

b) 1. ■ Franco weiß nicht, wie hoch sein Fieber ist, weil er sein Thermometer nicht finden kann.
   2. ■ Franco hat Fieber gemessen, aber er hat vergessen, wie hoch seine Temperatur ist.

c) 1. ■ Heike sagt zu Franco, dass eine Grippe weniger schlimm ist als eine Erkältung.
   2. ■ Heike erklärt Franco, dass eine Grippe sehr gefährlich sein kann.

d) 1. ■ Franco hat Medikamente zu Hause und hat auch schon welche genommen.
   2. ■ Franco nimmt keine Medikamente, aber er liegt im Bett.

e) 1. ■ Franco will keinen Arzt anrufen, weil er keine Spritze bekommen will.
   2. ■ Franco hatte gerade Besuch von seinem Arzt und hat eine Spritze bekommen.

f) 1. ■ Heike will Franco besuchen und ihm Tee und eine leichte Suppe kochen.
   2. ■ Heike will einen Kuchen backen und ihn morgen zu Franco bringen.

zu LB Ü 8 Was passt zusammen? (→ Lehrbuch S. 153, Nr. 8)

28

a) Herr Belzer geht zu seiner Ärztin, ■
b) Die Ärztin fragt ihn, was er ■
c) Morgens macht sich Herr Belzer ■
d) Herr Belzer trinkt sehr viel ■
e) Die Ärztin rät ihm, Tee und ■
f) Es ist meistens schon sehr spät, wenn Herr Belzer ■
g) Eigentlich müsste es Herrn Belzer selbst klar sein, ■
h) Herr Belzer müsste versuchen, ■
i) Wenn es Herrn Belzer in zwei Wochen nicht besser geht, ■

1. morgens zum Frühstück isst.
2. jeden Tag regelmäßig zu essen.
3. woher seine Schmerzen kommen.
4. immer nur schnell einen Kaffee.
5. weil er häufig Magenschmerzen hat.
6. will die Ärztin eine Untersuchung machen.
7. Kaffee, weil er keine Zeit zum Essen hat.
8. nach Hause kommt und zu Abend isst.
9. Milch zu trinken statt Kaffee.

zu LB Ü 8 Welche Antwort passt zu welcher Frage?

29

a) Wie hoch ist das Fieber denn? ■
b) Können Sie nachts schlafen? ■
c) Wie lange haben Sie die Erkältung schon? ■
d) Welche Medikamente haben Sie genommen? ■
e) Wo haben Sie Schmerzen? ■
f) Haben Sie trotz Ihrer Erkältung einen guten Appetit? ■
g) Wissen Sie, dass man bei Fieber viel trinken muss? ■
h) Soll ich Ihnen eine Spritze gegen das Fieber geben? ■

1. Sehr schlecht, weil ich immer husten muss.
2. Gerade waren es 39 Grad.
3. Nein, ich esse nicht viel.
4. Nein, bitte nicht. Davor habe ich Angst.
5. Nur ein Mittel gegen Kopfschmerzen.
6. Ja, ich habe auch schon vier Tassen Tee getrunken.
7. Seit fünf Tagen.
8. Mein Hals tut weh und meine Ohren auch.

zu LB Ü 8 Schreiben Sie.

30

a) das Herz — *Mein Herz tut weh.* — *Ich habe Herzschmerzen.*

b) der Kopf — *Mein* __________ — *Ich* __________

c) der Magen __________ __________

d) die Ohren __________ *tun* — __________

e) der Bauch __________ __________

f) der Rücken __________ __________

g) der Hals __________ __________

h) der Zahn __________ __________

zu LB Ü 8 Schreiben Sie die Wörter unter die Zeichnungen.

31

Zusätzlicher Wortschatz

die Operation — das Gift — die Tropfen (pl.) — die Salbe — der Verband — das Pflaster — die Spritze — das Fieberthermometer — der Schnupfen — die Schwangerschaft

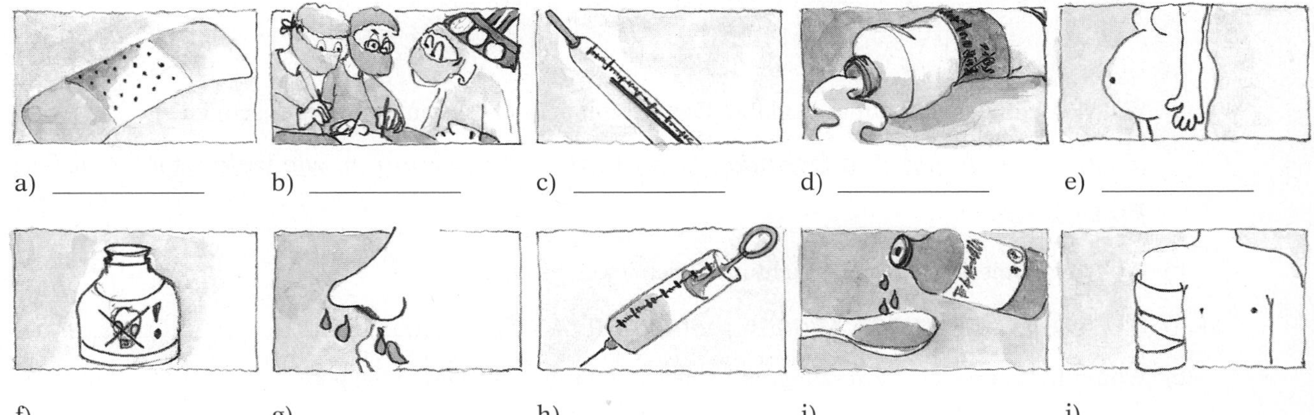

a) __________ b) __________ c) __________ d) __________ e) __________

f) __________ g) __________ h) __________ i) __________ j) __________

zu LB Ü 9 Ergänzen Sie.

32

Schiedsrichter — Mannschaft — Sieger — Tor — Spiel — Verletzung — Trainer — gelbe Karte

a) Plötzlich rennt ein Spieler nach vorne und schießt ein __________.

b) Zehn Minuten vor dem Schluss steht das __________ 2:1.

c) Der beste Spieler konnte wegen einer __________ leider nicht mitspielen.

d) Die Zuschauer sind glücklich, weil ihre __________ gewonnen hat.

e) Der __________ hat seine Spieler sehr gut vorbereitet.

f) Der Spieler darf jetzt keinen Fehler mehr machen, weil er schon die __________ gesehen hat.

g) Die spannendste Frage heißt natürlich immer: Wer wird heute __________?

h) Der __________ pfeift, wenn er einen Fehler sieht.

zu LB Ü 9 Sagen Sie es anders.

33

a) Wie viele Spieler sind auf dem Platz? Das kann man nicht erkennen, weil es schneit.

(der Schnee) *Wegen des Schnees kann man nicht erkennen, wie viele Spieler auf dem Platz sind.*

b) Woher kommt der Ball? Das sieht man nicht, weil es regnet.

(der Regen) *Wegen des Regens sieht man nicht,* __________

c) Wohin hat die Spielerin geschossen? Das ist nicht klar, weil es Nebel gibt.

(der Nebel) *Wegen des* __________ *ist nicht klar, wohin* __________

d) Kommen oder gehen die Spieler? Das kann niemand sagen, weil es ein Gewitter gibt.

(das Gewitter) *Wegen* __________

e) Wohin fliegt der Ball? Das weiß der Spieler nicht, weil es starken Wind gibt.

(der starke Wind) *Wegen* __________

f) Wie ist der Name des Spielers? Das konnte man nicht verstehen, weil die Musik laut ist.

(die laute Musik) *Wegen* __________

g) Wann kommt eine Spielpause? Das fragt der Spieler, weil Flaschen auf dem Platz liegen.

(die Flaschen) *Wegen* __________

h) Wo ist der Ausgang? Das sieht der Spieler nicht, weil viele Fotografen davor stehen.

(die vielen Fotografen) *Wegen der* __________

i) Wo liegt der Ball? Das kann der Spieler nicht sagen, weil es dunkel ist.

(die Dunkelheit) *Wegen* __________

zu LB Ü 10 Ergänzen Sie v, w oder f.

34

a) __ierzig __ischer __ollen __iele __ische __angen.

b) __ierzehn __rauen __aschen __orsichtig __eiche __äsche.

c) __iele __äter __andern im __ald __eite __ege.

d) __ier __reunde __ünschen sich __rohe __eihnachten.

e) __ünf __erliebte __ögel __liegen nach __esten.

f) _ir __rühstücken __reitags __ast immer __ier __ürste.

g) __enn __lüsse __iel __asser haben, __ließen sie __eit.

h) __enn __enig __erkehr ist, __ahren nicht __iele __ahrzeuge.

zu LB Ü 10 Ordnen Sie.

35

~~die __orsicht~~ ~~_eihnachten~~ ~~der __luss~~ der __ald die __äsche die __erletzung der __ind die __urst der __ater die __ergangenheit die __lasche der __erkehr das __orurteil das __etter der __orhang das __ahrrad die __ohnung die __amilie die __olke die __arbe das __enster der __erkäufer die __ahrheit der __ilm das __rühstück die _erien der __ogel

W	V	F
Weihnachten	*die Vorsicht*	*der Fluss*
______________	______________	______________
______________	______________	______________
______________	______________	______________
______________	______________	______________
______________	______________	______________
______________	______________	______________
______________	______________	______________
______________	______________	______________

zu LB Ü 11 Ergänzen Sie F/f oder Pf/pf.

36

a) Ein __ettes __erd __rühstückt __rische __laumen.

b) Ein __reundlicher __arrer __lanzt einen __laumenbaum.

c) Ein __röhlicher __ischer __indet ein __fund __effer.

d) Ein __auler __euerwehrmann __indet __ünf __annen.

e) Eine __rau __lückt __röhlich __ünf __laumen.

f) Eine __amilie __ährt mit dem __ahrrad durch __ünfzig __ützen.

zu LB Ü 12 Ergänzen Sie B/b oder W/w.

37

a) Gestern war ich schon um 5 Uhr __ach und ich habe aus dem __ach drei Fische geangelt.

b) Auf dem __ild sieht man einen __ilden Hirsch.

c) Wir gehen __ald in den __ald.

d) Morgens um vier klingelt der __ecker. Dann muss der __äcker aufstehen.

e) Mein __ein tut weh, aber trotzdem kann ich wohl ein Glas __ein trinken.

f) Im __esten schmeckt das Bier am __esten.

g) Hannes hängt ein Foto von seiner __and an seine __and.

zu LB Ü 13 Ergänzen Sie die Sätze.

38

a) Gehst du heute mit mir ins Kino?

Er will wissen, ob ich heute mit ihm ins Kino gehe.

b) Darf ich dich morgen besuchen?

Er hat gefragt, ____________ *er mich* ____________

c) Wann sehen wir uns wieder?

Er möchte wissen, ____________ *wir uns* ____________

d) Wie heißt deine Katze?

Er interessiert sich dafür, ____________ *meine* ____________

e) Wann gehst du am Freitag ins Büro?

Er hat sich erkundigt, ____________ *ich* ____________

f) Warum hast du mich heute nicht angerufen?

Er hat gefragt, ____________ *ich ihn* ____________

g) Was machst du am nächsten Wochenende?

Er will wissen, ____________ *ich* ____________

h) Liebst du mich?

Er hat gefragt, ____________ *ich ihn* ____________

zu LB Ü 10 Ergänzen Sie die Sätze.

39

~~in dem~~	über das
in der	in die
nach der	mit dem
an den	an der
in dem	zu denen

a) Spanien ist ein Land, *wo* ich gerne mal Urlaub machen möchte.

Spanien ist ein Land, *in dem* ich gerne mal Urlaub machen möchte.

b) Ich möchte in eine Gegend fahren, *wo* es nicht so heiß ist.

Ich möchte in eine Gegend fahren, ____________ es nicht so heiß ist.

c) Ich suche einen Strand, *wohin* man einen Hund mitnehmen kann.

Ich suche einen Strand, ____________ man einen Hund mitnehmen kann.

d) Es gibt kein Thema, *worüber* wir nicht diskutieren können.

Es gibt kein Thema, ___________ wir nicht diskutieren können.

e) München ist eine Stadt, *wohin* viele Touristen kommen.

München ist eine Stadt, ___________ viele Touristen kommen.

f) Kennst du die Stelle, *wo* man Gold suchen kann?

Kennst du die Stelle, ___________ man Gold suchen kann?

g) Das Pferderennen ist eine Attraktion, *wonach* viele Touristen fragen.

Das Pferderennen ist eine Attraktion, ___________ viele Touristen fragen.

h) Der Naturpark, *wo* die Wildpferde leben, ist sehr groß.

Der Naturpark, ___________ die Wildpferde leben, ist sehr groß.

i) Die Inseln, *wohin* die Pferdekutschen fahren, liegen im Wattenmeer.

Die Inseln, ___________ die Pferdekutschen fahren, liegen im Wattenmeer.

j) Das Verkehrsmittel, *womit* die Wuppertaler am liebsten fahren, ist die Schwebebahn.

Das Verkehrsmittel, ___________ die Wuppertaler am liebsten fahren, ist die Schwebebahn.

zu LB Ü 14 Was passt zusammen?

40

a) Wenn wir ein Zelt mitnehmen sollen, übernachten wir ■
b) Wir brauchen nicht viel zum Essen mitzunehmen, weil es am ■
c) Maria kommt bestimmt auch gern mit, wenn sie ■
d) Ich möchte am Sonntag nicht zu spät zurückkommen, weil ich ■
e) Wenn es am Wochenende regnen sollte, möchte ich ■
f) Er hat mir nichts über das Ziel verraten, weil es ■
g) Herbert nimmt bestimmt sein Boot mit, wenn wir ■

1. eine Überraschung sein soll.
2. am Montag früh aufstehen muss.
3. sicher auf einem Campingplatz.
4. aber nicht im Zelt schlafen.
5. See ein Restaurant gibt.
6. an einen See fahren.
7. am Wochenende Zeit hat.

zu LB Ü 14 Schreiben Sie Fragesätze.

41

wo
was
wohin
wer
wann
wie

a) Sie möchte ihre kleine Schwester mitnehmen.

Wen möchte sie mitnehmen?

b) Wir fahren morgen nach Österreich.

____

c) Ich nehme meinen Schlafsack mit.

____

d) Am Sonntag sind wir wieder zu Hause.

____

e) Herbert bringt sein Zelt mit.

____

f) Das Hotel liegt direkt am See.

____

g) Das Wetter war gestern sehr schön.

____

zu LB Ü 14 Wie heißen die Sätze?

42

a) Woran denkt er?

Ich weiß nicht, *woran er denkt,* aber ich weiß, dass er *an* etwas *denkt.*

b) Woran erinnert sie sich?

Ich bin nicht sicher, *w*____________________, aber ich weiß, dass sie sich _____ etwas ________.

c) Worauf bereiten sie sich vor?

Ich habe keine Ahnung, *w*____________________, aber sie haben gesagt, dass sie sich _____ etwas ________.

d) Worauf warten sie?

Ich weiß nicht, *w*____________________, doch ich sehe, dass sie _____ etwas ________.

e) Worauf freut er sich so?

Ich würde auch gerne wissen, *w*____________________, denn es ist klar, dass er sich _____ etwas ________.

f) Worüber regt sie sich auf?

Ich verstehe nicht, *w*____________________, aber ich merke, dass sie sich _____ etwas ________.

g) Wofür interessiert er sich?

Ich weiß nicht, *w*____________________, aber ich glaube, dass er sich _____ Sport ________.

h) Wofür ist Schwimmen gesund?

Ich habe mich informiert, *w*____________________, und ich weiß jetzt, dass es _____ vieles ________.

i) Wovor haben Fußballspieler Angst?

Ich frage sie manchmal, *w*____________________, aber sie sagen immer, dass sie _____ nichts ________.

j) Wonach sucht er in der Tasche?

Ich weiß nicht, *w*____________________, aber ich bin fast sicher, dass er _____ dem Schlüssel ________.

zu LB Ü 16 Was stimmt hier nicht? Schreiben Sie die Sätze richtig.

43

a) Der Autofahrer fuhr mit seinem Baum gegen einen Wagen.

Der Autofahrer fuhr mit seinem Wagen gegen einen Baum.

b) Das Mädchen fiel mit seiner Straße auf das Fahrrad.

Das Mädchen fiel mit seinem Fahrrad ________________

c) Gerhard F. spielte mit seinem Ball im Garten Sohn.

____

d) Dem Fahrradfahrer flog ein Auge in seine Fliege.

____

e) Der Junge verletzte sein Messer mit einer Hand.

____

f) Bei der Reparatur seines Autos ließ er einen Fuß auf seinen Hammer fallen.

g) Die Ärztin gab der Spritze ein Unfallopfer.

h) Die Mutter des verletzten Kindes rannte zum Arzt, um ein Telefon zu rufen.

zu LB Ü 16 Schreiben Sie die Sätze richtig.

44

a) ichfielübereinspielzeugundkonntedanachmeinlinkesbeinnichtmehrbewegen

Ich fiel

b) imkrankenhausmusstemandiefrausofortamaugeoperieren

c) inderklinikstelltendieärztefest,dassmeinrechterfussgebrochenwar

d) dermannspürtestarkeschmerzenimrückenundkonntenichtmehraufstehen

e) alsichmitmeinertochterballspielte,stolperteichübereinenstein

f) derunfallpassiertebeieinerfahrradtour,alsesplötzlichanfingzuregnen

g) daskindwollteseinekatzerettenundkletterte deshalbaufeinenhohenbaum

h) nachdemmittagessenbekamichbauchschmerzenundgingdeshalbzumarzt

zu LB Ü 16 Schreiben Sie die Sätze im Präteritum.

45

a) Nach dem Unfall hat der Junge über Schmerzen am Bein geklagt.

Nach dem Unfall klagte

b) Er ist zum Arzt gegangen, weil ihm sein Arm wehgetan hat.

c) Sie ist beim Putzen von der Leiter gestürzt.

d) Im Krankenhaus hat man seine Wunde behandelt.

e) Als der Arzt mit der Spritze gekommen ist, hat der junge Mann aus Angst geschwitzt.

____

f) Meine Ärztin hat mir Tabletten gegen meine Kopfschmerzen verschrieben.

____

g) Sie hat sich im Krankenhaus zu einer Untersuchung angemeldet.

____

h) Was hat der Arzt bei der Untersuchung festgestellt?

____

i) Nach dem Unfall hat sich der Fahrer nicht mehr bewegt.

____

j) Die Ärzte haben beschlossen, den Mann sofort zu operieren.

____

k) Weil uns das Gewitter überrascht hat, haben wir im Auto übernachtet.

____

zu LB Ü 16 Ergänzen Sie.

46

Zusätzlicher Wortschatz

Langeweile Spaß Angst Freude Heimweh Erfahrung
~~Freundschaft~~ Versehen Sorge Tradition Überzeugung Vorsicht

a) Wenn meine Freunde Hilfe brauchen, nehme ich mir immer Zeit für sie. Das mache ich *aus Freundschaft.*

b) Mein Sohn hat keine Freunde, mit denen er spielen kann. Deshalb schaut er *aus* _______________ den ganzen Tag fern.

c) Meine Tochter fürchtet sich vor ihrem Lehrer. An manchen Tagen will sie *aus* _______________ nicht zur Schule gehen.

d) Meine Kollegin kommt schon seit Jahren immer zu spät zur Arbeit. Deshalb weiß ich *aus* _______________, dass sie nicht pünktlich sein kann.

e) Ich wollte dir wirklich nicht auf den Fuß treten. Das ist mir *aus* _______________ passiert.

f) Meine Schwester wollte für vier Wochen ihre Brieffreundin in England besuchen. Aber dann ist sie *aus* _______________ schon nach zehn Tagen wieder zurückgekommen.

g) Als ich für eine Woche ins Krankenhaus musste, hat mich meine Mutter *aus* _______________ jeden Tag dreimal besucht.

h) Mein Vater und mein Großvater waren Lehrer. Deshalb bin ich *aus* _______________ auch Lehrer geworden.

i) Heute Nacht soll ein Sturm kommen. Deshalb mache ich *aus* _______________ lieber alle Fensterläden zu.

j) Meine Kollegin weiß seit heute, dass sie ein Baby erwartet. *Aus* ______________ hat sie gleich alle Leute angerufen, die sie kennt.

k) Mein Chef ist ein fröhlicher Mensch und macht gern Witze. Vorhin hat er mich gefragt, ob ich ihn heiraten will. Aber das hat er natürlich nur *aus* ______________ gesagt.

l) Man sollte keine Tiere töten. Deshalb esse ich *aus* ______________ kein Fleisch und keinen Fisch.

zu LB Ü 16 Welche Antwort passt zu welcher Frage?

47

a) An welchem Tag ist der Unfall passiert? ■
b) Zu welcher Uhrzeit ist der Unfall passiert? ■
c) Welche Zeugen haben den Unfall gesehen? ■
d) Wo ist der Unfall passiert? ■
e) Wie ist der Unfall passiert? ■
f) Welche Verletzungen gab es bei dem Unfall? ■
g) Was ist nach dem Unfall passiert? ■
h) Sind Sie zurzeit wieder ganz gesund? ■

1. Es gab keine Zeugen; ich war allein.
2. Ich hatte eine große Wunde am Kopf, die stark blutete.
3. Am Dienstag, den 14. April.
4. Ich rief ein Taxi und fuhr ins Krankenhaus.
5. Es war ungefähr Viertel nach drei am Nachmittag.
6. Im Keller meines Hauses.
7. Nein, ich habe seit dem Unfall öfter Kopfschmerzen.
8. Ich stieß an ein Regal, weil das Licht im Keller nicht funktionierte. Dabei fiel mir ein Hammer auf den Kopf.

zu LB Ü 16 Ergänzen Sie **dass** oder **ob**.

48

a) Manchmal habe ich keine Ahnung, _______ sie bald zu mir kommt oder nicht.

b) Ich weiß nicht sicher, _______ sie am Samstag aus dem Urlaub zurückkommt.

c) Stimmt es, _______ sie gesagt hat, sie kommt am Samstag zurück?

d) Ja, ich weiß ganz sicher, _______ sie am Wochenende zurückkommt.

e) Ich habe sie gefragt, _______ sie zu mir kommen will.

f) Sie hat geantwortet, _______ sie vielleicht nach dem Urlaub zu mir kommen will.

g) Ich wollte wissen, _______ sie vom Flughafen zu mir kommt.

h) Doch sie hat gesagt, _______ das noch nicht sicher ist.

i) Manchmal bin ich nicht sicher, _______ sie zu mir kommt.

j) Aber manchmal bin ich ziemlich sicher, _______ sie bald kommt.

k) Und wenn sie käme, würde ich ihr sagen: „Ich habe immer gewusst, _______ du kommst."

Wörter im Satz

49

	Ihre Muttersprache	Schreiben Sie einen Satz aus Delfin, Lehrbuch.
____ *Bewegung*	____________	______________________________
____ *Beziehung*	____________	______________________________
____ *Ding*	____________	______________________________
____ *Figur*	____________	______________________________
____ *Gerät*	____________	______________________________
____ *Hoffnung*	____________	______________________________
____ *Lebensmittel*	____________	______________________________
____ *Mannschaft*	____________	______________________________
____ *Misserfolg*	____________	______________________________
____ *Mittel*	____________	______________________________
____ *Überzeugung*	____________	______________________________
____ *Untersuchung*	____________	______________________________
____ *Vorurteil*	____________	______________________________
anmelden	____________	______________________________
dienen	____________	______________________________
feststellen	____________	______________________________
gefallen lassen	____________	______________________________
klagen	____________	______________________________
planen	____________	______________________________
schwitzen	____________	______________________________
stürzen	____________	______________________________
übernachten	____________	______________________________
wehtun	____________	______________________________
zunehmen	____________	______________________________
bereit	____________	______________________________
dünn	____________	______________________________
faul	____________	______________________________
grundsätzlich	____________	______________________________

jedenfalls ______ ______

laut ______ ______

rückwärts ______ ______

statt ______ ______

Grammatik

§ 58 Indirekte Frage

50

Direkte Frage:

	Vorfeld	***Verb$_{(1)}$***	***Mittelfeld***			***Verb$_{(2)}$***
			Subjekt	***Angabe***	***Ergänzung***	
Die Frau fragt:	**„Wann**	beginnt	das Fußballspiel	endlich?"		
Der Mann will wissen:	**„Wer**	hat			den Ball?"	
Das Mädchen fragt:		„Beginnt	das Fußballspiel	pünktlich?"		
Der Junge will wissen:		„Hat	der Spieler		den Ball?"	

Indirekte Frage:

	Vorfeld	***Verb$_{(1)}$***	***Mittelfeld***			***Verb$_{(2)}$***
			Subjekt	***Angabe***	***Ergänzung***	
Die Frau fragt,	**wann**		das Fußballspiel	endlich		**beginnt.**
Der Mann will wissen,	**wer**				den Ball	**hat.**
Das Mädchen fragt,	**ob**		das Fußballspiel	pünktlich		**beginnt.**
Der Junge will wissen,	**ob**		der Spieler		den Ball	**hat.**

Indirekte Frage = Nebensatz: Verb an Position Verb$_{(2)}$

Zum Vergleich:

Das Spiel beginnt um 10 Uhr. Der Trainer weiß das.
Das Spiel beginnt um 10 Uhr, aber der Trainer weiß das nicht.
Beginnt das Spiel um 10 Uhr? Der Trainer weiß es nicht.
Wann beginnt das Spiel? Der Trainer weiß es nicht.

Der Trainer **weiß, dass** das Spiel um 10 Uhr beginnt.
Der Trainer **weiß nicht, dass** das Spiel um 10 Uhr beginnt.
Der Trainer **weiß nicht, ob** das Spiel um 10 Uhr beginnt.
Der Trainer **weiß nicht, wann** das Spiel beginnt.

§ 51j) Verbativergänzung bei sehen, hören, lassen

51

Präsens	***Perfekt***
Der Ball **fliegt**.	Der Ball ist **geflogen**.
Er **sieht** den Ball.	Er **hat** den Ball **gesehen**.
Er **sieht**, dass der Ball **fliegt**.	Er **hat gesehen**, dass der Ball **geflogen ist**.
Er **sieht** den Ball **fliegen**.	Er **hat** den Ball **fliegen sehen**.
Das Kind **ruft**.	Das Kind **hat gerufen**.
Sie **hört** das Kind nicht.	Sie **hat** das Kind nicht **gehört**.
Sie **hört** nicht, dass das Kind **ruft**.	Sie **hat** nicht **gehört**, dass das Kind **gerufen hat**.
Sie **hört** das Kind nicht **rufen**.	Sie **hat** das Kind nicht **rufen hören**.

Das Kind **spielt**.	Das Kind **hat gespielt**.
Sie **lässt** das Kind.	Sie **hat** es **gelassen**.
Sie **lässt** das Kind **spielen**.	Sie **hat** das Kind **spielen lassen**.

§ 46 Modalverben im Perfekt

52

Präteritum	*Perfekt:* Infinitiv des Modalverbs	*Modalverb allein im Perfekt:* Partizip II des Modalverbs
Sie **musste** abnehmen.	Sie **hat** abnehmen **müssen**.	Sie **hat** es **gemusst**.
Sie **wollte** eine Diät machen.	Sie **hat** eine Diät machen **wollen**.	Sie **hat** es **gewollt**.
Sie **sollte** Sport treiben.	Sie **hat** Sport treiben **sollen**.	Sie **hat** es **gesollt**.
Sie **durfte** Tee trinken.	Sie **hat** Tee trinken **dürfen**.	Sie **hat** es **gedurft**.
Sie **konnte** nicht trainieren.	Sie **hat** nicht trainieren **können**.	Sie **hat** es nicht **gekonnt**.

§ 10 Nomen aus Verben

53

Verb	*Nomen*	
abnehmen	**das Abnehmen**	**Das Abnehmen** klappt am besten, wenn....
hungern	**das Hungern**	**Durch Hungern** kann man abnehmen.
turnen	**das Turnen**	**Zum Turnen** hat sie keine Lust.
laufen	**das Laufen**	**Beim Laufen** schwitzt sie.

Wortschatz

Nomen

r Arbeitsunfall, ¨–e
e Art, –en
e Aufsicht, –en
e Bemerkung, –en
r Berufsunfall, ¨–e
e Bewegung, –en
e Beziehung, –en
e Dauer
e Diät, –en
s Ding, –er
s Endspiel, –e
e Entschuldigung, –en
e Erkältung, –en
e Erklärung, –en
e Ernährung, –en
s Fernsehen
s Fett, –e
s Fieber
e Figur, –en
r Freizeitunfall, ¨–e
s Fußballspiel, –e
s Gerät, –e
e Grippe
r Grund, ¨–e
Halsschmerzen (pl)
s Handballspiel, –e
r Heimtrainer, –
e Herzgegend
s Hinterrad, ¨–er
e Hoffnung, –en
r Husten
e Infektion, –en
s Kerzenlicht
e Klinik, –en
r Körper, –
e Krankenkasse, –n
e Krankenversiche-
rung, –en
e Kurklinik, –en
s Lebensmittel, –
e Lebensversicherung, –en
e Lebensweise, –n
r Lenker, –
Magenschmerzen (pl)
e Mannschaft, –en
r Mannschaftsarzt, ¨–e
e Methode, –n
r Misserfolg, –e
s Mittel, –
r Mut
s Nahrungsmittel, –
s Nomen, –
e Nulldiät, –en
e Packung, –en
r Pflaumenkuchen, –
r Plan, ¨–e
r Pokal, –e
r Pokalsieger, –
e Radtour, –en
s Rennrad, ¨–er
r Samstagmorgen
r Schiedsrichter, –
e Schlankheitskur, –en
r Schnupfen
r Sieger, –
r Sonntagabend
r Spieler, –
r Spielfeldrand, ¨–er
s Spielzeugauto, –s
s Sportgerät, –e

s Sportgeschäft, –e
e Sportklinik, –en
r Sportplatz, ⸚e
s Sportstudio, –s
r Sportverein, –e
e Spritze, –n
s Thermometer, –
r Trainer, –
r Trainingsplan, ⸚e
e Überzeugung, –en
e Umfrage, –n
e Unfallanzeige, –n
s Unfalldatum, Unfalldaten
r Unfallhergang
e Unfallursache, –n
e Unfallversicherung, –en
r Unsinn
e Untersuchung, –en
e Vereinsversicherung, –en
r/e Versicherte, –n (ein Versicherter)
e Versicherung, –en
e Versicherungsgesellschaft, –en
r Versicherungsnehmer, –
e Versicherungsnummer, –n
r Versicherungsschein, –e
s Vierteljahr, –e
s Vorurteil, –e
s Wunder, –

Verben

an·melden
baden
behandeln
beschließen
bestrafen
bewegen
dazwischen·kommen
dienen
erklären
fallen lassen
fest·stellen
gewöhnen
hin·fallen
hungern
klagen
kommen sehen
kritisieren
los·fahren
los·lassen
nützen
operieren
pfeifen
planen
schwitzen
stolpern
stürzen
turnen
übernachten
überraschen
um·formen
verschreiben
weg·fahren
weg·lassen
weh·tun
zu·nehmen
zu·schauen

Adjektive

ärztlich
befriedigend
bereit
dünn
erkältet
faul
frisch
gebrochen
gefragt
genau
grundsätzlich
hungrig
ideal
mager
persönlich
pünktlich
rein
schlank
sportlich
typisch
verabredet
vernünftig
versichert

Adverbien

jedenfalls
niemals
rückwärts
unterwegs

Funktionswörter

anstatt... zu
indem
statt
von... an
je

Ausdrücke

etwas (nicht) gelten lassen
etwas fallen lassen
sich etwas gefallen lassen
sich etwas schwer machen
sich etwas denken können
es leicht haben
daher kommen, dass ...
von kurzer Dauer sein
Sport treiben
nach Plan laufen
gar nichts
vor allen Dingen
ab und zu
zum ersten Mal
zum zweiten Mal
zum dritten Mal

Hör mal.
Keine Ahnung.
Ach was.
Lassen wir uns überraschen.

Abkürzungen

AG = Aktiengesellschaft
FC = Fußballclub

In Deutschland sagt man:	**In Österreich sagt man auch:**	**In der Schweiz sagt man auch:**
e Krankenkasse	e Krankenkassa	
genau		exakt

Zusätzlicher Wortschatz

Wort	Ihre Muttersprache	Definition	Beispiel
s Fieberthermo-meter, –		Ein Gerät, mit dem man die Temperatur des Körpers misst.	
e Freude, –		Nomen zu „sich freuen“	Dein Besuch war eine große Freude für mich.
s Gift, –e		Ein Medikament hilft, Gift tötet.	Er ist durch Gift gestorben.
s Heimweh		Wenn man sein Zuhause vermisst, hat man Heimweh.	Als ich im Ausland war, hatte ich Heimweh.
e Langeweile		Nomen zu „langweilig“	Gestern hatte ich Langeweile.
e Operation, en		Nomen zu „operieren“	Sie muss eine Operation am Auge machen lassen.
e Salbe, –n		Ein Medikament, das man auf die Haut streicht.	Bei dieser Verletzung hilft eine Salbe am besten.
e Schwangerschaft		Eine Frau, die ein Baby erwartet, hat eine Schwangerschaft.	
Tropfen (pl.)		Ein Medikament, das man in kleinen Mengen in Wasser oder Tee tropfen lässt und dann trinkt.	
r Verband, ⸚e		Nomen zu „verbinden“	Er macht einen Verband um seine Wunde.
s Versehen		Etwas, das man macht, ohne es zu wollen.	Tut mir leid. Das war ein Versehen.

Lektion 16

zu LB Ü 1 Bilden Sie Sätze. (→ Lehrbuch, Zeichnung S. 158, 159)

1

a) Der Arzt – stehen – hinter – ein weißer Vorhang – in – die Arztpraxis

Der Arzt steht hinter einem weißen Vorhang in der Arztpraxis.

b) Auf – der Dachboden – sitzen – eine fette Spinne – in – die Ecke

Auf dem Dachboden ______

c) Die Toilette – neben – die Anmeldung – sein – außer Betrieb

______

d) Der Installateur – liegen – in – der Keller – zwischen – die Waschmaschine – und – das Waschbecken – auf – der Boden

______

e) Die Putzfrau – liegen – vor – die Treppe – auf – die Knie

______

f) In – das kleine Zimmer – auf – der Dachboden – hängen – eine kaputte Lampe

______

g) Die Sekretärin – sitzen – in – ihr Büro – an – der Schreibtisch – vor – der Computer – und – telefonieren

______

h) In – die Anmeldung – warten – die Patienten – geduldig – auf – der Arzt

______

i) Das Taxi – stehen – mit – eine offene Tür – vor – das Haus

______

j) Das Schild „Parken verboten" – hängen – an – der Zaun – vor – der Hof

______

k) Über – die Autowerkstatt – wehen – eine Gardine – aus – das Fenster

______

l) In – der Hof – stehen – ein Kinderfahrrad – zwischen – ein großes Fahrrad – und – ein bunter Ball

______

m) An – die Türen der Autowerkstatt – hängen – Luftballons

______

zu LB Ü 1 Was passt nicht?

2

a) seinen Mund – seine Augen – Flaschen – ~~Licht~~ **öffnen**
b) einen Schrank – Türen – den Schluss – das Tor **schließen**
c) einen Herd – Feuerzeuge – Waschmaschinen – Antennen **anschließen**
d) einen Freund – Gäste – Puppen – Kinder **einladen**
e) einen Karton – E-Mails – Päckchen – Pakete **ausladen**
f) seinen Hut an den Haken – Mützen an Nägel – Bäume an Zelte – Bilder an Wände **hängen**
g) einen Luftballon – Luft – Lampen – Mäntel **aufhängen**
h) seinen Geburtstag – Partys – Hochzeiten – die Konkurrenz **feiern**
i) den Rasen – Blumen – Flüsse – Pflanzen **gießen**
j) seinen Wagen – Uhren – Zeit – den Computer **reparieren**
k) einen Topf – Fahrräder – Antennen – Lenkräder **montieren**
l) einen Turm – Menschen – Wohnungen – Zimmer **renovieren**
m) den Boden – die Einrichtung – Dächer – Tiere **erneuern**
n) einen Turm – ein Haus – Gläser – Kirchen **bauen**
o) den Aufzug – die Sauna – Bäder – Sonne **einbauen**
p) den Saft – Urlaub – Blumensträuße – Pizzas **bringen**
q) einen Schalter – ein Schild – Pannen – Ampeln **anbringen**
r) seinen Hund – seine Katzen – seine Insekten – seine Kinder **rufen**
s) den Installateur – einen Maler – das Werkzeug – einen Tischler **anrufen**
t) den Arzt – Häuser – Makler – Rechtsanwälte **fragen**
u) den Anfang – Ruhe – Antworten – Sekunden **suchen**
v) einen Finger – Hände – Glück – Füße **untersuchen**
w) einen Reifen – Schuhe – Geld – die Haut **wechseln**
x) den Arzt – Gesundheit – den Elektriker – Mineralwasser **holen**
y) einen Brief – Bestellungen – Kunden – Tage **abholen**
z) seinen Wagen – Lenkräder – Motorräder – den Möbelwagen **parken**

zu LB Ü 1 Ergänzen Sie die Sätze.

3

a) 1. Büro: telefonieren, schreiben – 3. Büro: putzen, lachen

Im ersten Büro wird telefoniert und geschrieben, im dritten wird geputzt und gelacht.

b) 2. Pause: reden, diskutieren – 4. Pause: weiterreden, weiterdiskutieren

In der ______ *Pause* ______

c) 3. Schreibtisch: schlafen, Pause machen – 5. Schreibtisch: frühstücken, telefonieren

Am dritten Schreibtisch ______ *, am* ______

d) 4. Werkstatt: reparieren, kontrollieren – 6. Werkstatt: essen, trinken

In der ______ *Werkstatt* ______

e) 5. Geschäft: informieren, verkaufen – 7. Geschäft: bestellen und ausladen

Im ______ *Geschäft* ______

f) 6. Disco: putzen, aufräumen – 8. Disco: tanzen, feiern

In der ______ *Disco* ______

g) 7. Bad: baden, singen – 9. Bad: Musik hören, duschen

Im Bad ___

h) 9. Hotel: reservieren, informieren – 11. Hotel: wecken, aufräumen

Im Hotel ___

i) 1. Film: fahren, schießen – 2. Film: schießen, fahren

Im Film ___

zu LB Ü 1 Was wird wo gemacht? Ergänzen Sie.

4

a) Werkstatt: montieren — *In der Werkstatt wird montiert.*

b) Werkstatt: Spiegel montieren — *In der Werkstatt wird der Spiegel montiert.*

c) Küche: probieren — *In der Küche wird* ___

d) Küche: Kuchen probieren — *In der Küche wird der* ___

e) Arbeitszimmer: korrigieren ___

f) Arbeitszimmer: Briefe korrigieren ___

g) Büro: notieren ___

h) Büro: Telefonnummern notieren ___

i) Flur: tapezieren ___

j) Flur: Wände tapezieren ___

k) Keller: reparieren ___

l) Keller: Wasserleitung reparieren ___

m) Schule: buchstabieren ___

n) Schule: Name buchstabieren ___

o) Rathaus: diskutieren ___

p) Rathaus: Pläne diskutieren ___

q) Kirche: fotografieren ___

r) Kirche: Brautpaar fotografieren ___

s) Zug: kontrollieren ___

t) Zug: Fahrkarten kontrollieren ___

zu LB Ü 1 Ordnen Sie und ergänzen Sie.

5

Zusätzlicher Wortschatz

a) r Pinsel – streichen *Mit dem Pinsel wird gestrichen.*

b) s Messer – schneiden *Mit dem* ______

c) r Topf – kochen ______

d) r Pfeffer – würzen ______

e) r Löffel – probieren ______

f) r Rasierapparat - rasieren ______

g) s Maßband – messen ______

h) e Gabel – essen ______

i) e Bohrmaschine – bohren ______

j) r Besen – kehren ______

k) s Bügeleisen – bügeln ______

l) e Klingel – klingeln ______

m) r Kugelschreiber – schreiben ______

zu LB Ü 1 Wie heißen die Sätze?

6

a) Kaffee: kochen – trinken

Der Kaffee wird erst gekocht, dann wird er getrunken.

b) Kartoffeln: schälen – schneiden

Die Kartoffeln werden erst ______

c) Fisch: fangen – braten

______

d) Torte: backen – probieren

______

e) Rechnung: bezahlen – einstecken

______

f) Haus: bauen – streichen

______

g) Karton: ausladen – auspacken

______

h) Herd: anschließen – anschalten

____

i) Loch: zeichnen – bohren

____

j) Badezimmer: aufräumen – putzen

____

k) Fensterbrett: messen – reparieren

____

l) Kerze: holen – anzünden

____

m) Glühbirne: ausmachen – wechseln

____

n) Glühbirne: wechseln – anschalten

____

o) Patient: rufen – untersuchen

____

p) Haare: waschen – schneiden

____

q) Haare: trocknen – kämmen

____

zu LB Ü 2 Was muss wann gemacht werden? Ergänzen Sie.

7

a) Samstag: putzen	den Flur putzen
Am Samstag muss geputzt werden.	*Am Samstag muss der Flur geputzt werden.*
b) Montag: aufräumen	den Schreibtisch aufräumen
_______________	_______________
c) Dienstag: bezahlen	die Telefonrechnung bezahlen
_______________	_______________
d) Mittwoch: waschen	den Pullover waschen
_______________	_______________
e) Donnerstag: bügeln	die Wäsche bügeln
_______________	_______________
f) Freitag: vorbereiten	den Geburtstag vorbereiten
_______________	_______________
g) Samstag: backen	den Kuchen backen
_______________	_______________
h) Sonntag: feiern	den Geburtstag feiern
_______________	_______________

zu LB Ü 2 Was passt zusammen?

8

~~reparieren~~ bügeln waschen anschließen streichen tapezieren wechseln

a) Die Antenne ist kaputt und *muss repariert werden.*

b) Der Flur ist dunkel. Er muss hell *gestrichen* ____________

c) Die Spülmaschine funktioniert nicht ohne Wasser. *Sie muss erst* ____________

d) Die Glühbirne brennt manchmal nicht. *Sie muss* ____________

e) Die Tapeten sind alt. Die Wand *muss* ____________

f) Die Hemden sind noch nicht glatt. *Sie müssen erst* ____________

g) Der Pullover ist schmutzig und *muss* ____________

zu LB Ü 2 Ergänzen Sie.

9

a) Niemand ruft mich an. Aber *ich* möchte *angerufen werden.*

b) Niemand lädt ihn ein. Aber _____ möchte ____________.

c) Seine Freunde besuchen ihn am Wochenende. Aber _____ möchte öfter ____________.

d) Sie wartet, doch niemand holt sie ab. Aber _____ möchte ____________.

e) Mit dem Wattebart erkennen dich die Kinder nicht. Aber _____ möchtest sicher nicht sofort ____________.

f) Die Kunden fragen, doch niemand informiert sie richtig. Aber _____ möchten ____________.

g) Die Mutter trägt den faulen Jungen nicht. Aber _____ möchte ____________.

h) Alle haben euch schon fotografiert. Möchtet _____ noch einmal ____________?

zu LB Ü 2 Ergänzen Sie **wird**, **bekommt** oder **bekommen**.

10

Es regnet und Opa *wird* nass. Er glaubt, dass er krank (a) ____________. Seine Nase (b) ____________ rot, denn er (c) ____________ eine Erkältung. Er geht zum Arzt; dort (d) ____________ er untersucht. In der Apotheke (e) ____________ er Tabletten und Hustensaft. Am nächsten Vormittag sieht er fern, aber bald (f) ____________ ihm der Film zu langweilig. Am Nachmittag (g) ____________ er Besuch von seiner Tochter. Von ihr (h) ____________ er heißen Tee. Er wartet, bis der Tee ein bisschen kälter (i) ____________ und trinkt ihn dann. Es (j) ____________ Nacht und seine Tochter geht nach Hause.

Opa (k) ____________ schnell gesund. Eines Morgens (l) ____________ er angerufen. Er (m) ____________ eine Einladung für Sonntag. Am Nachmittag (n) ____________ er abgeholt. Die Nachbarin aus dem zweiten Stock klingelt. Er (o) ____________ einen Strauß Blumen. Da (p) ____________ er ein wenig rot. Sie gehen bei dem Spaziergang langsam, damit er nicht sofort müde (q) ____________. Schließlich setzen sie sich auf eine Bank und er (r) ____________ einen Kuss. Mit dieser Medizin (s) ____________ er schnell fit. „Ich würde gern noch einen Kuss (t) ____________", denkt Opa.

zu LB Ü 3 Was ist richtig? ✗ (→ Lehrbuch S. 160, 161)

11

a) ■ 1. Heiner S. fiel ganz spontan an einem schönen Sonntagmorgen ins Bett.
■ 2. An einem schönen Sonntagmorgen wachte er neben einer arbeitslosen Freundin auf.
■ 3. Er fand eine Idee, als er an einem schönen Sonntagmorgen aus dem Bett fiel.
■ 4. Ihm kam im Bett eine Idee, als er an einem schönen Sonntagmorgen aufwachte.

b) ■ 1. Zum Haus von Angela M. kommen ungewöhnliche Menschen.
■ 2. Ungewöhnlich viele Menschen suchen Rat bei Angela M.
■ 3. Angela M. bietet ihre Dienste an, um Sachen zu vermitteln, die man nur schwer finden kann.
■ 4. Angela M. hilft allen Menschen, die ungewöhnlich viele Gegenstände suchen.

c) ■ 1. Gero von W. wunderte sich über den hohen Verbrauch von Strom und Wasser in vielen Betrieben.
■ 2. Er war überrascht, dass in der Möbelfabrik nie giftige Farben verwendet wurden.
■ 3. Er fand es wunderbar, dass in vielen Betrieben sehr wenig Wasser verbraucht wurde.
■ 4. Nach Meinung von Gero von W. waren die Ausgaben für Wasser und Strom selten zu hoch.

zu LB Ü 3 Welche Verben passen zu diesen Nomen? Lesen Sie die Abschnitte des Textes (→ Lehrbuch S. 160, 161) und ergänzen Sie die Verben.

12

Zusätzlicher Wortschatz

a) 1. Abschnitt („Viele junge Leute ...“)

r Traum *träumen*

r Versuch ______________

r Verlust *verlieren*

b) 2. Abschnitt („Die Idee kam im Bett“)

r Besuch ______________

r Antrag ______________

e Eröffnung ______________

e Lieferung ______________

e Wahl ______________

r Wunsch ______________

c) 3. Abschnitt („Wer sucht, der findet“)

e Suche ______________

e Vermittlung ______________

e Produktion ______________

e Zerstörung ______________

e Herstellung ______________

r Fund ______________

e Berechnung ______________

e Rechnung ______________

e Ablehnung ______________

e Erzählung ______________

d) 4. Abschnitt („Nicht nur der Umwelt zuliebe“)

r Verbrauch ______________

e Verwendung ______________

e Kündigung ______________

e Erklärung ______________

e Einführung ______________

e Senkung ______________

e Erhöhung ______________

e Entwicklung ______________

s Angebot ______________

zu LB Ü 3 Was steht im Text? (→ Lehrbuch S. 160, 161)

13

a) Heiner S. wachte an einem schönen Sonntagmorgen auf ■
b) Ein Frühstück wäre schön, dachte er, ■
c) Seine Freundin war von der Idee, ■
d) Für den Frühstücksservice, ■
e) Angela M. hilft Menschen, ■
f) Während das Telefon klingelt, ■
g) Anrufe und Faxe und E-Mails kommen von Menschen, ■
h) Für eine Küchenmaschine sucht ■
i) Um sein Studium zu finanzieren, ■
j) Während er als Praktikant arbeitete, ■
k) Sofort nach seinem Studienabschluss ■
l) Mit der Idee eines Umwelt-Beratungs-Service ■

1. den sie eröffnen wollten, mussten sie viel vorbereiten.
2. die er ihr erzählte, begeistert.
3. wenn der Kühlschrank nicht leer wäre.
4. und kam spontan auf eine Idee.
5. eine Hausfrau eine Gebrauchsanweisung.
6. denen Angela M. Sachen vermittelt, die schwer zu finden sind.
7. die ungewöhnliche Gegenstände suchen.
8. hat der Computer schon die E-Mails heruntergeladen.
9. fand er zunächst eine Stelle in einer Haushaltsgerätefabrik.
10. arbeitete Gero von W. als Praktikant.
11. machte er sich selbstständig.
12. wunderte er sich über den hohen Energieverbrauch.

zu LB Ü 3 Wie wird das im Text gesagt? (→ Lehrbuch S. 160, 161)

14

Abschnitt 2:

a) „Es wäre toll, wenn uns jetzt jemand ein richtiges Luxusfrühstück ans Bett bringen würde!“

„Wenn uns jetzt ein richtiges Luxusfrühstück ans Bett gebracht würde – das wäre toll!“

b) Man liefert etwa eine halbe Stunde danach ein sehr gutes Frühstück bis ans Bett.

Nach ca. einer halben Stunde ____________________

____

c) „Wir bringen auch einen Blumenstrauß mit, wenn die Kunden es wünschen.“

„Wenn es ____________________

____

Abschnitt 3:

d) Ein junger Mann braucht eine Nadel für einen Plattenspieler, den man schon seit Jahren nicht mehr produziert.

Er braucht eine Nadel für einen Plattenspieler, der ____________________

____

e) Ein Autosammler sucht ein wertvolles VW-Modell, von dem das Unternehmen insgesamt nur 15 Stück hergestellt hat.

Ein Autosammler sucht ein wertvolles VW-Modell, von dem ____________________

____

f) Eine Dame möchte gern ein Paar Schuhe haben, das schon die englische Königin trug.

Eine Dame möchte gern ein Paar Schuhe haben, das ____________________

____

g) Normalerweise kauft sie die Waren, die sie findet, nicht, sondern vermittelt sie nur.

Normalerweise ____________________

____

Abschnitt 4:

h) Er wunderte sich, wie viel Strom und Wasser die Betriebe verbrauchten.

Er wunderte sich, ______

______

i) Er wunderte sich, wie viele giftige Stoffe man in der Produktion verwendete.

Er wunderte sich, ______

______

j) In Deutschland hat man die Ökologie-Steuer eingeführt.

In Deutschland ______

______

k) Auch kleinere Firmen sind interessiert daran, die Sicherheit zu erhöhen.

Sie haben ______

______

l) In einer Möbelfabrik hat man den Wasserverbrauch fast um die Hälfte gesenkt.

In einer Möbelfabrik ______

______

m) Giftige Farben verwendet man auch nicht mehr.

Giftige Farben ______

______

zu LB Ü 3 Schreiben Sie die Sätze im Passiv.

15

a) Man bestellt das Frühstück. — *Das Frühstück wird bestellt.*
Man bestellte das Frühstück. — *Das Frühstück wurde bestellt.*
Man hat das Frühstück bestellt. — *Das Frühstück ist bestellt worden.*

b) Man entwirft Anzeigen. ______
Man entwarf Anzeigen. ______
Man hat Anzeigen entworfen. ______

c) Man beantragt einen Kredit. ______
Man beantragte einen Kredit. ______
Man hat einen Kredit beantragt. ______

d) Man eröffnet einen Laden. ______
Man eröffnete einen Laden. ______
Man hat einen Laden eröffnet. ______

e) Man macht eine Firma auf. ______
Man machte eine Firma auf. ______
Man hat eine Firma aufgemacht. ______

zu LB Ü 3 Schreiben Sie die Sätze im Passiv. Achten Sie auf die richtige Zeit.

16

a) Man lädt die elektronische Post herunter.

Die elektronische Post wird ____________________

b) Man bot ungewöhnliche Dienste an.

____

c) Man hat interessante Aufgaben herausgesucht.

____

d) Man hat gute Waren verkauft.

____

e) Man verdiente viel Geld.

____

f) Man hat eine Anfrage befriedigt.

____

g) Man hat ein Geschäft vermittelt.

____

h) Man berechnet das Honorar.

____

i) Man schreibt die Rechnung.

____

j) Man zahlte die Gebühr.

____

k) Man lehnte einen Auftrag ab.

____

l) Man hat ein neues Verfahren entwickelt.

____

m) Man hat den Verbrauch gesenkt.

____

n) Man verwendet ungiftige Farben.

____

zu LB Ü 3 Sagen Sie es anders.

17

a) Heiner S. eröffnete einen Frühstücksservice.

Von Heiner S. wurde ein Frühstücksservice eröffnet.

Ein Frühstücksservice wurde von Heiner S. eröffnet.

b) Seine Angestellten liefern das Frühstück bis ans Bett.

Von seinen Angestellten ______________________________

______________________________ *von seinen Angestellten* ______________

c) Die Kunden wünschen oft einen Blumenstrauß.

____

____

d) Angela M. bietet einen ungewöhnlichen Dienst an.

____

____

e) Der Computer lud die E-Mails herunter.

____

____

f) Sie sucht die einfachen Aufgaben heraus.

____

____

g) Ein Geschäftsmann sucht ein Geschenk.

____

____

h) Gero von W. hat eine Beratungsfirma eröffnet.

____

____

i) Er hat verschiedene Verfahren entwickelt.

____

____

j) Die Möbelfabrik hat den Wasserverbrauch um die Hälfte gesenkt.

____

____

zu LB Ü 4 Ergänzen Sie.

18

Frieden	Kontakt	Vertrag	ausgefüllt	glücklich	Streit	Konto	überrascht	durchschnittlich
erzählen	Kunden	Aufgabe						

Anna Schreiber hat einen besonderen Beruf. Sie hilft Menschen, die den (a) _________ zueinander verloren haben, weil sie (b) _________ hatten. Dabei lernt sie ihre (c) _________ aber nur am Telefon kennen. Wenn jemand anruft, lässt sie sich zuerst (d) _________, wie es zu dem Problem gekommen ist. Dann schickt Anna Schreiber dem Anrufer oder der Anruferin einen (e) _________ zu. Der muss dann (f) _________ und an sie zurückgeschickt werden. Außerdem müssen 60 Euro auf ihr (g) _________ überwiesen werden. Dann ruft Anna Schreiber bei der Person an, mit der ihr Kunde wieder (h) _________ schließen möchte. Die Menschen sind natürlich immer sehr (i) _________ von ihrem Anruf, aber es ist noch nie passiert, dass jemand nicht mit ihr sprechen wollte. Meistens sind die Menschen sogar sehr (j) _________ darüber , dass sie mit Anna Schreiber reden können. Wenn es ihr gelingt, dass sich die Personen zu einem Gespräch treffen, ist ihre (k) _________ beendet. Im Monat sind es (l) _________ zehn Personen, die bei Anna Schreiber Hilfe suchen.

zu LB Ü 4 Ergänzen Sie.

19

Streit	gestritten	streiten	streitet	streite

a) Ich hatte gestern mit meinem Bruder einen langen ___________, weil er einen anderen Film im Fernsehen sehen wollte als ich.

b) Meine Nachbarn haben sich ___________, weil keiner den Hof kehren wollte.

c) Meine Geschwister ___________ jeden Tag.

d) Wenn ich mit meinen Freunden über Fußball diskutiere, gibt es immer ___________.

e) Lass uns nicht schon wieder über dieses Thema reden. Ich will mich nicht mit dir ___________.

f) Worüber ___________ ihr euch?

g) Warum müsst ihr euch immer ___________?

h) Können wir nicht ruhig miteinander reden? Ich will keinen ___________ haben!

i) Die Kinder ___________ sich immer um die Spielsachen.

j) Wer hat mit dem ___________ angefangen?

k) Ich ___________ mich nie mit jemandem über Geschmack.

zu LB Ü 5 Welche Überschrift passt? ✗

20

a) Im letzten Jahr ist die Nachfrage nach Neuwagen um insgesamt drei Prozent gestiegen. Die Automobilindustrie ist mit diesem Ergebnis zufrieden.

1. Nachfrage nach Neuwagen gestiegen ■
2. Bessere Qualität bei Neuwagen ■
3. Viele Fragen in der Automobilindustrie ■

b) In der Metallindustrie wird wieder gestreikt. Die Metallarbeiter verlangen vier Prozent mehr Lohn. Arbeitgeber und Gewerkschaften wollen sich morgen zu neuen Verhandlungen treffen.

1. Mehr Lohn für Arbeitgeber ■
2. Metallarbeiter streiken ■
3. Verhandlungen mit gutem Ergebnis ■

c) Nach den neuesten Angaben des Statistischen Bundesamtes ist das Einkommen der privaten Haushalte im letzten Jahr um 1,3 Prozent gesunken.

1. Statistisches Bundesamt macht Fehler ■
2. Weniger Einkommen für private Haushalte ■
3. Weniger Geld für die Bundesangestellten ■

d) Die deutschen Verbraucher achten immer mehr auf Preise. Teure Markenartikel werden immer weniger gekauft, wenn es billige Angebote in gleicher Qualität gibt.

1. Der Preis entscheidet beim Einkauf ■
2. Markenartikel werden billiger ■
3. Schlechte Qualität bei Markenartikeln ■

e) Der Berliner Unternehmer Franke hat mehr als zwei Millionen Steuerschulden, wie heute bekannt wurde. Franke wollte gestern ins Ausland fliehen und wurde am Flughafen verhaftet.

1. Zwei Millionen im Flughafen gefunden ■
2. Franke wegen Steuerschulden verhaftet ■
3. Unternehmer Franke seit gestern im Ausland ■

f) Wie ein Sprecher des Bundesfinanzministeriums heute mitteilte, plant die Bundesregierung eine Erhöhung der Tabaksteuer. Zum ersten Dezember sollen Zigaretten und Zigarren teurer werden.

1. Tabakwaren bald teurer ■
2. Bundesfinanzminister raucht nicht mehr ■
3. Zigaretten werden billiger ■

g) Wegen des starken Euro gegenüber dem amerikanischen Dollar wird erwartet, dass die Europäische Zentralbank auf ihrer nächsten Sitzung die Zinsen senkt.

1. Mehr Zinsen für amerikanische Dollar ■
2. Dollar stärker als Euro ■
3. Zinssenkung erwartet ■

zu LB Ü 5 Wie heißen die Sätze richtig?

21

a) Im letzten Prozent ist die Nachfrage nach Neuwagen um drei Jahre gestiegen.

Im letzten Jahr ist die Nachfrage nach Neuwagen um drei Prozent gestiegen.

b) Die Lohnerhöhung streikt, weil sie vier Prozent mehr Metallarbeiter will.

Die Metallarbeiter streiken, ________________________________ *wollen.*

c) In Deutschland achten die Preise wieder auf niedrige Verbraucher.

____

d) Ein Berliner Unternehmer floh heute ins Ausland zu versuchen.

____

e) Die Tabaksteuer plant im nächsten Jahr eine Erhöhung des Bundesfinanzministeriums.

____

f) Man wird wahrscheinlich auf den nächsten Zinsen die Sitzung der Europäischen Zentralbank senken.

____

zu LB Ü 5 Was passt?

22

teuren teurer teure teuer

a) Die Verbraucher kaufen lieber ________________ Markenartikel.

b) Zigarren sind ________________ als Zigaretten.

c) Heiner S. hofft, dass er sich bald einen ________________ Wagen leisten kann.

d) Das neue Modell ist ihm noch zu ________________.

hoch höchsten höher hohe

e) Die Preise sind in diesem Jahr um drei Prozent ________________ als im letzten Jahr.

f) Auch die Zinsen sind wieder ziemlich ________________.

g) Trotzdem gibt es eine ________________ Nachfrage nach Neuwagen.

h) Am 14. März war der Dollarkurs am ________________.

dunklen dunkle dunkles dunkel

i) Als Herr Franke verhaftet wurde, war es noch ________________.

j) Er fuhr ein ________________ Auto.

k) Einbrecher arbeiten am liebsten in der ________________ Nacht.

l) Sie tragen dann gern ________________ Kleidung.

zu LB Ü 6 Ergänzen Sie.

23

Betriebsrat Arbeitsplatz Menschen Angst Ausland Aufträge Lohnerhöhungen

a) Die Arbeitnehmer streiken, weil sie ____________ davor haben, dass das Werk geschlossen wird.

b) Viele Arbeitnehmer sind schon älter und hätten deshalb keine Chance, einen anderen ____________ zu finden.

c) Die Betriebsleitung behauptet, dass es für das Werk nicht mehr genügend ____________ gibt.

d) Wenn das Werk geschlossen wird, verlieren 400 ____________ ihren Arbeitsplatz.

e) Die Arbeitnehmer glauben, dass der Konzern mit der Produktion ins ____________ gehen will, um mehr Gewinne zu machen.

f) In den letzten beiden Jahren haben die Arbeitnehmer schon auf ____________ verzichtet.

g) Jetzt bietet der ____________ an, dass die Arbeitnehmer drei Monate auf ihren Lohn verzichten, wenn das Werk nicht geschlossen wird.

zu LB Ü 6 Schreiben Sie die Sätze anders. Beginnen Sie mit es.

24

a) Vom Betriebsrat wird ein Lohnverzicht angeboten.

Es wird vom Betriebsrat ein Lohnverzicht angeboten.

b) Im Betriebsrat wird über die Löhne beraten.

Es ____________________________

c) Von den Arbeitnehmern wird auf Lohnerhöhungen verzichtet.

____

d) In Hannover wird über 400 Arbeitsplätze entschieden.

____

e) Im Ausland wird billiger produziert.

____

f) Im Werk werden keine Gewinne mehr gemacht.

____

g) 100 Mitarbeiter werden in Rente geschickt.

____

zu LB Ü 6 Setzen Sie die Sätze ins Passiv.
25

a) Die Katze fängt die Maus.	*Die Maus wird von der Katze gefangen.*
b) Die Maus fängt die Katze.	*Die Katze* ______
c) Der Tennisspieler trifft den Ball.	______
d) Der Ball trifft den Tennisspieler.	______
e) Der Einbrecher bemerkt den Polizisten.	______
f) Der Polizist bemerkt den Einbrecher.	______
g) Der Taxifahrer weckt den Fahrgast.	______
h) Der Fahrgast weckt den Taxifahrer.	______
i) Der Großvater füttert den Enkel.	______
j) Der Enkel füttert den Großvater.	______

zu LB Ü 6 Ergänzen Sie das passende Verb.
26

e Anmeldung	*anmelden*	s Gefühl	______
e Aufregung	______	s Gewicht	______
e Hoffnung	______	r Gewinn	______
e Meinung	______	die Kosten (pl.)	______
e Unterhaltung	______	r Plan	______
e Beratung	______	r Regen	______
e Rettung	______	r Schnee	______
e Überraschung	______	s Spiel	______
e Vorbereitung	______	r Sprung	______
e Abfahrt	______	r Umzug	______
e Abreise	______	s Versteck	______
r Abschluss	______	e Kontrolle	______
r Bau	______	e Bremse	______
r Beginn	______	e Dusche	______
r Besuch	______	e Frage	______
e Dauer	______	e Liebe	______
r Flug	______	e Miete	______
s Frühstück	______	e Sorge	______
r Gedanke	______	e Suche	______

zu LB Ü 6 Sagen Sie es anders. Ergänzen Sie das passende Verb.

27

a) Sie hat eine Lösung für ihre Probleme gefunden.
Sie hat ihre Probleme gelöst.

b) Er hat eine Bewerbung an die Firma Schmidt & Co. geschrieben.
Er hat sich bei der Firma Schmidt & Co. ________________.

c) Er hat eine Einladung bekommen.
Er ist ________________ worden.

d) Seit dem 1. Januar hat er die Leitung der Firma Schmidt & Co. übernommen.
Seit dem 1. Januar ________________ er die Firma Schmidt & Co.

e) Ihre Ernährung besteht nur aus Suppen und Salaten.
Sie ________________ sich nur von Suppen und Salaten.

f) Sie hat eine Untersuchung vom Arzt machen lassen.
Sie hat sich vom Arzt ________________ lassen.

g) Sie haben eine Wanderung durch die Berge gemacht.
Sie sind durch die Berge ________________.

h) Sie hat eine Zeichnung vom Gebirge gemacht.
Sie hat das Gebirge ________________.

i) Ihre Erinnerung an die Kindheit ist sehr gut.
Sie ________________ sich sehr gut an ihre Kindheit.

j) Ihr Arzt hat ihr zu mehr Bewegung geraten.
Ihr Arzt hat ihr geraten sich mehr zu ________________.

zu LB Ü 6 Sagen Sie es anders. Ergänzen Sie das passende Verb.

28

a) Seine Ankunft ist um 13:40 Uhr.
Er ________________ um 13:40 Uhr _____.

b) Sie hat einen Anruf von einem Kunden bekommen.
Sie ist von einem Kunden ________________ worden.

c) Er hat ihr eine richtige Antwort gegeben.
Er hat ihr richtig ________________.

d) Sie haben eine Fahrt mit dem Zug gemacht.
Sie sind mit dem Zug ________________.

e) Sie hat ihm einen Kuss gegeben.
Sie hat ihn ________________.

f) In Hannover hat es einen Streik gegeben.
In Hannover ist ________________ worden.

g) Sie haben einen Streit wegen der Kinder gehabt.
Sie haben sich wegen der Kinder ________________.

h) Er hat kein Interesse an Musik.
Er ________________ sich nicht für Musik.

i) Sie hat eine Rede über die Nachfrage nach Markenartikeln gehalten.
Sie hat über die Nachfrage nach Markenartikeln ________________.

j) Er hat Informationen über Umweltprobleme gegeben.
Er hat über Umweltprobleme ________________.

zu LB Ü 7 Ergänzen Sie **d** oder **t**.

29

a) Das Kin_ sing_ ein Lie_.

b) Der Hun_ renn_ durch den Wal_.

c) Mein Freun_ trink_ ein Glas Saf_.

d) An der Wan_ häng_ ein Bil_.

e) Mein Arz_ sieh_ nicht gern Blu_.

f) Die Hau_ an meiner Han_ ist verletzt.

g) Am Aben_ träg_ sie immer ein Klei_.

h) Ich gehe ins Geschäf_ und kaufe ein Bro_.

i) Er spar_ sein Gel_ , um sich ein Boo_ zu kaufen.

j) Erst gab es Strei_ und dann einen Mor_.

k) In diesem Mona_ gib_ es viel Win_.

l) Der Studen_ fähr_ immer mit seinem Fahrra_ zur Uni.

m) Mein Anwal_ hat mir einen guten Ra_ gegeben.

n) Die Gewerkschaf_ forder_ mehr Gehal_ für die Arbeitnehmer.

o) Der Ehemann hat Angs_ vor der Gebur_ seines ersten Kindes.

p) Er hat das Angebo_ bekommen im Auslan_ zu arbeiten.

q) Es gibt sehr viel No_ auf der Wel_.

r) Nach dem Spor_ geh_ er immer ins Schwimmba_.

zu LB Ü 7 Ergänzen Sie **B** oder **P**.

30

a) _ilze kann man gut in _utter braten.

b) Vor der _ost sitzt ein _olizist auf einer _ank.

c) Die _lumen im _ark sind wunderschön.

d) Das Kind spielt mit seinem _all auf dem _alkon.

e) Er parkt auf dem _latz hinter dem _ahnhof.

f) Das Mädchen geht mit seiner _uppe ins _ett.

g) Am _ach wächst ein großer _aum.

h) Er ist _olitiker von _eruf.

i) Oben auf dem _erg machen sie eine _ause.

j) Die _reise für _ananen sind gestiegen.

k) Er hat einen _art und trägt eine _rille.

l) Sie holt einen _esen und kehrt die _lätter vom Hof.

m) Der _atient hat _robleme mit seinem _ein.

n) Ich kann nicht auf die _arty gehen, weil ich _esuch bekomme.

zu LB Ü 7 Ergänzen Sie **g** oder **k** und den Artikel. Ordnen Sie dann.

31

~~d__ Auftra_~~ ~~d__ Blic_~~ d__ Ber_ d__ Ausstellun_ d__ Roc_ d__ Stoc__ d__ Bewerbun_
d__ Schmuc_ d__ Din_ d__ Schec_ d__ Eingan_ d__ Erfahrun_ d__ Flu_ d__ Par_
d__ Geburtsta_ d__ Hoffnun_ d__ Ban_ d__ Honi_ d__ Kleidun_ d__ Schran_ d__ Lehrlin_
d__ Strei_ d__ Stüc_ d__ Glüc_ d__ Werkzeu_ d__ Wohnun_ d__ Bestec_

–g	–k
der Auftrag	*der Blick*

zu LB Ü 8 Schreiben Sie die Sätze im Perfekt Aktiv und Passiv.

32

a) Er begrüßt seine Freunde.

Er hat seine Freunde begrüßt.

Seine Freunde sind begrüßt worden.

b) Er baut ein Haus.

Er hat ein Haus gebaut.

Ein Haus ist gebaut worden.

c) Sie kocht eine Suppe.

Sie hat ______________________________

Eine ______________________________

d) Er malt ein Bild.

Er hat ______________________________

Ein ______________________________

e) Er rasiert einen Mann.

Er hat ______________________________

Ein ______________________________

f) Er bezahlt das Brot.

Er hat ______________________________

Das ______________________________

g) Sie heizt den Ofen.

Sie hat ______________________________

Der ______________________________

h) Er beobachtet seinen Nachbarn.

Er hat ______________________

Sein ______________________

i) Er verhaftet den Dieb.

Er hat ______________________

Der ______________________

j) Sie putzt ihre Schuhe.

Sie hat ______________________

Die ______________________

k) Er operiert den Kranken.

Er hat ______________________

Der ______________________

l) Er entlässt die Sekretärin.

Er hat ______________________

Die ______________________

zu LB Ü 9 Schreiben Sie die Sätze.

33

a) Das Kind wird gewaschen.

(um acht Uhr) *Das Kind wird um acht Uhr gewaschen.*

(von der Mutter) *Das Kind wird um acht Uhr von der Mutter gewaschen.*

(in der Badewanne) *Das Kind wird um acht Uhr von der Mutter in der Badewanne gewaschen.*

b) Der Kuchen wird gebacken.

(am Sonntag) ______________________

(von der Großmutter) ______________________

(in der Küche) ______________________

c) Der Verbrecher wird verhaftet.

(in der Nacht) ______________________

(von der Polizei) ______________________

(am Flughafen) ______________________

d) Die Waschmaschine wird repariert.

(nach der Mittagspause) ______________________

(von einem Elektriker) ______________________

(im Keller) ______________________

e) Drei Fische werden gefangen.

(am Nachmittag) ______________________________

(von einem Angler) ______________________________

(im Fluss) ______________________________

f) Das Auto wird verkauft.

(für zehntausend Euro) ______________________________

(von einem Autohändler) ______________________________

(an einen Kunden) ______________________________

g) Das Baby wird geküsst.

(nach dem Baden) ______________________________

(von seiner Oma) ______________________________

(auf die Nase) ______________________________

34 zu LB Ü 10 Was passt zusammen?

a) Haben Sie nachgesehen, ob alle Fenster geschlossen sind? ■
b) Haben Sie alle Rechnungen überwiesen? ■
c) Haben Sie an die Briefe gedacht? ■
d) Was ist mit der Alarmanlage? ■
e) Ist die Heizung ausgeschaltet? ■
f) Schließen Sie die Tür zu? ■
g) Soll ich Sie nach Hause bringen? ■

1. Ja, die habe ich schon zur Post gebracht.
2. Das müssen Sie machen, weil ich meinen Schlüssel vergessen habe.
3. Ja, die sind alle zu.
4. Ja, ich war vor einer Stunde auf der Bank.
5. Nein danke, mein Mann holt mich ab.
6. Ja, die ist aus.
7. Die habe ich eingeschaltet.

35 zu LB Ü 10 Schreiben Sie.

a) Soll ich die Suppe kochen? *Nein, die Suppe ist schon gekocht.*
b) Soll ich den Brief schreiben? ______________________
c) Soll ich den Hof kehren? ______________________
d) Soll ich die Blumen gießen? ______________________
e) Soll ich das Fenster streichen? ______________________
f) Soll ich den Papagei füttern? ______________________
g) Soll ich den Tisch decken? ______________________
h) Soll ich die Verträge kopieren? ______________________
i) Soll ich die Sahne schlagen? ______________________
j) Soll ich das Büro aufräumen? ______________________
k) Soll ich die Rechnungen bezahlen? ______________________
l) Soll ich das Geschirr spülen? ______________________
m) Soll ich den Pullover waschen? ______________________

zu LB Ü 12 Schreiben Sie die Sätze richtig.

36

a) dieeierwerdenzueinembeckentransportiert,nachdemsievondenhühnerngelegtwurden

____

b) vordemkochenwerdenalleeierineinemgroßenbeckengewaschen

____

c) nachdemsieachtminuteninheißemwassergekochtwurden,sinddieeierhart

____

d) bevordieeiergeschältwerden,werdensiemitkaltemwassergeduscht

____

e) wenndieeiergekochtsind,werdensieinscheibengeschnitten

____

f) nachdemdieeiergeschältsind,werdensievondermaschinegesalzen

____

g) dieeischeibenwerdenvorsichtigaufdiebutterbrotegelegt

____

h) diefertigeneibrotewerdenamschlussvoneinemroboterverkauft

____

zu LB Ü 12 Schreiben Sie die Wörter richtig.

37

a) Meine Wohnung liegt im (SCHOSSGEERD) ________________.

b) Die neue Waschmaschine hat eine komplizierte (ANGEBRAUCHSWEISUNG) ________________.

c) Wir suchen eine Sekretärin, die (NISSEKENNT) ________________ in Chinesisch und Japanisch hat.

d) Die Firma, in der ich arbeite, hat leider kein (ESSEINTER) ________________ am Thema Umweltschutz.

e) Man sollte nicht nur auf den Preis, sondern auch auf die (TÄTQUALI) ________________ achten.

f) Seit ich selbstständig arbeite, macht mir meine (TIGTÄKEIT) ________________ viel mehr Freude.

g) Nach dem Abitur hat er als (TIPRAKKANT) ________________ in einer Bank gearbeitet.

h) Zu Weihnachten schenke ich meinem Mann neues (ZEUGWERK) ________________.

i) Heute hören wir in der Firma einen Vortrag über (HEITSICHER) ________________ am Arbeitsplatz.

j) Obwohl die beiden jungen Unternehmer wenig (BUNGWER) ________________ machen, läuft das Geschäft gut.

k) Diese Maschine wird aus einem teuren (ALMATERI) ________________ hergestellt.

l) Fast 80 Prozent der (ERNEHMARBEIT) ________________ nahmen an dem Streik teil.

zu LB Ü 12 Ein Rezept für ein „Bauernfrühstück“. Schreiben Sie die Sätze im Passiv.

38

a) Zuerst kocht man die Kartoffeln.

Zuerst werden die Kartoffeln gekocht.

b) Dann schält man die Kartoffeln.

Dann ______________________________

c) Danach schneidet man die Kartoffeln in Scheiben.

Danach ______________________________

d) Jetzt schält man die Zwiebeln.

Jetzt ______________________________

e) Dann schneidet man die Zwiebeln.

Dann ______________________________

f) Nun hackt man die Petersilie klein.

Nun ______________________________

g) Inzwischen gibt man Butter in die Pfanne.

Inzwischen ______________________________

h) Dann brät man zuerst die Zwiebelwürfel.

Dann ______________________________

i) Danach tut man die Kartoffelscheiben dazu.

Danach ______________________________

j) Anschließend brät man die Kartoffelscheiben goldbraun.

Anschließend ______________________________

k) Inzwischen schlägt man die Eier.

Inzwischen ______________________________

l) Dann gießt man die Sahne in die Eier.

Dann ______________________________

m) Nun vermischt man die Eiersahne mit den Kartoffeln.

Nun ______________________________

n) Jetzt streut man die Petersilie auf die Kartoffeln.

Jetzt ______________________________

o) Dann würzt man das Ganze mit Salz und Pfeffer.

Dann ______________________________

p) Zum Schluss legt man den Schinken auf das Gericht.

Zum Schluss ______________________________

zu LB Ü 12 Auf einer Lebensmittelmesse. Verwenden Sie das Passiv.

39

a) (mit Pfeffer/würzen) — *Das ist ein Saft, der mit Pfeffer gewürzt wird.*

b) (kalt/essen) — *Das ist eine Suppe, die kalt* ______

c) (aus Bananen/machen) — *Das ist ein Kuchen, der* ______

d) (fünf Stunden/kochen) — *Das ist eine Soße, die* ______

e) (heiß/trinken) — *Das ist ein Milchgetränk, das* ______

f) (mit Sahne/servieren) — *Das ist ein Nachtisch,* ______

g) (in Butter/braten) — *Das sind Pilze,* ______

h) (in Würfel/schneiden) — *Das ist Käse,* ______

i) (mit Reis/füllen) — *Das sind Tomaten,* ______

j) (in der Pfanne/backen) — *Das sind Brötchen,* ______

k) (ohne Zucker/herstellen) — *Das ist Schokolade,* ______

l) (vor dem Essen/anzünden) — *Das ist eine Eistorte,* ______

m) (mit Schinkenscheiben/einpacken) — *Das sind Würstchen,* ______

n) (für Salate/verwenden) — *Das sind Gewürze,* ______

zu LB Ü 12 Was passt zusammen?

40

a) Der hungrige Mann möchte von seiner Frau wissen, ■
b) Das Baby weint immer, ■
c) Die Sekretärin glaubt, ■
d) Er ist beim Friseur und liest Zeitung, ■
e) Die Waschmaschine funktioniert immer noch nicht, ■
f) Die Fenster müssen zwei Tage offen bleiben, ■
g) Der Patient fragt den Arzt, ■
h) Die Lehrerin spricht sehr laut, ■

1. obwohl sie repariert wurde.
2. ob er operiert werden muss.
3. damit sie von allen Schülern verstanden wird.
4. wann heute gegessen wird.
5. weil sie gestrichen wurden.
6. dass sie bald entlassen wird.
7. wenn es gewaschen wird.
8. während er rasiert wird.

zu LB Ü 12 Schreiben Sie die Sätze im Passiv.

41

a) Jemand muss die Waschmaschine reparieren. *Die Waschmaschine muss repariert werden.*
b) Jemand soll die Fenster putzen. *Die Fenster sollen* ____
c) Jeder darf den Kuchen essen. *Der Kuchen* ____
d) Niemand kann die Toilette benutzen. ____ *nicht* ____
e) Jeder soll die Schuhe ausziehen. ____
f) Niemand darf den Brief kopieren. ____ *nicht* ____
g) Jemand muss die Kartoffeln schälen. ____
h) Jeder soll die Autos im Hof parken. ____
i) Jemand muss die Glühbirne wechseln. ____
j) Niemand darf das Büro betreten. ____ *nicht* ____
k) Niemand soll die Tauben füttern. ____ *nicht* ____
l) Jemand muss die Rechnungen bezahlen. ____

Wörter im Satz

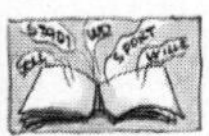

42

	Ihre Muttersprache	Schreiben Sie einen Satz aus Delfin, Lehrbuch.
____ *Arbeitgeber*	____________	______________________________
____ *Arbeitnehmer*	____________	______________________________
____ *Aufgabe*	____________	______________________________
____ *Auskunft*	____________	______________________________
____ *Einkommen*	____________	______________________________
____ *Erdgeschoss*	____________	______________________________
____ *Ergebnis*	____________	______________________________
____ *Fabrik*	____________	______________________________
____ *Frieden*	____________	______________________________
____ *Gebiet*	____________	______________________________
____ *Gegenstand*	____________	______________________________
____ *Hausfrau*	____________	______________________________
____ *Haushalt*	____________	______________________________
____ *Krieg*	____________	______________________________
____ *Not*	____________	______________________________
____ *Schutz*	____________	______________________________
____ *Stoff*	____________	______________________________
____ *Vertrag*	____________	______________________________
behaupten	____________	______________________________
besitzen	____________	______________________________
entlassen	____________	______________________________
kündigen	____________	______________________________
mitteilen	____________	______________________________
streiken	____________	______________________________
überweisen	____________	______________________________
verlangen	____________	______________________________
vorkommen	____________	______________________________
insgesamt	____________	______________________________

niedrig ________ ____________________

nötig ________ ____________________

während ________ ____________________

zahlreich ________ ____________________

Grammatik

§ 41 Passiv

43

Präsens

	werden		***Partizip II***
ich	**werde**		
du	**wirst**		
er/sie/es	**wird**	vom Bahnhof	**abgeholt**.
wir	**werden**		
ihr	**werdet**		
sie/Sie	**werden**		

Aktiv:

Jemand holt **den Mann** ab.
den Mann = ***Akkusativergänzung***

Passiv:

Der Mann wird abgeholt.
Der Mann = ***Subjekt***

Präteritum

	werden		***Partizip II***
ich	**wurde**		
du	**wurdest**		
er/sie/es	**wurde**	vom Bahnhof	**abgeholt**.
wir	**wurden**		
ihr	**wurdet**		
sie/Sie	**wurden**		

Perfekt

	sein		***Partizip II***	***worden***
ich	**bin**			
du	**bist**			
er/sie/es	**ist**	vom Bahnhof	**abgeholt**	**worden**.
wir	**sind**			
ihr	**seid**			
sie/Sie	**sind**			

Mit Modalverb

	Modalverb		***Partizip II***	***werden***
Er	**will** **soll** **kann** **muss** **darf** **möchte**	vom Bahnhof	**abgeholt**	**werden**.

§ 41, 55 Angaben beim Passiv

44

Vorfeld	*Verb$_{(1)}$*	*Subjekt*	*Mittelfeld* *Angabe*	*Ergänzung*	*Verb$_{(2)}$*
Angela M.	wurde		**von einem Kunden**	nach einem Plan	gefragt.
Die Schuhe	wurden		**von der englischen Königin**		getragen.
Das Gebäude	ist		**im Krieg**		zerstört worden.
Der Plattenspieler	wird		**seit Jahren** nicht mehr		hergestellt.
Das Frühstück	wird		**am Bett**		serviert.
			*Agensangabe (**von**), Zeitangabe, Ortsangabe usw.*		

Passiv ohne Subjekt

45

Vorfeld	*Verb$_{(1)}$*	*Subjekt*	*Mittelfeld* *Angabe*	*Ergänzung*	*Verb$_{(2)}$*
	Wird		in Hannover		gestreikt?
	Wird		in Hamburg		gearbeitet?
In Hannover	wird				gestreikt.
In Hamburg	wird				gearbeitet.
Es	wird		in Hannover		gestreikt.
Es	wird		in Hamburg		gearbeitet.

Es = *Ersatz für das Subjekt, es hat hier keine eigene Bedeutung.*
→ Arbeitsbuch Lektion 13, Grammatik Nr. 51.c)

§ 41 Vorgangs- und Zustandspassiv

46

Aktion (Vorgang) **werden + *Partizip II***	***Ergebnis der Aktion (Zustand)*** **sein + *Partizip II***	***Ähnliche Bedeutung:*** **sein + *Adjektiv***
Die Fenster **werden geöffnet**.	Die Fenster **sind geöffnet**.	Die Fenster **sind offen.**
Die Fenster **werden geschlossen.**	Die Fenster **sind geschlossen.**	Die Fenster **sind zu.**
Die Briefe **werden geschrieben.**	Die Briefe **sind geschrieben.**	Die Briefe **sind fertig.**

§ 48 Verben mit untrennbarem Verbzusatz

47

	Infinitiv	*Präsens*	*Perfekt*
be-	besch**ä**ftigen	er besch**ä**ftigt	er hat beschäftigt
emp-	empf**e**hlen	er empf**ie**hlt	er hat empfohlen
ent-	entd**e**cken	er entd**e**ckt	er hat entdeckt
er-	erk**e**nnen	er erk**e**nnt	er hat erkannt
ge-	gel**i**ngen	es gel**i**ngt	es ist gelungen
ver-	verd**ie**nen	er verd**ie**nt	er hat verdient
zer-	zerbr**e**chen	er zerbr**i**cht	er hat zerbrochen

↑ *Betonung auf Verbstamm*

↑ *Partizip II ohne* **ge-**

Ebenso:

bedeuten, beginnen, behalten ...
empfangen
enthalten, entscheiden, entwickeln ...
erfahren, erholen, erinnern ...
gebrauchen, gefallen, gehören ...
verbrauchen, vergessen ...
zerstören

! Nicht verwechseln:

Infinitiv	*Perfekt*
gefallen	er hat **gefallen**
fallen	er ist **gefallen**

Infinitiv	*Perfekt*
gehören	er hat **gehört**
hören	er hat **gehört**

§ 47 Verben mit trennbarem Verbzusatz

48

	Infinitiv	*Präsens*	*Perfekt*
ab-	**ab**holen	er holt **ab**	er hat **abge**holt
an-	**an**fangen	er fängt **an**	er hat **ange**fangen
auf-	**auf**hören	er hört **auf**	er hat **aufge**hört
aus-	**aus**steigen	er steigt **aus**	er ist **ausge**stiegen
ein-	**ein**steigen	er steigt **ein**	er ist **einge**stiegen
mit-	**mit**kommen	er kommt **mit**	er ist **mitge**kommen
nach-	**nach**denken	er denkt **nach**	er hat **nachge**dacht
um-	**um**steigen	er steigt **um**	er ist **umge**stiegen
vor-	**vor**schlagen	er schlägt **vor**	er hat **vorge**schlagen
zu-	**zu**hören	er hört **zu**	er hat **zuge**hört

↑ *Betonung auf Verbzusatz* ↑ *Partizip II mit* **ge-**

Ebenso:

abbiegen, abfahren, abnehmen ...
anbieten, ankommen, anmelden ...
auffordern, aufregen, aufwachen ...
ausmachen, auspacken ...
einkaufen, einladen, einpacken ...
mitarbeiten, mitbringen, mitfahren ...
nachschlagen, nachsehen ...
umbauen, umfallen, umformen ...
vorhaben, vorkommen, vorstellen ...
zugehen, zumachen, zunehmen ...

Weitere typische trennbare Verbzusätze:

fest-	**heraus-**	**statt-**	**weiter-**
fort-	**hin-**	**teil-**	**wieder-**
frei-	**hinaus-**	**vorbei-**	**zurück-**
her-	**los-**	**weg-**	**zusammen-**

feststellen, fortsetzen, freikommen, herstellen, heraussuchen, hinstellen, hinauslaufen, losfahren, stattfinden, teilnehmen, vorbeifahren, wegfahren, wiederkommen, zurückkommen, zusammenarbeiten

! *Einige Verbzusätze können trennbar oder untrennbar sein:*

	Infinitiv	*Präsens*	*Perfekt*
unter-	**unter**bringen	er bringt **unter**	er hat **unterge**bracht
	unterstreichen	er unterstreicht	er hat unterstrichen
wieder-	**wieder**kommen	er kommt **wieder**	er ist **wiederge**kommen
	wiederholen	er wiederholt	er hat wiederholt

Kombination: trennbarer + untrennbarer Verbzusatz/untrennbarer + trennbarer Verbzusatz

	Infinitiv	*Präsens*	*Perfekt*
vor- be-	**vor**bereiten	er bereitet **vor**	er hat **vor**bereitet
ver- ab-	ver**ab**schieden	er ver**ab**schiedet	er hat ver**ab**schiedet

↑ *Partizip II ohne* **ge-**

Verben auf -ieren

49

Infinitiv	*Präsens*	*Perfekt*
funktion**ie**ren	es funktion**ie**rt	es hat funktioniert
kop**ie**ren	er kop**ie**rt	er hat kopiert
repar**ie**ren	er repar**ie**rt	er hat repariert

Betonung auf Verbstamm — *Partizip II ohne* **ge-**

Ebenso:

interessieren, passieren, probieren, studieren …

Nomen aus Verben

50

a) Nomen mit bestimmten Endungen

Infinitiv	*Nomen auf –ung*
anmelden	e Anmeldung
beraten	e Beratung
erhöhen	e Erhöhung
eröffnen	e Eröffnung
hoffen	e Hoffnung
meinen	e Meinung
überraschen	e Überraschung
vorbereiten	e Vorbereitung
…	…

Infinitiv	*Nomen auf –e*
abreisen	e Abreise
bremsen	e Bremse
duschen	e Dusche
fragen	e Frage
kontrollieren	e Kontrolle
mieten	e Miete
suchen	e Suche
denken	r Gedanke
…	…

Infinitiv	*Nomen auf –ion*
informieren	e Information
produzieren	e Produktion
reagieren	e Reaktion
…	

b) Nomen mit eigener Form

Infinitiv	*Nomen*
beginnen	r Beginn
fliegen	r Flug
raten	r Rat
streiken	r Streik
träumen	r Traum
verlieren	r Verlust
wünschen	r Wunsch
…	…

Infinitiv	*Nomen*
abfahren	e Abfahrt
dauern	e Dauer
fahren	e Fahrt
wählen	e Wahl
…	…

Infinitiv	*Nomen*
anbieten	s Angebot
frühstücken	s Frühstück
fühlen	s Gefühl
schenken	s Geschenk
spielen	s Spiel
wiegen	s Gewicht
verstecken	s Versteck
…	…

§ 18

Adjektive mit besonderen Formen

51

Der Kurs ist	hoch.
Die Nacht ist	dunk**el**.
Das Kleid ist	teu**er**.
Der Apfel ist	sau**er**.

Das ist ein	hoher	Kurs.
Das ist eine	dunk**le**	Nacht.
Das ist ein	teu**res**	Kleid.
Das ist ein	sau**rer**	Apfel.

Wortschatz

Nomen

e Aktion, –en
e Alarmanlage, –n
e Anfrage, –n
e Anmeldung, –en
r Anrufer, –
e Antenne, –n
r Arbeitgeber, –
r Arbeitnehmer, –
e Arbeitsbedingung, –en
s Arbeitsrecht
r Architekt, –en
e Aufgabe, –n
e Ausgabe, –n
e Auskunft, ¨–e
r Autosammler, –
s Becken, –
r Bedarf
e Beratung, –en
e Beratungsfirma, Beratungsfirmen
r Bereich, –e
r Betrieb, –e
e Betriebsleitung, –en
r Betriebsrat, ¨–e
s Bundesamt, ¨–er
s Bundesfinanzministerium
s Butterbrot, –e
r Champagner
e Datenbank, –en
e Dienstleistung, –en
r Dollarkurs, –e
e Eheberaterin, –nen
s Eibrot, –e
s Einkommen, –
e Eischeibe, –n
e Energie, –n
Energiekosten (pl)
s Erdgeschoss, –e
e Erfolgs–Geschichte, –n
s Ergebnis, –se
e Erhöhung, –en
e Existenz, –en
e Fabrik, –en
e Facharbeiterin, –nen
r Feiertag, –e
s Fensterbrett, –er
r Fernsehmechaniker, –
r Fragebogen, ¨–
r Frieden
e Frühstücksart, –en
r Frühstücksservice
e Garantie, –n
s Gebäude, –
s Gebiet, –e
e Gebrauchsanweisung, –en
e Gebühr, –en
r Gegenstand, ¨–e
e Geschäftsidee, –n
r Geschäftsmann, –leute
e Gesprächspsychologie
e Gewerkschaft, –en
e Hälfte, –n
r Handel
e Hausfrau, –en
r Haushalt, –e
s Haushaltsgerät, –e
e Holzfabrik, –en
s Honorar, –e
e Industrie, –n
r Infinitiv, –e
s Institut, –e
s Interesse, –n
s Kapital
r Kaviar
Kenntnisse (pl)
r Kochtopf, ¨–e
e Königin, –nen
s Konto, Konten
e Kontrolle, –n
Kosten (pl)
r Krieg, –e
e Küchenmaschine, –n
r Kurs, –e
r Lebensmittelmarkt, ¨–e
r Lebenspartner, –
e Lohnerhöhung, –en
s Luxusfrühstück
r Markenartikel, –
s Material, –ien
r Metallarbeiter, –
e Metallindustrie
e Möbelfabrik, –en
s Möbelgeschäft, –e
e Nachfrage, –n
e Nadel, –n
r Neuwagen, –
e Not, ¨–e
r Öko–Spinner, –
e Ökologie–Steuer, –n
s Paket, –e
s Partizip, –ien
r Partner, –
s Passiv
e Planungsabteilung, –en
r Plattenspieler, –
r Praktikant, –en
e Produktion, –en
e Qualität, –en
e Quelle, –n
e Radionachricht, –en
e Ressource, –n
e Retterin, –nen
r Roboter, –
r Schutz
e Selbständigkeit
r Service
e Sicherheit, –en
e Silbe, –n
e Sitzung, –en
r Sonntagmorgen
e Steuerschuld, –en
r Stoff, –e
e Streitigkeit, –en
r Studienabschluss, ¨–e
e Tabaksteuer, –n
e Tätigkeit, –en
r Telefonkontakt, –e
e Telefonpsychologin, –nen
s Törtchen, –
e Umwelt
r Umweltschutz
r Unternehmer, –
r Verbraucher, –
s Verfahren, –
e Verhandlung, –en
r Vermittlungsservice, –s
r Versuch, –e

r Vertrag, ⸚e
e Viertelstunde, –n
r Wasserverbrauch
s Werk, –e
s Werkzeug, –e
e Zentralbank, –en
e Zigarre, –n
Zinsen (pl)

Verben

an·hören
an·schließen
an·stellen
auf·kommen
aus·laden
beantragen
beenden
befriedigen
befürchten
behaupten
beraten
berechnen
bereit·liegen
besitzen
betragen
blühen
ein·führen
ein·setzen
enthalten
entlassen
entwerfen
erhöhen
eröffnen
erwerben
frankieren
genügen
heraus·suchen
her·stellen
herunter·laden
hin·stellen
kopieren
kündigen
liefern
mit·teilen
montieren
nach·sehen
produzieren
realisieren
salzen
scheiden
sichern
streiken
trennen
überweisen
verbieten
verbrauchen
verhaften
verlangen
verloren gehen
vermitteln
vermuten
verzichten
vor·kommen
werden *(beim Passiv)*
wundern
zerstören
zu·schicken

Adjektive

belegt
billig
durchschnittlich
elektrisch
englisch
europäisch
gesamt
giftig
günstig
japanisch
klassisch
kostenlos
luxuriös
meiste
mittlere
niedrig
nötig
originell
selbstverständlich
statistisch
technisch
verboten
wertvoll
zahlreich

Adverbien

beinahe
drin
insgesamt
nicht genug
öfter
sobald
teilweise
zuliebe

Funktionswörter

außer
dagegen
per
rund um
während

Ausdrücke

Ihm kam eine Idee.
Es war so weit.
Es kommt zu einem Streit.
Die Nachfrage ist zurückgegangen.
Es wird erwartet/befürchtet/behauptet, dass ...
Da fällt mir ein ...
Was ist mit ...?
Keine Sorge!
Kein Problem!
In Ordnung!

Abkürzungen

ca. = zirka

In Deutschland sagt man:	In Österreich sagt man auch:	In der Schweiz sagt man auch:
s Erdgeschoss, –e	s Parterre	s Parterre
e Werbung, –en		e Reklame, –n
e Gebrauchsanweisung, –en		e Gebrauchsanleitung, –en

Zusätzlicher Wortschatz

Wort	Ihre Muttersprache	Definition	Beispiel
e Klingel, –n		Ein Knopf an der Haustür, der zum Klingeln dient.	Ich habe die Klingel nicht gehört.
r Kugelschreiber, –		Ein anderes Wort für „Kuli“.	Mein Kugelschreiber schreibt nicht.
r Pinsel, –		Ein Werkzeug, mit dem man Farbe auf etwas streicht.	Er braucht drei verschiedene Pinsel für diese Wand.

Nomen aus Verben:

Nomen (Verb)	Ihre Muttersprache	Nomen (Verb)	Ihre Muttersprache
e Ablehnung (ablehnen)		e Lieferung (liefern)	
e Berechnung (berechnen)		e Senkung (senken)	
e Einführung (einführen)		e Verwendung (verwenden)	
e Entwicklung (entwickeln)		e Zerstörung (zerstören)	
e Eröffnung (eröffnen)		r Antrag (beantragen)	
e Erzählung (erzählen)		r Fund (finden)	
e Kündigung (kündigen)		e Wahl (wählen)	

Lektion 17

zu LB Ü 2 Was passt?

1

~~Regenschirm~~ Palme Seemann Tiger Fernglas Insel Kaktus Dose Fisch Delfin Sonne Mond Sterne

a) Damit kann man sich vor Regen, aber nicht gut vor einem Tiger schützen: *Regenschirm*

b) Jemand, der auf einem Schiff arbeitet und viele Meere kennt: ________________

c) Ein Baum, der sehr hoch werden kann, oft in warmen Klimazonen wächst und manchmal große Nüsse trägt: ________________

d) Ein Stück Land, das mitten in einem See oder in einem Meer liegt: ________________

e) Damit kann man von einer einsamen Insel aus vielleicht erkennen, ob ein Schiff näher kommt oder nicht: ________________

f) Eine besondere Pflanze, die sticht, und die man nicht schenken sollte: ________________

g) Ein Tier, das unter Wasser lebt und seinen Sauerstoff aus dem Wasser nimmt: ________________

h) Dieses Tier lebt zwar im Wasser, aber es muss auftauchen, um zu atmen: ________________

i) Ein Tier, das ein bisschen wie eine Katze, aber viel größer, wilder und gefährlicher ist: ________________

j) Darin sind Lebensmittel und man kann erst daraus essen oder trinken, wenn sie geöffnet ist: ________________

k) Wenn der Himmel klar ist, kann man sie in der Nacht leuchten sehen: ________________

l) Man sieht ihn in der Nacht. Er kann größer und kleiner werden und verschwindet manchmal ganz: ________________

m) Sie steht am Tag am Himmel: ________________

zu LB Ü 2 Was passt?

2

a) ■ Jetzt hat er zwar noch sein Hemd, aber sein Hut ist weg.
b) ■ Jetzt hat er weder sein Hemd , noch kann er seinen Hut tragen.
c) ■ Jetzt kann er nicht nur sein Hemd wieder tragen, sondern er hat auch seinen Hut wieder.
d) ■ Jetzt verliert er entweder sein Hemd, oder er muss auf seinen Hut verzichten.
e) ■ Er kann weder die Dose aufmachen, noch kann er die Nuss öffnen.
f) ■ Er hat nicht nur die Nuss aufgemacht, sondern er hat auch die Dose geöffnet.
g) ■ Er kann entweder mit der Nuss die Dose aufmachen, oder er kann mit der Dose die Nuss öffnen.
h) ■ Er hat zwar die Nuss aufgemacht, aber er kann die Dose nicht öffnen.

zu LB Ü 2 Wie heißen die Sätze?

3

a) er: den Fisch gefangen haben – ihn nicht kochen können

Er hat zwar den Fisch gefangen, aber er kann ihn nicht kochen.

b) er: den Fisch nicht kochen können – ihn essen können

Er kann zwar ________________

c) er: den Fisch essen – das Salz: fehlen

Er isst zwar ________________

d) er: auf einer schönen Insel sein – wegschwimmen wollen

Er ist zwar ________________

e) er: wegschwimmen wollen – im Meer: gefährliche Fische sein

Er will zwar ________________

f) er: ein bisschen klettern können – die Palme: sehr hoch sein

Er kann zwar ________________

g) die Palme: hoch sein – sie: viele Nüsse tragen

Die Palme ist zwar ________________

zu LB Ü 2 Sagen Sie es anders.

4

a) Er entdeckt keine Fische im Meer. Er findet auch keine Lebensmittel im Koffer.

Er entdeckt weder Fische im Meer, noch findet er Lebensmittel im Koffer.

b) Er kann weder die Getränkedosen aufmachen, noch kann er das Fass öffnen.

Er kann die Getränkedosen nicht aufmachen. Er kann das Fass auch nicht öffnen.

c) Er hat weder eine Zange, noch findet er einen Nagel.

Er hat k ____________ *. Er hat auch* ____________ *.*

d) Er klettert nicht gut. Er kann auch nicht hoch springen.

Er klettert weder ____________ *,* ____________

e) Leider springt er weder hoch, noch klettert er gut.

Leider springt ____________ *.* ____________

f) Er kann keine Leiter bauen. Er hat auch keine gute Idee.

Er kann weder ____________ *,* ____________

zu LB Ü 2 Wie heißen die Sätze?

5

a) er: mit dem Regenschirm Fische fangen können – die Dosen öffnen müssen

Er kann entweder mit dem Regenschirm Fische fangen, oder er muss die Dosen öffnen.

b) er: die Dosen öffnen können – das Fass aufmachen müssen

Er kann entweder ______ , ______

c) er: das Fass aufmachen können – auf Regen warten müssen

Er kann entweder ______

d) er: auf Regen warten müssen – die Milch der Nuss auf der Palme trinken können

Er muss entweder ______

e) er: wegschwimmen können – auf ein Schiff warten müssen

Er kann entweder ______

f) er: auf ein Schiff warten müssen - aus der Palme ein Boot bauen können

Er muss entweder ______

zu LB Ü 2 Ergänzen Sie.

6

a) er: hoch springen – die Nuss erreichen können

Er springt nicht nur hoch, sondern er kann auch die Nuss erreichen.

b) er: viele Fische fangen – eine Flasche mit Wasser finden

Er fängt nicht nur ______

c) er: eine Flasche mit Wasser finden – ein Fernglas im Koffer entdecken

Er findet nicht nur ______

d) er: ein Fernglas entdecken – damit am nächsten Tag ein Schiff am Horizont erkennen

Er entdeckt nicht nur ______

______

e) das Schiff: schnell fahren – es: zu seiner Insel fahren

Das Schiff fährt nicht nur ______

f) das Schiff: zu seiner Insel fahren – es: halten

Das Schiff fährt nicht nur ______

zu LB Ü 3 Was passt? ✗ (→ Lehrbuch S. 169, Nr. 3)

7

a) ■ 1.Die Frau lässt dem Baby die Zeitung, obwohl sie von heute ist.
■ 2. Sie kann sie ihm lassen, weil sie nicht von heute ist.

b) ■ 1. Kurt hat seinem Freund das Zeugnis weggenommen, obwohl der es ihm nicht geben wollte.
■ 2. Damit Kurt seine Eltern erschrecken konnte, hat sein Freund es ihm ausgeliehen.

c) ■ 1. Ein Kinobesucher kauft schon die dritte Kinokarte, weil man ihm am Eingang schon zwei zerrissen hat.
■ 2. Weil man Besuchern manchmal die Kinokarten wegnimmt, kauft jemand lieber zwei Karten.

d) ■ 1. Der Buchhalter kann es sich leisten, wegen seiner Kündigung beim Witz des Chefs nicht zu lachen.
■ 2. Der Buchhalter lacht und kann es sich leisten, obwohl der Chef seine Kündigung zerrissen hat.

e) ■ 1. Der Verkäufer packt dem Jungen das Auto ein, obwohl es schon kaputt ist.
■ 2. Der Verkäufer fragt, ob er es ihm einpacken soll oder ob er es gleich kaputtmachen will.

zu LB Ü 3 Ergänzen Sie.

8

a) Der Großvater liest vor.	_Er_ liest vor.
Der Großvater liest die Geschichte vor.	_Er_ liest _sie_ vor.
Der Großvater liest der Enkelin vor.	_Er_ liest _ihr_ vor.
Der Großvater liest der Enkelin die Geschichte vor.	_Er_ liest _sie_ _ihr_ vor.
b) Die Kinder spielen vor.	____ spielen vor.
Die Kinder spielen das Stück vor.	____ spielen ____ vor.
Die Kinder spielen den Eltern vor.	____ spielen ____ vor.
Die Kinder spielen den Eltern das Stück vor.	____ spielen ____ ____ vor.
c) Die Mutter singt vor.	____ singt vor.
Die Mutter singt die Lieder vor.	____ singt ____ vor.
Die Mutter singt der Tochter vor.	____ singt ____ vor.
Die Mutter singt der Tochter die Lieder vor.	____ singt ____ ____ vor.
d) Der Lehrer spricht vor.	____ spricht vor.
Der Lehrer spricht das Wort vor.	____ spricht ____ vor.
Der Lehrer spricht den Schülern vor.	____ spricht ____ vor.
Der Lehrer spricht den Schülern das Wort vor.	____ spricht ____ ____ vor.
e) Der Papagei spricht nach.	____ spricht nach.
Der Papagei spricht die Wörter nach.	____ spricht ____ nach.
Der Papagei spricht dem Seemann nach.	____ spricht ____ nach.
Der Papagei spricht dem Seemann die Wörter nach.	____ spricht ____ ____ nach.
f) Die Verkäuferin macht auf.	____ macht auf.
Die Verkäuferin macht die Tür auf.	____ macht ____ auf.
Die Verkäuferin macht der Kundin auf.	____ macht ____ auf.
Die Verkäuferin macht der Kundin die Tür auf.	____ macht ____ ____ auf.

zu LB Ü 4 **Ergänzen Sie.**

9

a) Hat Kurt dir das Zeugnis weggenommen?

– Nein, er hat _es_ _mir_ nicht weggenommen.

b) Hast du Kurt das Zeugnis nur geliehen?

– Ja, ich habe ______ ______ geliehen.

c) Kann ich dem Baby die Zeitung lassen?

– Du kannst ______ ______ lassen.

d) Würden Sie mir bitte die Eintrittskarte nicht zerreißen?

– Leider muss ich ______ ______ zerreißen.

e) Können Sie sich das Auto leisten?

– Natürlich kann ich ______ ______ leisten.

f) Wären Sie so freundlich, dem Jungen das Auto einzupacken?

– Soll ich ______ ______ wirklich einpacken?

g) Gibst du mir die Bonbons aus dem Schrank?

– Ja, ich gebe ______ ______ gerne.

h) Holst du mir bitte den Eimer?

– Natürlich hole ich ______ ______

i) Beschreiben Sie uns bitte ihre Methode.

– Leider kann ich ______ ______ vor der ganzen Konkurrenz nicht beschreiben.

j) Schicken Sie mir unbedingt das Foto, wenn Sie es entwickelt haben.

– Sie können sicher sein, dass wir ______ ______ bald schicken.

k) Geben Sie mir das Doppelzimmer?

– Tut uns leid, wir können ______ ______ nicht geben.

l) Schenkst du mir die Halskette?

– Ja, ich spare und dann schenke ich ______ ______.

m) Schenkst du mir den Ring?

– Ich würde ______ ______ gerne schenken.

n) Würdest du mir bitte mal die Illustrierte geben?

– Einen Augenblick, ich gebe ______ ______ gleich.

o) Wärst du so nett, mir 10 Euro zu leihen?

– Natürlich, ich leihe ______ ______ gerne.

p) Könntest du mir deine Fahrkarte geben?

– Selbstverständlich gebe ich ______ ______ .

q) Würdest du mir den Regenschirm halten?

– Ja, ich halte ______ ______ gerne.

r) Könnten Sie uns noch einmal den Dativ erklären?

– Natürlich erkläre ich ______ ______.

s) Könntest du mir noch einmal den Witz erzählen?

– Ja, ich erzähle ______ ______ gerne noch einmal.

zu LB Ü 4 Ergänzen Sie **sie ihm, es Ihnen, es uns, es ihm.**

10

Eine Frau ruft ihren Mann bei der Arbeit an und sagt ihm, dass kein Wasser im Haus ist. Ihr Mann ruft einen Angestellten im Rathaus an und sagt (a) ______ ______. Bald steht ein Installateur vor der Tür und möchte die Wasserleitung im Keller kontrollieren. Sie zeigt (b) ______ ______. „Die ist in Ordnung", sagt er. „Wo ist denn das Problem? Ihr Mann hat (c) ______ ______ doch gemeldet." „Oh, mein Mann", sagt sie und lacht. „Kommen Sie! Ich zeige (d) ______ ______." Und im Kellerraum sieht er, dass wirklich kein „Wasser" im Haus ist: Alle Flaschen sind leer.

zu LB Ü 6 Was passt nicht?

11

a) in den Behandlungsraum, in den Saal, in das Wartezimmer, ~~in den Film~~ **treten**
b) ein Opernhaus, Wasser, ein Museum, den Rasen **betreten**
c) souverän, selbstbewusst, geöffnet, offen **auftreten**
d) an einem Tisch, auf einem Stuhl, auf dem Rücksitz, unter dem Sofa **Platz nehmen**
e) **sich** rasch, ungeduldig, gewürzt, selbstbewusst **hinsetzen**
f) Notenpapier, Pianisten, Zeitungen, Illustrierte **aus der Tasche ziehen**
g) Noten, Ideen, ein Wort, die Öffentlichkeit **aufschreiben**
h) von der Zeitung, von der Zimmerdecke, von der Tischdecke, vom Buch **aufsehen**
i) zu dem Gast, zum Nachbartisch, zum Gastgeber, zum neuen Jahr **hinüberschauen**
j) **sich** zu einem Filmschauspieler, zu einem Organisten, zur Luft, zu einem Musiker **umdrehen**
k) mit Komponieren, mit Dirigieren, mit Arbeiten, mit Schlafen **beschäftigt sein**
l) eine Melodie, ein Stück, einen Friseur, etwas Schönes **komponieren**
m) **etwas** stets, immer, häufig, überrascht **dabei haben**
n) die Speisekarte, Speisen, das Lieblingsgericht, eine vorzügliche Suppe **servieren**
o) ein Ei, Watte, eine Nuss, eine Wand aufschlagen
p) **sich** bei dem Komponisten über die Komposition, bei der Köchin über die Speisen, bei dem Huhn über das Ei, bei dem Fahrer über den Weg **beschweren**
q) Philharmoniker, Pianisten, die Sterne, Stücke von Beethoven **dirigieren**
r) ein Instrument, Geige, Luftballon, Gitarre **spielen**
s) mit der Köchin, mit der Suppe, mit den Sängern, mit den Musikern **streiten**
t) die Wagentür, das Fenster, den Brief, die Postkarte **aufreißen**
u) die Verspätung, den Termin, einen Freund, eine Schwäche **entschuldigen**

zu LB Ü 6 Was passt? ✗ (→ Lehrbuch S. 170, 171)

12

a) Beethoven:
- ■ 1. Er hatte vergessen zu essen, zahlte aber trotzdem.
- ■ 2. Er hatte nichts bestellt, aber er wollte trotzdem zahlen.
- ■ 3. Er hatte gegessen, vergaß aber zu zahlen.

b) Hellmesberger:
- ■ 1. Er hatte mit dem Vorspielen aufgehört, weil seine Geige kaputt war.
- ■ 2. Er hatte beim Vorspielen sein drittes Stück Torte vergessen.
- ■ 3. Er hatte die Geige zu Hause gelassen, weil er zum Vorspielen keine Lust hatte.

c) Mahler:
- ■ 1. Er hatte vergessen, welcher Zahn ihm eigentlich weh tat.
- ■ 2. Er hatte dem Zahnarzt weh getan und ihn im Behandlungsraum vergessen.
- ■ 3. Er hatte einen Zahn im Wartezimmer vergessen.

d) Slezak:
- ■ 1. Er hatte zwar die Noten vergessen, aber er fand zum Glück die Fahrkarten.
- ■ 2. Er hatte die Fahrkarten neben dem Nachtisch vergessen.
- ■ 3. Er hatte die Fahrkarten auf dem Schreibtisch liegen lassen.

e) Bruckner:
- ■ 1. Er hatte vergessen das Ei aufzuschlagen, aber er probierte auch so davon.
- ■ 2. Er hatte sich über das zu harte Ei beschwert. Er aß es trotzdem weiter.
- ■ 3. Er hatte das Ei aufgeschlagen und probiert. Da beschwerte er sich.

f) Karajan:
- ■ 1. Er hatte vergessen zu dirigieren. Da rief er nervös: „Ganz egal!"
- ■ 2. Er war ins Taxi gestiegen, um zum Dirigieren zu fahren.
- ■ 3. Er hatte beim Dirigieren vergessen, dass er nervös war.

zu LB Ü 6 Bilden Sie eine Satz-Kette.

13

a) Beethoven betrat ein Gasthaus.
b) Er nahm Platz.
c) Er rief nach der Kellnerin.
d) Er wartete eine Weile.
e) Er nahm sein Notenpapier.
f) Er begann eine Komposition.
g) Die Kellnerin kam.
h) Sie ging wieder.
i) Eine Stunde verging.
j) Beethoven sah auf.

a)+b) *Nachdem Beethoven ein Gasthaus betreten hatte, nahm er Platz.*

b)+c) *Nachdem er Platz genommen hatte, rief* ______

c)+d) *Nachdem er nach* ______

d)+e) *Nachdem er eine Weile* ______

e)+f) *Nachdem er sein Notenpapier* ______

f)+g) *Nachdem er eine Komposition* ______

g)+h) *Nachdem die Kellnerin* ______

h)+i) *Nachdem sie wieder* ______

i)+j) *Nachdem eine Stunde* ______

zu LB Ü 6 Bilden Sie eine Satz-Kette.

14

a) Man bestellte ein Taxi zur Oper.
b) Der Fahrer fuhr zum Opernhaus.
c) Er wartete dort über eine halbe Stunde.
d) Karajan kam mit eiligen Schritten.
e) Der Fahrer öffnete die Tür.
f) Karajan setzte sich.
g) Der Fahrer startete den Motor.
h) Er erkundigte sich nach dem Ziel der Fahrt.
i) Der Meister antwortete: „Ganz egal“.

a)+b) *Nachdem man ein Taxi zur Oper bestellt hatte, fuhr* ____________

b)+c) *Nachdem der Fahrer zum Opernhaus,* ____________

c)+d) *Nachdem er dort* ____________

d)+e) ____________

e)+f) ____________

f)+g) ____________

g)+h) ____________

h)+i) ____________

zu LB Ü 6 Was passt? Ergänzen Sie.

15

zwar ... aber   weder ... noch   nicht nur ... sondern auch   entweder ... oder

a) Gustav Mahler trat ________ immer souverän in der Öffentlichkeit auf, ________ er war in einfachen Dingen des Lebens hilflos.

b) Gustav Mahler war ________ hilflos in einfachen Dingen, ________ er wusste ________ nicht, welcher Zahn ihm weh tat.

c) Herr Hellmesberger sagte: „Meine Geige mag ________ Kaffee ________ Kuchen.“

d) Herr Slezak hatte ________ die Fahrkarten vergessen, ________ den Humor nicht verloren.

e) Der Taxifahrer konnte den Dirigenten ________ noch einmal nach seinen Wünschen fragen, ________ er konnte einfach erst mal losfahren.

f) Für Anton Bruckners Geschmack kochte die Köchin ________ gut, ________ konnte sie ein Ei richtig salzen.

g) Ludwig van Beethoven vergaß ________ die Bestellung, ________ die Zeit.

h) Herr Slezak konnte ________ zurückfahren und die Fahrkarten holen ________ am Bahnhof neue Fahrkarten kaufen.

i) Als die Bedienung zu dem Gast hinüberschaute, schien er ________ etwas zu sehen ________ zu hören.

zu LB Ü 6 Wie heißen die Sätze? Ergänzen Sie.

16

a) ~~der Violinist: packen~~ – in den Bus steigen – zum Bahnhof fahren – um 5 Uhr ankommen – aussteigen – den Koffer auf eine Bank stellen – einen Gitarristen treffen – ihm eine gute Reise wünschen – in den Zug steigen.

Der Violinist hatte gepackt. Er war in den Bus ______. Er ______.
Um 5 Uhr ______. Er ______. Er ______
______. Er ______. Er ______. Er
______ Da bemerkte er, dass er den Koffer des Gitarristen hatte.

b) der Professor: zum Hühnerstall gehen – die Tür aufmachen – ein Ei holen – zum Haus zurückgehen – Wasser in einen Topf geben – das Ei kochen – es salzen – einen Löffel aus dem Schrank nehmen

Der Professor war zum ______. Er hatte ______
______
______
______
______ Da bemerkte er, dass das Ei noch gar nicht offen war.

c) der Pianist: eine Einladung bekommen – die Torte probieren – den Kaffee gut finden – noch ein Stück Torte essen – sich an das Klavier setzen – es aufmachen

Der Pianist hatte ______
______
______
______ Da fiel ihm ein, dass seine Noten zu Hause lagen.

d) der Dirigent: ein Taxi bestellen – warten – zum Opernhaus fahren – den Saal betreten – Noten aus der Tasche nehmen

Der Dirigent hatte ______
______
______
______ Da fiel ihm ein, dass seine Brille zu Hause lag.

e) der Organist: in der Kirche spielen – komponieren – an der Orgel einschlafen – träumen – aufwachen

Der Organist hatte ______
______
______
______ Da fiel ihm ein, dass in 5 Minuten eine Hochzeit in der Kirche sein sollte.

f) der Filmschauspieler: sich beeilen – zur Haltestelle rennen – den Bus erreichen – zu spät zur Probe kommen – mit dem Regisseur diskutieren – mit dem Stück anfangen

Der Filmschauspieler hatte ______________________________

____

____

______________ *Da fiel ihm ein, dass sein Text mit den wichtigen Markierungen zu Hause lag.*

g) der Pianist: den Saal betreten – das Klavier aufmachen – mit dem Üben anfangen – ein Geräusch hören – das Spiel unterbrechen – wieder etwas hören – das Klavier untersuchen – nichts finden – mit dem Spielen aufhören

Der Pianist hatte ______________________________

____

____

____

____

______________ *Da bemerkte er, dass eine Maus in diesem alten Saal war.*

zu LB Ü 6 Ergänzen Sie.

17

a) Nach dem Spülen kaufte sie ein. Nachdem sie gespült hatte, kaufte sie ein.

b) Nach dem Einkaufen räumte sie auf. Als sie *ein* ______________, räumte sie auf.

c) Nach dem *Auf* ________ las sie. Nachdem sie ______________, las sie.

d) Nach dem ______________ telefonierte sie. Nachdem sie ______________, telefonierte sie.

e) Nach dem ______________ badete sie. Nachdem sie ______________, badete sie.

f) Nach dem ______________ sang sie. Als sie ______________, sang sie.

g) Nach dem ______________ komponierte sie. Nachdem sie ______________, komponierte sie.

h) Nach dem ______________ spielte sie . Als sie ______________, spielte sie.

i) Nach dem ______________ zeichnete sie. Nachdem sie ______________, zeichnete sie.

j) Nach dem ______________ schrieb sie. Als sie ______________, schrieb sie.

k) Nach dem ______________ frühstückte sie. Nachdem sie ______________, frühstückte sie.

l) Nach dem ______________ schlief sie ein. Nachdem sie ______________, träumte sie.

zu LB Ü 6 Ergänzen Sie die passenden Adjektive.

18

Sie können dazu die Wortliste im Lehrbuch benutzen (→ Lehrbuch S. 232)

a) Berühmtheit *berühmt*
Blindheit ________
Dummheit ________
Faulheit ________
Freiheit ________
Gesundheit ________
Klarheit ________
Krankheit ________
Schlankheit ________
Schönheit ________
Sicherheit ________
Vergangenheit ________

b) Abhängigkeit *abhängig*
Einsamkeit ________
Eitelkeit ________
Feuchtigkeit ________
Freundlichkeit ________
Fröhlichkeit ________
Häufigkeit ________
Höflichkeit ________
Möglichkeit ________
Öffentlichkeit ________
Schwierigkeit ________
Wirklichkeit ________

c) Breite *breit*
Größe ________
Hitze ________
Höhe ________
Länge ________
Nähe ________
Schwäche ________
Stärke ________

d) Eile *eilig*
Falte ________
Flucht ________
Geduld ________
Hunger ________
Kitsch ________
Kraft ________
Ruhe ________
Salz ________
Trauer ________
Vorsicht ________

e) Angst *ängstlich*
Arzt ________
Beruf ________
Glück ________
Jahr ________
Körper ________
Mann ________
Mensch ________
Person ________
Sport ________
Tag ________

zu LB Ü 7 Ordnen Sie die Sätze. (→ Lehrbuch S. 172, Nr. 7a)

19

a) ▪ Dann fragt der Wolfshund zurück: „Und du? Was bist du für ein Tier?“
b) ▪ Der Wolfshund macht große Augen: „Was? Ein Ameisenbär? Das glaube ich dir nicht!“
c) 1 Im Wald treffen sich zwei Tiere.
d) ▪ Das erste beginnt ein Gespräch und fragt das zweite: „Sag mal, was für ein Tier bist du denn?“
e) ▪ „Das ist ja interessant“, meint das erste.
f) ▪ „Ich bin ein Ameisenbär“, antwortet es.
g) ▪ Das zweite antwortet: „Ich bin ein Wolfshund. Mein Vater ist ein Wolf und meine Mutter ist eine Hündin.“

zu LB Ü 7 Ordnen Sie die Sätze. (→ Lehrbuch S. 172, Nr. 7b)

20

a) ▪ „Ja, mein Kind“, antwortet die Mutter freundlich. „Deine Großeltern waren auch Eisbären.“
b) ▪ „Natürlich, mein Kind“ antwortet die Mutter. „Deine Urgroßeltern waren auch Eisbären.“
c) 1 Eine Eisbärenmutter geht mit ihrem Kind auf dem Eis spazieren; es schneit und es ist furchtbar kalt.
d) ▪ Nach einer Weile fragt der Kleine wieder: „Mama, und meine Urgroßeltern? Waren die auch Eisbären?“
e) ▪ Da sagt der kleine Eisbär ärgerlich: „Das ist mir egal. Ich friere trotzdem!“
f) ▪ Da fragt der kleine Eisbär auf einmal seine Mutter: „Mama, waren meine Großeltern eigentlich auch Eisbären?“

zu LB Ü 7 Ordnen Sie die Sätze. (→ Lehrbuch S. 172, Nr. 7c)

21

a) ▪ Sofort verschwindet die Katze.
b) ▪ Aber der Vater rennt auf die Katze zu und schreit: „Wau! Wau! Wau!“
c) 1 Ein Mäusevater geht mit seinen Kindern nachts durch einen Garten.
d) ▪ Die kleinen Mäuse haben schreckliche Angst und wollen weglaufen.
e) ▪ Da sagt der Mäusevater: „Seht ihr, Kinder, man muss Fremdsprachen können!“
f) ▪ Da kommt plötzlich eine Katze.

zu LB Ü 8 Ergänzen Sie. (→ Lehrbuch S. 172, Nr. 8)

22

Tee Shampoo Scherz Badewanne April Föhn Bad Spiegel

Monika ist in der (a) __________, weil sie sich die Haare waschen will. Sie ruft nach Martin, damit er ihr ein (b) __________ bringt. Nach dem Waschen will sie ihre Haare noch blond färben. Als Monika aus dem (c) __________ kommt, hat Martin einen (d) __________ gekocht. Er bringt ihr einen (e) __________ und Monika beginnt ihre Haare zu trocknen. Plötzlich sagt Martin, dass Monikas Haare gar nicht blond geworden sind, sondern grün. Monika erschrickt und rennt zu einem (f) __________. Da merkt sie, dass es nur ein (g) __________ war. Es ist der erste (h) __________ und da darf jeder einen Spaß machen. Deshalb ist sie auch nicht böse.

zu LB Ü 8 Ergänzen Sie.

23

a) Ich brauche den Spiegel.

Bringst du *ihn mir*?

Bringst du *mir den*?

b) Die Brille liegt im Schrank.

Bringst du _____ mir?

Bringst du mir _____ ?

c) Ich möchte den Brief lesen.

Holst du _____ mir?

Holst du mir _____ ?

d) Die Briefmarke liegt auf dem Tisch.

Kannst du _____ mir bringen?

Kannst du mir _____ bringen?

e) Der Ring gefällt mir.

Schenkst du _____ mir?

Schenkst du mir _____ ?

f) Meine Schuhe sind schmutzig.

Putzt du _____ mir?

Putzt du mir _____ ?

g) Ich finde die Dosenmilch nicht.

Holst du _____ mir?

Holst du mir _____ ?

h) Ich habe mein Buch im Bad liegen lassen.

Bringst du _____ mir?

Bringst du mir _____ ?

zu LB Ü 9 Erster Sketch. Was passt zusammen? (→ Lehrbuch S. 173, Nr. 9a)

24

a) Hugo schläft fest, ■
b) Marta weckt Hugo auf, ■
c) Weil die Nachbarn eine Party feiern, ■
d) Hugo soll den Nachbarn sagen, ■
e) Hugo hat zwar keine Lust, ■
f) Als Hugo zurückkommt, ■
g) Marta fragt Hugo, ■
h) Die Nachbarn haben Hugo nicht verstanden, ■

1. ist die Musik immer noch nicht leiser.
2. kann Marta nicht schlafen.
3. als Marta ihn aufweckt.
4. aber er geht zu den Nachbarn.
5. was er den Nachbarn gesagt hat.
6. weil die Musik zu laut war.
7. weil sie nicht schlafen kann.
8. dass die Musik zu laut ist.

zu LB Ü 9 Welcher Text passt zum zweiten Sketch? (→ Lehrbuch S. 173, Nr. 9b)

25

a) ■ Der Gast hat eine Tomatensuppe bestellt, aber er bekommt eine Kartoffelsuppe. Ärgerlich ruft er den Kellner, aber der will ihm keine andere Suppe bringen. Stattdessen holt der Kellner Salz und Pfeffer und würzt damit die Kartoffelsuppe.

b) ■ Der Gast hat eine Tomatensuppe bekommen, beginnt aber nicht mit dem Essen. Deshalb glaubt der Kellner, dass der Gast mit der Suppe nicht zufrieden ist. Er bietet ihm eine andere Suppe an und bringt ihm Salz und Pfeffer. Aber der Gast möchte das alles nicht. Ihm fehlt nur ein Löffel.

c) ■ Der Gast bekommt eine Tomatensuppe, die ihm aber nicht schmeckt, weil sie zu wenig gewürzt ist. Deshalb bringt ihm der Kellner Salz und Pfeffer. Jetzt möchte der Gast seine Suppe essen, aber sie ist inzwischen kalt geworden. Da bringt ihm der Kellner eine neue.

zu LB Ü 9 Dritter Sketch. Ergänzen Sie. (→ Lehrbuch S. 173, Nr. 9c)

26

sagen erinnern angerufen einfach sprechen ärgerlich genannt

Als Kurt nach Hause kommt, sagt ihm sein Freund, dass gerade jemand für ihn (a) ___________ hat. Kurt möchte natürlich wissen, wer mit ihm (b) ___________ wollte, aber das kann ihm sein Freund nicht (c) ___________, weil er den Namen des Anrufers vergessen hat. Auf jeden Fall soll Kurt aber zurückrufen. Deshalb hat der Anrufer auch seine Telefonnummer (d) ___________. Kurts Freund weiß noch, dass die Telefonnummer ganz (e) ___________ war, aber er hat sie trotzdem vergessen. Jetzt wird Kurt (f) ___________, weil sein Freund sich an nichts (g) ___________ kann. Aber der weiß doch noch etwas: Der Anrufer hat gesagt, dass sich Kurt sofort melden soll, weil es wichtig ist.

zu LB Ü 10 Ergänzen Sie.

27

sobald nicht nur ... sondern nicht nur ... sondern auch obwohl zwar ... aber entweder ... oder weder ... noch denn

a) Robert soll auf der Betriebsfeier *nicht nur* eine kleine Rede halten, *sondern auch* einen Witz erzählen, weil das immer gut für die Stimmung ist.

b) Robert erzählt seinem Kollegen den Witz von der Blondine, die sich wundert, dass die Frühstückseier hart sind, ________ sie sie eine Stunde gekocht hat.

c) Sein Kollege findet den Blondinenwitz ________ lustig, ________ trotzdem soll Robert ihn nicht erzählen, damit sich die blonden Frauen im Betrieb nicht ärgern.

d) Robert soll ________ Sexwitze erzählen, ________ soll er politische Scherze machen, weil das auf der Feier Probleme geben würde.

e) Robert soll auch den Witz mit dem Pfarrer nicht erzählen, ________ den würde die Frau des Chefs nicht lustig finden.

f) Robert wird immer wieder von seinem Kollegen unterbrochen, ________ er begonnen hat, einen anderen Witz zu erzählen.

g) Robert kennt ________ einen Witz, ________ eine ganze Menge. Aber leider kann er keinen davon auf der Betriebsfeier erzählen.

h) ________ fällt seinem Kollegen noch ein guter Witz ein, ________ Robert muss auf diesen Teil seiner Rede verzichten.

zu LB Ü 11 Ergänzen Sie n oder m.

28

a) Er zieht seine__ Mantel an und geht mit seine__ Hund in de__ Wald.

b) Sie backt eine__ Kuchen und isst ih__ am Nachmittag mit ihre__ Sohn.

c) Er bestellt ein Essen in eine__ Restaurant, obwohl er keine__ Hunger und keine__ Durst hat.

d) Das Kind holt für seine__ Vater eine__ große__ Teller aus de__ Schrank.

e) Er stellt seine__ Koffer in meine__ Keller, weil er in seine__ Keller keine__ Platz hat.

f) Bei unsere__ Großeltern gab es früher eine__ alte__ Apfelbaum mit eine__ Baumhaus, in de__ wir spielen konnten.

g) Mit we__ hast du morgen eine__ Termin nach de__ Treffen mit deine__ Chef?

h) Der Unfall passierte an eine__ heiße__ Tag i__ Juli, als ich mit meine__ Kindern in de__ Zoo gehen wollte.

i) Er erzählt seine__ Freund eine__ Witz über eine__ Mann, der seine__ Sohn mit eine__ junge__ Mädchen i__ Badezimmer bei__ Duschen entdeckt.

j) Der Kellner bringt de__ Gast eine__ Schweinebraten, weil es keine__ Rinderbraten mehr gibt.

zu LB Ü 13 Noch mehr Zungenbrecher. Ergänzen Sie die Wörter.

29

a) Krawatte Krokodil Krankenhaus

Ein krankes ______________ trägt im ______________ keine ______________.

b) Bratwürste Brillen Brot

Brave Kinder mit braunen ______________ essen ______________ mit ______________.

c) Grußkarten Großbritannien Großmutter

Eine grippekranke ______________ schickt ______________ aus ______________.

d) Blume Blumenwiese Blumenvase

Eine blaue ______________ blüht in einer ______________ auf einer ______________.

e) Klingel Klavierspieler Klinik

Ein ______________ klingelt in einer ______________ an der ______________.

f) Professor Prüfungen Problem

Für einen ______________ sind praktische ______________ oft ein ______________.

g) Klima Kleinkinder Klaviere

Bei jedem ______________ klettern ______________ auf ______________.

zu LB Ü 14 Was passt zusammen?

30

a) Als es an meiner Wohnungstür klingelte, ■
b) Alle meine Freunde standen vor der Tür und ■
c) Da war ich völlig überrascht, ■
d) Weil ich ein falsches Datum auf die Einladung geschrieben hatte, ■
e) Natürlich wären meine Freunde traurig gewesen, ■
f) Weil meine Gäste natürlich Hunger und Durst hatten, ■
g) Manchmal kann eine Überraschungsparty lustiger sein, ■
h) Die Party war so schön, ■

1. denn ich hatte sie erst für nächste Woche eingeladen.
2. als eine Feier, die man vorbereitet hat.
3. ist es zu dem Missverständnis gekommen.
4. hatte ich es mir gerade vor dem Fernseher gemütlich gemacht.
5. wollten mit mir Geburtstag feiern.
6. habe ich den Pizza-Service angerufen.
7. dass wir bis vier Uhr morgens gefeiert haben.
8. wenn ich sie wieder nach Hause geschickt hätte.

zu LB Ü 14 Welche Antwort passt wo?

31

a) Wer stand denn vor der Tür als es klingelte? ■
b) Wollten Ihre Freunde Sie überraschen? ■
c) Hatten Sie Ihre Freunde gar nicht eingeladen? ■
d) Und wie ist dieses Missverständnis passiert? ■
e) Sind Ihre Freunde trotzdem geblieben? ■
f) Hatten Sie etwas vorbereitet? ■
g) Gab es dann gar nichts zu essen? ■
h) Wie lange hat die Party denn gedauert? ■
i) Sicher hatten Sie viel Spaß, oder? ■

1. Es war mein Fehler, weil ich das falsche Datum in die Einladung geschrieben hatte.
2. Bis zum nächsten Morgen.
3. Doch. Ich habe den Pizza-Service angerufen.
4. Alle meine Freunde mit Geburtstagsgeschenken.
5. Doch, aber erst für nächste Woche.
6. Natürlich nicht. Ich hatte nichts im Haus, weil ich ja nicht wusste, dass sie kommen würden.
7. Ja, es war eine tolle Feier.
8. Ja natürlich, ich hätte sie doch nicht nach Hause schicken können.
9. Nein, sie dachten alle, dass ich sie für diesen Abend eingeladen hätte.

zu LB Ü 14 Schreiben Sie die Sätze anders.

32

a) Es ist verrückt, was mir passiert ist.
Mir ist etwas Verrücktes passiert.

b) Es ist lustig, was mir passiert ist.
Mir ist etwas __________.

c) Es ist toll, was mir passiert ist.
____________________.

d) Es ist dumm, was mir passiert ist.
____________________.

e) Es ist ärgerlich, was mir passiert ist.
____________________.

f) Es ist komisch, was mir passiert ist.
____________________.

g) Es ist merkwürdig, was mir passiert ist.
____________________.

h) Es ist seltsam, was mir passiert ist.
____________________.

i) Es ist unheimlich, was mir passiert ist.
____________________.

zu LB Ü 14 Schreiben Sie.

33

Als meine Freunde kamen,

a) (nicht duschen) *hatte ich noch nicht geduscht.*

b) (nichts vorbereiten) *hatte ich noch nichts* ________________

c) (nicht einkaufen) *hatte ich* ________________

d) (nicht aufräumen) ________________

e) (nicht kochen) ________________

f) (nichts besorgen) ________________

g) (nichts erledigen) ________________

h) (nicht frühstücken) ________________

i) (nichts machen) ________________

j) (nichts organisieren) ________________

k) (nicht putzen) ________________

l) (nicht spülen) ________________

zu LB Ü 14 Ergänzen Sie die Nomen.

34

Überraschung Situation Einladung Tankstelle Fehler Geburtstag Missverständnis Datum Getränke

a) An einer ____________ kann man nicht nur Benzin bekommen, sondern meistens auch Zeitungen und Lebensmittel kaufen.

b) Orangensaft, Mineralwasser und Tee sind die ____________, die ich am liebsten mag.

c) Meine Freundin will im nächsten Jahr heiraten, aber das genaue ____________ weiß ich noch nicht.

d) Gestern habe ich eine ____________ zu einer Feier bekommen, aber da muss ich absagen, weil ich keine Zeit habe.

e) Zwanzig Gäste und nichts zu essen im Haus; was macht man denn in so einer ____________ ?

f) Er feiert seinen ____________ immer in einem Restaurant, weil er nicht kochen kann.

g) Schade, dass du dein Geschenk schon entdeckt hast. Es sollte eine ____________ sein.

h) Der Streit hätte gar nicht sein müssen. Es war alles nur ein ____________.

i) Ich habe gerade die Hausaufgaben von meinem Sohn korrigiert; er hat keinen ____________ gemacht.

zu LB Ü 16 Welche Redensart passt?

35

1. Er hatte Tomaten auf den Augen.	5. Er ist aus allen Wolken gefallen.
2. Er hat zwei Fliegen mit einer Klappe geschlagen.	6. Er hat nur Bahnhof verstanden.
3. Er hat ganz schön auf die Pauke gehauen.	7. Er ist aus der Reihe getanzt.
4. Er hat sich die Beine in den Bauch gestanden.	8. Er hat alles auf den Kopf gestellt.

a) ■ Er kam mitten in der Nacht am Bahnhof an und wollte mit einem Taxi nach Hause fahren. Aber es gab keine Taxis. Über eine Stunde hat er gewartet. Schließlich hat er einen Freund angerufen, der ihn mit seinem Wagen abgeholt hat.

b) ■ Er hat mit seinen Freunden sein Examen gefeiert. Erst haben sie getanzt, dann haben sie gesungen. Eine Band hat gespielt und es war so laut, dass die Nachbarn die Polizei gerufen haben.

c) ■ Eigentlich sollte er nur an einem Marketing-Seminar am Bodensee teilnehmen. Aber er hatte sein Surfbrett mitgenommen. Morgens war er im Seminar und nachmittags hat er auf dem See gesurft. So hat er nicht nur gearbeitet, sondern auch ein bisschen Urlaub gemacht.

d) ■ Tante Marga wollte zu Besuch kommen. Da musste er natürlich die hässliche Vase auf den Tisch stellen, die sie ihm geschenkt hatte. Also begann er sie zu suchen: auf dem Dachboden, in der Garage, im Gartenhaus, in allen Schränken und Regalen. Schließlich hat er sie gefunden: in einem alten Müllsack im Keller.

e) ■ Er war mit seinen Kollegen beim Chef eingeladen. Alle waren pünktlich um acht Uhr da und brachten einen Blumenstrauß mit. Er kam erst um halb neun und brachte einen Kaktus mit.

f) ■ Eine Managerin hielt einen Vortrag über die Senkung der Energiekosten in großen und mittleren Betrieben. Aber er hat nichts verstanden, weil er nicht Betriebswirtschaft studiert hat. Deshalb hat er während des Vortrags lieber Gedichte gelesen.

g) ■ Sie hatte sich in der Vorlesung neben ihn gesetzt und ihn oft angeschaut, aber er hat die ganze Zeit nur geschrieben. Als sie ihn nach der Vorlesung etwas fragte und lächelte, bemerkte er endlich, dass sie sich für ihn interessierte.

h) ■ Er bekam einen Brief. Als er ihn aufgemacht hatte, war er so überrascht, dass er sich hinsetzen musste. Er hatte 10.000 € gewonnen.

zu LB Ü 16 Sagen Sie es anders.

36

a) Gestern habe ich ein verrücktes Erlebnis gehabt.

Gestern habe ich *etwas Verrücktes* erlebt.

b) In den Nachrichten gab es heute keine interessanten Meldungen.

In den Nachrichten gab es heute *nichts Interessantes.*

c) Zum Geburtstag möchte er ihr ein besonderes Geschenk machen.

Zum Geburtstag möchte er ihr ________ ______________ schenken.

d) Letzte Woche habe ich ein lustiges Erlebnis gehabt.

Letzte Woche ist mir ________ ______________ passiert.

e) Auf ihre Frage hat er eine dumme Antwort gegeben.

Auf ihre Frage hat er ________ ______________ gesagt.

f) Was er ihr gesagt hat, war nicht wichtig.

Er hat ihr ________ ______________ gesagt.

g) Von ihrer Reise hat sie ihm ein wunderbares Geschenk mitgebracht.

Von ihrer Reise hat sie ihm ________ ______________ mitgebracht.

zu LB Ü 16 Ergänzen Sie **bevor** oder **nachdem**.

37

a) __________ Beethoven anfing zu komponieren, setzte er sich an einen freien Tisch.

b) __________ Beethoven seine Komposition zu Ende geschrieben hatte, verlangte er die Rechnung.

c) Hellmesberger hatte drei Stück Torte gegessen, __________ die Gastgeberin ihn nach seiner Geige fragte.

d) __________ Mahler mit Zahnschmerzen aufgewacht war, brachte seine Frau ihn zum Zahnarzt.

e) __________ alle Gepäckstücke am Bahnhof ausgeladen waren, schaute Slezak seine Frau nachdenklich an.

f) Der Taxifahrer hatte über eine halbe Stunde warten müssen, __________ Karajan aus dem Opernhaus kam.

g) __________ der Taxifahrer losfuhr, wollte er das Ziel der Fahrt wissen.

h) __________ Bruckner sein Ei aufgeschlagen hatte, beschwerte er sich bei der Köchin.

zu LB Ü 16 Wie heißen die Sätze?

38

a) Man hatte den Kaffee gebracht. *Der Kaffee war gebracht worden.*

b) Man hatte die Rechnung bezahlt. ______________________

c) Man hatte uns eingeladen. ______________________

d) Man hatte die Koffer zum Zug gebracht. ______________________

e) Man hatte am Schalter die Sitzplätze reserviert. ______________________

f) Man hatte im Zugrestaurant einen Tisch bestellt. ______________________

g) An alles hatte man gedacht. ______________________

Wörter im Satz

39

	Ihre Muttersprache	Schreiben Sie einen Satz aus Delfin, Lehrbuch.
____ *Bauch*	______________	______________________________
____ *Eintrittskarte*	______________	______________________________
____ *Fremdsprache*	______________	______________________________
____ *Humor*	______________	______________________________
____ *Instrument*	______________	______________________________
____ *Mechaniker*	______________	______________________________
____ *Missverständnis*	______________	______________________________
____ *Öffentlichkeit*	______________	______________________________
____ *Politiker*	______________	______________________________
____ *Reihe*	______________	______________________________
____ *Verdacht*	______________	______________________________
____ *Zeugnis*	______________	______________________________
ansehen	______________	______________________________
aufschreiben	______________	______________________________
begegnen	______________	______________________________
beschweren	______________	______________________________
bestätigen	______________	______________________________
bitten	______________	______________________________
entschuldigen	______________	______________________________
erschrecken	______________	______________________________
frieren	______________	______________________________
hinsetzen	______________	______________________________
kämpfen	______________	______________________________
starten	______________	______________________________
treten	______________	______________________________
umdrehen	______________	______________________________
abhängig	______________	______________________________

jedoch	________	________________
komisch	________	________________
nachdem	________	________________
offenbar	________	________________
vorgestern	________	________________

Grammatik

§ 36 Plusquamperfekt

40

	Präteritum haben		*Partizip II*
ich	hatte		
du	hattest		
er/sie/es	hatte	eine Reise	gemacht.
wir	hatten		
ihr	hattet		
sie/Sie	hatten		

	Präteritum sein		*Partizip II*
ich	war		
du	warst		
er/sie/es	war	nach Wien	gefahren.
wir	waren		
ihr	wart		
sie/Sie	waren		

Erzählung im Präteritum

Beethoven **betrat** ein Gasthaus.
Er **setzte** sich.
Dann **zog** er sein Notenpapier aus der Tasche.
Er **schrieb** eine Melodie **auf**.
Eine Stunde **verging**. Dann **wollte** er zahlen.

Erzählung mit Präteritum und Plusquamperfekt

Nachdem Beethoven ein Gasthaus **betreten hatte**, **setzte** er sich.
Nachdem er sein Notenpapier aus der Tasche **gezogen hatte**, **schrieb** er eine Melodie **auf**.
Als eine Stunde **vergangen war**, **wollte** er zahlen.

Zweigliedrige Konjunktoren

41

nicht nur ..., sondern ... auch ...	Er spielt **nicht nur** Klavier, **sondern** er spielt **auch** Gitarre.	Er spielt **nicht nur** Klavier, **sondern auch** Gitarre.
zwar ..., aber ...	Sie spielt **zwar** Klavier, **aber** sie kann nicht Gitarre spielen.	Sie spielt **zwar** Klavier, **aber** nicht Gitarre.
entweder ...(,) oder ...	Er spielt **entweder** Klavier, **oder** er spielt Gitarre.	Er spielt **entweder** Klavier **oder** Gitarre.
weder ...(,) noch ...	Er spielt heute **weder** Klavier, **noch** spielt er Gitarre.	Er spielt heute **weder** Klavier **noch** Gitarre.

§ 23, 25, 55 c) Wortstellung: zwei Ergänzungen/zwei Pronomen

42

	1. *Akkusativ:* *Personal-pronomen*	2. *Dativ:* *Nomen oder Personalpronomen*	3. *Akkusativ:* *Nomen oder Definitpronomen*
Er zeigt		**seinem Freund**	**das Bild.**
Er gibt		**seiner Freundin**	**die Blumen.**
Er bringt		**seinen Eltern**	**das Zeugnis.**
Er zeigt	**es**	**ihm.**	
Er gibt	**sie**	**ihr.**	
Er bringt	**es**	**ihnen.**	
Er zeigt		**ihm**	**das.**
Er gibt		**ihr**	**die.**
Er bringt		**ihnen**	**das.**

Nomen aus Adjektiven

43

	-heit		*-keit*		*-e*
einzeln	e Einzelheit	möglich	e Möglichkeit	breit	e Breite
frei	e Freiheit	öffentlich	e Öffentlichkeit	groß	e Größe
gesund	e Gesundheit	schwierig	e Schwierigkeit	kalt	e Kälte
krank	e Krankheit	selbstständig	e Selbstständigkeit	lang	e Länge
sicher	e Sicherheit	wirklich	e Wirklichkeit	schwach	e Schwäche
...	...	...	...	...	...

Adjektive aus Nomen

44

	-ig
e Eile	eilig
e Geduld	geduldig
e Kraft	kräftig
e Ruhe	ruhig
s Salz	salzig
...	...

	-lich
e Angst	ängstlich
r Arzt	ärztlich
r Beruf	beruflich
r Mann	männlich
r Sport	sportlich
...	...

Adjektiv als Nomen nach etwas, nichts, viel, wenig

45

Heute gibt es	**etwas** Süß**es.**	(= süße Speisen)
	nichts Besonder**es.**	(= keine besonderen Nachrichten, Speisen, Fernsehfilme usw.)
	viel Schön**es.**	(= viele Dinge)
	wenig Neu**es.**	(= wenige neue Nachrichten, Informationen)

! Klein geschrieben: Das ist **etwas anderes**.

Wortschatz

Nomen

e Abteilung, –en
r Ameisenbär, –en
e Anekdote, –n
r Anzug, ¨–e
r Aprilscherz, –e
r Bauch, ¨–e
e Bedeutung, –en
r Behandlungsraum, ¨–e
r Besucher, –
e Betriebsfeier, –n
s Blaukraut
r Blondinenwitz, –e
s Brautkleid, –er
r Buchhalter, –
r Bundeskanzler, –
r Cartoon, –s
r Dirigent, –en
s Doppelzimmer, –
e Ehefrau, –en
r Eimer, –
e Eintrittskarte, –n
e Einzelheit, –en
r Eisbär, –en
Festspiele (pl)
r Filmschauspieler, –
s Flachdach, ¨–er
e Fremdsprache, –n
s Frühstücksei, –er
s Gartenhaus, ¨–er
e Gastgeberin, –nen
e Geige, –n
s Gepäckstück, –e
e Hofoper, –n
r Humor
e Hündin, –nen
e Hutschachtel, –n
e Illustrierte, –n
r Imbiss, –e
s Instrument, –e
s Jogging
r Kaffeetisch, –e
r Kaktus, Kakteen
r Kassierer, –
e Kinokasse, –n
r Kirschkern, –e
e Klappe, –n
e Klapper, –n
e Klapperschlange, –n
e Komposition, –en
s Lieblingsgericht, –e
r Mäusevater, ¨–
r Mechaniker, –
r Meister, –
e Melodie, –n
s Missverständnis, –se
r Nordpol
s Notenpapier
e Öffentlichkeit
e Oper, –n
s Opernhaus, ¨–er
r Opernsänger, –
r Organist, –en
e Palme, –n
e Pauke, –n
r Philharmoniker, –
r Pianist, –en
s Plusquamperfekt
r Politiker, –
r Portier, –s
r Professor, –en
r Rasierapparat, –e
e Redensart, –en
e Reihe, –n
e Reisetasche, –n
r Rücksitz, –e
r Saal, Säle
r Scherz, –e
s Schokoladenschwein, –e
e Schuld
e Schwäche, –n
r Sexwitz, –e
r Sketsch, –e
e Speise, –n
s Süße (etwas Süßes)
e Theorie, –n
e Tomatensuppe, –n
e Überraschungsparty, –s
Urgroßeltern (pl)
r Verdacht
s Versehen
r Violinist, –en
e Vorlesung, –en
s Wartezimmer, –
e Weile
r Wolfshund, –e
s Wort, –e
r Zentner, –
s Zeugnis, –se
e Ziege, –n
r Zungenbrecher, –

Verben

an·sehen
auf·reißen
auf·schlagen
auf·schreiben
auf·sehen
auf·treten
begegnen
beschweren
bestätigen
bitten
brummen
dirigieren
ein·brechen
entfernen
entschuldigen
erschrecken (erschreckt, erschreckte, hat erschreckt)
färben
fischen
föhnen
frieren
hauen
hin·setzen
hinüber·schauen
hüten
kämpfen
klappern
knacken
komponieren
schnarchen
schreien
servieren
sorgen
starten
stoppen

treten
um·drehen
weg·nehmen
weg·schicken
zerreißen

Adjektive

beschäftigt
elegant
empfindlich
falsch
gegenseitig
geöffnet
gewürzt
häufig
hilflos
komisch
kürzlich
letzte
musikalisch
nachdenklich
peinlich
politisch
prominent
rasch
schlapp
selbstbewusst
souverän
ungeduldig
verehrt
vergangen
verständlich
verwundert
verzweifelt
vorzüglich

Adverbien

jedoch
keinesfalls
mal wieder
offenbar
schon wieder
stets
vorgestern

Funktionswörter

dadurch
entweder ... oder
nachdem
nicht nur ... sondern auch
so ..., dass
weder ... noch
zwar ... aber

Ausdrücke

überhaupt nichts
aus Versehen
die Grünen
Wau!
Na bitte!
Na schön!
Nanu!
Was soll ich machen?
Die Rechnung, bitte!
Das kann man wohl sagen.
Wie peinlich!
Schlange stehen
etwas auf den Kopf stellen
aus der Reihe tanzen
nur Bahnhof verstehen
aus allen Wolken fallen
Tomaten auf den Augen haben
sich die Beine in den Bauch stehen
auf die Pauke hauen
zwei Fliegen mit einer Klappe schlagen

In Deutschland sagt man:	**In Österreich sagt man auch:**	**In der Schweiz sagt man auch:**
e Eintrittskarte, –n		s Billet, –s
e Illustrierte, –n		s Heft, –e
treten	steigen	

Lektion 18

zu LB Ü 1 Ergänzen Sie.

1

werde wirst wird werden werdet

a) Ich _________ morgen nach Australien fliegen.

b) Wir _________ nächste Woche ein neues Auto bekommen.

c) Ihr _________ eine glückliche Zukunft haben.

d) _________ du morgen ins Büro gehen?

e) Meine Eltern _________ nächstes Jahr in Rente gehen.

f) Morgen _________ ich mir einen Anzug kaufen.

g) Im nächsten Jahr _________ du bestimmt mehr Gehalt bekommen.

h) Wenn er heute nicht anruft, _________ er bestimmt morgen anrufen.

i) Die Arbeitnehmer _________ in den nächsten Jahren weniger Geld verdienen.

j) Wann _________ ihr nächste Woche eure Kinder besuchen?

k) Meine Kollegin _________ in einer Woche ein Baby bekommen.

zu LB Ü 1 Schreiben Sie die Sätze im Futur mit und ohne Zeitangabe.

2

a) Morgen wählen wir eine neue Regierung.

Morgen werden wir eine neue Regierung wählen.

Wir werden eine neue Regierung wählen.

b) Bald bekommen wir einen neuen Chef.

Bald werden wir _________________________

Wir werden _________________________

c) Nächstes Jahr steigen die Zinsen.

____

____

d) Am Montag kommt der Außenminister nach Berlin.

____

____

e) Am Sonntag schenken wir unseren Eltern ein Bild.

____

____

f) Morgen schneit es in den Bergen.

____

____

zu LB Ü 1 Schreiben Sie die Sätze im Futur.

3

a) Er muss morgen die Rechnungen bezahlen.

Er wird morgen die Rechnungen bezahlen müssen.

b) Er kann morgen bestimmt nicht kommen.

Er wird ______________________________

c) Sie muss in den nächsten Monaten viel arbeiten.

____

d) Der Patient darf morgen noch nicht aufstehen.

____

e) Der Kranke muss noch eine Woche im Bett bleiben.

____

f) Die Sekretärin darf morgen früher nach Hause gehen.

____

g) Die Politiker müssen vor der nächsten Wahl viele Reden halten.

____

h) Musst du im nächsten Monat nach Berlin umziehen?

____

zu LB Ü 1 Schreiben Sie die Sätze im Präsens.

4

a) Der Bundeskanzler wird morgen einen Preis bekommen.

Der Bundeskanzler bekommt morgen einen Preis.

b) Der Minister wird nächste Woche ins Ausland reisen müssen.

____

c) Die Partei wird wahrscheinlich bei der nächsten Wahl viele Stimmen verlieren.

____

d) Der Politiker wird seine Frau in Zukunft selten sehen.

____

e) Der Dieb wird morgen verhaftet werden.

____

f) Wir werden bald Urlaub machen können.

____

g) Wirst du zur nächsten Wahl gehen?

____

h) Welche Partei werdet ihr am nächsten Sonntag wählen?

____

zu LB Ü 1 Schreiben Sie die Sätze im Futur mit und ohne Zeitangabe.

5

a) Morgen wird mein Auto repariert.

Morgen wird mein Auto repariert werden.

Mein Auto wird repariert werden.

b) Nächste Woche werde ich entlassen.

Nächste Woche ______

Ich ______

c) Übermorgen wird meine Mutter in der Klinik untersucht.

Übermorgen ______

Meine Mutter ______

d) Morgen wird der Reifen gewechselt.

______

______

e) Nächstes Jahr wird mein Roman veröffentlicht.

______

______

zu LB Ü 2 Schreiben Sie.

6

a) Ich wollte einkaufen, aber ich hatte kein Geld.

Wenn ich Geld gehabt hätte, hätte ich eingekauft.

b) Er wollte schwimmen gehen, aber er hatte keine Badehose.

Wenn er eine Badehose gehabt hätte, wäre er ______

c) Wir wollten spazieren gehen, aber es war zu kalt.

Wenn es nicht ______

d) Sie wollte einen Kuchen backen, aber sie hatte keine Eier.

______

e) Ich wollte meine Hose waschen, aber meine Waschmaschine war kaputt.

______

f) Wir wollten dich anrufen, aber unser Handy hat nicht funktioniert.

______

g) Das Kind wollte den Hund streicheln, aber er ist weggelaufen.

______

h) Er wollte früh ins Bett gehen, aber er hat sich einen Film angeschaut.

______

zu LB Ü 2 Schreiben Sie.

7

a) Gestern war mein Computer plötzlich kaputt.
(zur Reparatur bringen) *Ich hätte ihn zur Reparatur gebracht.*

b) Letzte Woche bekam ich Besuch und hatte nichts zu essen zu Hause.
(den Pizza-Service anrufen) *Ich* ________________

c) Neulich hatte ich einen dringenden Termin und konnte meinen Autoschlüssel nicht finden.
(Taxi rufen) ________________

d) Vorgestern war ich auf einer Party eingeladen und es war schrecklich langweilig.
(nach Hause gehen) ________________

e) Im letzten Urlaub hat jemand mein Zelt gestohlen.
(im Hotel übernachten) ________________

f) Als ich gestern im Bett lag, konnte ich stundenlang nicht einschlafen.
(eine Schlaftablette nehmen) ________________

g) Ich wollte meinen Freund in Paris besuchen, aber ich konnte keinen Flug bekommen.
(mit dem Zug fahren) ________________

zu LB Ü 2 Schreiben Sie die Sätze anders.

8

a) Meine Tochter hat die Autoschlüssel gefunden. Deshalb habe ich kein Taxi gerufen.
Wenn meine Tochter die Autoschlüssel nicht gefunden hätte, hätte ich ein Taxi gerufen.

b) Mein Computer ist kaputt gegangen. Deshalb habe ich die Briefe mit der Hand geschrieben.
Wenn mein Computer nicht ________________

c) Er hat seine Suppe nicht gegessen. Deshalb hat er keinen Nachtisch bekommen.
Wenn er ________________

d) Sie hat nicht lange geschlafen. Deshalb ist sie heute müde gewesen.
____

e) Er ist zu schnell gefahren. Deshalb hat ihm die Polizei den Führerschein abgenommen.
____

f) Es war draußen dunkel. Deshalb ist er in eine Pfütze getreten.
____

g) Ich hatte keine Uhr dabei. Deshalb bin ich zu spät gekommen.
____

h) Wir haben letztes Jahr ein Mäusepaar gekauft. Deshalb haben wir jetzt hundert Mäuse.
____

zu LB Ü 3 Ergänzen Sie. (→ Lehrbuch S. 180, 181)

9

Ausflüge Hunger Präsident Student Telefon Schock System Fernseher Erinnerungen Mauerbau Gruppen Handys Programm Kartoffelsalat Krieg Freizeit

a) Als Volker Mai ein Kind war, gab es noch keine ___________; seine Eltern hatten noch nicht einmal ein ___________.

b) Fast jeden Samstagabend verbrachte Volker Mai mit seinen Eltern bei den Nachbarn, weil die schon einen ___________ hatten. Es gab nur ein ___________ und keine Farbe, aber trotzdem waren diese Abende immer wie ein kleines Fest.

c) Sonntags machten sie ___________ mit dem Auto eines Onkels. Das war so klein, dass Volker Mai auf dem Schoß seiner Mutter sitzen musste, aber er hat schöne ___________ an diese Zeit.

d) Die Mutter von Volker Mai hat immer schon am Tag vorher Eier gekocht, Schnitzel gebraten und ___________ gemacht. Das Essen war damals ganz wichtig, weil die Menschen immer noch an die Zeiten dachten, in denen sie ständig ___________ hatten.

e) Das erste politische Ereignis, an das sich Volker Mai erinnern kann, war der ___________ in Berlin am 13. August 1961. In diesen Tagen wollten die Eltern zum kranken Großvater in die DDR reisen, aber es ging nicht mehr. Die Menschen waren sehr aufgeregt und hatten große Angst, dass es wieder ___________ geben könnte.

f) Zwei Jahre später, am 22. November 1963, wurde John F. Kennedy ermordet. Auch daran kann sich Volker Mai noch genau erinnern. Der amerikanische ___________ war ein Jahr vorher in Frankfurt gewesen. Da hatte Volker Mai ihn gesehen und wie die anderen Kinder mit kleinen amerikanischen Fahnen gewinkt. Die Nachricht von Kennedys Tod war wie ein ___________ für ihn.

g) Als Jugendlicher hat Volker Mai in seiner ___________ vor allem Musik gehört. Die Beatles und die Rolling Stones liebte er am meisten, obwohl seine Eltern diese ___________ schrecklich fanden.

h) Als ___________ hat sich Volker Mai sehr für Politik interessiert und protestierte wie ganz viele junge Leute gegen das kapitalistische ___________. Sein Sohn macht sich heute über ihn lustig, wenn Volker Mai von dieser Zeit erzählt.

zu LB Ü 3 Was ist richtig? ☒ (→ Lehrbuch S. 180, 181)

10

a) ■ 1. Der Sohn von Volker Mai will nach dem Abitur Politik studieren.
■ 2. Volker Mais Sohn wird wahrscheinlich Tiermedizin studieren.

b) ■ 1. Volker Mais Eltern wollten, dass er klassische Musik hört anstatt Beatles und Stones.
■ 2. Seine Eltern haben Volker Mai verboten, klassische Musik zu hören.

c) ■ 1. Volker Mai hat die Ermordung Kennedys im Fernsehen gesehen, weil das Attentat gefilmt worden war.
■ 2. Volker Mai war selbst dabei, als der amerikanische Präsident ermordet wurde.

d) ■ 1. Als Kennedy einen Deutschlandbesuch machte, hatten die Kinder in Frankfurt schulfrei.
■ 2. Kennedy hat bei seinem Deutschlandbesuch alle Kinder in den Schulen besucht.

e) ■ 1. Der Großvater von Volker Mai starb zwei Tage vor dem Mauerbau in Berlin.
■ 2. Volker Mais Großvater ist zwei Tage nach dem Mauerbau gestorben.

f) ■ 1. Volker Mai bekam als Kind immer wenig zu essen und hatte deshalb ständig Hunger.
■ 2. Essen war damals die Hauptsache, weil die Hungerjahre vorbei waren.

g) ■ 1. Volker Mai war schon 11 Jahre alt, als seine Eltern ein Telefon bekamen.
■ 2. Die Eltern hatten schon ein Telefon, als Volker Mai geboren wurde.

h) ■ 1. Er ging mit seinen Eltern jeden Tag zu den Nachbarn, weil sie da das Fernsehprogramm in Farbe sehen konnten.
■ 2. Bei den Nachbarn sahen sie fast jeden Samstagabend fern, obwohl es nur ein Programm in schwarz-weiß gab.

i) ■ 1. Volker Mai war schon fast erwachsen, als sich seine Eltern das erste Auto leisten konnten.
■ 2. Die Eltern hatten schon ein Auto, als Volker Mai zur Schule kam.

j) ■ 1. Als in Berlin die Mauer gebaut wurde, versuchten viele Menschen, in die DDR zu fliehen.
■ 2. Viele Menschen versuchten noch aus der DDR zu fliehen, als die Mauer in Berlin gebaut wurde.

zu LB Ü 3 Udo Mai fragt seinen Vater. Welche Antwort passt? (→ Lehrbuch S. 180, 181)

11

a) Gab es in deiner Kindheit schon Handys? ■
b) Wann habt ihr das erste Telefon bekommen? ■
c) Was habt ihr sonntags gemacht, als du klein warst? ■
d) Seid ihr bei diesen Ausflügen in ein Restaurant gegangen? ■
e) Hast du viel ferngesehen als Kind? ■
f) Wie war das, als du Kennedy in Frankfurt gesehen hast? ■
g) Wieso war die Ermordung Kennedys so ein Schock für dich? ■
h) Welche Musik hast du gehört, als du so alt warst wie ich? ■

1. Nein, dafür hatten wir kein Geld. Meine Mutter hat immer schon samstags Schnitzel gebraten und Kartoffelsalat gemacht.
2. Das war sehr aufregend. Wir hatten alle schulfrei und bekamen kleine Fahnen, um damit zu winken.
3. Nein, das konnte ich gar nicht, weil wir keinen Apparat hatten. Außerdem gab es damals auch nur ein Programm, das nur wenige Stunden lief.
4. Nein, natürlich nicht. Die wurden erst sehr viel später erfunden.
5. 1960; da war ich schon 11 Jahre alt.
6. Vor allem wegen der Fernsehbilder. Aber das kannst du sicher nicht verstehen, weil es heute im Fernsehen ja jeden Tag Morde und andere Verbrechen zu sehen gibt.
7. Vor allem die Beatles und die Stones. Du weißt ja, dass ich die immer noch gerne höre.
8. Da haben wir mit Onkel Franz und Tante Hedwig Ausflüge gemacht, weil sie ein Auto hatten.

zu LB Ü 3 Schreiben Sie die Sätze anders. Verwenden Sie den Genitiv.

12

a) Der Sohn von Volker Mai heißt Udo.

Volker Mais Sohn heißt Udo.

b) Die Frau von Volker heißt Sabine.

Volkers Frau heißt ______________________

c) Politik ist nicht die Welt von Udo.

Politik ist nicht ______________________

d) Die Ermordung von John F. Kennedy war ein Schock für viele Menschen.

John F. ______________________

e) Die Musik von Beethoven liebe ich sehr.

Beet ______________________

f) Die Musik von Mozart mag ich auch.

Die Musik Mo ______________________

g) Die Abiturnoten von Andrea sind nicht gut.

Andr ______________________

h) Das Examen von Carla war ausgezeichnet.

Car ______________________

i) Das Krokodil von Jochen Pensler hat Zahnschmerzen.

Jo ______________________

j) Hier steht das Bauernhaus von Familie Renken.

Das ist Familie ______________________

k) Der neue Freund von Sara ist ein bisschen langweilig.

Sara ______ *neuer* ______________________

l) Das schwarze Kleid von Sara ist sehr kurz.

S ______________________

m) Der Chef von Herrn Fischer ist montags manchmal nicht so nett.

Herrn ______________________

n) Die Karriere von Mozart war ungewöhnlich.

M ______________________

zu LB Ü 3 Sagen Sie es anders.

13

a) Herr Mai muss nicht lange überlegen.

Herr Mai braucht nicht lange zu überlegen.

b) Zum Fernsehen konnten sie einfach zu den Nachbarn gehen.

Zum Fernsehen brauchten sie nur zu den Nachbarn zu gehen.

c) Zum Baden konnten sie einfach an einen See fahren.

____

d) Sonntags musste die Mutter nicht kochen.

____

e) Die Suppe kann ich kochen. Es ist nicht nötig, dass du sie kochst.

Du brauchst ____

f) Um die Nachrichten zu hören, musst du nur das Radio einschalten.

Um ____________________ *brauchst* ____________________

g) Um in die Stadt zu fahren, kannst du einfach die Straßenbahn nehmen.

____

h) Die Wasserleitung kann ich selbst reparieren. Der Installateur muss nicht kommen.

Der Installateur ____

i) Es ist nicht nötig, dass Udo für sein Examen lernt.

Udo ____

j) Deine Haare sind schon trocken. Es ist nicht nötig, dass du sie föhnst.

____

k) Müssen Sie heute gar nicht ins Büro gehen, Frau Schreiber?

____

l) Meine Zahnschmerzen sind weg. Ich muss nicht zum Zahnarzt gehen.

____

m) Wenn du Informationen über Kennedy brauchst, kannst du einfach im Internet nachsehen.

____

n) Die Geschichte kenne ich schon. Es ist nicht nötig, dass du sie weitererzählst.

____

zu LB Ü 4 Was passt nicht?

14

a) Kindergartenplätze – weniger Steuern – eine neue Politik – ~~einen Unfall~~ **versprechen**
b) Geld – die Finanzsituation – Euros – Münzen **ausgeben**
c) Zeit – Energie – Licht – Nacht **sparen**
d) das Rathaus – die Stadtbücherei – den Redner – die Bibliothek **renovieren**
e) die SPD – die CDU – die Fußgänger – die Fußgängerzone **erneuern**
f) die Stadtbücherei – die Kirche – das Rathaus – den Bürgermeister **umbauen**
g) das Parken – das Angeln – die Luft – das Schwimmen **verbieten**
h) Arbeitsplätze – Weihnachtsplätzchen – Kindergartenplätze – Parkplätze **schaffen**
i) den Nahverkehr – das Interesse – den Umweltschutz – die Sonne **fördern**
j) die Eintrittskarten – die Steuern – die Kosten – die Eintrittspreise **senken**
k) ein Land – einen Staat – eine Stadt – einen Bauernhof **regieren**
l) eine Partei – eine Fußgängerzone – einen Betrieb – eine Abteilung **leiten**
m) eine Party – eine Partei – eine Stadt – eine Werbeagentur **gründen**

zu LB Ü 4 Ergänzen Sie.

15

~~autofreundlich~~ umweltfreundlich fußgängerfreundlich kundenfreundlich einkaufsfreundlich kinderfreundlich familienfreundlich tierfreundlich radfahrerfreundlich

a) Man soll leicht mit dem Wagen durch die Stadt kommen und ohne Probleme einen Parkplatz finden. Die Stadt soll *autofreundlich* sein.

b) Die Mitarbeiter der Post besuchen Seminare, um besser beraten zu können. Man will ____________ sein.

c) Man soll bequem im Zentrum zu Fuß gehen können. Das Zentrum soll ____________ werden.

d) Indem man mehr Spielplätze für die Kleinen baut, möchte man die Stadt ____________ machen.

e) Im Zentrum soll es bald mehr kleine Geschäfte und Läden geben. Es soll ____________ sein.

f) Der Zoo wird umgebaut, sodass die Tiere mehr Platz haben. Er soll ____________ werden.

g) Die Stadt will ____________ sein und möchte die Natur schützen.

h) Das Schwimmbad soll niedrige Eintrittspreise für Eltern mit Kindern anbieten. Es soll ____________ werden.

i) Man will Wege bauen, die nur mit dem Rad benutzt werden können. Die Stadt will ____________ sein.

zu LB Ü 4 Wie heißen die Sätze?

16

a) Man hat viel Geld ausgegeben. Jetzt ist wenig Geld da.
(weniger Geld ausgeben, jetzt mehr Geld da sein)

Wenn man weniger Geld ausgegeben hätte, wäre jetzt mehr Geld da.

b) Man hat das Rathaus teuer renoviert. Jetzt ist die Finanzsituation schlecht.
(das Rathaus günstig renovieren, jetzt die Finanzsituation besser sein)

Wenn man ______________________________

c) Man hat die Räume teuer eingerichtet. Man hat viele Schulden.
(Räume einfach einrichten, weniger Schulden haben)

Wenn man ______________________________

d) Man hat das Parken im Zentrum verboten. Jetzt kann man schwer einen Parkplatz finden.
(das Parken nicht verbieten, leichter einen Parkplatz finden können)

Wenn man ______________________________

e) Man hat keinen Radweg gebaut. Die Stadt ist für Radfahrer unattraktiv.
(einen Radweg bauen, die Stadt attraktiver für Fahrradfahrer sein)

Wenn man ______________________________

f) Man hat den Kindergarten nicht gebaut. Es gibt zu wenig Kindergartenplätze.
(den Kindergarten bauen, genug Kindergartenplätze geben)

Wenn man ______________________________

g) Man hat beim Umbau der Bücherei nicht gespart. Die Finanzsituation ist schlecht.
(beim Umbau sparen, Finanzsituation besser sein)

Wenn man ______________________________

h) Man hat die Eintrittspreise für das Schwimmbad erhöht. Familien besuchen es selten.
(die Eintrittspreise senken, Familien öfter das Schwimmbad besuchen)

Wenn man ______________________________

i) Man hat den Nahverkehr nicht gefördert. Viele Leute benutzen den Wagen.
(Nahverkehr fördern, weniger Leute den Wagen benutzen)

Wenn man ______________________________

j) Man hat nur wenige Bäume im Park gepflanzt. Er ist nicht schön.
(mehr Bäume im Park pflanzen, er schöner sein)

Wenn man ______________________________

k) Man hat an den Kreuzungen zu viele Ampeln angebracht. Es gibt oft Staus.
(weniger Ampeln an den Kreuzungen anbringen, es seltener Staus geben)

Wenn man ______________________________

l) Man hat zu wenige Verkehrsschilder montiert. Die Autofahrer finden den Weg nur schwer.
(mehr Verkehrsschilder montieren, die Autofahrer leichter den Weg finden)

Wenn man ______________________________

zu LB Ü 4 Sagen Sie es anders.

17

a) Wenn man doch nur gespart hätte! — *Hätte man doch nur gespart!*

b) Wenn doch nur gespart worden wäre. — *Wäre doch nur gespart worden!*

c) Wenn man doch nur nachgedacht hätte! — ______________________

d) Wenn man doch nur geplant hätte! — ______________________

e) Wenn doch nur angefangen worden wäre! — ______________________

f) Wenn man doch nur gebaut hätte! — ______________________

g) Wenn man doch nur renoviert hätte! — ______________________

h) Wenn doch nur etwas getan worden wäre! — ______________________

zu LB Ü 4 Ergänzen Sie.

18

a) Man spart nicht. — *Aber man hätte sparen müssen.*

b) Es wird nicht gespart. — *Aber es hätte gespart werden müssen.*

c) Man diskutiert nicht. — *Aber man* ______________________

d) Es wird nicht diskutiert. — *Aber es* ______________________

e) Man arbeitet nicht. — *Aber man* ______________________

f) Man unternimmt nichts. — *Aber man* __________ *etwas* __________

g) Es wird nichts entschieden. — *Aber es* __________ *etwas* __________

h) Man tut nichts. — *Aber man* ______________________

i) Man wartet. — *Aber man hätte nicht warten dürfen.*

j) Man schläft. — *Aber man* ______________________

k) Man träumt. — *Aber man* ______________________

l) Man ist langsam. — *Aber man* ______________________

zu LB Ü 4 Ergänzen Sie.

19

a) In Zukunft sparen wir.

Ich verspreche Ihnen, dass wir sparen werden.

b) In Zukunft entwickeln wir die Stadt.

Es ist sicher, dass wir ______________________

c) In Zukunft kümmern wir uns um alles.

Glauben Sie mir, dass ______________________

d) In Zukunft sorgen wir für die Stadt.

Ich sage Ihnen heute, dass ______________________

e) In Zukunft bringen wir die Finanzsituation in Ordnung.

Es ist sicher, dass ______________________________

f) In Zukunft erneuern wir alles.

Ich verspreche Ihnen, dass ______________________________

g) In Zukunft lösen wir die Probleme.

Ich kann Ihnen versprechen, dass ______________________________

h) In Zukunft schaffen wir Arbeitsplätze.

Unser Versprechen ist, dass ______________________________

i) In Zukunft fördern wir den Umweltschutz.

Es ist sicher, dass ______________________________

j) In Zukunft senken wir die Steuern.

Versprechen kann ich Ihnen heute, dass ______________________________

k) In Zukunft stehen Sie mit uns nicht im Regen.

Und ich verspreche Ihnen jetzt, dass ______________________________

zu LB Ü 5 Ergänzen Sie.

20

Stadtrat Stimme Wähler Koalition Wahlergebnis Rede Wählerstimmen Bundeskanzler Parteien Wahlkampf Hochrechnung Rathaus

a) Bei einer Wahl gibt man seine ______________ ab.

b) Die Leute, die wählen, sind die ______________.

c) Die Stimmen, die die Wähler abgeben, sind die ______________.

d) Wenn die Parteien vor einer Wahl um die Stimmen der Wähler kämpft, machen sie

______________.

e) Ein Stadtparlament nennt man auch den ______________.

f) Die Sitzungen des Stadtparlaments finden normalerweise im ______________ statt.

g) SPD, CDU, FDP und die Grünen sind ______________.

h) Wenn mehrere Parteien in einer Regierung zusammenarbeiten, nennt man das eine

______________.

i) Wenn ein Politiker im Parlament spricht, hält er eine ______________.

j) Eine Rechnung, die das wahrscheinliche Ergebnis der Wahl zeigt, ist eine ______________.

k) Das endgültige Ergebnis einer Wahl ist das ______________.

l) Den Regierungschef nennt man in Deutschland ______________.

zu LB Ü 6 Schreiben Sie.

21

a) Im Bundestag fand das Gesetz zur Steuerreform keine Mehrheit.

Es gab eine Sitzung im *Bundestag*.

Dort wurde über das ____________ ____ __________ diskutiert.

Aber es gab keine ____________ für das Gesetz.

b) Die Opposition übte scharfe Kritik an den Vorschlägen der Bundesregierung.

Die Bundesregierung machte ____________.

Doch diese wurden von ____ ____________ scharf kritisiert.

c) Nach seiner Rückkehr aus Japan berichtete der österreichische Außenminister auf einer Pressekonferenz von den Eindrücken seiner Reise.

Der ____________ kehrte ____ __________ zurück.

Anschließend gab er eine ____________.

Dabei berichtete er von ____ ________ ____ ____________.

d) Er lobte die guten Beziehungen zwischen beiden Ländern und hofft auf positive Wirkungen für die Exportwirtschaft.

Zuerst berichtete er von den ______ __________ zwischen beiden Ländern.

Diese wurden von ihm ____________.

Er sprach auch von der Hoffnung auf ______ ______ ___ ___ ____________.

zu LB Ü 7 Was passt wo? Ergänzen Sie. (→ Lehrbuch S. 183, Nr. 7)

22

a) ~~Umweltschutz~~ Gesetzen Generationen Welt denken Energiepolitik

Markus findet den *Umweltschutz* am wichtigsten. Man darf die ________ nicht kaputt machen. Deshalb haben die Politiker bei ________ auch an die nächsten ________ zu ________. Vor allem in der ________ muss noch viel getan werden: Viel mehr Strom soll aus Sonne und Wind produziert werden.

b) Geld Politik Schutz Machtinteressen verstehen Fleisch

Stefanie interessiert sich nicht für ________, denn da geht es nur um ________ und ____________. Die Arbeit der Leute von Greenpeace findet sie viel wichtiger, denn sie tun etwas für den ________ der Tiere. Ihrer Meinung nach sollten auch Kühe und Schweine geschützt werden. Es ist nicht zu ________, dass die meisten Menschen zwar Tiere lieben, aber trotzdem ________ essen.

c) Frieden Kriege Milliarden Waffen glauben Kampf

Urs findet es schlimm, dass es immer noch ____________ auf der Welt gibt. Für den ____________ wird viel zu wenig getan, aber für ____________ gibt es immer genug Geld. Es ist nicht zu ____________, dass ein einziges modernes Kampfflugzeug ____________ kostet, aber Millionen Menschen an Hunger sterben. Für den ____________ gegen den Hunger müsste man dieses Geld verwenden.

d) Probleme Politiker Professoren Studenten beschweren Wahlen

Renan denkt, dass die ____________ viel zu alt sind, um die ____________ der jungen Leute zu verstehen. Für die Politiker sind ____________ nicht interessant, weil sie wenig Geld haben. Sie haben sich nicht zu ____________, obwohl an der Universität Räume und ____________ fehlen. Sie geht nicht zu den ____________, denn sie findet, die Politiker tun sowieso nichts.

zu LB Ü 7 Was ist richtig? ✗

23

a) Der Regenschirm ist alt, aber er ist noch zu benutzen.
- 1. Er kann noch benutzt werden.
- 2. Er muss noch benutzt werden.

b) Das Handy ist nass, aber es ist noch zu benutzen.
- 1. Man kann es noch benutzen.
- 2. Man darf es nicht mehr benutzen.

c) Handys sind in diesem Restaurant nicht zu benutzen.
- 1. Hier muss man sie nicht benutzen.
- 2. Hier darf man sie nicht benutzen.

d) Dieses Telefon ist nur mit Karte zu benutzen.
- 1. Man kann es nur mit Karte benutzen.
- 2. Man braucht es nicht mit Karte zu benutzen.

e) Bei Feuer ist das Gebäude sofort zu verlassen.
- 1. Es kann verlassen werden.
- 2. Es muss sofort verlassen werden.

f) Das ist nicht zu verstehen.
- 1. Das darf man nicht verstehen.
- 2. Das kann man nicht verstehen.

g) In der Stadt sind noch viele Kindergärten zu bauen.
- 1. Es müssen noch viele Kindergärten gebaut werden.
- 2. Man braucht nicht mehr viele Kindergärten zu bauen.

h) In der Energiepolitik ist noch sehr viel zu tun.
- 1. In der Energiepolitik braucht nicht viel getan zu werden.
- 2. In der Energiepolitik muss noch viel getan werden.

zu LB Ü 7 Schreiben Sie.

24

a) Politiker – viel lesen

Politiker haben viel zu lesen. Sie müssen viel lesen.

b) im Parlament – Politiker – nicht schlafen

Im Parlament haben Politiker nicht zu schlafen. Im Parlament dürfen Politiker nicht schlafen.

c) Sekretärin: viel schreiben

Die Sekretärin hat ______ *. Sie m* ______

d) der Bürgermeister : viel erledigen

Der Bürgermeister ______ *. Er* ______

e) in der Bibliothek – man – leise sein

In der Bibliothek ______ *. In der Bibliothek* ______

f) man – im Museum – nicht laut sein:

Im Museum ______ *. Im Museum* ______

g) im Treppenhaus – Kinder – nicht spielen

Im Treppenhaus ______ *. Im Treppenhaus* ______

h) Politiker – an die Zukunft denken

Die Politiker ______ *. Die Politiker* ______

zu LB Ü 8 Ändern Sie die Sätze.

25

a) Helga hebt Herde. *Herde* ______

b) Hilde hilft hier. *Hier* ______

c) Helmut holt Honig. ______

d) Herbert hat Hunger. ______

e) Hannes hustet heimlich. ______

f) Hugo hasst Honig. ______

zu LB Ü 8 Ergänzen Sie **H, h** oder **–**.

26

a) Herbert ___eizt ___eute e___rlich ___errlich.

b) In Heiners Eimer ist ___eute ___ein Ei.

c) Wir ___offen, der Ofen ist ___offen.

d) Hugo ___olt Hildes ___und ___und ___ustet.

e) ___eute ___isst Hugo ___onig.

f) Ist das Licht im ___aus ___aus?

g) Was macht ___ihr ___ier?

h) Warum ___alten sie bei den ___alten ___äusern am ___afen?

i) Ihr müsst ___eben das Klavier ___öher ___eben.

j) ___ast du den Ast?

k) Kannst du Herbert raten zu ___eiraten?

l) Ich weiß, es ist ___eiß, des___alb essen wir Eis.

m) Was soll ich mit dem Hu___n tu___n?

n) ___übsche ___osen ___ängen vor Evas ___aus.

zu LB Ü 11 Schreiben Sie die Sätze.

27

a) diebestehlenoftanhaltestellen — *Diebe stehlen oft an Haltestellen.*

b) ichrateihm,daseizubraten ______

c) ihreehegehtgut ______

d) siespieltmitihrenzehen ______

e) siehatvierzehnzähne ______

f) ichsehe,siesiehtfern ______

g) siebestelltekuchenohnesahne ______

h) schuheundhandschuheliegenaufstühlen ______

i) sieruftihnimzug ______

j) lehrerundlehrlingesteigeninleerezüge ______

k) diemehrheitbenutztdenöffentlichennahverkehr ______

l) siehmal,sieruftihnindertelefonzellean ______

m) seinsohnliegtindersonneammeer ______

n) kinderbohrenindenohren ______

o) siestörenmanchmalundhörennicht ______

p) deraltezughältnochnicht ______

q) erwirdgleichanhalten ______

r) mitdiesemfahrerzufahrenistschön ______

s) diekuhmachtfrüh„muh“ ______

t) wahrscheinlichwählenwiedervielewähler ______
beiderwahlfalsch ______

zu LB Ü 12 Markieren Sie die Teile der Wörter.

28

BAHNHOFS|CAFÉ ZEIT|SCHRIFT KINDERFOTOS BUSSCHILD SCHLÜSSELLOCH

SITZPLATZ NOTIZZETTEL TELEFONNUMMER TRAUMMANN RAUMMITTE

SCHAFFELL NUSSSCHOKOLADE HANDTASCHE KONTROLLLAMPE HAUSSCHLÜSSEL

SALATTELLER WAHLLISTE TISCHDECKE TOPFDECKEL FISCHSTÄBCHEN

SCHIFFSREISE MOTORRAD HOTELLIFT ASTSTÜCK TÜRREPARATUR ARZTTASCHE

BETTTUCH STECKDOSE HOCHHAUS KUHMILCH WURSTSCHEIBE GEPÄCKSTÜCK

SÜDDEUTSCHLAND

zu LB Ü 12 Ordnen Sie.

29

~~Sicherheitshinweis~~ ~~Öffentlichkeitsinteresse~~ ~~Regierungskrise~~ ~~Gewerkschaftsreform~~ ~~Oppositionsmitglied~~ ~~Kindheitserinnerung~~ Beratungsfirma Wirtschaftspolitik Inflationsproblem Schlankheitskur Zeitungsreporter Tätigkeitsbericht Informationsbüro Generationsproblem Versicherungsbüro Freiheitswunsch Menschheitstraum Landwirtschaftsminister Sauberkeitskontrolle Mannschaftsarzt Gemeinschaftsinteresse Persönlichkeitsentwicklung Bewerbungsgespräch Freundschaftsdienst Koalitionsgespräch Höflichkeitsbesuch

*Sicher**heit**shinweis*	*Öffentlich**keit**sinteresse*	*Regier**ung**skrise*
Kindheitserinnerung		

*Gewerk**schaft**sreform*	*Opposi**tion**smitglied*

zu LB Ü 12 Ergänzen Sie.

30

a) Ist Annas Ananas nass? – Ja, Annas Ananas ist nass.

b) Ist Annas Nase nass? – Ja, Annas ______

c) Sind Annas Ananas und Annas Nase nass?– Ja, ______

d) Ist der Fisch wirklich frisch? – Ja, der ______

e) Sinkt jetzt die Sonne in Helsinki? – Ja, jetzt ______

f) Näht Oma das Loch noch? – Ja, das ______

g) Kocht der Koch doch noch? – Ja, der ______

zu LB Ü 14 Was passt? Ordnen Sie zu und schreiben Sie die Sätze.

31

1. ~~Hast du eigentlich eine Ahnung, was Klaus macht?~~
2. In diesem Fall hätte er aber sicher „Auf Wiedersehen“ gesagt.
3. Ich vermute, er ist zurzeit sehr beschäftigt.
4. Bist du eigentlich noch mit seinen Eltern in Verbindung? Sicher werden die wissen, was er jetzt macht.
5. Ah, jetzt erinnere ich mich: Sollte er nicht eine Stelle in Berlin bekommen?
6. Nein, wirklich nicht. Er hat schon lange nichts mehr von sich hören lassen.
7. Richtig, ich kann ja mal mit ihnen telefonieren.
8. Davon hatte ich keine Ahnung. Ja, dann denke ich, dass er wohl schon umgezogen ist.
9. Das glaube ich auch, dass er viel zu tun hat, denn sonst hätte ich mal wieder etwas von ihm gehört.
10. Möglicherweise hatte er dafür gar keine Zeit mehr.

● Sag mal, weißt du eigentlich, was aus Klaus geworden ist?

a) 1 *Hast du eigentlich eine Ahnung, was Klaus macht?*

■ Nein, ich habe auch schon lange nichts mehr von ihm gehört.

b) ■ ____________________

● Er wird wohl viel zu tun haben.

c) ● ____________________

■ Wahrscheinlich, sonst hätte er sich sicher mal wieder gemeldet.

d) ■ ____________________

● Da fällt mir ein: Hatte man ihm nicht eine Stelle in Berlin angeboten?

e) ● ____________________

■ Das wusste ich gar nicht. Na, dann wird er wohl dorthin gezogen sein.

f) ■ ____________________

● Aber dann hätte er sich doch bestimmt verabschiedet.

g) ● ____________________

■ Vielleicht ist er nicht mehr dazu gekommen.

h) ■ ____________________

● Hast du eigentlich noch Kontakt zu seinen Eltern? Die müssen doch wissen, was er jetzt macht.

i) ● ____________________

■ Ja, stimmt. Ich kann sie ja mal anrufen.

j) ■ ____________________

zu LB Ü 14 Sagen Sie es anders.

32

a) Ich glaube, er schläft gerade.	*Er wird gerade schlafen.*
b) Ich denke, er telefoniert im Augenblick.	*Er wird* ____________________
c) Ich nehme an, er steht im Moment auf.	*Er* ____________________
d) Ich vermute, er ist gerade beim Essen.	*Er* ____________________
e) Er macht gerade eine Pause, vermute ich.	*Er* ____________________
f) Vermutlich spielt er gerade Tennis.	*Er* ____________________
g) Höchstwahrscheinlich liest er gerade.	*Er* ____________________
h) Er bereitet wohl gerade eine Konferenz vor.	*Er* ____________________

zu LB Ü 14 Schreiben Sie.

33

a) ● Warum ist Udo nicht da? Ist er krank?

■ *Ja, er wird wohl krank sein.*

b) ● Warum hat Eva sich nicht gemeldet? Ist sie im Urlaub gewesen?

■ *Ja, sie wird wohl im Urlaub gewesen sein.*

c) ● Warum ruft Peter nicht an? Hat er keine Zeit?

■ *Ja, er* ______________________

d) ● Warum kommt Uwe nicht? Muss er arbeiten?

■ *Ja, er* ______________________

e) ● Warum ist Herbert nicht gekommen? Hat er gearbeitet?

■ *Ja, er* ______________________

f) ● Ich will Jens besuchen. Ist er zu Hause?

■ *Ja, er* ______________________

g) ● Wo ist Petra? Unter der Dusche?

■ *Ja, sie* ______________________

h) ● Ist der Chef in seinem Büro?

■ *Ja, er* ______________________

i) ● Glaubst du, dass unser neuer Kollege verheiratet ist?

■ *Ja, er* ______________________

j) ● Curt ist nicht mehr in der Stadt. Ist er schon nach Berlin gezogen?

■ *Ja, er* ______________________

zu LB Ü 16 Ergänzen Sie.

34

a) Wir werden viel häufiger verreisen.

Mit Sicherheit werden wir viel häufiger verreisen.

Ich bin sicher, dass wir viel häufiger verreisen werden.

b) Die Menschen werden dauernd unterwegs sein.

Vermutlich werden ______________________

Ich vermute, dass ______________________

c) Die Arbeitszeit wird auf ca. drei Stunden pro Tag zurückgehen.

Möglicherweise ______________________

Ich kann mir vorstellen, dass ______________________

d) Die Form der Arbeit wird sich ändern.

Höchstwahrscheinlich ______________________

Ich halte es für sehr wahrscheinlich, dass ______________________

e) Die Temperatur wird in Zukunft zentral geregelt werden.

Bestimmt ______________________________

Ich bin der Überzeugung, dass ______________________________

f) Es wird keine Unterschiede zwischen den Jahreszeiten mehr geben.

Vielleicht ______________________________

Es ist denkbar, dass ______________________________

zu LB Ü 16 Bilden Sie Sätze.

35

a) Man wird den Urlaub auf dem Mond verbringen.

1. ich – es toll finden – wenn – können

Ich fände es toll, wenn man ______________________________ *könnte.*

2. er – es sich wünschen – dass – können

Er würde es sich wünschen, dass man ______________________________ *könnte.*

3. sie – Angst davor haben – zu

Sie hätte Angst davor, den ______________________________ *zu verbringen.*

b) Man wird nur noch drei Stunden pro Tag arbeiten.

1. ich – es sich herrlich vorstellen – dass – müssen

Ich würde es mir herrlich vorstellen, dass man ______________________________ *müsste.*

2. er – es gut finden – wenn – müssen

Er fände ______________________________

3. sie – es nicht gut finden – zu

Sie ______________________________

c) Man wird riesige Dächer über den städtischen Gebieten bauen.

1. ich – es eine gute Idee finden – wenn

____

2. er – es sich gut vorstellen können – dass

____

3. sie – es einen scheußlichen Gedanken finden – zu

____

d) Man wird zu fernen Planeten fliegen.

1. ich – keine Angst davor haben – zu

____

2. er – sich darüber freuen – wenn – können

____

3. sie – es ablehnen – zu

____

zu LB Ü 16 Schreiben Sie.

36

Das schrieb man im Jahr 2000:	Das wird man im Jahr 2100 schreiben:
a) In 50 Jahren werden die Menschen dauernd unterwegs sein.	*Vor 50 Jahren waren die Menschen dauernd unterwegs.*
b) Auf der Erde wird es kein ruhiges Plätzchen mehr geben.	*Auf der Erde gab*
c) Seinen Urlaub wird man auf dem Mond oder einem fernen Planeten verbringen.	*Seinen Urlaub*
d) Man wird nur noch drei Stunden pro Tag arbeiten.	
e) Die industrielle Arbeit wird von Automaten übernommen.	
f) Die meiste Zeit wird man am Computerterminal sitzen.	
g) Wetter und Klima werden die Menschen selbst bestimmen.	
h) Die Produktion der Landwirtschaft wird nicht mehr vom Zufall abhängen.	
i) Die Bürger werden eine direkte Mitbestimmung in der Politik bekommen.	
j) Wahlen werden im Internet stattfinden.	
k) Schon Fünfzehnjährige werden wählen dürfen.	
l) Politiker werden nur zwei Jahre im Amt bleiben.	

Wörter im Satz

37

	Ihre Muttersprache	**Schreiben Sie einen Satz aus Delfin, Lehrbuch.**
____ *Bürger*	____________	______________________________
____ *Ehe*	____________	______________________________
____ *Gesetz*	____________	______________________________
____ *Gewohnheit*	____________	______________________________
____ *Leistung*	____________	______________________________
____ *Opposition*	____________	______________________________
____ *Politik*	____________	______________________________
____ *Preis*	____________	______________________________
____ *Programm*	____________	______________________________
____ *Regierung*	____________	______________________________
____ *Sendung*	____________	______________________________
____ *Standpunkt*	____________	______________________________
____ *Stück*	____________	______________________________
____ *Verbindung*	____________	______________________________
____ *Wahl*	____________	______________________________
____ *Zufall*	____________	______________________________
abhängen	____________	______________________________
ändern	____________	______________________________
ausgeben	____________	______________________________
entstehen	____________	______________________________
erfinden	____________	______________________________
gründen	____________	______________________________
regeln	____________	______________________________
übersetzen	____________	______________________________
verändern	____________	______________________________
veröffentlichen	____________	______________________________
vorziehen	____________	______________________________

warnen __________ ____________________

knapp __________ ____________________

mündlich __________ ____________________

öffentlich __________ ____________________

vergeblich __________ ____________________

Grammatik

§ 37 Futur

38

a) Futur I

	Präsens **werden**		*Infinitiv*
ich	**werde**		
du	**wirst**		
er/sie/es	**wird**	eine Reise	**machen**.
wir	**werden**		
ihr	**werdet**		
sie/Sie	**werden**		

b) Futur II

	Präsens **werden**		***Partizip II***	*Infinitiv*
ich	**werde**			
du	**wirst**			
er/sie/es	**wird**	eine Reise	**gemacht**	**haben.**
wir	**werden**			
ihr	**werdet**			
sie/Sie	**werden**			

c) Gebrauch

	Formulierung mit Futur	***Formulierung mit Präsens/Perfekt + Zeitangabe***
Annahmen über die Gegenwart	Er **wird** (wohl) eine Reise **machen**.	Er **macht wahrscheinlich gerade** eine Reise.
Annahmen über die Zukunft	Er **wird** eine Reise **machen**. Er **wird** eine Reise **machen müssen**.	Er **macht wahrscheinlich nächste Woche** eine Reise. Er **muss wahrscheinlich nächste Woche** eine Reise **machen**.
Versprechen für die Zukunft	Ich **werde** eine Reise **machen**.	Ich **verspreche**, dass ich **nächste Woche** eine Reise **mache**. Ich **mache bestimmt nächste Woche** eine Reise.
Annahmen über die Vergangenheit	Er **wird** (wohl) eine Reise **gemacht haben**.	Er **hat wahrscheinlich letzte Woche** eine Reise **gemacht**.

§ 39 Konjunktiv II der Vergangenheit

39

	Konjunktiv II haben		*Partizip II*
ich	**hätte**		
du	**hättest**		
er/sie/es	**hätte**	eine Reise	**gemacht**.
wir	**hätten**		
ihr	**hättet**		
sie/Sie	**hätten**		

	Konjunktiv II sein		*Partizip II*
ich	**wäre**		
du	**wärst**		
er/sie/es	**wäre**	nach Wien	**gefahren**.
wir	**wären**		
ihr	**wärt**		
sie/Sie	**wären**		

Realität in der Vergangenheit:
Kolumbus **ist** nach Westen **gesegelt**. Er **hat** Amerika **entdeckt**.

Gedankenspiel über die Vergangenheit:
Wenn Kolumbus **nicht** nach Westen **gesegelt wäre**, **hätte** er Amerika nicht **entdeckt**.

Übersicht: Wenn-Sätze

40

a) Konditionalsätze

Bedingung	***Folge***	
Wenn er die Stelle **bekommt**,	**geht** er nach Berlin. **wird** er nach Berlin gehen.	Vielleicht bekommt er die Stelle. Dann geht er nach Berlin.
Präsens	*Präsens oder Futur*	*Es ist in der Gegenwart oder in der Zukunft möglich.*
Wenn er die Stelle **bekäme**,	**würde** er nach Berlin **gehen**.	Wahrscheinlich bekommt er die Stelle nicht. Dann geht er auch nicht nach Berlin.
Konjunktiv II	*Konjunktiv II*	*Es ist in der Gegenwart oder in der Zukunft möglich, aber nicht wahrscheinlich. Die Bedingung ist in der Gegenwart nicht erfüllt.*
Wenn er die Stelle **bekommen hätte**,	**wäre** er nach Berlin **gegangen**.	Er hat die Stelle nicht bekommen. Deshalb ist er nicht nach Berlin gegangen.
Konjunktiv II der Vergangenheit	*Konjunktiv II der Vergangenheit*	*Es wäre in der Vergangenheit möglich gewesen, ist aber nicht Realität geworden. Die Bedingung war in der Vergangenheit nicht erfüllt.*
Wenn er die Stelle **bekommen hätte**,	**würde** er heute in Berlin **arbeiten**.	Er hat die Stelle nicht bekommen. Deshalb arbeitet er heute nicht in Berlin. *Die Bedingung war in der Vergangenheit nicht erfüllt, deshalb ist die Realität in der Gegenwart anders.*

b) Temporalsätze

Zeitpunkt	***parallele Handlung***	
Wenn wir einen Ausflug **machen**,	**nehmen** wir Getränke **mit**. **werden** wir Getränke **mitnehmen**.	wenn = sobald Wir machen bald einen Ausflug. Dann werden wir Getränke mitnehmen.
Präsens	*Präsens oder Futur*	*Aussage über einen Zeitpunkt in der Zukunft.*
Wenn wir einen Ausflug **machen**,	**nehmen** wir Getränke **mit**.	wenn = immer wenn Wir machen manchmal einen Ausflug. Dann nehmen wir jedes Mal Getränke mit.
Präsens	*Präsens*	*Aussage über eine Gewohnheit.*

Wenn wir einen Ausflug **machten**,	**nahmen** wir Getränke **mit**.	wenn = immer wenn Wir machten manchmal einen Ausflug. Dann nahmen wir jedes Mal Getränke mit.
Präteritum	*Präteritum*	*Aussage über eine Gewohnheit in der Vergangenheit.*

! (immer) **wenn** ≠ **als**

Als wir einen Ausflug **machten**,	**nahmen** wir Getränke **mit**.	Wir machten einmal einen Ausflug. Da nahmen wir Getränke mit.
Präteritum	*Präteritum*	*Aussage über einen Zeitpunkt in der Vergangenheit.*

haben, sein, brauchen + zu + Infinitiv

41

Er **braucht nicht zu** überlegen.	Er **muss nicht** überlegen.	*(keine Notwendigkeit)*
Er **braucht nur** seinen Kollegen **zu** fragen.	Er **kann** einfach seinen Kollegen fragen.	*(Möglichkeit)*
Er **hat** seine Arbeit **zu** machen.	Er **muss** seine Arbeit machen.	*(Notwendigkeit, Pflicht)*
Er **hat** sich **nicht zu** beschweren.	Er hat **keinen Grund** sich zu beschweren.	*(keine Notwendigkeit, keine Pflicht)*
Die Arbeit **ist** pünktlich **zu** machen.	Die Arbeit **muss** pünktlich gemacht werden.	*(Notwendigkeit, Pflicht)*
Die Musik **ist zu** hören.	Man **kann** die Musik hören.	*(Möglichkeit)*
Die Musik **ist nicht zu** hören.	Man **kann** die Musik **nicht** hören.	*(keine Möglichkeit)*

§ 7 Eigennamen im Genitiv

42

Volker**s** Sohn	= der Sohn von Volker	*(Vorname)*
Volker Mai**s** Sohn	= der Sohn von Volker Mai	*(Vorname + Nachname)*
Herr**n** Mai**s** Sohn	= der Sohn von Herrn Mai	*(Herr + Nachname)*
Frau Mai**s** Sohn	= der Sohn von Frau Mai	*(Frau + Nachname)*
Kennedy**s** Besuch	= der Besuch von Kennedy	*(Nachname)*
Präsident Kennedy**s** Besuch	= der Besuch von Präsident Kennedy	*(Titel + Nachname)*

Nachgestellter Genitiv bei bekannten Persönlichkeiten:

der Besuch Kennedy**s**	= der Besuch von Kennedy	*(Nachname)*
der Besuch Präsident Kennedy**s**	= der Besuch von Präsident Kennedy	*(Titel + Nachname)*

Namen auf **–s**:

Thomas' Reise	die Reise von Thomas
Doris' Hund	der Hund von Doris

Wortschatz

Nomen

s Abgas, –e
s Amt, ⸚er
e Annahme, –n
r Apparat, –e
s Arbeiten (Verb)
e Arbeitslosigkeit
e Arbeitszeit, –en
s Attentat, –e
r Außenminister, –
e Aussprache, –n
r Automat, –en
s Bankengesetz, –e
r Benzinmotor, –en
r Berater, –
e Borste, –n
r Buchdruck
e Bundesregierung, –en
e Bundesrepublik
r Bundestag
r Bürger, –
e Bürste, –n
r Busfahrpreis, –e
r Christdemokrat, –en
s Computerterminal, –s
r Deutschlandbesuch, –e
r Dinosaurier, –
e Ehe, –n
r Eindruck, ⸚e
r Eintrittspreis, –e
r Eisberg, –e
e Energiepolitik
r Engländer, –
e Ermordung, –en
r Eurotunnel
e Exportchance, –n
e Exportwirtschaft
r Fachmann, Fachleute
e Fahne, –n
r Fernsehabend, –e
r Fernsehapparat, –e
s Fernsehbild, –er
e Finanzsituation, –en
e Form, –en
r Franzose, –n
s Futur
s Geburtsjahr, –e
s Gedankenspiel, –e
e Gefahr, –en
r Gemüsehändler, –
s Gesetz, –e
r Gesprächspartner, –
s Gesprächsthema, –themen
r Gewinner, –
e Gewohnheit, –en
e Grafik, –en
r Gymnasiallehrer, –
r Gymnasiast, –en
s Handy, –s
e Hauptsache, –n
e Hochrechnung, –en
r Holzhändler, –
s Holzhaus, ⸚er
s Idol, –e
e Infektionskrankheit, –en
e Inflation, –en
e Jahreszeit, –en
r Jahrgang, ⸚e
r Käfer, –
s Kampfflugzeug, –e
r Kapitalismus
r Kindergarten, ⸚
r Kindergartenplatz, ⸚e
e Klimaanlage, –n
e Klimakatastrophe, –n
e Koalition, –en
e Kommunalpolitik
r Kommunist, –en
e Krise, –n
e Kritik, –en
Kurznachrichten (pl)
e Landwirtschaft
r Landwirtschaftsminister, –
r Lehrerberuf, –e
e Leistung, –en
s Machtinteresse, –n
r Mauerbau
e Mehrheit, –en
r Metzger, –
s Metzgermesser, –
Milliarde, –n
r Ministerpräsident, –en
e Mitbestimmung
r Mitgliedstaat, –en
r Mond, –e
e Muttersprache, –n
s Nachkriegsjahr, –e
r Nahverkehr
r Nationalrat, ⸚e
e Opposition, –en
e Organisation, –en
s Parlament, –e
e Partei, –en
s Penicillin
r Planet, –en
e Politik
r Präsident, –en
r Preis, –e
e Pressekonferenz, –en
s Programm, –e
r Redner, –
e Regierung, –en
s Reisebüro, –s
e Renovierung, –en
e Rockgruppe, –n
r Roman, –e
r Römer, –
e Rückkehr
s Salzgebäck
r Samstagabend, –e
s Schiff, –e
r Schoß, ⸚e
e Sendung, –en
r Sieg, –e
r Sonnenhut, ⸚e
r Sozialdemokrat, –en
r Spatz, –en
s Spazierengehen
r Staatspräsident, –en
e Stadtbücherei, –en
s Stadtparlament, –e
r Stadtrat, ⸚e
r Standpunkt, –e
e Steuerreform, –en
e Streichholzschachtel, –n
s Stück, –e
e Studentenzeit
s System, –e
r Telegraph, –en
r Tierarzt, ⸚e
e Tiermedizin

e Übersetzung, –en
r Übersetzungscomputer, –
r Umbau, –ten
r Umweltminister, –
e Union, –en
r Unterschied, –e
e Verbindung, –en
r Vertreter, –
r / e Verwandte, –n (ein Verwandter)
r Viehimport, –e
Vorschriften (pl)
e Waffe, –n
e Wahl, –en
r Wähler, –
e Wahlkampfrede, –n
s Waldgebiet, –e
r Wert, –e
e Wirkung, –en
r Zeitpunkt, –e
e Zeitschrift, –en
r Zufall, ¨–e
e Zusammenarbeit

Verben

ab·hängen
ändern
aus·geben
aus·sprechen
bürsten
ein·mischen
entstehen
erfinden
filmen
fördern
gründen
hinein·sprechen
loben
regeln
schaffen (schuf / hat geschaffen)
spezialisieren
übersetzen
um·sehen
verändern
veröffentlichen
verschlechtern
vor·ziehen
warnen
wetzen
zurück·treten
zusammen·treffen
zusammen·kommen

Adjektive

amerikanisch
aufregend
ausreichend
autofreundlich
britisch
denkbar
einkaufsfreundlich
einzeln
entsetzlich
familienfreundlich
fern
höchstwahrscheinlich
industriell
kapitalistisch
katastrophal
kinderfreundlich
knapp
kommunal
modisch
mündlich
normal
notwendig
öffentlich
positiv
rechtzeitig
schulfrei
sinnvoll
stabil
städtisch
tierfreundlich
übrig
umweltfreundlich
vergeblich
zentral
zuverlässig

Adverbien

insbesondere
mehrmals
möglicherweise
vermutlich

Funktionswörter

außerhalb
darum
gegenüber
miteinander
sodass
von... aus
woran

Ausdrücke

die 60er Jahre (die sechziger Jahre)
auf jeden Fall
auf keinen Fall
in der Hauptsache
seit langem
noch nicht einmal
etwas vor Augen haben
sich über ... lustig machen
(nicht) dazu kommen etwas zu tun
Was ist aus ... geworden?
Hast du eine Ahnung, was /wer/wo...?
Was mir gerade einfällt: ...

Abkürzungen

OSZE = Organisation für Sicherheit und Zusammenarbeit in Europa
CDU = Christlich Demokratische Union
FDP = Freie Demokratische Partei
SPD = Sozialdemokratische Partei Deutschlands
UNO = Organisation der Vereinten Nationen (United Nations Organization)

Lektion 19

zu LB Ü 2 Formen Sie die Sätze um.

1

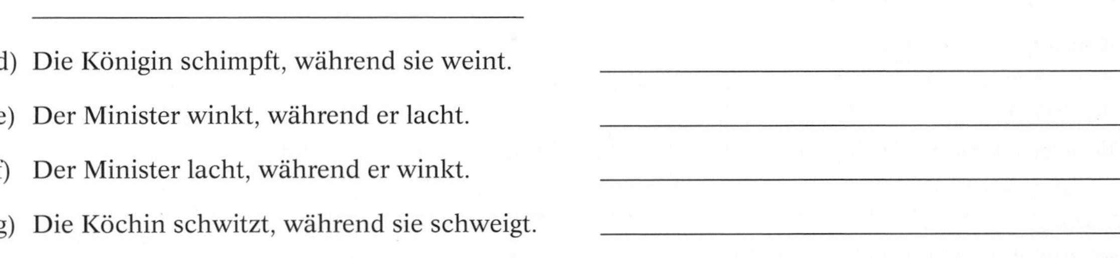

a) Der Diener putzt, während er singt.

Der Diener putzt singend.

b) Der Diener singt, während er putzt.

Der Diener singt putzend.

c) Die Königin weint, während sie schimpft.

____

d) Die Königin schimpft, während sie weint. __________

e) Der Minister winkt, während er lacht. __________

f) Der Minister lacht, während er winkt. __________

g) Die Köchin schwitzt, während sie schweigt. __________

h) Die Köchin schweigt, während sie schwitzt. __________

zu LB Ü 2 Formen Sie die Sätze um.

2

a) Der König tritt gegen die Tür und schreit.

Der König tritt schreiend gegen die Tür.

b) Die Katze liegt neben dem Feuer und träumt.

*Die Katze liegt träu*__________

c) Die Köchin isst einen Apfel und lächelt.

____

d) Das Kind sitzt auf dem Boden und spielt.

____

e) Der Besucher steht vor der Tür und friert.

____

f) Der Nachbar hebt die Hand und grüßt.

____

g) Mein Bruder liegt auf dem Sofa und liest.

____

h) Die Touristen steigen in den Zug und winken.

____

i) Der Mann steht an der Bushaltestelle und wartet.

____

zu LB Ü 2 Sagen Sie es anders.

3

a) Der tanzende Minister ist in die Königstochter verliebt.

Der Minister, der tanzt, ist in die Königstochter verliebt.

b) Die weinende Königin versteht ihre Tochter nicht.

Die Königin, die ______________________________

c) Die singenden Diener interessieren sich nicht für die Situation.

____

d) Der blutende Ritter will die Königstochter heiraten.

____

e) Der schreiende König ist wütend.

____

f) Die schweigende Köchin denkt nicht mehr an ihren Braten.

____

g) Der schlafende Hund lässt sich durch nichts stören.

____

h) Die lachende Königstochter will nicht die Frau des Ritters werden.

____

zu LB Ü 2 Sagen Sie es anders.

4

a) Die Köchin macht einen Salat und singt.

Die singende Köchin macht einen Salat.

b) Das Kind sucht seinen Ball und weint.

Das w ______________________________

c) Die Frau wäscht sich die Haare und badet.

Die b ______________________________

d) Das Mädchen geht durch den Wald und pfeift.

Das pf ______________________________

e) Der Papagei sitzt im Käfig und spricht.

Der sp ______________________________

f) Der Mann sieht einen Film und lacht.

Der l ______________________________

g) Das Unfallopfer liegt neben dem Auto und blutet.

Das b ______________________________

zu LB Ü 3 Schreiben Sie.

5

a) Der Diener sollte das Fenster putzen.

Er hat das Fenster geputzt.

Jetzt ist das Fenster geputzt.

b) Die Königin wollte den Spiegel nicht zerbrechen.

Aber sie hat den Spiegel zerbrochen.

Jetzt ist ______________________________

c) Der Mechaniker sollte die Waschmaschine reparieren.

Er hat ______________________________

Jetzt ist ______________________________

d) Der Vater wollte das Kind baden.

Deshalb hat er ______________________________

Jetzt ______________________________

e) Die Mutter musste den Koffer packen.

Sie ______________________________

Jetzt ______________________________

f) Die Sekretärin sollte die Rechnungen bezahlen.

Sie ______________________________

Jetzt ______________________________

g) Die Schülerin sollte das Fenster schließen.

Sie ______________________________

Jetzt ______________________________

zu LB Ü 4 Ergänzen Sie die Sätze.

6

a) Eine reparierte Tür ist eine Tür, *die repariert worden ist.*

b) Eine verbundene Wunde ist eine Wunde, *die* ______________ *worden ist*.

c) Eine zerschnittene Blume ist eine Blume, *die* ______________________________

d) Eine bemalte Wand ist eine Wand, ______________________________

e) Ein geputztes Auto ______________________________

f) Ein gedeckter Tisch ______________________________

g) Ein korrigierter Brief ______________________________

h) Ein ausgeschalteter Fernsehapparat ______________________________

i) Ein gewaschener Pullover ______________________________

j) Ein verlorener Schlüssel ______________________________

k) Ein verkauftes Haus ______________________________

l) Ein rasierter Luftballon ______________________________

zu LB Ü 4 Schreiben Sie.

7

a) Der Arzt hat den Patienten operiert. Jetzt ist er wieder gesund.

Der operierte Patient ist wieder gesund.

b) Der Lehrer hat seine Brille zerbrochen. Jetzt liegt sie im Mülleimer.

Die zer ______________________________

c) Der Bauer hat die Kühe gefüttert. Jetzt stehen sie im Stall.

Die ge ______________________________

d) Der Dieb hat den Koffer gestohlen. Jetzt wird er von dem Dieb versteckt.

Der ge ______________________________

e) Der Mann hat den Wagen gewaschen. Jetzt ist er wieder sauber.

Der ge ______________________________

f) Der Chef hat den Vertrag unterschrieben. Jetzt wird er zur Post gebracht.

Der u ______________________________

g) Die Kinder haben das Geschirr gespült. Jetzt steht es im Schrank.

Das ge ______________________________

h) Die Großmutter hat das Kinderzimmer aufgeräumt. Jetzt ist es wirklich schön.

Das a ______________________________

i) Der Nikolaus hat Plätzchen mitgebracht. Sie schmecken gut.

Die m ______________________________

zu LB Ü 7 Zu welchem Abschnitt passen diese Aussagen? (→ Lehrbuch S. 190)

8

1. Wien 2. Bayreuth 3. Salzburg 4. Oberammergau 5. Kassel 6. Frankfurt

a) ■ Selbst den Reichen und Schönen gelingt es nicht immer, eine Eintrittskarte zu diesem gesellschaftlichen Ereignis zu bekommen.
b) ■ Die Tradition dieser Veranstaltung geht auf das Jahr 1634 zurück, nachdem zwei Jahre zuvor die Hälfte der Bevölkerung an der Pest gestorben war.
c) ■ Die Passionsspiele werden nur alle 10 Jahre aufgeführt.
d) ■ Das berühmte Festspielhaus wurde zwischen 1871 und 1876 gebaut.
e) ■ Das Fernsehen macht zu diesem Ball jedes Jahr eine Livesendung.
f) ■ Selbst für die berühmtesten Schauspieler ist es eine Ehre, einmal die Hauptrolle in „Jedermann" zu spielen.
g) ■ Die „Documenta" ist weltweit die größte Ausstellung für moderne Kunst und findet alle fünf Jahre statt.
h) ■ Man kann sich informieren und Autoren kennenlernen, aber man kann keine Bücher kaufen.
i) ■ Fast die Hälfte der Werke, die bei diesen Festspielen aufgeführt werden, sind von Wolfgang Amadeus Mozart.
j) ■ Die Wagneroper „Ring des Nibelungen" dauert insgesamt 16 Stunden und wird an vier aufeinanderfolgenden Abenden aufgeführt.
k) ■ Die Kunstwerke, die allerdings nicht jeder wirklich für Kunst hält, werden auf einer Fläche von über 9000 Quadratmetern präsentiert.
l) ■ In jedem Jahr findet Anfang Oktober die größte Buchausstellung der Welt statt.

zu LB Ü 7 Welche Antwort passt? (→ Lehrbuch S. 190)

9

a) Wer eröffnet den Wiener Opernball? ■
b) Zu welcher Musik tanzen die Paare auf dem Wiener Opernball? ■
c) Wann hat der Komponist Richard Wagner das Festspielhaus in Bayreuth bauen lassen? ■
d) Welche Oper ist immer der Höhepunkt der Bayreuther Festspiele? ■
e) Welches Schauspiel wird traditionell jedes Jahr in Salzburg aufgeführt? ■
f) Wer hat das Große Festspielhaus in Salzburg gegründet? ■
g) Was ist das Thema der Passionsspiele von Oberammergau? ■
h) Wie oft finden die Oberammergauer Passionsspiele statt? ■
i) Wie viele Besucher kamen im Rekordjahr 1997 zur „Documenta" in Kassel? ■
j) Wieso provoziert die „Documenta" in Kassel immer wieder öffentliche Diskussionen? ■
k) Wo findet jedes Jahr die größte Buchausstellung der Welt statt? ■
l) Wie viele Bibliotheken gibt es in Deutschland? ■

1. Das Schauspiel „Jedermann".
2. Mehr als 630 000.
3. Zu den berühmten Walzermelodien von Johann Strauß.
4. Zwischen 1871 und 1876.
5. In Frankfurt am Main.
6. Die Wagner-Oper „Der Ring des Nibelungen".
7. 180 junge Damen in weißen Ballkleidern und 180 junge Herren in dunklen Anzügen.
8. Alle zehn Jahre.
9. Weil viele Menschen meinen, dass die Ausstellungsstücke keine Kunstwerke sind.
10. Mehr als 14 000.
11. Die Geschichte von Jesus Christus.
12. Herbert von Karajan.

zu LB Ü 7 Welcher Satz hat die gleiche oder eine sehr ähnliche Bedeutung? ☒

10

a) Der Eintritt ist nicht gerade umsonst.
   1. ■ Der Eintritt ist ziemlich teuer.
   2. ■ Man muss für den Eintritt nichts bezahlen.
b) Das Publikum setzt sich aus reichen Leuten zusammen.
   1. ■ Die reichen Leute im Publikum sitzen an einem Tisch.
   2. ■ Auf dieser Veranstaltung sind nur reiche Leute.
c) Bei den Salzburger Festspielen wird der Rekord von Mozart gehalten.
   1. ■ Mozart spielt bei den Salzburger Festspielen am schönsten.
   2. ■ Die meisten Stücke, die auf den Salzburger Festspielen gespielt werden, sind von Mozart.
d) Die Veranstaltung findet unter freiem Himmel statt.
   1. ■ Die Veranstaltung findet nur bei gutem Wetter statt, wenn der Himmel ohne Wolken ist.
   2. ■ Die Veranstaltung ist nicht in einem Gebäude oder unter einem Dach, sondern draußen.
e) Auch für berühmte Schauspieler ist es eine Ehre, den „Jedermann" zu spielen.
   1. ■ Selbst berühmte Schauspieler sind stolz, wenn sie den „Jedermann" spielen dürfen.
   2. ■ Berühmte Schauspieler haben kein Interesse daran, den „Jedermann" zu spielen.
f) Das Theater bietet Platz für 1000 Besucher.
   1. ■ Das Theater ist vor 1000 Jahren auf einem großen Platz gebaut worden.
   2. ■ In diesem Theater finden 1000 Zuschauer Platz.
g) Die Aufführung geht auf eine alte Tradition zurück.
   1. ■ Schon seit langer Zeit gibt es diese Aufführung.
   2. ■ Die Zahl der Besucher geht bei dieser Aufführung immer mehr zurück.
h) Nicht jeder hält die Werke auf der „Documenta" für Kunst.
   1. ■ Jeder Besucher der „Documenta" erhält ein kleines Kunstwerk.
   2. ■ Nicht jeder meint, dass die Werke auf der „Documenta" Kunst sind.

zu LB Ü 7 Formen Sie die Sätze um.

11

a) Elegant gekleidete Journalisten machen Interviews.

Journalisten, die elegant gekleidet sind, machen Interviews.

b) Schön angezogene Damen und Herren eröffnen den Ball.

Damen und Herren, die ______________________

c) Frisch gestrichene Stühle stehen vor der Bühne.

Stühle, ______________________

d) Herrlich belegte Brötchen werden den Besuchern angeboten.

Brötchen, ______________________

e) Perfekt gemachte Bühnenbilder gehören natürlich zu jeder Aufführung.

Bühnenbilder, ______________________

f) Stets ausverkaufte Vorstellungen beweisen den Erfolg der Festspiele.

Vorstellungen, ______________________

g) Pünktlich erschienene Künstler diskutieren mit den Besuchern.

Künstler, ______________________

h) Zu spät gekommene Besucher erhalten keine Eintrittskarte mehr.

Besucher, ______________________

i) In Salzburg aufgetretene Schauspieler machen oft eine steile Karriere.

Schauspieler, ______________________

zu LB Ü 7 Schreiben Sie es anders.

12

a) das von Karajan gegründete Theater

das Theater, das Karajan gegründet hat

das Theater, das von Karajan gegründet worden ist

b) das von Mozart geschriebene Musikstück

das Musikstück, das ______________________

das Musikstück, das von ______________________

c) die von Wagner komponierte Oper

die Oper, die ______________________

die Oper, die von ______________________

d) das von Picasso gemalte Bild

das Bild, das ______________________

das Bild, das von ______________________

e) der von Nikolaus Otto erfundene Benzinmotor

der Benzinmotor, den ______________________________

der Benzinmotor, der von ______________________________

f) das von Alexander Fleming entdeckte Medikament

das Medikament, das ______________________________

das Medikament, das von ______________________________

zu LB Ü 7 Was passt?

13

-haus -stellung -stelle -spiel -kleid -ball -zimmer -karte -stück -ort -punkt -platz

a) Opern, Tennis, Fuß, Feder, Wasser ____________

b) Sitz, Steh, Flug, Park, Tennis ____________

c) Vor, End, Handball, Fest, Schau, Computer ____________

d) Ansichts, Eintritts, Fahr, Kredit, Speise, Telefon ____________

e) Aus, Her, Vor, Dar ____________

f) Geburts, Wohn, Unfall, Bade ____________

g) Halte, Lehr, Tank, Zivildienst ____________

h) Abend, Ball, Braut, Sonntags ____________

i) Höhe, Zeit, Stand ____________

j) Festspiel, Opern, Treppen, Kranken, Park ____________

k) Früh, Geld, Gepäck, Theater, Musik, Schmuck, Möbel ____________

l) Arbeits, Doppel, Ess, Hotel, Wohn, Gäste, Warte ____________

zu LB Ü 7 Ergänzen Sie.

14

Zusätzlicher Wortschatz

Schriftsteller Kriminalroman Märchen Rolle Bücherei Komponist Operette

a) Ein Schauspieler spielt eine ____________ in einem Film oder einem Theaterstück.

b) Einen Roman, in dem viele Morde und Verbrechen vorkommen, nennt man ____________ oder kurz „Krimi".

c) Alte Geschichten, die man Kindern erzählt, nennt man ____________.

d) Ein anderes Wort für Bibliothek ist ____________. Dort kann man lesen oder Bücher leihen.

e) Ein ____________ ist ein Musiker, der Musikstücke erfindet.

f) Ein Autor ist ein ____________, der Texte oder Bücher schreibt, die veröffentlicht werden.

g) In einer Oper wird fast ausschließlich gesungen; in einer ____________ wird nicht nur gesungen, sondern auch viel gesprochen.

zu LB Ü 7 Was passt?

15

von ... an an ... vorbei um ... herum von ... bis von ... aus um die

a) Rund um den Dom gibt es über 2000 Sitzplätze.
______ den Dom ______ gibt es über 2000 Sitzplätze.

b) Zwischen Mai und Oktober werden die Passionsspiele in Oberammergau aufgeführt.
______ Mai ______ Oktober werden die Passionsspiele in Oberammergau aufgeführt.

c) Normalerweise kommen etwa 500.000 Zuschauer nach Oberammergau.
Normalerweise kommen ______ ______ 500.000 Zuschauer nach Oberammergau.

d) Seit 1634 wurden die Festspiele in Oberammergau alle 10 Jahre wiederholt.
______ 1634 ______ wurden die Festspiele in Oberammergau alle 10 Jahre wiederholt.

e) Mozart lebte zuerst in Salzburg und zog dann nach Wien.
Mozart zog ______ Salzburg ______ nach Wien.

f) Auf unserem Spaziergang durch Salzburg sahen wir auch Mozarts Geburtshaus.
Auf unserem Spaziergang durch Salzburg kamen wir auch ______ Mozarts Geburtshaus ______.

zu LB Ü 8 Was passt? Ergänzen Sie.

16

a) Sie *liebt* Blumen sehr. (lebt/liebt)
b) ____________ ihr Picasso gerne? (liebt/mögt)
c) Bei Sturm spazieren zu gehen und zu komponieren ________ Beethoven manchmal besonders gut ____________. (ist gefallen/hat gefallen)
d) Ich ____________ gestern gerne in die Ausstellung gehen. (möchte/wollte)
e) Den Agentenfilm gestern Abend im Fernsehen ____________ ich nicht besonders. (möchte/mochte)
f) Ins Kino zu gehen ______________________________. (mache ich Spaß/macht mir großen Spaß)
g) Ich ____________ Horrorfilme, deshalb schaue ich nie welche an. (hasse/liebe)
h) Er ____________ alle kommerziellen Filme für blöd. (findet, hält)
i) Er ____________ romantische Liebesfilme interessant. (findet/denkt)
j) Filme sieht er ____________ im Kino als zu Hause. (lieber/gerne)
k) Er ____________ es ____________, zu Hause Filme zu sehen statt im Kino. (denkt nach/zieht vor)
l) Moderne Bilder ____________ mir ausgezeichnet. (schmecken/gefallen)
m) Sie hören Jazzkonzerte ____________. (am liebsten/lieb)
n) Musik ist ihm total ____________, deshalb hört er nie welche. (egal/wichtig)
o) Ich glaube, Katzen ____________ Filme mit Mäusen mehr als Filme mit Hunden. (meinen/lieben)
p) Eigentlich mag sie keine Opern, aber diese mag sie ____________. (viel/sehr)
q) Nach meinem ____________ ist sein Buch ganz toll. (Gefühlen/Geschmack)
r) Er fühlt sich auf dem Fußballplatz ____________. (am wohlsten/Glück)

zu LB Ü 8 Schreiben Sie.

17

a) sie: gerne gehen: (++) in – Kino, (+++) in – Oper

Sie geht gerne ins Theater, *lieber geht sie ins Kino, aber am liebsten geht sie in die Oper.*

b) er: gerne hören: (++) Salsa – in Disco, (+++) Operetten – unter Dusche

Er hört gerne Jazz im Jazzclub, ______ *hört er* ______ *, aber*

______

c) sie: aufregend finden: (++) Segeln, (+++) Klettern

Sie findet Wandern aufregend, ______ *findet sie* ______ *, aber*

______

d) sie: viele Bilder malen: (++) Bilder – an – Meer, (+++) Bilder an – See

Sie malt viele Bilder an Flüssen, ______ *malt sie* ______ *, aber die*

______

e) er: sich häufig treffen: (++) mit Freundinnen – in – Café, (+++) mit – sein bester Freund – in – Schachclub

Er trifft sich häufig mit Freunden in der Disco, ______ *trifft er sich* ______

______ *, aber* ______

f) sie: laut singen: (++) in – ihr – Wohnzimmer, (+++) in – ihr – Auto

Sie singt laut im Bad, ______ *singt sie* ______ *, aber*

______

g) sie: gerne sammeln: (++) alte Fotos – von – berühmte Schauspieler, (+++) lustige Ansichtskarten aus der ganzen Welt

Sie sammelt gerne Briefmarken aus fremden Ländern, ______ *sammelt sie* ______

______ *, aber* ______

zu LB Ü 8 Schreiben Sie.

18

a) er: Horrorfilme anschauen – nie

Nie schaut er Horrorfilme an.

b) er: ins Kino gehen – mindestens einmal pro Woche

Mindestens ______

c) wir: im Restaurant essen – höchstens zweimal im Monat

Höchstens ______

d) ich: zu Hause für Freunde kochen – oft am Wochenende

Oft ______

e) du: auf Partys gehen – immer freitags

Immer ______

f) wir: ins Schwimmbad gehen: regelmäßig

Regelmäßig ______

g) wir: vor dem Fernseher sitzen – nur ab und zu

Nur ______________________________

h) er: im Internet surfen – einmal pro Tag

Einmal ______________________________

i) er: Musik hören – jeden Abend

Jeden ______________________________

j) er: Museen besuchen – stundenlang

Stundenlang ______________________________

k) du: Ansichtskarten kaufen – nur im Urlaub

Nur ______________________________

l) er: Briefe schreiben – wenigstens zu Weihnachten

Wenigstens ______________________________

zu LB Ü 9 Was passt zusammen? (→ Lehrbuch S. 192, Nr. 9)

19

a) Obwohl der Liebesfilm traurig war, ■
b) Heike mochte den romantischen Liebesfilm sehr, ■
c) Heike hat diese Liebesgeschichte gefallen, ■
d) Weil der Film so schön traurig war, ■
e) Die Schauspielerin hat Heike so gefallen, ■
f) Dass die Schauspieler so gut waren, ■
g) Weil mit Rolf einfach nicht über Filme zu diskutieren ist, ■

1. denn die war so schön traurig.
2. weinte Heike die meiste Zeit.
3. deshalb könnte sie ihn noch einmal sehen.
4. fand Heike ihn toll.
5. soll er das nächste Mal alleine ins Kino.
6. dass sie ganz begeistert von ihr war.
7. hat Heike gefallen.

---

h) Rolf hat schon am Anfang ■
i) Rolf ist von dem Inhalt des Films enttäuscht, ■
j) Die Geschichte war ■
k) Rolf fand, dass die Schauspielerin ■
l) Die Figur der Schauspielerin fand Rolf zu dünn, ■
m) Nach Rolfs Meinung verlieben sich zwei Männer kaum in eine Frau, ■
n) Rolf gefallen Liebesfilme nicht, ■

8. nach Rolfs Meinung total langweilig.
9. denn die sind nicht nach seinem Geschmack.
10. gewusst, wie der Film endet.
11. die nicht einmal hübsch ist.
12. denn den fand er schrecklich dumm.
13. nicht einmal hübsch war.
14. deshalb hat sie ihm nicht gefallen.

zu LB Ü 10 Ergänzen Sie. (→ Lehrbuch S. 193, Nr. 10)

20

a) der Name des Autors – Oscar – Wilde sein

Der Name des Autors ist Oscar Wilde.

b) *1854 – in Dublin

Er ist ______________________________

c) †1900 – in Paris

1900 ist ______________________________

d) seine Romane – bis heute – sehr bekannt sein

Seine ____________________

e) viele seiner Theaterstücke – erfolgreich gewesen sein

Viele ____________________

f) zuerst – sie – in großen Londoner Theatern – gespielt worden sein

Sie sind ____________________

g) die Ironie – typisch für den Stil von Wilde – sein

Typisch ____________________

zu LB Ü 10 Ergänzen Sie. (→ Lehrbuch S. 193, Nr. 10)

21

a) ~~wo~~ den über deren in den so immer wenn zu den

Das Stück „Ernst sein ist alles" („The Importance of Being Earnest") wurde zum ersten Mal am 14. Februar 1895 in einem Londoner Theater aufgeführt, *wo* ____ es einen riesigen Erfolg hatte. Der Titel ist ein Wortspiel mit dem Vornamen „Ernst" und dem Adjektiv „ernst".

In dieser „Komödie für ernste Leute" beschreibt Wilde ironisch seine Zeit und die Leute, ________ ________ „Ernst" er sich lustig macht. Die junge hübsche Cecily lebt bei ihrem strengen Onkel in einem Haus auf dem Land. ________ ________ ihr „Onkel Jack" in die Stadt fährt, kümmert sich die alte Erzieherin Miss Prism um sie. Der Onkel sagt, er hilft dort seinem Bruder Ernest, ________ es aber gar nicht gibt. ________ nennt Jack sich in Wirklichkeit selbst, wenn er in London ist. Denn dort führt er ein weniger ernstes Leben als auf dem Land.

Eines Tages taucht ein attraktiver junger Mann mit Namen „Ernest" im Landhaus auf, ________ Cecily für den Bruder ihres Onkels hält und ________ ________ sie sich sofort verliebt. Nun beginnt die Geschichte kompliziert ________ werden, aber wie in jeder Komödie gibt es ein glückliches Ende.

b) ~~während~~ als dabei wo obwohl wenn deshalb

Der zweite Akt spielt auf dem Land. *Während* „Onkel Jack" mal wieder in London ist, soll Cecily fleißig Deutsch lernen. Im Garten, ________ der Unterricht nachmittags stattfindet, sind Miss Prism, die Erzieherin, und der heckenschneidende Gärtner. Cecily ist gerade ________ Blumen zu gießen, ________ sie gerufen wird. Sie soll sich nämlich mit der deutschen Grammatik beschäftigen, ________ sie keine Lust zum Deutschlernen hat. ________ behauptet Cecily, dass sie nach jeder Deutschstunde hässlich wie die Nacht aussieht. Sie findet, es wäre besser, ________ Gärtner Moulton Deutsch lernen würde. Doch der hält nicht viel von Fremdsprachen.

zu LB Ü 10 Lesen Sie die Szene und ergänzen Sie die Sätze. (→ Lehrbuch S. 193, Nr. 10)

22

Zusätzlicher Wortschatz

Miss Prism: Cecily! Cecily! Ihre deutsche Grammatik liegt auf dem Tisch. Bitte schlagen Sie sie auf! Seite fünfzehn. Wir wollen die Lektion von gestern wiederholen.	a) Miss Prism sagt, dass Cecilys deutsche Grammatik ______________________. b) Cecily soll die Grammatik ______________.
Cecily: Ach, Miss Prism, wenn Sie doch lieber Moulton Deutschunterricht geben wollten statt mir! Moulton?	c) Cecily würde es vorziehen, wenn Miss Prism Moulton ____________ statt ________.
Moulton: Ja, Miss Cecily? Cecily: Hätten Sie nicht Lust, Deutsch zu lernen, Moulton? Deutsch ist die Sprache der Bewohner Deutschlands.	d) Cecily fragt Moulton, ob ______________ ______________________. e) Sie erklärt ihm, dass Deutsch ____________ ______________________.
Moulton: Ich halte nichts von dem fremden Geschwätz, Miss. – Entschuldigen Sie, Madam.	f) Moulton erklärt, dass ______________ ______________________. g) Er entschuldigt ______ bei Miss ________.
Miss Prism: Cecily, so kann es nicht weitergehen. Bitte öffnen Sie sofort Ihren Schiller!	h) Miss Prism sagt streng zu Cecily, dass es ______ ______________________. i) Cecily soll sofort ______________.
Cecily: Aber ich mag kein Deutsch. Es ist eine Sprache, die mir nicht gut tut. Ich weiß einfach, dass ich nach jeder Deutschstunde hässlich wie die Nacht aussehe.	j) Cecily sagt, dass ______________. k) Sie behauptet, dass diese Sprache ________ ______________________. l) Sie weiß einfach, dass sie ______________ ______________________.
Miss Prism: Kindchen, Sie wissen doch, wie wichtig es Ihrem Onkel ist, dass Sie in den verschiedensten Fächern gründliche Kenntnisse erwerben. Bevor er gestern nach London abgefahren ist, hat er noch mal besonderes Gewicht auf den Deutschunterricht gelegt. Immer wenn er nach London fährt, legt er besonderes Gewicht auf den Deutschunterricht.	m) Für den Onkel ist es wichtig, dass Cecily ______ ______________________. n) Vor seiner Abreise nach London hat er ______ ______________________.
Cecily: Der liebe Onkel Jack ist so schrecklich ernst! Manchmal ist er so ernst, dass ich glaube, es geht ihm gar nicht gut.	o) Cecily findet, dass ihr Onkel ____________ ______________________. p) Sie glaubt, dass es ihm ______________ ______________, weil er manchmal so ______________________.

zu LB Ü 11 Ergänzen Sie.

23

~~muss~~ müsste könntest dürftet müssten soll

a) Wenn x + 1 = 2 ist, dann *muss* x = 1 sein.

b) Wenn x + 1 = 2 wäre, dann ________ x = 1 sein.

c) Das sieht vielleicht aus wie ein Y, aber so schreibe ich ein X. – Was, das ________ ein X sein?

d) Es wäre möglich, dass du die Lösung weißt. Du ________ sie vielleicht wissen.

e) Es ist wahrscheinlich, dass ihr die Lösung wisst. Ihr ________ sie ziemlich sicher wissen.

f) Sie haben Mathematik studiert und wissen die Lösung ganz bestimmt. Auf jeden Fall ________ sie sie wissen.

zu LB Ü 11 Was passt nicht? ✗

24

a) Das kann ein Auge sein.
1. ▢ Das ist möglicherweise ein Auge.
2. ▢ Es kann sein, dass das ein Auge ist.
3. ▢ Vielleicht ist das ein Auge.
4. ▢ Das ist auf jeden Fall ein Auge.

b) Das könnte ein Ohr sein.
1. ▢ Es wäre möglich, dass das ein Ohr ist.
2. ▢ Vielleicht ist das ein Ohr, es könnte aber auch etwas anderes sein.
3. ▢ Das kann nur ein Ohr sein.
4. ▢ Ich könnte mir vorstellen, dass das ein Ohr ist.

c) Das kann keine Nase sein.
1. ▢ Ich weiß, dass das eine Nase ist.
2. ▢ Ich glaube nicht, dass das eine Nase ist.
3. ▢ Ich vermute, dass das keine Nase ist.
4. ▢ Meiner Meinung nach ist das keine Nase.

d) Das dürfte die Nase sein.
1. ▢ Ich vermute, dass das die Nase ist.
2. ▢ Ich halte es für unmöglich, dass das die Nase ist.
3. ▢ Das wird wohl die Nase sein.
4. ▢ Das halte ich für die Nase.

e) Das muss ein Ohr sein.
1. ▢ Ich bin ziemlich sicher, dass das ein Ohr ist.
2. ▢ Das kann nur ein Ohr sein.
3. ▢ Ich bin mir nicht sicher, ob das ein Ohr ist.
4. ▢ Ich denke, das ist auf jeden Fall ein Ohr.

f) Das soll der Mund sein?
1. ▢ Ich kann mir nicht vorstellen, dass das der Mund ist.
2. ▢ Es ist schwer zu glauben, dass das der Mund ist.
3. ▢ Ich habe Zweifel, ob das der Mund ist.
4. ▢ Das ist ohne Zweifel der Mund.

zu LB Ü 11 Wie heißen die Sätze?

25

a) die Besucher: lange die 66 Äpfel angeschaut haben – sie: viel Appetit bekommen haben

Je länger die Besucher die 66 Äpfel angeschaut haben, desto mehr Appetit haben sie bekommen.

b) sie: viel Appetit bekommen haben – sie: gerne von den Äpfeln probiert haben

Je mehr Appetit sie ____________________ *, desto lieber* ____________________ .

c) sie: gerne von den Äpfeln probiert haben – das Kunstwerk: klein geworden sein

Je lieber sie ____________________ *, desto* ____________________ .

d) das Kunstwerk: klein geworden sein – man: es attraktiver gefunden haben

Je kleiner ____________________ *, desto* __________ *man* __________ .

e) ein Film: teuer sein – er: kommerziell sein

Je ____________________ *ist, desto* ____________________ *ist er.*

f) ein Film: kommerziell sein – er: langweilig sein

Je ____________________ , ____________________ .

g) der Film: langweilig sein – die Leute: schnell einschlafen

Je ____________________ , ____________________ .

h) ein Schauspieler: bekannt sein – er: frei die Rollen wählen können

Je ____________________ , ____________________ .

i) er: frei die Rollen wählen können – sie: gut

Je ____________________ , ____________________ .

j) die Rollen: gut sein – der Schauspieler: viel Spaß haben

Je ____________________ , ____________________ .

zu LB Ü 14 Ergänzen Sie.

26

a) Er deckt den Tisch und pfeift dabei.

Er deckt pfeifend den Tisch.

Während er den Tisch deckt, pfeift er.

Beim Tischdecken pfeift er.

b) Ich räume auf und singe dabei.

Ich räume ____________________ *auf.*

Während ich __________, __________ *ich.*

Beim Aufräumen ____________________

c) Du machst auf und winkst dabei.

Du ____________________

Während ____________________

Beim ____________________

d) Er dirigiert und lacht dabei.

Er ____________________

Während ____________________

Beim ____________________

e) Sie spielt Klavier und träumt dabei.

____

____

____

f) Ich trockne meine Haare und lese dabei.

____

____

____

g) Du rennst und schwitzt dabei.

____

____

____

h) Sie fährt und isst dabei.

____

____

____

zu LB Ü 15 Ordnen Sie.

27

~~Die spinnen doch!~~ ~~Eindrucksvoll~~. Hat so viel Temperament wie ein Kühlschrank! Das ist ja zum Einschlafen. Wirklich total spannend. Schrecklich langweilig. So ein Quatsch! Gut gemacht! Zu kompliziert. Sehr interessant! Das interessiert jeden! Geht einem nur auf die Nerven. Das muss man sehen. Das muss man gesehen haben! Das sollte man unbedingt anschauen. Auf jeden Fall zu verrückt! Kann man nur empfehlen! Das ist wirklich zu empfehlen. Da sollte man auf keinen Fall hingehen. Das braucht man nicht zu sehen. Herrlich! Dazu kann man nicht raten. Das ist wie kalter Kaffee. So gut, dass man es fast nicht glauben kann. Scheußlich! Einfach nur schlimm! Die Zeit kann man sich sparen. Nur etwas für Dummköpfe. So etwas Fantastisches hätte ich nie für möglich gehalten. Davon halte ich nichts. Die Zeit ist zu schade dafür. Blöd und einfach nur lächerlich. Ausgezeichnet! Hervorragend! Total schlecht. Davon kann man nur begeistert sein.

positiv ☺	**negativ** ☹
Eindrucksvoll.	*Die spinnen doch!*

zu LB Ü 15 Ergänzen Sie die Endungen oder –.

28

„Es war ein spannend*er* Abend im Theater. Wir sahen den ersten Akt eines anstrengend___ Stückes, aber die Pause war ausreichend___. Im folgend___ zweiten Akt spielten die Schauspieler hervorragend___. Eine entzückend___ Schauspielerin hatte die Hauptrolle. Das schwach___ Licht ging einmal ganz aus, weil wohl die dringend___ Reparaturen im Theater immer noch nicht erledigt waren. Fünf Minuten blieb die Bühne dunkel, aber das fanden die Leute im Publikum ganz aufregend___ und leuchteten mit Feuerzeugen. Diese Szene war sehr romantisch___! Bei der anschließend___ Szene fiel plötzlich eine Schauspielerin aus den Wolken des Bühnenbildes. Niemand wusste, ob es eine geplant___ Aktion oder ein Versehen war. Ich glaube eher, es war eine peinlich___ Panne und der Regisseur dürfte auch aus allen Wolken gefallen sein...

zu LB Ü 15 Was kann man auch sagen? ✗

29

a) Du warst doch gestern im Theater.
   1. ■ Bei dir zu Hause war doch gestern mal wieder Theater.
   2. ■ Gestern warst du doch im Theater.

b) Wie ist es denn gewesen?
   1. ■ Hast du ein Stück davon probiert?
   2. ■ Wie war das Stück denn?

c) Furchtbar. Ich hatte jedenfalls etwas ganz anderes erwartet.
   1. ■ Schrecklich. So etwas hätte ich nicht erwartet.
   2. ■ Einfach nur schlecht. Auf so etwas war ich aber vorbereitet.

d) Wieso? Was war es denn für ein Stück?
   1. ■ Wieso? Wer ist im Stück gelaufen?
   2. ■ Warum? In was für ein Stück bist du eigentlich gegangen?

e) In ein klassisches. Aber die Aufführung war nach meinem Geschmack zu modern.
   1. ■ Das Stück war klassisch, doch ich finde, es wurde zu modern gespielt.
   2. ■ In ein klassisches, aber die Schauspieler hatten einfach keinen Geschmack.

f) Lass mich raten: Die Schauspieler sprachen sehr laut.
   1. ■ Die Beratung war schlecht gespielt. Habe ich Recht?
   2. ■ Ich kann's mir schon vorstellen: Die Schauspieler sprachen sicher ziemlich laut.

g) Nein, viel schlimmer. Wenn sie wenigstens nur laut gesprochen hätten. Sie schrien.
   1. ■ Nein, das Stück wurde immer schlechter und manche im Publikum schrien.
   2. ■ Nein, es kam viel schlimmer. Sie haben die ganze Zeit geschrien.

h) Die Regisseure spinnen doch heute. Was soll denn der Quatsch?
   1. ■ Die sind doch verrückt, die Regisseure. Was soll das denn?
   2. ■ Die armen Regisseure können ja nur verrückte Stücke schreiben. Was sollen sie denn sonst tun?

i) Ich verstehe das auch nicht. Ich glaube, dass denen das Publikum ganz egal ist.
   1. ■ Das Publikum kann nur stehen. Aber daran denken sie wahrscheinlich nicht.
   2. ■ Das ist nicht zu verstehen. Denen ist das Publikum überhaupt nicht wichtig, glaube ich.

zu LB Ü 15 Ergänzen Sie das Gegenteil.

30

~~dick~~ tief fett klein winzig unsportlich wenig ~~erfolglos~~ krank müde schwach fantasiereich faul unvernünftig ~~unbefriedigend~~ unmöglich häufig unüblich unwahrscheinlich ungewöhnlich leicht

schlank – *dick*	erfolgreich – *erfolglos*	befriedigend – *unbefriedigend*
mager – ______	fantasielos – ______	selten – ______
groß – ______	gesund – ______	gewöhnlich – ______
hoch – ______	kräftig – ______	üblich – ______
riesig – ______	wach – ______	möglich – ______
viel – ______	vernünftig – ______	wahrscheinlich – ______
sportlich – ______	fleißig – ______	schwer – ______

zu LB Ü 17 Bilden Sie Sätze. (→ Lehrbuch S. 196, 197)

31

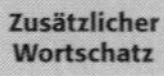
Zusätzlicher Wortschatz

a) Friedrich Dürrenmatt – 5.1.1921 – Nähe von Bern – Sohn eines protestantischen Pfarrers – geboren werden – und – im Jahr 1990 – sterben

______ *wurde am* ______
in der ______ *als* ______
______ *geboren und* ______ *1990.*

b) Zürich und Bern – Literatur, Philosophie und Naturwissenschaften – studieren

In ______ *er Literatur* ______.

c) Zuerst – sich nicht entscheiden können – ob – Maler oder Schriftsteller werden sollen

______ *konnte* ______ *, ob* ______.

d) Obwohl – schließlich – Schriftsteller werden – nicht aufhören – malen und zeichnen

______ , ______ *er* ______ *zu* ______.

e) Das Theater – für ihn – eine Verbindung von – Schreiben und Malen – sein

______

f) Seine Theaterstücke – sich beschäftigen mit – die Themen Macht, Moral und Schuld

______ *beschäftigen* ______

g) Die schwarze Komödie „Der Besuch der alten Dame" – er – schreiben – 1956

______ *schrieb* ______

h) In Hollywood – ein Film darüber – gedreht werden – mit Ingrid Bergmann und Anthony Quinn – in den Hauptrollen

______ *wurde mit* ______

Aber – im Film – Alfred Ill – am Leben bleiben – weil – der Regisseur – ein „Happy End" – wollen.

______ *bleibt* ______ *, weil* ______ *wollte.*

zu LB Ü 17 Lesen Sie die Szene und ergänzen Sie die Inhaltsangabe.

32

II. Akt, 2. Szene · *An den Tisch links setzt sich der Polizist. Trinkt Bier. Er spricht langsam. Von hinten kommt Ill.*

DER POLIZIST: Was wünschen Sie, Ill? Nehmen Sie Platz. *Ill bleibt stehen.*

DER POLIZIST: Sie zittern.

ILL: Ich verlange die Verhaftung der Claire Zachanassian.

DER POLIZIST: *zündet sich eine Pfeife an.* Merkwürdig. Äußerst merkwürdig.

ILL: Ich verlange es als der zukünftige Bürgermeister.

DER POLIZIST: *rauchend* Die Wahl ist noch nicht vorgenommen.

ILL: Verhaften Sie die Dame auf der Stelle. Sie fordert die Einwohner unserer Stadt auf, mich zu töten.

DER POLIZIST: Und nun soll ich die Dame einfach verhaften. *Er schenkt sich Bier ein.*

ILL: Ihre Pflicht.

DER POLIZIST: Merkwürdig. Äußerst merkwürdig. *Er trinkt Bier.*

ILL: Die natürlichste Sache der Welt.

DER POLIZIST: Lieber Ill, so natürlich ist die Sache nicht. Untersuchen wir den Fall nüchtern. Die Dame machte der Stadt Güllen den Vorschlag: Sie gegen eine Milliarde. Sie wissen ja, was ich meine. Das stimmt, ich war dabei. Doch damit ist für die Polizei noch kein Grund geschaffen, gegen Frau Claire Zachanassian einzuschreiten. Wir sind schließlich an die Gesetze gebunden.

ILL: Anstiftung zum Mord.

DER POLIZIST: Passen Sie mal auf, Ill. Eine Anstiftung zum Mord liegt nur dann vor, wenn der Vorschlag, Sie zu ermorden, ernst gemeint ist. Das ist doch klar.

ILL: Meine ich auch.

DER POLIZIST: Eben. Nun kann der Vorschlag nicht ernst gemeint sein, weil der Preis von einer Milliarde übertrieben ist, das müssen Sie doch selber zugeben, für so was bietet man tausend oder vielleicht zweitausend, mehr bestimmt nicht, da können Sie Gift drauf nehmen, was wiederum beweist, dass der Vorschlag nicht ernst gemeint war, und sollte er ernst gemeint sein, so kann die Polizei die Dame nicht ernst nehmen, weil sie dann verrückt ist: Kapiert?

Bürgermeister · Geld · verhaftet · geboten hätte · zu nehmen · zu verhaften · ernst gemeint · beachten · dabei · Pflicht · ernst nehmen · verrückt · zu verlangen · verhaften · zu töten · Wahl

a) Der Polizist fordert Ill auf, Platz ________________.

b) Ill verlangt, dass die Milliardärin ________________ wird.

c) Er meint, dass er das Recht hat, die Verhaftung ________________, weil er der neue ________________ von Güllen werden soll.

d) Aber der Polizist macht ihm klar, dass er die ________________ noch nicht gewonnen hat.

e) Ill behauptet, dass die alte Dame die Einwohner der Stadt auffordert, ihn ________________.

f) Er meint auch, dass es die natürliche ________________ des Polizisten ist, die Dame ________________.

g) Der Polizist war zwar ________________, als die Dame den Vorschlag gemacht hat, aber er glaubt nicht, dass er ________________ war.

h) Seiner Meinung nach ist eine Milliarde zu viel ________________ für einen Mordauftrag.

i) Wenn die Dame tausend oder zweitausend ________________, würde er den Mordauftrag ________________.

j) Wenn der Vorschlag ernst gemeint wäre, wäre die alte Dame ________________.

k) Der Polizist behauptet, dass er die Milliardärin in beiden Fällen nicht ________________ kann, weil er die Gesetze ________________ muss.

zu LB Ü 17 Ergänzen Sie **dass** oder **sodass**.

33

a) Die Bewohner wundern sich, ________ der Schnellzug in ihrer Stadt hält.

b) Der Schnellzug hält in Güllen, ________ die Bewohner sich darüber wundern.

c) Die Güllener hoffen, ________ Claire etwas Geld in ihrer Heimat lässt.

d) Claire soll Geld in ihrer Heimat lassen, ________ die Industrie wieder aufgebaut werden kann.

e) Alfred wird von allen Bürgern geachtet, ________ er gute Chancen hat, Bürgermeister zu werden.

f) Alfred wünscht sich, ________ er bei der nächsten Wahl zum Bürgermeister gewählt wird.

g) Claire verspricht, ________ die Hälfte der Summe auf die Familien verteilt wird.

h) Die andere Hälfte soll die Stadtverwaltung bekommen, ________ sie ihre Schulden bezahlen kann.

i) Alfred hatte Claire sitzen lassen, ________ sie mit ihrem Kind auswandern musste.

j) Claire glaubt, ________ sie sich mit ihren Milliarden Gerechtigkeit kaufen kann.

zu LB Ü 17 Sagen Sie es einfacher. Ergänzen Sie

34

~~aus dem Zug~~	in armen Verhältnissen	Bürgermeister werden
als armes Mädchen in Güllen	aufgebaut werden	verheiratet
in ihrer Heimat lassen	für ihre Großzügigkeit	erkennen sie
wieder	elegante Kleidung	einen begeisterten Empfang
allen Bürgern geachtet	in ihrer Jugend	die Milliardärin
	am Boden	einen Laden
	der Geliebte	die Bürger

Eine elegant gekleidete alte Dame steigt aus dem Zug. Die Einwohner von Güllen erkennen in ihr die für ihre Großzügigkeit bekannte Milliardärin Claire Zachanassian. Sie hatte ihre Jugend als armes Mädchen in Güllen verbracht.

a) Eine alte Dame steigt *aus dem Zug*.

b) Sie trägt ____________________.

c) Die Einwohner von Güllen ____________________.

d) Es ist ____________________ Claire Zachanassian.

e) Sie ist ____________________ bekannt.

f) ____________________ war sie arm.

g) Damals lebte sie ____________________.

Noch auf dem Bahnsteig bereitet ihr die in armen Verhältnissen lebende Bevölkerung einen begeisterten Empfang. Die Bürger hoffen, dass Claire etwas Geld in ihrer Heimat lassen wird, sodass die am Boden liegende Industrie wieder aufgebaut werden kann.

h) Die Bevölkerung lebt ____________________.

i) Sie bereitet Claire ____________________.

j) Die Industrie liegt ____________________.

k) Sie soll wieder ____________________.

l) Claire soll dafür etwas Geld ____________________.

m) Das hoffen ____________________.

Claire trifft ihren früheren Geliebten Alfred Ill wieder. Der längst verheiratete und von allen Bürgern geachtete Ladenbesitzer hat gute Chancen, nach der nächsten Wahl Bürgermeister zu werden.

n) Alfred Ill war früher ______________________ von Claire.

o) Sie trifft ihn ______________________.

p) Er ist längst ______________________.

q) Er besitzt ______________________.

r) Er wird von ______________________.

s) Nach der nächsten Wahl könnte er ________________ ______________.

Wörter im Satz

35

	Ihre Muttersprache	Schreiben Sie einen Satz aus Delfin, Lehrbuch.
____ *Bahnsteig*	________________	________________________________
____ *Bewohner*	________________	________________________________
____ *Darstellung*	________________	________________________________
____ *Eintritt*	________________	________________________________
____ *Fläche*	________________	________________________________
____ *Heimat*	________________	________________________________
____ *Inhalt*	________________	________________________________
____ *Jugend*	________________	________________________________
____ *Kunst*	________________	________________________________
____ *Lüge*	________________	________________________________
____ *Star*	________________	________________________________
____ *Tat*	________________	________________________________
____ *Veranstaltung*	________________	________________________________
____ *Verhalten*	________________	________________________________
____ *Zweck*	________________	________________________________
____ *Zweifel*	________________	________________________________
erhalten	________________	________________________________
erscheinen	________________	________________________________
kriegen	________________	________________________________
riechen	________________	________________________________
verletzen	________________	________________________________
zwingen	________________	________________________________
bar	________________	________________________________
blass	________________	________________________________
im Voraus	________________	________________________________
innerhalb	________________	________________________________
je ... desto	________________	________________________________
neugierig	________________	________________________________

schuldig	______________	__________________________________
solange	______________	__________________________________
überhaupt nicht	______________	__________________________________
verantwortlich	______________	__________________________________

Grammatik

§ 49 Partizip I und II

36

a) Formenbildung

Infinitiv:	spielen	singen	stehen	sein
Partizip I = Infinitiv + d :	spielen**d**	singen**d**	stehen**d**	seie**nd**
Partizip II:	**ge**spiel**t**	**ge**s**u**ng**en**	**gest**a**nden**	**gewesen**

b) Partizip = Adverb

Der	Hund	liegt		**schlafend**	unter dem Tisch.	Der Hund liegt unter dem Tisch. **Er schläft**.
Der	Ritter	kniet		**blutend**	auf dem Boden.	Der Ritter kniet auf dem Boden. **Er blutet**.
Die	Dose	steht		**geöffnet**	auf dem Tisch.	Die Dose steht auf dem Tisch. **Sie ist geöffnet**.
Der	Ritter	kniet		**verletzt**	auf dem Boden.	Der Ritter kniet auf dem Boden. **Er ist verletzt**.

Erweiterte Partizipialgruppe:

Der	Hund	liegt	**ruhig**	**schlafend**	unter dem Tisch.	Der Hund liegt unter dem Tisch. **Er schläft ruhig**.
Der	Ritter	kniet	**aus einer Wunde**	**blutend**	auf dem Boden.	Der Ritter kniet auf dem Boden. **Er blutet aus einer Wunde**.
Die	Dose	steht	**schon lange**	**geöffnet**	auf dem Tisch.	Die Dose steht auf dem Tisch. **Sie ist schon lange geöffnet**.
Der	Ritter	kniet	**am Arm**	**verletzt**	auf dem Boden.	Der Ritter kniet auf dem Boden. **Er ist am Arm verletzt.**

c) Partizip = Adjektiv

Der			**schlafende**	Hund	liegt	unter dem Tisch.	Der Hund, **der schläft**, liegt unter dem Tisch.
Der			**blutende**	Ritter	kniet	auf dem Boden.	Der Ritter, **der blutet**, kniet auf dem Boden.
Die			**geöffnete**	Dose	steht	auf dem Tisch.	Die Dose, **die geöffnet ist**, steht auf dem Tisch.
Der			**verletzte**	Ritter	kniet	auf dem Boden.	Der Ritter, **der verletzt ist**, kniet auf dem Boden.

Erweiterte Partizipialgruppe:

Der	**ruhig**	**schlafende**	Hund	liegt	unter dem Tisch.
Der	**aus einer Wunde**	**blutende**	Ritter	kniet	auf dem Boden.
Die	**schon lange**	**geöffnete**	Dose	steht	auf dem Tisch.
Der	**am Arm**	**verletzte**	Ritter	kniet	auf dem Boden.

Der Hund, **der ruhig schläft**, liegt unter dem Tisch.
Der Ritter, **der aus einer Wunde blutet**, kniet auf dem Boden.
Die Dose, **die schon lange geöffnet ist**, steht auf dem Tisch.
Der Ritter, **der am Arm verletzt ist**, kniet auf dem Boden.

Zweigliedrige Präpositionen

37

von ... aus	**Von** Frankfurt **aus** zog Goethe nach Weimar.
von ... an	**Von** 1775 **an** lebte Goethe in Weimar.
an ... vorbei	Wir kamen **am** Goethehaus in Weimar **vorbei**.
um ... herum	**Um** das Goethehaus **herum** gibt es viele Souvenirläden.

Wortschatz

Nomen

r Actionfilm, –e
r Agentenfilm, –e
r Akt, –e
e Aufführung, –en
e Badekleidung
r Bahnsteig, –e
s Ballkleid, –er
e Bedingung, –en
e Bevölkerung, –en
r Bewohner, –
e Bibliothek, –en
e Buchausstellung, –en
e Buchmesse, –n
e Bühne, –n
s Bühnenbild, –er
s Bühnenfestspiel, –e
r Bundespräsident, –en
e Bürgerversammlung, –en
r Chor, ¨–e
r Darsteller, –
e Darstellung, –en
r Deutschunterricht
r Diener, –
e Diskussion, –en
r Domplatz, ¨–e
r Durchschnitt, –e
e Ehre, –n
r Eintritt, –e
r Empfang, ¨–e
e Entwicklung, –en
e Erzieherin, –nen
s Festival, –s
s Festspiel, –e
s Festspielhaus, ¨–er
e Fläche, –n
e Folge, –n
e Freilichtbühne, –n
r Frisörsalon, –s
r Gärtner, –
s Gebirgsdorf, ¨–er
e/r Geliebte, –n
e Gemeinschaft, –en
e Gerechtigkeit
e Gesamtdauer
s Geschwätz
e Großstadt, ¨–e
e Großveranstaltung, –en
e Großzügigkeit
e Handlung, –en
e Hauptrolle, –n
e Hecke, –n
e Heimat
r Herzschlag, ¨–e
r Höhepunkt, –e
s Hotelzimmer, –
r Hügel, –
r Inhalt, –e
e Inhaltsangabe, –n
e Inszenierung, –en
e Ironie
r Jazzclub, –s
e Jugend
s Kissen, –
r Klassenraum, ¨–e
s Kleidungsstück, –e
e Komödie, –n
e Königstochter, ¨–
s Konzert, –e
r Konzertsaal, –säle
Kopfschmerzen (pl)
r Korbsessel, –
e Kultur, –en
r Kulturbetrieb
e Kunst, ¨–e
r Künstler, –
s Kunstwerk, –e
r Ladenbesitzer, –
e Lebensgefahr, –en
s Lehrerpult, –e
e Lektion, –en
r Liebesfilm, –e
e Liebesgeschichte, –n

r Lieblingsautor, –en
e Literatur, –en
e Literaturmesse, –n
e Live–Sendung, –en
e Loge, –n
e Lüge, –n
e Messe, –n
r Milliardär, –e
e Milliardärin, –nen
r Minirock, ¨–e
r Mitmensch, –en
e Moral
s Musikstück, –e
e Operette, –n
r Opernball, ¨–e
e Opernwelt
s Orchester, –
s Papier, –e
s Passionsspiel, –e
e Pest
r Protest, –e
r Prozess, –e
s Publikum
r Quatsch
s Rekordjahr, –e
e Rekordzahl, –en
r Revolutionär, –e
r Ritter, –
e Rockmusik
s Schauspiel, –e
r Schauspieler, –
e Schere, –n
r Schnellzug, ¨–e
r Sitzplatz, ¨–e
s Spielen (Verb)
s Städtchen, –
e Stadtverwaltung, –en
r Star, –s
s Stationsgebäude, –
r Stehplatz, ¨–e
e Strafe, –n
e Studentenaufführung, –en
e Summe, –n
e Szene, –n
s Talent, –e
e Tat, –en
Tausende
s Temperament, –e
Theaterleute (pl)
e Theaterprobe, –n
r Titel, –
r/e Überlebende, –n (ein Überlebender)
e Veranstaltung, –en
s Verhalten
s Verhältnis, –se
e Versammlung, –en
s Versprechen, –
s Vorspiel, –e
r Walzer, –
e Wandtafel, –n
e Wärterin, –nen
e Weise, –n
r Wochentag, –e
r Zuschauer, –
r Zweck, –e
r Zweifel, –

Verben

applaudieren
auf·bauen
auf·führen
aus·drücken
aus·stellen
aus·wandern
begehen
begreifen
bereiten
beteiligen
bilden
blättern
da·bleiben
ein·sperren
erhalten
erscheinen
fest·halten
geschehen
her·kommen
hüllen
husten
interpretieren
kleiden
knien
kriegen
mit·wirken
nass machen
präsentieren
proben
riechen
siegen
töten
um·werfen
verletzen
verteilen
verurteilen
weg·gehen
wundern
zerschneiden
zusammen·setzen
zwingen

Adjektive

absolut
alljährlich
altmodisch
ausverkauft
bar
blass
dankbar
deutschsprachig
eigentlich
eindrucksvoll
enttäuscht
fremd
gegrillt
gelangweilt
geschmückt
gesellschaftlich
großzügig
hervorragend
ironisch
kommend
kulturell
lebend
lebendig
naiv
nebenan
neugierig
reich
scheinbar
schuldig
staatlich
unterstrichen
verantwortlich

verbunden
verletzt
verschlafen
weltweit
zerbrochen

Adverbien

andererseits
ebenso
eher
längst
woanders

Funktionswörter

aufeinander
innerhalb
je.. desto
...lang
rund um
solange
um.. herum
von... an

Ausdrücke

bis heute
jedes Mal
im Voraus
in irgendeiner Weise
unter Protest
unter freiem Himmel
für meinen Geschmack
ein Tisch voller Bücher
etwas/nichts anderes
jemanden sitzen lassen
jemandem (nicht) gut tun
jemanden/etwas für ... halten
etwas auf Kredit kaufen
einen Rekord halten
(k)eine große Rolle spielen
ein Versprechen halten
Das soll/muss/kann nur/ könnte/dürfte ... sein
Absolut (nicht)!
Es liegt an ...
Lass mich raten!
Was soll der Quatsch?

In Deutschland sagt man:	In Österreich sagt man auch:	In der Schweiz sagt man auch:
s Kissen, – r	Polster, –	
r Bahnsteig, –e		r/s Perron, –s
erscheinen		herauskommen
blass		bleich

Zusätzlicher Wortschatz

Wort	Ihre Muttersprache	Definition/Beispiel
e Anstiftung, -en		Eine Anstiftung zum Mord: Man fordert jemanden auf, einen Mord zu begehen.
e Bücherei, –en		ein anderes Wort für „Bibliothek"
s Fach, ¨–er		Deutsch, Mathematik, Physik usw. sind Fächer in der Schule.
s Gift, –e		Nomen zu „giftig". Auf etwas Gift nehmen können = sicher sein können
r Kriminalroman, –e		Ein Roman, in dem Verbrechen geschehen.
e Macht		Politiker haben viel Macht: Sie können viel entscheiden und bestimmen.
s Märchen, –		Eine Geschichte für Kinder, in der meistens Könige und Königstöchter vorkommen.
e Naturwissenschaft, –en		Physik, Biologie und Chemie sind Naturwissenschaften.
r Schriftsteller,		Jemand, der Bücher schreibt.
e Verhaftung, –en		Nomen zu „verhaften"

Wort	Ihre Muttersprache	Definition/Beispiel
aufpassen		auf etwas achten – „Passen Sie mal auf!" = „Hören Sie mal zu!"
einschenken		Bier einschenken = Bier in ein Glas gießen
einschreiten		sich einmischen, aktiv werden
vorliegen		„Hier liegt ein Verbrechen vor." = „Hier gibt es ein Verbrechen."/„Das ist ein Verbrechen."
vornehmen		machen, realisieren, stattfinden lassen
auf der Stelle		sofort
äußerst		sehr
gebunden		an etwas gebunden sein = etwas beachten müssen
gründlich		gründliche Kenntnisse = genaue Kenntnisse
kapiert		verstanden
nüchtern		klar, ohne Vorurteil
protestantisch		Die meisten Deutschen gehören entweder zur protestantischen oder zur katholischen Kirche.
übertrieben		„Eine Milliarde ist übertrieben." = „Eine Milliarde ist zu viel."
zukünftig		der zukünftige Bürgermeister = Der Mann, der in Zukunft Bürgermeister sein wird.

Lektion 20

LB Ü 1 Ergänzen Sie.

1

ab-	an-	auf-	aus-	fest-	her-	mit-	um-	vor-	zu-

a) einen Briefkasten montieren: einen Briefkasten _____bringen

ein Geschenk dabeihaben: ein Geschenk _____bringen

b) eine Reise beginnen: _____fahren

mit jemandem zusammen eine Reise machen: _____fahren

c) auf etwas verzichten: etwas _____geben

Geld bezahlen: Geld _____geben

d) eine Jacke tragen: eine Jacke _____haben

einen Plan haben: etwas _____haben

e) nicht weiterfahren: _____halten

etwas nicht loslassen: etwas _____halten

f) etwas nicht weitermachen: _____hören

genau hören, was jemand sagt: jemandem _____hören

g) von einer Reise zurückkommen: _____kommen

geschehen, passieren: _____kommen

h) öffnen: _____machen

schließen: _____machen

i) mehr Gewicht bekommen, größer werden: _____nehmen

dünner werden, kleiner werden: _____nehmen

j) ein Buch öffnen: ein Buch _____schlagen

etwas empfehlen, raten: _____schlagen

k) etwas produzieren: etwas _____stellen

etwas merken, deutlich sagen: etwas _____stellen

l) in eine neue Wohnung ziehen: _____ziehen

etwas besser finden: etwas _____ziehen

LB Ü 1 Welche Nomen gibt es wirklich? Ergänzen Sie.

2

Sie können ein Wörterbuch oder die Wortliste (→ Lehrbuch S. 232) benutzen.

Ab- An- Auf- Aus- Dar- Ein- Her- Hin- Nach- Rück- Über- Um- Un- Vor- Zu-

____ ____ ____ ____	druck	____ ____ ____ ____	fahrt	____ ____ ____ ____	fall	____ ____ ____ ____	frage	____ ____ ____ ____	gabe
____ ____ ____ ____	gang	____ ____ ____ ____	name	____ ____ ____ ____	reise	____ ____ ____ ____	sage	____ ____ ____ ____	schluss
____ ____ ____ ____	sicht	____ ____ ____ ____	speise	____ ____ ____ ____	stellung	____ ____ ____ ____	trag	____ ____ ____ ____	zug

LB Ü 2 Finden Sie jeweils zwei zusammengesetzte Nomen.

3

a) BÜGELEISENTÜR
-s Bügeleisen
-e Eisentür

b) STADTRATHAUS
__ ____________
__ ____________

c) POLIZEIAUTOBAHN
__ ____________
__ ____________

d) FAHRGASTHAUS
__ ____________
__ ____________

e) NATURPARKPLATZ
__ ____________
__ ____________

f) ALPTRAUMSTRASSE
__ ____________
__ ____________

g) RÜCKREISEPASS
__ ____________
__ ____________

h) MINIROCKGRUPPE
__ ____________
__ ____________

i) TENNISSPIELZEUG
__ ____________
__ ____________

j) STOFFTIERARZT
__ ____________
__ ____________

k) STADTTEILNEHMER
__ ____________
__ ____________

l) MOBILTELEFONZELLE
__ ____________
__ ____________

m) HOCHZEITPUNKT
__ ____________
__ ____________

n) HALTESTELLENWERT
__ ____________
__ ____________

o) ALTENHEIMTRAINER
__ ____________
__ ____________

p) KÜCHENUHRZEIT
__ ____________
__ ____________

q) FENSTERLADENBESITZER
__ ____________
__ ____________

r) SCHOKOLADENSCHWEINEBRATEN
__ ____________
__ ____________

s) AUSLANDWIRTSCHAFT
__ ____________
__ ____________

t) BETRIEBSLEITUNGSWASSER
__ ____________
__ ____________

u) UMWELTMINISTERPRÄSIDENT
__ ____________
__ ____________

v) PECHVOGELKÄFIG
__ ____________
__ ____________

LB Ü 3 Was kann man auch sagen? ✗

4

a) Es geht mir schlecht.
   1. ■ Ich bin ein schlechter Mensch.
   2. ■ Ich fühle mich nicht wohl.
   3. ■ Ich habe schlechte Nachrichten für Sie.

b) Ich habe ihm aus Versehen auf den Fuß getreten.
   1. ■ Ich habe nicht gesehen, dass er mir auf den Fuß getreten hat.
   2. ■ Ich habe ihm auf den Fuß getreten, aber er hat es nicht gemerkt.
   3. ■ Ohne es zu wollen, habe ich ihm auf den Fuß getreten.

c) Er hat mir seine Bekannte vorgestellt.
   1. ■ Er hat mich mit ihr bekannt gemacht.
   2. ■ Er hat sich neben sie gestellt.
   3. ■ Ich kann sie mir gut vorstellen.

d) Die meisten Stühle sind besetzt.
   1. ■ Die meisten Stühle besitzt jemand.
   2. ■ Auf den meisten Stühlen sitzt jemand.
   3. ■ Die meisten Sitzplätze sind Stühle.

e) Er hat gerade eine wichtige Prüfung bestanden.
   1. ■ Er steht gerade vor einer wichtigen Prüfung.
   2. ■ Er hat gerade eine wichtige Prüfung geschafft.
   3. ■ Seine Prüfung bestand aus wichtigen Fragen.

f) „Aber das macht doch nichts!"
   1. ■ „Aber das ist doch nicht schlimm!"
   2. ■ „Aber das kostet doch nichts!"
   3. ■ „Aber das mache ich doch auch!"

g) „Auf Ihr Wohl!"
   1. ■ „Gute Besserung!"
   2. ■ „Fühlen Sie sich wohl!"
   3. ■ „Prost!"

h) „Da haben Sie aber wirklich Pech gehabt!"
   1. ■ „Da haben Sie aber wirklich einen Pechvogel gehabt!"
   2. ■ „Da haben Sie aber wirklich kein Glück gehabt!"
   3. ■ „Da habe ich aber wirklich kein Glück mit Ihnen gehabt!"

i) „Ist der Platz noch frei?"
   1. ■ „Sind Sie noch frei?"
   2. ■ „Haben Sie schon frei?"
   3. ■ „Darf ich mich auf den Platz setzen?"

j) „Das ist ja eine Überraschung!"
   1. ■ „Das habe ich kommen sehen!"
   2. ■ „Ich bin wirklich überrascht!"
   3. ■ „Das überrascht mich gar nicht!"

LB Ü 3 — 5 Das gleiche Nomen – verschiedene Bedeutungen. Benutzen Sie jedes Wort zweimal.

Tafel Plätzchen Schloss Gericht Preis Ball Decke Bank Stimme Stelle

a) Er lag im Bett und schaute nach oben an die ______________ des Zimmers.

Das Café war gemütlich eingerichtet. Jeder Tisch hatte eine ______________.

b) Seit Jahrhunderten lebte ihre Familie in einem großen ______________.

Sie hatte ihren Schlüssel vergessen: Er steckte noch im ______________.

c) Er hatte den Unfall gesehen und musste als Zeuge vor ______________ erscheinen.

Er saß im Gasthaus und fand auf der Speisekarte kein einziges ______________, das ihm geschmeckt hätte.

d) Sie überlegte lange, welches Kleid sie am Abend auf dem ______________ tragen sollte.

Auf dem Tennisplatz bekam sie einen ______________ ins Auge und musste zum Arzt.

e) Er zeigte den Journalisten die ______________ im Wald, wo er die Goldmünzen gefunden hatte.

Er bewarb sich um eine ______________ bei einer ausländischen Bank.

f) Hunderte von Menschen waren am Strand und er konnte kein ruhiges ______________ finden.

Am liebsten aß er die ______________, die seine Mutter zu Weihnachten backte.

g) Sie war ziemlich erkältet und hatte keine ______________ mehr.

Bei der letzten Wahl gab sie ihre ______________ den Sozialdemokraten.

h) Er kaufte den Wagen nicht, weil er den ______________ zu hoch fand.

Sein neuer Roman hat auf dem Literaturfestival den ersten ______________ bekommen.

i) Sie schenkte dem armen kleinen Mädchen eine ______________ Schokolade.

Im Deutschunterricht musste sie immer die schwierigen Wörter an die ______________ schreiben.

j) Er musste sich ein bisschen ausruhen und setzte sich auf eine ______________.

Von seinen Eltern bekam er 100 € zum Geburtstag. Die brachte er sofort zur ______________.

LB Ü 3 — 6 Das gleiche Verb – verschiedene Bedeutungen. Benutzen Sie jedes Wort mehrmals.

anziehen ausgehen umziehen wählen vorstellen raten aufgeben schaffen

a) Sie hat den Möbelwagen bestellt. Sie will morgen __________.

Mit Jeans kann sie nicht ins Theater gehen. Sie muss sich erst __________.

b) Darf ich Ihnen Frau Schreiber __________? Sie ist neu in der Firma.

Auf der Buchmesse können die Autoren ihre neuen Bücher __________.

Ich kann mir gut __________, dass ich mal im Ausland arbeiten werde.

c) Ich frage mich, wie die Wahlen im September __________ werden.

Wenn das Licht __________ sollte, müssen wir eine Kerze anzünden.

Maria hat sich ein neues Kleid gekauft, weil sie heute Abend mit Curt __________ will.

d) Kürzlich wollte ich ein Paket __________, aber die Post war schon geschlossen.

Markus will seine Stellung __________, sobald er etwas Besseres findet.

e) Claus bereitet sich auf die Prüfung vor. Er glaubt, er kann es __________.

Die Politiker wollen neue Kindergartenplätze __________.

f) Beim Frühstücksservice können die Kunden zwischen verschiedenen Angeboten __________.

Wenn man nach Berlin telefonieren will, muss man erst „030" __________.

Alfred weiß noch nicht, welche Partei er im September __________ soll.

g) Die Buchmesse wird, wie jedes Jahr, mehr als 300.000 Besucher __________.

Britta geht heute Abend auf den Ball, aber sie weiß noch nicht, was sie __________ soll.

h) Lass mich __________, was du deinem Freund zu Weihnachten schenkst.

Ich kann dir nur __________ zum Arzt zu gehen, wenn du dich so krank fühlst.

LB Ü 4 Finden Sie die richtige Reihenfolge. (→ Lehrbuch S. 200, 201)

7

a) ■ Delila meldete sich und sagte, dass Delfine eine geheimnisvolle Sprache hätten.
b) 1 Am Anfang hat sich Dennis gar nicht für Delila interessiert.
c) ■ In diesem Augenblick verliebte sich Dennis in Delila.
d) ■ Weil Dennis nur noch Fehler machte, fragte ihn Frau Bauer, wo er mit seinen Gedanken sei.
e) ■ Auf dem Weg nach Hause kaufte er für Delila einen Anhänger in Form eines Delfins.
f) ■ Dennis schenkte ihr in den nächsten Wochen heimlich noch mehr Delfine.
g) ■ In der Nacht träumte er davon, wie Delila mit einem Delfin spielt und ihn zärtlich küsst.
h) ■ Seitdem sind Dennis und Delila ein Liebespaar.
i) ■ Eines Tages machte die Lehrerin mit der Klasse ein Spiel mit Tiernamen.
j) ■ Dennis machte einen lustigen Versprecher und Delila nahm ihn in den Arm.
k) ■ Dennis lernte Deutsch wie nie zuvor und Frau Bauer lobte seine Fortschritte.
l) ■ Als er Delila heimlich das Päcken in die Tasche steckte, war er sehr aufgeregt.
m) ■ Delila fragte Dennis, warum er ihr immer Delfine schenke.
n) ■ Am nächsten Tag trug Delila die Kette mit dem Delfin um den Hals.
o) ■ Endlich kam der Tag, auf den Dennis gewartet hatte.

LB Ü 4 Was passt zusammen?

8

a) Am Anfang ist es Dennis gar nicht ■
b) Er hatte sich noch nicht einmal ihren Namen ■
c) Eigentlich wusste er von Delila nur, dass sie ■
d) Weil am Ende des Unterrichts noch Zeit war, ■
e) Sie schrieb den Namen eines Tiers an die Tafel und ■
f) Dennis wollte sagen, dass er keine ■
g) Bei dem Wort Delfin meldete sich Delila ■
h) Dennis wollte Delila nach dem Unterricht ansprechen, ■

1. und sprach mit warmer und weicher Stimme.
2. zwei springende Delfine auf einer Fotografie.
3. aufgefallen, wie hübsch Delila war.
4. dass die kleinen Delfine von Dennis waren.
5. gemerkt, als die Lehrerin in der ersten Stunde danach fragte.
6. die ein bisschen wie Deutsch klang.
7. besser Deutsch konnte als er und wenig Fehler machte.
8. machte Frau Bauer mit der Klasse ein kleines Spiel.

i) Im Schaufenster eines Schmuckladens entdeckte Dennis ■
j) In seinem Traum war er irgendwo in Afrika und sah Frau Bauer, ■
k) Delila unterhielt sich mit dem Delfin in einer Sprache, ■
l) Natürlich konnte Dennis seiner Lehrerin nicht sagen, ■
m) Delila hatte von Anfang an gewusst, ■

9. die mit einem Krokodil badete.
10. aber sie war schon verschwunden.
11. Krokodile möge, aber dabei machte er einen Fehler.
12. die Klasse sollte dazu Adjektive nennen.
13. dass er an Delila und den Delfin in ihrer Tasche dachte.

LB Ü 4 Ergänzen Sie.

9

Unterricht   Hals   Eigenschaften   Sprachbegabung   Stimme   Mut   Schreck   Schaufenster   Augenblick   Fortschritte   Felsen   Symbol

a) Dennis ist der Meinung, dass Frauen eine größere ______________ haben als Männer.
b) Frau Bauer machte ein Spiel, bei dem die Kursteilnehmer ______________ zu Tiernamen nennen sollten.
c) Bevor Delila antwortete, dachte sie einen ______________ nach.
d) Als Delila über Delfine sprach, klang ihre ______________ ganz warm und weich.
e) Dennis achtete nicht mehr darauf, was Frau Bauer im ______________ noch sagte.
f) Delila war verschwunden, bevor Dennis den ______________ hatte, sie anzusprechen.
g) Als er nach Hause ging, entdeckte Dennis in einem ______________ eine Fotografie.
h) Die beiden Delfine auf dem Foto waren ein ______________ für die Freude am Leben.
i) Dennis sah Delila im Traum, als sie von einem ______________ ins Meer sprang.
j) Delila trug am nächsten Tag die Kette von Dennis um den ______________.
k) Frau Bauer freute sich über Dennis, weil er ______________ machte.
l) Dennis bekam einen ______________, als er merkte, was er zu Delila gesagt hatte.

LB Ü 4 Ergänzen Sie Dennis oder Delila.

10

a) __________ machte oft Fehler, über die die Kursteilnehmer immer lachen mussten.
b) __________ meldete sich, als die Lehrerin ‚Delfin' an die Tafel schrieb.
c) __________ ging in einen Schmuckladen und kaufte einen Delfinanhänger.
d) __________ hatte zum ersten Mal in seinem Leben Schmuck gekauft.
e) __________ träumte von seiner Lehrerin und einem Krokodil.
f) __________ lachte und spielte in dem Traum mit einem Delfin.
g) __________ fielen die Formen der starken Verben nicht mehr ein.
h) __________ trug die Kette mit dem Delfinanhänger um ihren Hals.
i) __________ lernte Grammatik und Vokabeln wie nie zuvor.
j) __________ wurde von Frau Bauer wegen seiner Fortschritte gelobt.
k) __________ hatte von Anfang an gewusst, von wem die Delfine waren.
l) __________ bekam wegen des Versprechers einen roten Kopf.
m) __________ fand den Versprecher lustig.

LB Ü 4 Schreiben Sie die Sätze in wörtlicher Rede.

11

a) Delila sagte, dass Delfine wunderbare Tiere seien.

Delila sagte: „Delfine sind wunderbare Tiere."

b) Alle sagten, dass Dennis Fortschritte gemacht hätte.

Alle sagten: „Dennis h ____

c) Frau Bauer fragte, wer ein Adjektiv wisse.

Frau Bauer fragte: „Wer ____

d) Sie sagte, dass sie nichts gegen Krokodile habe.

Sie sagte: „Ich ____

e) Dennis behauptete, dass er viele Fehler mache.

Dennis behauptete: „Ich ____

f) Die Lehrerin sagte, dass sie nicht mit Krokodilen baden wolle.

Die Lehrerin sagte: „Ich ____

g) Delila sagte, dass sie in Dennis verliebt sei.

Delila sagte: „Ich ____

h) Dennis fragt Delila, ob sie ihn liebe.

Dennis fragt: „ ____

LB Ü 4 Ergänzen Sie.

12

a) Dennis und Delila lieben sich.

Sie liebt ihn. | Er liebt sie. | Sie lieben sich.

b) Dennis und Delila küssen sich.

Er küsst sie. | Sie küsst ____ | Sie küssen ____

c) Dennis und Delila verstehen sich.

Er ____ | Sie ____ | Sie ____

d) Dennis und Delila vermissen sich.

Er ____ | ____ | ____

e) Dennis und Delila schreiben sich.

____ | ____ | ____

f) Dennis und Delila rufen sich an.

____ | ____ | ____

g) Dennis und Delila machen sich Geschenke.

____ | ____ | ____

h) Dennis und Delila unterhalten sich

____ mit ihr. | ____ mit ihm. | ____ miteinander.

LB Ü 4 Welcher Satz hat die gleiche Bedeutung? ✗

13

a) Er hat einen roten Kopf bekommen.
 1. ▪ Er ist rot geworden.
 2. ▪ Er hat eine Erkältung bekommen.

b) Er nimmt sie in den Arm.
 1. ▪ Er legt seine Arme um sie.
 2. ▪ Er hebt sie mit seinen Armen hoch.

c) Er konnte im Bett keine Ruhe finden.
 1. ▪ Es war sehr laut, als er ins Bett ging.
 2. ▪ Er konnte nicht einschlafen.

d) Er wachte mit Herzklopfen auf.
 1. ▪ Sein Herz schlug schnell und laut, als er aufwachte.
 2. ▪ Er klopfte auf sein Herz, als er aufwachte.

e) Er war mit seinen Gedanken bei ihr.
 1. ▪ Sie hatte die gleichen Gedanken wie er.
 2. ▪ Er dachte nur an sie.

f) Sein Herz machte einen Sprung.
 1. ▪ Er freute sich sehr.
 2. ▪ Sein Herz wurde krank.

g) Dennis und Delila sind zusammen.
 1. ▪ Sie sind ein Liebespaar.
 2. ▪ Sie machen immer alles gemeinsam.

LB Ü 5 Was passt nicht?

14

a) Freude – Spaß – ~~Witze~~ – Lust **fühlen**
b) Deutschkenntnisse – Chinesischkenntnisse – Japanischkenntnisse – Gespräche **besitzen**
c) Englischunterricht – Richter – Spanischunterricht – Deutschunterricht **geben**
d) Grammatikübungen – Wortschatzübungen – eine Sportübung – Sprechübungen **korrigieren**
e) einen Sprachkurs – Babysprache – eine Sprachschule – ein Seminar über Sprachen **besuchen**
f) ein Gespräch – eine Diskussion – ein Koalitionsgespräch – ein Gesprächsthema **führen**
g) Grammatik – Nebensätze – Präpositionen – Gramm **üben**
h) deutsche Literatur – Liter – Romane – Theaterstücke **lesen**
i) Englisch – Chinesisch – Büro – Sätze **sprechen**
j) eine alte Dame – einen Passanten – Personen am Nachbartisch – einen Tisch **ansprechen**
k) einen Buchstaben – ein Wort – einen Namen – Wolken **aussprechen**
l) ein Wort – einen Satz – ein Konzert – einem Papagei **nachsprechen**
m) die Ehe – einen Unfall – Geld – ein Geschenk **versprechen**
n) in einen Übersetzungscomputer – in ein Telefon – in ein Bild **hineinsprechen**
o) Geschichten – Träume – Katzen – von Erlebnissen **erzählen**
p) von Erfahrungen – ein Kind – von Eindrücken – von einem Ereignis **berichten**
q) über andere – über ein Thema – vor einem Publikum – Anfang **reden**
r) eine Ansichtskarte – einen Roman – ein Essen – eine Speisekarte **schreiben**

LB Ü 5 Was passt?

15

könne kann könnten kennst kennt weiß

a) Er hat mir gesagt, er *könne* ein bisschen Chinesisch.

b) Er _______ ohne Mühe eine Unterhaltung auf Deutsch führen, denn sein Deutsch ist gut.

c) Das Wort ist dir nicht bekannt; du _______ es noch nicht.

d) Wer _______, was das Wort bedeutet?

e) Ich _______ nicht, was es bedeutet, aber ich _______ es aussprechen.

f) Ist dieses Wort neu für euch oder _______ ihr es schon?

g) Auf der Welt gibt es so viele Sprachen, dass man nicht alle kennen _______.

h) Er spricht fließend Französisch und _______ auch schon ein bisschen Spanisch.

i) Er _______, dass Deutsch nicht immer einfach ist.

j) Ich _______, was beim Lernen hilft.

k) Was wäre, wenn wir perfekt Deutsch _______?

l) Es wäre schön, zusammen Deutsch zu sprechen, aber er _______ kein Deutsch.

m) Er spricht schon Italienisch und Spanisch, aber Portugiesisch _______ er leider noch nicht.

LB Ü 5 Schreiben Sie.

16

a) „Mein Englisch muss besser werden."

Er sagt, sein Englisch müsse besser werden.

b) „Ich soll besser Englisch lernen."

Er sagt, er _______________

c) „Ich will mein Deutsch verbessern."

Sie sagt, sie _______________

d) „Ich mag keine Grammatikübungen."

Er sagt, er _______________

e) „Ich kann gut Spanisch."

Sie sagt, sie _______________

f) „Es ist gut, viel zu üben."

Sie sagt, es _______________

g) „Man lernt allein am besten."

Er sagt, man _______________

h) „Man kann besser zu zweit lernen."

Sie sagt, man _______________

i) „Ein guter Lehrer weiß viel."

Er sagt, ein _______________

j) „Man soll viel lesen."

Sie sagt, man _______________

LB Ü 5 Schreiben Sie.

17

a) Sie sagt, sie sei kein Typ mit großer Sprachbegabung.

Sie sagt: „Ich bin ______

b) Er sagt, Kinderbücher seien einfach zu verstehen.

Er sagt: „Kinderbücher sind ______

c) Sie sagt, die Nachrichten im Radio seien schwierig.

Sie sagt: „ ______

d) Er sagt, man solle die Fremdsprache in Unterhaltungen üben.

Er sagt: „ ______

e) Er sagt, man könne in Gesprächen am meisten lernen.

Er sagt: „ ______

f) Sie sagt, beim Sprechen würden ihr manchmal lustige Fehler passieren.

Sie sagt: „ ______

g) Er sagt, man müsse beim Lernen Pausen machen.

Er sagt: „ ______

h) Sie sagt, man dürfe die Pausen nicht vergessen.

Sie sagt: „ ______

i) Er sagt, Sprachen würden ihm Spaß machen.

Er sagt: „ ______

j) Sie sagt, ein Brieffreund helfe sehr beim Lernen.

Sie sagt: „ ______

k) Er sagt, er werde einen Sprachkurs machen.

Er sagt: „ ______

l) Sie sagt, eine neue Sprache sei wie eine neue Welt.

Sie sagt: „ ______

LB Ü 6 Ordnen Sie.

18

~~Geschirrspüler~~ ~~Spülmaschine~~ ~~Haushaltsgerät~~ ~~Rasierapparat~~ Plattenspieler Sportgerät Mixer Rasierer Schreibmaschine Computer Gaskocher Küchenmaschine Tonbandgerät Melkmaschine Fotoapparat Fernseher Waschmaschine Fernsehgerät Fernsehapparat Bohrmaschine Heimtrainer Ei-Brot-Maschine

–r Geschirrspüler	*–e Spülmaschine*	*–s Haushaltsgerät*	*–r Rasierapparat*
______	______ maschine	______	______
______	______	______	______
______	______	______	
______	______		
______	______		
______	______		

LB Ü 6 Wie heißt der Artikel? Ordnen Sie.

19

~~Alter~~ ~~Anhänger~~ Becher ~~Butter~~ Dauer Donner Eimer Fehler Feier Fenster Feuer Fieber Finger Gewitter Hammer Hunger Kater Keller Koffer Körper Mauer Messer Mutter Nummer Oper Opfer Orchester Pfeffer Pflaster Pullover Schulter Schwester Semester Sommer Stecker Steuer Teller Theater Tiger Tochter Trauer Ufer Vater Versprecher Walzer Wasser Wetter Winter Wunder Zimmer Zucker Zungenbrecher

der		**die**	**das**
Anhänger	______	Butter	Alter
______	______	______	______
______	______	______	______
______	______	______	______
______	______	______	______
______	______	______	______
______	______	______	______
______	______	______	______
______	______	______	______
______	______	______	______
______	______	______	______
______	______	______	______
______	______	______	______

LB Ü 6 Ergänzen Sie: der, die, das.

20

a) ____ Mutter holt ____ Butter.

b) Dann nimmt sie ____ Messer.

c) ____ Eimer ist voll und ____ Wasser ist kalt.

d) ____ Feier ist lustig.

e) Sie öffnen ____ große Fenster.

f) Da ist ____ Keller.

g) Da ist ja ____ Koffer und darauf sitzt ____ Kater.

h) ____ Orchester wartet.

i) ____ Dirigent holt das Pflaster.

j) Hier kommt ____ Schwester.

k) „Wie ist ____ Semester, Schwester?"

l) ____ Tochter isst Suppe.

m) ____ Teller fällt.

n) ____ Theater ist groß.

LB Ü 6 Nomen auf -e. Ordnen Sie.

21

~~Kollege~~ ~~Türke~~ ~~Angerufene~~ ~~Anrufende~~ ~~Alte~~ ~~Suchende~~ ~~Gesuchte~~ Arbeitslose Lesende
Däne Geliebte Liebende Reiche Franzose Verliebte Träumende Tscheche Versicherte
Chinese ~~Jugendliche~~ Angestellte Schreibende Deutsche Glückliche

-r *Kollege*	-r/-e *Alte*	-r/-e *Anrufende*	-r/-e *Angerufene*
-r *Türke*	-r/-e *Jugendliche*	-r/-e *Suchende*	-r/-e *Gesuchte*
-r ________	-r/-e ________	-r/-e ________	-r/-e ________
-r ________	-r/-e ________	-r/-e ________	-r/-e ________
-r ________	-r/-e ________	-r/-e ________	-r/-e ________
-r ________	-r/-e ________	-r/-e ________	-r/-e ________

LB Ü 6 Was passt?

22

a) ~~abschließen~~ beschließen entschließen schließen

1. Am Feierabend hat er die Bürotür mit dem Schlüssel zweimal *abgeschlossen*.
2. Sie hat sich zum Lehrerberuf ____________________.
3. Die Schüler haben ____________________, eine Party zu machen.
4. Er hat das Buch zugemacht. Er hat es ____________________.
5. Er hat die Geschichte zu Ende geschrieben. Gestern hat er sie ____________________.

b) ~~bestellen~~ stellen herstellen vorstellen

1. Weil der Kunde das Buch nicht in der Buchhandlung fand, hat er es *bestellt*.
2. Auf der Party hat er seiner Frau die neue Sekretärin ____________________.
3. Alle Teile des Autos wurden mit neuen Maschinen ____________________.
4. Die neue Kollegin hat ihren Namen gesagt und sich allen ____________________.
5. Der Buchhändler hat die Bücher zu den anderen ins Regal ____________________.
6. Er hat dem Publikum auf der Buchmesse sein neues Buch ____________________.
7. Er hat oft von seiner kommenden Reise geträumt und sie sich genau ____________________.

c) ~~aufkommen~~ ankommen zurückkommen mitkommen bekommen wiederkommen dazwischenkommen vorkommen kommen

1. In ihm ist der Wunsch *aufgekommen*, noch eine Fremdsprache zu lernen.
2. Zu Weihnachten habe ich ein Buch geschenkt ____________________.
3. Die Adresse war falsch. Der Brief ist trotzdem ____________________.
4. Das Flugzeug wird pünktlich landen und um 20 Uhr in Frankfurt ____________________.
5. Immer ist er zusammen mit ihnen angeln gegangen. Er ist immer ____________________.
6. Ich wollte den Brief zu Ende schreiben, aber dann hat dauernd jemand gestört. Dauernd ist etwas ____________________.
7. Weil das bestellte Buch noch nicht da war, ist der Kunde am nächsten Tag ____________________.
8. Das Buch ist erst später fertig geworden. Das ist daher ____________________, dass man noch den letzten Satz korrigieren musste.
9. Es kann schon mal passieren, dass ein Buch zu spät geliefert wird. Das kann schon mal ________________.

d) ~~kaputt gehen~~ aufgehen verloren gehen zu Ende gehen zugehen mitgehen

1. Das Wörterbuch ist vom Fahrrad in die Pfütze gefallen, aber es ist nicht *kaputt gegangen*.
2. Wie war der Schluss des Buches? Wie ist es ____________________?
3. Ich schrieb am Computer und plötzlich war mein Text weg. Er ist irgendwie ____________________.
4. Die Tür hat geklemmt, als sie sie schließen wollten. Sie ist nicht richtig ____________________.
5. Das Fenster muss man doch öffnen können. Gestern ist es doch auch ____________________.
6. Als wir drei in die Disko gegangen sind, ist er auch ____________________. Deshalb waren wir vier.

e) ~~hören~~ aufhören anhören

1. Die Katze hat Schritte im Treppenhaus *gehört*.
2. Er hat sich zwei Stunden die Geschichte ihres Lebens ____________________.
3. Nach zwei Stunden war sie fertig und hat ____________________ zu erzählen.

LB Ü 8 Was passt nicht?

23

a) die Bluse – aus der alten Wohnung – ~~aus dem Auto~~ **ausziehen**
b) eine Frau schön – Geld – Regen **finden**
c) ein Pferd – einen Bus – ein Kamel **reiten**
d) das Fenster – Licht – die Augen **schließen**
e) die Tür – die Augen – den Mietvertrag **abschließen**
f) das Tor – Bekannte – den Nebel **treffen**
g) jemandem den Weg – eine Person – keine Ahnung **beschreiben**
h) Möbel in den Möbelwagen – Geburtstage – seine Freunde zum Geburtstag **einladen**
i) jemandem eine Diät – die Bedeutung eines unbekannten Wortes – Fahrrädern **raten**
j) aufs Dach – in den Keller hinunter – auf das Wasser **steigen**

LB Ü 8 Schreiben Sie.

24

a) „Schau mal den Mann am Nebentisch an."

Sie sagt zu ihrer Freundin, sie solle ______

b) „Der Mann ist interessant."

Sie sagt, er ______

c) „Ich habe noch keinen Spanier kennengelernt."

Sie sagt, sie ______

d) „Er ist bestimmt verheiratet."

Sie sagt, er ______

e) „Sprich doch nicht so laut."

Sie sagt zu ihrer Freundin, sie ______

f) „Sprich doch bitte leiser."

Sie sagt zu ihrer Freundin, sie ______

g) „Das ist doch kein Problem."

Sie sagt, das ______

h) „Mach dir keine Gedanken."

Sie sagt, sie ______

i) „Sieh das doch als Spiel."

Sie sagt, ihre Freundin ______

j) „Er versteht uns bestimmt nicht."

Sie sagt, er ______

k) „Er kann bestimmt kein Deutsch."

Sie sagt, er ______

l) „Vielleicht habe ich nicht genug Geld zum Bezahlen."

Sie sagt, vielleicht ______

m) „Ich lade Sie gerne zu einem Glas Wein ein."

Er sagt, er ______

n) „Ihr Deutsch ist ja perfekt."

Sie sagt, sein ______

o) „Das ist ja eine große Überraschung."

Sie sagt, das ______

LB Ü 9 Ordnen Sie.

25

~~Blume~~ ~~Buchstabe~~ ~~Auge~~ Vase Gedanke Interesse Zuhause Knie Gemüse Käse Tasche Mütze Name Pfütze Tasse Zeuge Illustrierte Service Ende

–e	–r	–s
Blume	*Buchstabe*	*Auge*

LB Ü 10 Wie heißen die Sätze?

26

a) dastandermitderarmencarmenindenarmen

b) erhieltsiefestunderhielteinenkuss

c) eueropamageuropa

d) woistdieuhr,urgroßvater?

e) wirholenkohlen

f) hebenistebenschwer

g) siebetenindenbetten

h) kommmal,hierfehlteinkomma

i) fahrtihraufderfahrtschnell?

j) kannmanindenandenlanden?

k) wenndaskotelettmagerist,mageres

____

l) ererzählte,erzählteoftseingeld

____

m) derrechtsanwaltwohntrechtsamwald

____

n) erzogbeimumzugimaufzugdenanzugaus

____

o) erertrinktnicht,ertrinktnurvielvondemwasser

____

p) istdaswasserdatiefoderist„wasser"dativ?

____

q) derleiteraufderleitermachteweiter

____

r) dertigerbliebsieger

____

LB Ü 10 Was passt?

27

a) Es regnet. Gibst du mir mal die *Mütze*? (Pfütze/Mütze)

b) Wenn du Durst hast, kannst du den __________ trinken. (See/Tee)

c) Kannst du bitte den Teller und die __________ spülen? (Tasse/Tasche)

d) Was schwimmt denn da im __________? (Fuß/Fluss)

e) Er klettert auf den __________. (Traum/Baum)

f) Hier sind Töpfe. Brauchst du dazu auch __________? (Deckel/Decke)

g) Wo ist eine __________ für das Omelett? (Panne/Pfanne)

h) Der Tourist liegt gern in der __________, damit er schön braun wird. (Tonne/Sonne)

i) Er wünscht ihnen viel __________. (Spaß/Pass)

j) Die Kinder klettern mit der Leiter über die __________ des Hofs. (Bauern/Mauern)

k) Magst du das __________ mit Salz oder mit Pfeffer? (Eis/Ei)

l) Was __________ ihr heute __________? (Nacht/macht)

LB Ü 10 Was passt wo? Ergänzen Sie.
28

a) *Diese Wiese* ist schön. (Wiese/diese)

b) Das Geld ist ______________, er geht jetzt ______________. (überwiesen/über Wiesen)

c) Er kam ______________ auf den ______________. (kaum/Baum)

d) ______________ sind wir im ______________. (Wald/bald)

e) ______________ ihr erst ______________ einer Stunde in der Stadt? (seid /seit)

f) Wir gehen nur ______________ in den ______________. (Kurs/kurz)

g) Auf den ______________ hielten sie ______________ des starken Regens. (Wegen/wegen)

h) Obwohl er schnell mit dem ______________ ______________, fiel er nicht. (lief/Brief)

i) Wir ______________ ein Zimmer in dem Hotel mit dem langen ______________. (Namen/nahmen)

j) ______________ dieser ______________ sind wir glücklich. (seit/Zeit)

k) Viel ______________ mit dem neuen ______________. (Pass/Spaß)

l) Es gab mit der ______________ eine große ______________. (Pfanne/Panne)

m) Dass er gerne Pfannkuchen ______________, ______________ richtig. (isst/ist)

n) Er aß ______________, was ihr ______________. (gefiel/viel)

o) Jemand ______________ im ______________. (schoss/Schloss)

p) Sie sagte, ______________ ______________ Dach vielleicht kaputt sei. (das/dass)

q) Er fand, das Gewitter und der ______________ seien kein ______________ . (Witz/Blitz)

r) Sie sagte, ______________ könne nicht ______________. (Baden/schaden)

s) Warum badete er den ______________ im ______________? (Fluss/Fuß)

t) Er wollte ______________ über das ______________ wissen. (mehr/Meer)

u) Als er sie bat, ______________ sie ihm ihr ______________ an. (Boot/bot)

v) Wo wir Wäsche ______________, ______________ Blumen. (waschen/wachsen)

w) Er sagt, er schaue die ______________ ______________ an. (gerne/Sterne)

LB Ü 10 Ergänzen Sie.

29

a) aus (hell) *hellem* Holz gemacht sein, aus (bunt) ___________ Glas bestehen, aus (warm) ___________ Fell sein

b) aus (alt) ___________ Gold bestehen, aus (dick) ___________ Metall hergestellt sein, auf (alt) ___________ Papier geschrieben sein

c) bei (stark) ___________ Wind wandern, bei (groß) ___________ Hitze schlafen , bei (leicht) ___________ Regen spazieren gehen, bei (plötzlich) ___________ Nebel bremsen, bei (gemütlich) ___________ Wärme lesen

d) mit (groß) ___________ Mut anfangen, mit (groß) ___________ Lust beginnen , mit (groß) ___________ Geduld weitermachen, mit (groß) ___________ Sicherheit beenden

e) (riesig) ___________ Appetit haben, (groß) ___________ Durst haben, (groß) ___________ Kraft besitzen

f) (teuer) ___________ Besteck spülen, (alt) ___________ Geschirr auf den Boden werfen , (schwer) ___________ Gepäck tragen

g) (frisch) ___________ Gemüse kaufen, einen Nachtisch mit (süß) ___________ Obst bestellen, eine Dose mit (süß) ___________ Gebäck öffnen

h) ein Steak mit (rot) ___________ Pfeffer würzen, eine Tüte mit (weiß) ___________ Salz aufmachen, (süß) ___________ Senf zu einer Wurst essen

i) sich (groß) ___________ Mühe geben, (groß) ___________ Talent haben, etwas mit (groß) ___________ Fleiß erledigen

j) (frisch) ___________ Farbe benutzen, (neu) ___________ Shampoo kaufen, (gut) ___________ Öl für den Salat nehmen

k) (stark) ___________ Kaffee bestellen, Kaffee mit (braun) ___________ Zucker trinken, (indisch) ___________ Tee mögen, (eiskalt) ___________ Eistee bestellen

l) (heiß) ___________ Feuer fotografieren, (grün) ___________ Wasser beobachten, auf (schwarz) ___________ Erde stehen, (frisch) ___________ Luft atmen

LB Ü 11 Ordnen Sie.

30

~~Drei~~ Elefanten nehmen lange Nüsse.
~~Elf Delfine~~ imitieren fliegende Fische.
Lustige Freunde fotografieren eilige Insekten.

Fünf Igel erschrecken ~~dreißig~~ Einbrecher.
Indische Nichten lieben neunzig Lieder.
Neun Leser ~~diskutieren~~ interessante ~~Dative~~.

Drei	*Delfine*	*diskutieren*	*dreißig*	*Dative.*
Elf	*E*	*e*	*e*	*E* .
L	*L*	*l*	*l*	*L* .
F	*F*	*f*	*f*	*F* .
I	*I*	*i*	*i*	*I* .
N	*N*	*n*	*n*	*N* .

LB Ü 11 Was passt?

31

Der	Eisbärin	läuft	froh	im	Nordmeer.
Die	Eisbär	legt	faul	ins	Nordwind.
Das	~~Eishockeyspielerin~~	lacht	falsch		Nebel.
	Eishockeyspieler	liebt	Fische		Netz.
	Eisbärenpaar	liegt			Nest.

Die Eishockeyspielerin ______________________

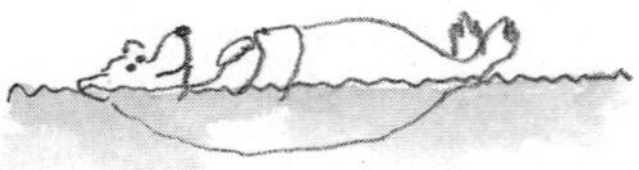

LB Ü 12 **Ergänzen Sie.**

32

a) Wo haben Sie Deutsch gelernt?

Dürfte ich Sie fragen, *wo Sie Deutsch gelernt haben?*

b) Aus welchem Grund haben Sie es gelernt?

Würden Sie mir sagen, ______

c) Wie haben Sie es gelernt?

Mich würde auch interessieren, ______

d) Wo haben Sie gelernt?

Ich wüsste gerne, ______

e) Wie lange haben Sie gelernt?

Könnten Sie mir sagen, ______

f) Werden Sie noch weiterlernen?

Wissen Sie schon, ______

g) Wofür brauchen Sie Deutsch?

Interessant wäre es für mich zu wissen, ______

h) Möchten Sie eine Sprachprüfung machen?

Ich möchte Sie auch noch fragen, ______

i) Schreiben Sie manchmal Briefe auf Deutsch?

Dürfte ich noch von Ihnen erfahren, ______

j) Haben Sie schon einmal auf Deutsch geträumt?

Ich würde gerne wissen, ______

k) Was denken Sie über die deutsche Sprache?

Es wäre interessant zu wissen, ______

l) Können Sie mir vielleicht bei der Übersetzung dieses chinesischen Textes helfen?

Ich wüsste gerne, ______

m) Was bedeutet der Delfin auf diesem Bild?

Dürfte ich Sie vielleicht noch fragen, ______

LB Ü 12 Was passt zusammen?

33

a) Wir studieren Literatur und lernen Deutsch, ■
b) Sie besucht einen Kurs in Wirtschaftsdeutsch, ■
c) Du findest die Deklination im Deutschen vielleicht nicht so schwierig, ■
d) An die Aussprache des Deutschen habt ihr ■
e) Ich benutze oft die Grammatikübersicht beim Schreiben, ■
f) Damit ich in der Aussprache besser werde, ■
g) Sie schrieben die Übersetzung und Beispielsätze neben die Wörter, ■
h) Gäbe es im Deutschen keine trennbaren Verben, ■
i) Wenn es keine Großschreibung geben würde, ■
j) Im Deutschen sollte es nur *„der"* und *„die"* geben, ■
k) Es sollte nur eine einzige Pluralendung geben, ■
l) Wenn alle Adjektive gleich enden würden, ■
m) Wenn es keine „weil"-Sätze gäbe, ■

1. weil es in deiner Muttersprache auch Deklination gibt.
2. um deutsche Theaterstücke im Original lesen zu können.
3. weil sie Deutsch für Ihren Beruf braucht.
4. damit ich dabei weniger Fehler mache.
5. deren Bedeutung sie für die Prüfung lernen mussten.
6. wäre oft die Bedeutung des Verbs früher klar und man müsste nicht bis zum Ende des Satzes warten. („Er machte abends um 6 Uhr in der Garage das Licht an.")
7. müsste man in diesen Sätzen nicht das Verb ans Ende stellen.
8. mit der man alle Plurale bilden könnte.
9. wäre zum Beispiel die Deklination von „groß" kein großes Problem.
10. euch schnell gewöhnt.
11. schriebe man alle Wörter klein.
12. so dass man beim Raten des passenden Artikels 50 statt 33 Prozent Chancen hätte.
13. spreche ich neue Wörter ein paar Mal und ich lese laut.

LB S. 207 Richtig (r) oder falsch (f)? (→ Lehrbuch S. 206, 207)

34

a) ■ Delila schreibt einen Brief an ihre Freundin, obwohl sie eigentlich keine Zeit hat.
b) ■ Dennis ist Australier.
c) ■ Dennis war größer als die anderen Kursteilnehmer.
d) ■ Delila konnte sich am Anfang seinen Namen nicht merken.
e) ■ Delila hatte Mitleid mit Dennis, als er einen Fehler machte.
f) ■ Als Dennis das Päckchen in Delilas Tasche steckte, wurde er von Frau Bauer überrascht.
g) ■ Nach der Stunde ging Delila mit ihrer Tasche zur Toilette, um nach dem Päckchen zu schauen.
h) ■ Als Delila die Kette mit dem Delfin trug, ärgerte sich Dennis.
i) ■ Heimlich schenkte Dennis Delila immer wieder kleine Delfine.
j) ■ Die kleinen Figuren stellte Delila neben ihr Bett und streichelte sie vor dem Einschlafen.
k) ■ Nach der Prüfung will Delila eine Urlaubsreise machen, aber Dennis hat keine Zeit.
l) ■ Dennis und Delila sind sehr glücklich miteinander.

LB S. 207 Ergänzen Sie.

35

lachte steckte fiel fand setzte einfiel fragte meldete verliebte nahm streichelte sprach versprach schenkte

Dennis (a) _________ mir gleich auf, als ich in die Klasse kam, denn er war der größte von allen und ich (b) _________ ihn sehr attraktiv. Wenn es möglich war, (c) _________ ich mich im Unterricht neben ihn. Eines Tages sollten wir bei einem Spiel sagen, was uns zu bestimmten Tieren (d) _________ . Da machte Dennis einen Fehler, über den der ganze Kurs (e) _________. Danach (f) _________ ich mich und sagte etwas über Delfine. Heute weiß ich, dass sich Dennis in diesem Moment in mich (g) _________. Am nächsten Tag (h) _________ er heimlich ein Kettchen mit einem süßen kleinen Delfin in meine Tasche. Danach (i) _________ er mir noch mehr Delfine. Vor dem Einschlafen (j) _________ ich die Figuren immer. Weil Dennis nichts weiter unternahm, (k) _________ ich ihn ein paar Wochen später nach dem Unterricht an. Ich (l) _________ ihn, warum er mir die Delfine geschenkt hatte. Dennis wollte sagen: „Ich liebe Delfine." Aber er (m) _________ sich und sagte stattdessen: „Ich liebe Delila." Da (n) _________ ich ihn einfach in den Arm.

LB S. 207 Kreuzworträtsel

36

➔ waagerecht

1: Das Gegenteil von Angst heißt ...
2: Wenn einem eine Person leidtut, hat man ...
3: Ein Schmuckstück, das man um den Hals trägt, ist eine ...
4: Wenn man aus Versehen etwas anderes sagt als man sagen wollte, ist das ein ...
5: Eine Veranstaltung, bei der man eine Sprache lernt, ist ein ...
6: Ein Schmuckstück, das an einer Kette hängt, ist ein ...
7: Personen, die gemeinsam Unterricht haben, sind eine ...
8: Ein Teil des Körpers, an dessen Ende eine Hand sitzt, ist ein ...
9: Man kann sein Geld dorthin bringen oder sich darauf setzen: eine ...
10: Ein Ring, den man trägt, wenn man verheiratet ist, ist ein ...
11: Ein anderes Wort für „Symbol" ist ein ...
12: Ein Wasser, das größer ist als ein See, ist ein ...

↓ senkrecht

1: Das Personalpronomen für die 2. Person Singular ist ...
2: Die Sprache, die man als Kind zuerst lernt, ist die ...
3: Ein Geschäft, in dem man Ringe, Ohrringe und Halsketten kaufen kann, ist ein ...
4: Wenn plötzlich etwas passiert, das man nicht erwartet hat, bekommt man einen ...
5: Wenn ein Mensch spricht, hört man seine ...
6: Wenn man etwas Falsches sagt, macht man einen ...

Gedanken am Ende von Delfin. Welche Sätze treffen auf Sie zu? ☒

37

- ☐ Deutsch ist gar nicht so schwierig, wie ich am Anfang gedacht habe.
- ☐ Die deutsche Grammatik ist nicht einfach, aber es hat trotzdem Spaß gemacht.
- ☐ Ich hätte nicht gedacht, dass ich so schnell Deutsch lernen würde.
- ☐ Ich kann mich jetzt schon ganz gut auf Deutsch unterhalten.
- ☐ Auf Deutsch telefonieren finde ich noch schwierig.
- ☐ Manchmal muss ich erst nachdenken, bevor mir das richtige Wort einfällt.
- ☐ Ich habe noch ein bisschen Probleme mit der Aussprache.
- ☐ Natürlich mache ich noch Fehler, aber das finde ich nicht schlimm.
- ☐ Manchmal passiert es, dass ich auf Deutsch denke.
- ☐ Ich habe immer noch Probleme, mir zu den Nomen den richtigen Artikel zu merken.

Schreiben Sie, was Sie persönlich denken:

38

Die Arbeit mit Delfin war ______________________________

____

Im Unterricht habe ich ______________________________

____

____

____

____

____

Wörter im Satz

39

	Ihre Muttersprache	**Schreiben Sie einen Satz aus Delfin, Lehrbuch.**
____ *Ausweis*	____________	______________________________
____ *Fortschritt*	____________	______________________________
____ *Freude*	____________	______________________________
____ *Hilfe*	____________	______________________________
____ *Holz*	____________	______________________________
____ *Mühe*	____________	______________________________
____ *Pfannkuchen*	____________	______________________________
____ *Praktikum*	____________	______________________________
____ *Schaufenster*	____________	______________________________
____ *Schreck*	____________	______________________________
____ *Sitz*	____________	______________________________
____ *Symbol*	____________	______________________________
____ *Unterricht*	____________	______________________________
____ *Wohl*	____________	______________________________
____ *Zeichen*	____________	______________________________
ändern	____________	______________________________
auffallen	____________	______________________________
blamieren	____________	______________________________
hineingehen	____________	______________________________
stammen	____________	______________________________
verbessern	____________	______________________________
verspäten	____________	______________________________
vorbeikommen	____________	______________________________
besetzt	____________	______________________________
ehrlich	____________	______________________________
geheimnisvoll	____________	______________________________
heimlich	____________	______________________________
komisch	____________	______________________________

lauter	___	___
silbern	___	___
sozial	___	___
vielmals	___	___

Grammatik

§ 40 Konjunktiv I

40

a) Formenbildung

Infinitiv:		sein	machen	fahren	haben	müssen	werden	wissen
	ich	**sei**	mache	fahre	habe	müsse	werde	wisse
	du	**seist**	machest	fahrest	habest	müssest	werdest	wissest
Konjunktiv I:	er/sie/es	**sei**	**mache**	**fahre**	**habe**	**müsse**	**werde**	**wisse**
	wir	**seien**	machen	fahren	haben	müssen	werden	wissen
	ihr	**seiet**	machet	fahret	habet	müsset	werdet	wisset
	sie/Sie	**seien**	machen	fahren	haben	müssen	werden	wissen

b) Gebrauch

- nur in ***schriftlichen*** Texten in ***indirekter Rede***
- nur in der ***3. Person Singular*** (bei ***sein*** auch: 3. Person Plural und andere)
- in allen anderen Formen: ***Konjunktiv II***

	Direkte Rede
Sie sagt:	„Delfine **sind** wunderbare Tiere."
Sie meint:	„Dennis **hat** wunderbare Augen."
Sie sagt:	„Dennis **muss** noch viel lernen."
Sie behauptet:	„Delfine **haben** eine Sprache."
Sie sagt:	„Wir **machen** zusammen Urlaub."

	Indirekte Rede
Sie sagt,	Delfine **seien** wunderbare Tiere.
Sie meint,	Dennis **habe** wunderbare Augen.
Sie sagt,	Dennis **müsse** noch viel lernen.
Sie behauptet,	Delfine **hätten** eine Sprache. *
Sie sagt,	sie **würden** zusammen Urlaub **machen**.*

** Konjunktiv II statt Konjunktiv I*

Indirekte Rede

41

a) Mit oder ohne „dass"

	Junktor	***Vorfeld***	***Verb***$_{(1)}$	***Mittelfeld***			***Verb***$_{(2)}$
				Subjekt	***Angabe***	***Ergänzung***	
Sie sagt,		Delfine	**seien**			wunderbare Tiere.	
Sie behauptet,		Delfine	**hätten**			eine Sprache.	
Sie sagt,	**dass**	Delfine				wunderbare Tiere	**seien.**
Sie behauptet,	**dass**	Delfine				eine Sprache	**hätten.**

b) Tempora in der direkten und indirekten Rede

	Direkte Rede	
Er sagt:	„Sie **kommt**."	*Präsens*
Er sagte:	„Sie **ist gekommen**."	*Perfekt*
Er hat gesagt:	„Sie **kam**."	*Präteritum*
	„Sie **wird kommen**."	*Futur*
	„**Komm!**"	*Imperativ*

	Indirekte Rede	
Er sagt,	sie **komme**.	*KI-Präsens*
Er sagte,	sie **sei gekommen**.	*KI-Perfekt*
Er hat gesagt,	sie **sei gekommen**	*KI-Perfekt*
	sie **werde kommen**	*KI-Futur*
	sie **solle kommen**.	*KI von „sollen"*

§ 23,24 Reziprokpronomen sich, einander, -einander

42

Personalpronomen		***Reziprokpronomen***
Er liebt **sie**.	**Sie** liebt **ihn**.	**Sie** lieben **sich**./Sie lieben **einander**.
Er hilft **ihr**.	**Sie** hilft **ihm**.	**Sie** helfen **sich**./Sie helfen **einander**.
Er sitzt **neben ihr**.	**Sie** sitzt **neben ihm**.	**Sie** sitzen **nebeneinander**.
Er spricht **mit ihr**.	**Sie** spricht **mit ihm**.	**Sie** sprechen **miteinander**.

einander bedeutet „gegenseitig"

Wortschatz

Nomen

s Abteil, –e
s Adjektiv, –e
r Amerikaner, –
r Anhänger, –
s Archiv, –e
s Archivfoto, –s
r Ausweis, –e
r Bäckerladen, –̈
r Beamte, -n (ein Beamter)
e Besserung
e Blumenwiese, –n
r Brieffreund, –e
s Chinesisch
s Computerlernprogramm, –e
Deutschkenntnisse (pl)
r Deutschlehrer, –
e Deutschstunde, –n
r Ehering, –e
e Eigenschaft, –en
r Elefant, –en
e Endhaltestelle, –n
r Englischunterricht
r Fernsehkoch, –̈e
r Feuerwehrmann, –leute
s Fleischgericht, –e
r Fleischkloß, –̈e
s Flusspferd, –e
r Fortschritt, –e
e Fotografie, –n
e Freude, –n
s Frischobst
e Gartenliege, –n
s Gepäckfach, –̈er
s Geschenkpäckchen, –
e Grammatik, –en
e Grammatikübung, –en
s Halskettchen, –
s Heimatland, –̈er
s Herzklopfen
s Holz, –̈er
r Innenhof, –"e
r Iraner, –
s Kartentelefon, –e
e Kursleiterin, –nen
e Kursteilnehmerin, –nen
e Lebenslust
s Leitungswasser
r Liebhaber, –
s Löwenbaby, –s
e Mittelstufenprüfung, –en
r Möbelwagen, –
e Mühe, –n
r Nachtclub, –s
e Nachttischlampe, –n
s Nashorn, –̈er
r Nebensatz, –̈e
r Nebentisch, –e
s Nebenzimmer, –
r Neuschnee
e Nudelsuppe, –n
r Nusskuchen, –
e Palatschinke, –n
e Partnerfirma, Partnerfirmen
r Passant, –en
r Pfannkuchen, –
e Pfeife, –n
e Portion, -en
s Praktikum, Praktika
r Privatunterricht
e Salatgurke, –n
s Schaufenster, –
s Schmuckgeschäft, –e
r Schmuckladen, –̈
r Schrankspiegel, –
e Schranktür, –en
r Schreck
e Schüssel, –n
r Selbstlernkurs, –e
r Sitz, –e

r Spanier, –
s Spielzeug, –e
e Sprachbegabung
e Sprachschule, –n
s Stofftier, –e
s Symbol, –e
e Teilnehmerliste, –n
r Tiername, –n
s Tonbandgerät, –e
r Türke, –n
e Übung, –en
r Unterricht, –e
e Urlaubsreise, –n
r Versprecher, –
r Videokurs, –e
e Vokabel, –n
e Wiesenblume, –n
s Wohl
s Zeichen, –
s Zertifikat, –e
e Zertifikatsprüfung, –en

Verben

an·merken
an·sprechen
auf·fallen
aus·halten
blamieren
flirten
heraus·springen
hinein·gehen
hin·fahren
hinzu·fügen
impfen
konzentrieren
nach·schauen
scheinen
stammen
um·ziehen
verabreden
verspäten
verwechseln
vorbei·kommen
zu·rufen

Adjektive

besetzt
dänisch
faszinierend
friedlich
geheimnisvoll
komisch
passend
silbern
sozial
spielerisch
tiefblau
wasserblau
zärtlich

Adverbien

anfangs
dienstags
donnerstags
vielmals
zuvor

Funktionswörter

lauter
mehrere
nebeneinander

Ausdrücke

als Erstes
mehrere Male
zum Spaß
wie nie zuvor
vor lauter Aufregung
angeschwommen kommen
nichts weiter tun/ unternehmen
sich nicht weiter interessieren
mit seinen Gedanken bei ... sein
einen roten Kopf bekommen
jemanden in den Arm nehmen
Glück bringen
etwas falsch verstehen
es nicht mehr aushalten
Auf Ihr Wohl!
Um ehrlich zu sein, ...
Stell dir vor: ...
Du kannst dir nicht vorstellen, was/wie/wo ...

In Deutschland sagt man:	In Österreich sagt man auch:	In der Schweiz sagt man auch:
anfassen	angreifen	
umziehen	übersiedeln	
e Klingel, –n	e Glocke, –n	
r Pfannkuchen, –	e Palatschinke, –n	
beeilen		pressieren
Prost!		Gesundheit!

Quellenverzeichnis

Seite 34:	MHV-Archiv (Dieter Reichler)
Seite 111:	Hartmut Aufderstraße
Seite 132:	Roland Koch
Seite 160:	Heribert Mühldorfer
Seite 210:	MHV-Archiv (Jack Carnell)
Seite 276:	Hartmut Aufderstraße; Erna Friedrich, Ismaning
Seite 348:	Heribert Mühldorfer
Seite 349:	Heribert Mühldorfer
Seite 350:	Heribert Mühldorfer
Seite 458:	DIZ München, SV-Bilderdienst
Seite 459:	Kai Sihler, München
Seite 466:	DIZ München, SV-Bilderdienst
Seite 467:	Hartmut Aufderstraße